Architekturführer
Deutschland

Architekturführer Deutschland

20. Jahrhundert

Winfried Nerdinger
Cornelius Tafel

in Zusammenarbeit mit dem
Architekturmuseum der Technischen Universität München

Birkhäuser Verlag
Basel · Berlin · Boston

Die italienische Ausgabe erschien 1996 unter dem Titel „Guida all'architettura del Novecento Germania" bei Electa, Milano.
© 1996 by Electa, Milano

Die Deutsche Bibliothek – CIP-Einheitsaufnahme

Architekturführer Deutschland – 20. Jahrhundert / Winfried Nerdinger ; Cornelius Tafel. In Zusammenarbeit mit dem Architekturmuseum der Technischen Universität München. – Basel ; Berlin ; Boston : Birkhäuser, 1996
  Engl. Ausg. u.d.T.: Architectural guide Germany – 20th century
  ISBN 3-7643-5287-6

NE: Nerdinger, Winfried; Tafel, Cornelius

Dieses Werk ist urheberrechtlich geschützt. Die dadurch begründeten Rechte, insbesondere die der Übersetzung, des Nachdrucks, des Vortrags, der Entnahme von Abbildungen und Tabellen, der Funksendung, der Mikroverfilmung oder der Vervielfältigung auf anderen Wegen und der Speicherung in Datenverarbeitungsanlagen, bleiben, auch bei nur auszugsweiser Verwertung, vorbehalten. Eine Vervielfältigung dieses Werkes oder von Teilen dieses Werkes ist auch im Einzelfall nur in den Grenzen der gesetzlichen Bestimmungen des Urheberrechtsgesetzes in der jeweils geltenden Fassung zulässig. Sie ist grundsätzlich vergütungspflichtig. Zuwiderhandlungen unterliegen den Strafbestimmungen des Urheberrechts.

© 1996 der deutschsprachigen Ausgabe: Birkhäuser – Verlag für Architektur, Postfach 133, CH-4010 Basel, Schweiz.
Dieses Buch ist auch in englischer Sprache erschienen (ISBN 3-7643-5315-5).
Umschlaggestaltung: Ott + Stein, Berlin
Gedruckt auf säurefreiem Papier, hergestellt aus chlorfrei gebleichtem Zellstoff. TCF ∞
Printed in Italy
ISBN 3-7643-5287-6

9 8 7 6 5 4 3 2 1

Inhalt

VII Architektur in Deutschland im 20. Jahrhundert

1 Karte von Deutschland
2 Schleswig-Holstein
10 Bremen
22 Hamburg
52 Mecklenburg-Vorpommern
56 Niedersachsen
80 Sachsen-Anhalt
98 Berlin
176 Brandenburg
194 Nordrhein-Westfalen
272 Hessen
318 Thüringen
334 Sachsen
366 Saarland
370 Rheinland-Pfalz
374 Baden-Württemberg
434 Bayern

491 Verzeichnis der Architekten und ihrer Bauten

511 Verzeichnis der Orte
513 Bildnachweis

Architektur in Deutschland im 20. Jahrhundert

Eine fundierte Darstellung der Geschichte der Architektur in Deutschland im 20. Jahrhundert existiert bis jetzt noch nicht. Der hier vorgelegte Architekturführer kann dafür keinen Ersatz bieten, soll aber anhand einer exemplarischen Auswahl von Bauten innerhalb der Grenzen der heutigen Bundesrepublik die verschiedenen Richtungen und Entwicklungen, die Vielschichtigkeit und Komplexität, die Höhepunkte, aber auch die Probleme in der Architektur des 20. Jahrhunderts in Deutschland aufzeigen. Damit ist bereits auf das grundlegende Auswahlprinzip des Architekturführers verwiesen. Es handelt sich nicht um eine Auswahl nach – wie auch immer definierten – ästhetischen Kriterien, sondern die Zusammenstellung von 540 Bauten und Ensembles (insgesamt wird auf ca. 750 Bauten verwiesen) aus allen 16 Bundesländern erfolgte in erster Linie nach architekturgeschichtlichen Gesichtspunkten. Das heißt, es wurde versucht, jede Epoche, Architekturrichtung oder Bauregion mit möglichst charakteristischen Beispielen zu dokumentieren. Deshalb wurden auch zahlreiche Bauten aufgenommen, die dem rein ästhetischen oder künstlerischen Empfinden, auch der Autoren, zwar durchaus widersprechen mögen, die aber für die Geschichte der Architektur in Deutschland signifikant sind. So sind wilhelminische Monumentalbauten und NS-Bauten genauso vertreten wie maßstabslose Großstrukturen der sechziger und siebziger Jahre. Derartige Beispiele stehen für zahlreiche ähnliche Bauten, sie erläutern und belegen wichtige historische Phasen der Architekturentwicklung in Deutschland, die nicht einfach aus ästhetischen Gründen ausgeklammert wurden, um eine Art kulinarischen Reiseführer nur zu den architektonischen Schönheiten des Landes zu erhalten.

Vorwort

So ist beispielsweise der nationale aggressive Gesinnungsmilitarismus des wilhelminischen Bürgertums, ein zentrales Element der deutschen Geschichte und Gesellschaft vor dem Ersten Weltkrieg, in architektonischer Hinsicht am eindeutigsten am Völkerschlachtdenkmal in Leipzig von Bruno Schmitz ablesbar, das vom deutschen Patriotenbund, mit 1,8 Millionen Mitgliedern eine der größten Vereinigungen des Deutschen Kaiserreiches, finanziert wurde. Und ganz ähnlich zeigt sich der brutale Militarismus des Nationalsozialismus besonders deutlich am 21 Quadratkilometer großen Reichsparteitagsgelände in Nürnberg, und der die Nachkriegszeit dominierende Bauwirtschaftsfunktionalismus dokumentiert sich architektonisch eindringlich am Betonklotz der Bochumer Universität, einem betonierten Geschäftszentrum wie die City Nord in Hamburg oder einer Großsiedlung in der Art des Märkischen Viertels in Berlin. Wer die Architekturgeschichte in Deutschland wirklich kennenlernen und verstehen will, kann und darf sich nicht auf eine Folge „schöner Beispiele" von Gropius' Faguswerk über die Weißenhof-Siedlung bis zur Philharmonie von Scharoun begrenzen.

Chronologisch betrachtet setzt der Architekturführer mit Beispielen aus der Zeit des Umbruchs in den neunziger Jahren des 19. Jahrhunderts ein, die durch Lebensreformbewegung und Jugendstil, aber auch den wirtschaftlichen Aufstieg Deutschlands zur Weltmacht gekennzeichnet ist. Es werden deshalb sowohl die Zentren (Mathildenhöhe Darmstadt, Karl Ernst Osthaus und Hagen) und Hauptbeispiele des Jugendstils sowie die auf Region und Tradition begründete Reformarchitektur (Theodor Fischer, Fritz Schumacher), als auch exemplarische Bauten der Industrialisierung, wie etwa die AEG-Werke von Peter Behrens oder die Telefunken-Station von Hermann Muthesius, vorgeführt. Aus den Bestrebungen nach Ausdruck der neuen wirtschaftlichen Macht, die sich im 1907 gegründeten Deutschen Werkbund organisatorisch und propagandistisch bündelten, entstand in den Jahren vor dem Ersten Weltkrieg eine spezifische Form eines kubischen Monumentalstils mit reduziertem Dekor, der alle Baugattungen allmählich durchdrang. Die Hauptbeispiele dieser monumentalen Reduktionsarchitektur, wie die Kunsthalle von Hermann Billing in Mannheim, die Anatomie von Max Littmann in München, die Krematorien von Fritz Schumacher in Hamburg und Dresden oder die frühen Bauten von Peter Behrens und Hans Poelzig sind im Architekturführer zusammengetragen. Als besondere Bauleistung der offiziellen wilhelminischen Architektur wurden aber auch die großen Justizpaläste in Berlin und Hamburg mit imposanten neobarocken Treppenanlagen und neuen Raumschöpfungen ausgewählt, deren architektonische Qualität und Bedeutung infolge einer Fixierung auf die Herausbildung moderner Architektur bis heute viel zu wenig Beachtung fand. Indem die verschiedenen parallelen Entwicklungslinien im Bauen nicht nur aus dem Blickwinkel ihrer Bedeutung für die Gegenwart, sondern auch als eigenständige historische Werte verfolgt und dokumentiert werden, soll somit das gesamte Bauspektrum der Zeit vor dem Ersten Weltkrieg sichtbar werden.

Auch in den zwanziger Jahren, während der Zeit der Weimarer Republik, ist das Bauen in Deutschland noch durch die ganze Spannbreite von historisierenden, bodenständigen oder regionalistischen Bauten, über expressionistische und organische Bauexperimente bis zu extremen Formen des Avantgardismus im Neuen Bauen gekennzeichnet. So zeigt das eher konservative Bauen zahlreiche Spielarten: von der handwerklich materialbetonten Stuttgarter Schule (Paul Bonatz, Paul Schmitthenner) über den süd- und norddeutschen Backstein-Expressionismus von Dominikus Böhm bzw. Fritz Höger bis zum Backstein-Reformismus Fritz Schumachers in Hamburg, von der Theodor-Fischer-Nachfolge Adolf Abels und seiner Mitarbeiter im Köln Konrad Adenauers bis zur Monumentalisierung moderner Bauformen durch Wilhelm Kreis in Düsseldorf und Dresden.

Da der Architekturführer sämtliche Regionen Deutschlands abdecken soll, wurde insbesondere die regionale Verbreitung und Differenzierung der Architektur des Neuen Bauens verfolgt, die bislang noch nicht umfassend dargestellt wurde und zum Teil sogar noch unbeachtet blieb. Einzelne Zentren des Neuen Bauens, die durchaus einen jeweils eigenständigen Architekturcharakter entwickelten, wurden zusammengefaßt und mit einleitenden, das politische Umfeld und die spezifische Situation charakterisierenden Texten besonders herausgestellt, wie zum Beispiel: Ernst May und Frankfurt, Walter Gropius und Dessau, Bruno Taut und Magdeburg, Otto Haesler und Celle, Robert Vorhoelzer und München, Gustav Oelsner und Altona.

Das Neue Bauen der zwanziger Jahre in Deutschland geht jedoch weit über diese bekannten Beispiele hinaus. In nahezu allen Regionen Deutschlands finden sich beeindruckende Beispiele für die Experimente mit modernen Architekturformen, vom Opel-Bad in Wiesbaden-Neroberg und dem Haus Hussmann in Köln bis zum Polo-Klubhaus in Hamburg-Flottbek; vom Lessing-Hof von Thomas Wechs in Augsburg über die Siedlung Trachau von Hans Richter in Dresden bis zur Pädagogischen Akademie von Adolf Petersen in Frankfurt/Oder. Darüber hinaus werden mit den Bauten von Hubert Ritter in Leipzig, Carl Krayl und Johannes Göderitz in Magdeburg, Alfred Gellhorn und Martin Knauthe in Halle oder Thilo Schoder in Gera völlig neue Dimensionen und Varianten moderner Architektur der zwanziger Jahre in Deutschland eröffnet, die im Zuge der Teilung Deutschlands jahrzehntelang unbeachtet geblieben waren. Durch Gewichtung in der Auswahl, zum Beispiel bei Bauten Karl Schneiders in Hamburg, wurde außerdem bewußt versucht, im Sinne der neueren Forschung einer überholten, einseitigen Fixierung auf einige „Großmeister" des Neuen Bauens entgegenzuwirken. Insgesamt soll die breite Dokumentation von Beispielen des Neuen Bauens aus ganz Deutschland auch belegen, daß die moderne Architektur in den zwanziger Jahren innerhalb des gesamten Bauschaffens nicht nur eine Randerscheinung war und auch keineswegs schon mit der großen Wirtschaftskrise zu Ende ging.

Das Jahr 1933 bezeichnet mit der sogenannten „Machtergreifung" der Nationalsozialisten einen gravierenden Einschnitt in alle Lebensbereiche. In der Architektur beginnt eine Epoche, die einerseits durch die Diffamierung der Moderne als „bolschewistisch" und „jüdisch" gekennzeichnet ist, was zur Vertreibung oder Emigration einiger der besten Architekten Deutschlands führte (B. Taut, W. Gropius, A. Korn, L. Hilberseimer, E. May, L. Mies van der Rohe, E. Mendelsohn, K. Schneider, K. Wachsmann, M. Wagner u.v.a.). Andererseits setzt eine Reglementierung, genannt „Baulenkung" ein, mit der das gesamte Bauwesen nach den Interessen der neuen Machthaber ausgerichtet wurde. Auch wenn im Industrie- und Wohnungsbau Reste moderner Architekturformen erhalten blieben, so wurde doch das Bauwesen insgesamt den NS-Vorstellungen von – je nach Bauaufgabe – bodenständiger oder monumentaler Architektur untergeordnet. In den Architekturführer wurden aus der NS-Zeit nur einige besonders signifikante, noch heute optisch wirksame Beispiele aus den verschiedenen Baugattungen aufgenommen, wie die Stadtplanungen von Salzgitter und Wolfsburg, das KdF-Zentrum in Rügen, die „Ordensburgen" in Sonthofen und Vogelsang, die Lehrsiedlung Mascherode bei Braunschweig, das Gauforum in Weimar oder der Flughafen Tempelhof in Berlin. Auf den

Zusammenhang der NS-Monumental- und Rüstungsbauten mit der Sklavenarbeit von KZ-Häftlingen und verschleppten Zwangsarbeitern muß ganz besonders verwiesen werden. So mußte der Granit für die Bauten am Reichsparteitagsgelände in Nürnberg von KZ-Häftlingen in Flossenbürg unter mörderischen Bedingungen gebrochen werden, Industriebauten mußten ähnlich wie Rüstungs- und Industrieprodukte zumindest teilweise von Zwangsarbeitern hergestellt werden. Eine Betrachtung von Bauten aus der Zeit des Nationalsozialismus sollte die Produktionsbedingungen und den Zweck der Bauten immer vor Augen haben, dann kann auch nicht mehr leichtfertig die Legende von einer angeblichen „Zuflucht der Moderne" im Industriebau weitergesponnen werden.

In der Nachkriegszeit verlief der Wiederaufbau und die Entwicklung der Architektur in BRD und DDR zuerst auf getrennten, weitgehend gegensätzlichen Bahnen. Die Spannweite der verschiedenen Richtungen beim Wiederaufbau im Westen wird durch extreme Beispiele wie die „Rekonstruktion" von Freudenstadt, die durchgrünte Stadt-Auflockerung im Berliner Hansa-Viertel, die Treppenstraße als neues Stadtzentrum in Kassel, der Ville-Radieuse-Versuch in Saarbrücken oder das beschauliche Kreuzviertel mitten in Hannover erläutert. Den Musterbeispielen der frühen Nachkriegsarchitektur, die als „Architektur der Bescheidenheit" inzwischen auch von der Denkmalpflege anerkannt wird, wie die Bauten von Paul Baumgarten, Hans Döllgast, Ferdinand Kramer, Theo Pabst, Sep Ruf, Rudolf Schwarz oder Emil Steffann wurde relativ breiter Raum eingeräumt, denn hier dokumentiert sich besonders gut jene Aufbruchstimmung auch in der Architektur der jungen Bundesrepublik nach zwölf Jahren NS-Diktatur. Das konservativ bodenständige Bauen ist zwar ebenfalls vorhanden (Königin-Olga-Bau in Stuttgart von Schmitthenner, Gerling-Konzern Köln), tritt aber zunehmend im Baugeschehen zurück. Spätestens seit Ende der fünfziger Jahre, als das „Wirtschaftswunder" in reine Vermarktung von Kapitalinteressen umfunktioniert war, als „Verdichtung" und Funktionalismus nur noch Profitdenken umschrieben, begann sich im Bauen jener „Bauwirtschaftsfunktionalismus" durchzusetzen, der die Städte und Gemeinden architektonisch verwüstete und mit Flächensanierungen und neuen Verkehrsachsen die vom Krieg verschonten historischen Stadtreste vernichtete. Allerdings entstand auch in diesem Zeitabschnitt bedeutende und wegweisende Architektur, etwa von Egon Eiermann, Hans Scharoun, Frei Otto, Günter Behnisch oder Fehling und Gogel.

Das Bauen der frühen Nachkriegszeit im Osten Deutschlands ist von der offiziell aus Moskau angeordneten Doktrin einer „nationalen Bautradition" bestimmt. Im bewußten Gegensatz zur „amerikanisch" internationalen Architektursprache der Moderne im Westen wurde zumindest teilweise an historische oder regionale Bauformen angeknüpft (Schinkel-Klassizismus in der Berliner Stalinallee, norddeutsche Backsteingotik in der Magistrale von Rostock, sächsischer Barock am Altmarkt in Dresden). Dem Arbeiter sollte das beste „architektonische Erbe" zur Verfügung gestellt werden, dieses wurde allerdings einem repräsentativ-monumentalen Architekturanspruch untergeordnet. Im Rückblick zeigt sich, daß die Magistralen in Berlin und Rostock, die neuen Zentren in Magdeburg, Dresden und Leipzig, die FDJ-Schule am Bogensee bei Bernau, die Sporthochschule in Leipzig oder die großen Kulturhäuser als eigenständige Leistung der DDR mit den wichtigsten Bauten der frühen Nachkriegszeit in der BRD durchaus verglichen werden können.

Mit dem Tod Stalins brach diese Baudoktrin vollkommen zusammen, und auf Anordnung von Chruschtschow mußte auch in der DDR ab Mitte der fünfziger Jahre eine völlige

Vorwort

Kehrtwendung zu Rationalisierung und Typisierung im Bauen vollzogen werden. Nun begann die verhängnisvolle Planung und Errichtung von Plattenbaufabriken, mit denen, genau nach planwirtschaftlichen Vorgaben, das gesamte Bauwesen umstrukturiert werden sollte. Aus dieser Epoche des „sozialistischen Bauens", die gekennzeichnet ist durch Stadt- und Landschaftsverwüstung, durch planmäßige Verödung des gesamten Landes mit Normbauten, wurden nur einige wenige Beispiele einer sogenannten Bildzeichen-Architektur, wie der „Zeiss-Okular-Turm" in Jena oder das „Buchhaus" der Universität in Leipzig in den Architekturführer aufgenommen. Auch hier sollte jedoch im Rückblick gesehen werden, daß die Plattenbaustädte in Berlin-Marzahn, Warnemünde, Halle-Neustadt, Jena oder Hoyerswerda zwar hinsichtlich Bautechnik und Komfort primitiver sind als die Entlastungs- und Satellitenstädte im Westen, daß aber der Verlust an urbaner und architektonischer Qualität sowie die sozialen Folgen einer nur an Funktionserfüllung und Wirtschaftlichkeit orientierten Planung in Ost und West durchaus ähnlich zu beurteilen sind.

Parallel mit der wirtschaftlichen Rezession seit den frühen siebziger Jahren begann im Westen eine Umorientierung auch der Architektur. Im Zuge der neuen Leitbilder Geschichte, Tradition, Region, Ökologie und der Architekturdiskussion um Postmoderne, Fiktionalität und Identität änderte sich auch allmählich – zumindest äußerlich – das Bauen. Insbesondere die von der Internationalen Bauausstellung in Berlin (IBA) angestoßene Diskussion zur „Stadtreparatur" sowie der Versuch, anstelle reiner Funktionserfüllung und Wirtschaftlichkeitsberechnung die Bauten durch „Zitate" aus Geschichte, Tradition oder Region zum „Sprechen" zu bringen, führte zu einer Veränderung der baulichen Erscheinung. Die bunte deutsche Architekturszene seit den siebziger Jahren ist teilweise aber auch durch das offene Wettbewerbswesen in der Bundesrepublik begründet. In keinem anderen Land wurden und werden derartig viele wichtige Bauaufgaben an ausländische „Stararchitekten" vergeben wie in der Bundesrepublik. Die Vermarktung von Architektur als Markenzeichen begann in Deutschland mit der Neuen Staatsgalerie in Stuttgart von James Stirling, mit den Neubauten am Frankfurter Museumsufer oder den IBA-Bauten und erreichte im werbewirksam organisierten Architekturfestival der Vitra-Anlagen in Weil am Rhein ihren bisherigen Höhepunkt. Auch diese neuen Wallfahrtsstätten des Architekturtourismus wurden im Architekturführer als Zeichen einer an Namen und Vermarktung orientierten Bauphase dokumentiert.

Insgesamt wird die Architekturentwicklung bis 1995 dargestellt, es wurden aber auch noch Projekte in den Architekturführer aufgenommen, deren Baudurchführung wenigstens begonnen wurde, wie zum Beispiel das Jüdische Museum von Libeskind oder das Ludwig-Erhard-Haus von Grimshaw in Berlin.

Aufbau und Benutzung des Architekturführers

Die Abfolge der Bauten ist innerhalb des Architekturführers mehrfach gegliedert: erstes Ordnungsprinzip sind die 16 Bundesländer, die von Nord nach Süd gereiht sind. Innerhalb der Bundesländer sind die Orte alphabetisch geordnet, innerhalb der Orte folgen die Bauten chronologisch aufeinander, um architektonische Entwicklungen in größeren Städten direkt verfolgen zu können. Eine topographisch quantitative Übersicht ergibt, daß Berlin mit 91 Bauten und Ensembles am stärksten vertreten ist. Dies ist sicher sowohl im Hinblick auf die politische und wirtschaftliche Bedeutung der größten deutschen Metropole, als auch in Anbetracht der dort konzentrierten

Bauaufgaben und der Beschäftigung nationaler und internationaler Spitzenarchitekten gerechtfertigt. Mit kleineren Abständen folgen Nordrhein-Westfalen, Baden-Württemberg und Bayern. Einige kleine Bundesländer wie das Saarland oder Rheinland-Pfalz sind zahlenmäßig eher dürftig vertreten, dieser Mangel an Beispielen wurde nicht zwanghaft ausgeglichen, um die gewählten Kriterien weitgehend gleichmäßig beizubehalten, wenn auch durchaus ersichtlich ist, daß sich der architektonische Stellenwert mancher Bauten erst aus dem Umfeld ergibt. Das heißt, eine Schule kann für Schwerin und ganz Mecklenburg von besonderer architektonischer Bedeutung sein, stünde sie in Berlin, würde sie im Umfeld zahlreicher ähnlicher Bauten weit weniger beachtet werden. Vor der Frage, noch einen weiteren Bau von bereits gut im Architekturführer vertretenen Architekten mit großer Bauproduktion wie Fischer, Bonatz, Böhm, Eiermann oder Behnisch aufzunehmen, oder einen weniger bekannten, für eine Region aber bedeutsamen Bau zu dokumentieren, fiel die Entscheidung mehrfach bewußt für Letzteres.

Dank

Abschließend sei allen gedankt, die bei der Erarbeitung der Texte und der Zusammenstellung der Fotos halfen. Als besonders mühsam und arbeitsintensiv erwies sich die Bildbeschaffung. Hier möchten wir an erster Stelle ganz herzlich Herrn Klaus Kinold danken, der großzügig sein gesamtes Fotoarchiv für die Bebilderung zur Verfügung stellte und sogar noch einige Aufnahmen eigens anfertigte. Ebenfalls zu großem Dank verpflichtet sind wir Frau Heike Werner, die mehrere Fotokampagnen für uns durchführte, Herrn Prof. Topfstedt, der für uns Bauten in Sachsen fotografieren ließ, Herrn Prof. Wulf Schirmer, der die Eiermann-Fotos zur Verfügung stellte sowie

Frau Schäche (Landesbildstelle Berlin), dem Rheinischen Bildarchiv Köln, dem Bauhaus-Archiv Berlin und der Staatlichen Bildstelle Hamburg. Herr Dr. Ekkehard Mai vermittelte für uns in Köln; Herr Dr. Ulrich Höhns hat uns für Schleswig-Holstein beraten und Fotografien zur Verfügung gestellt; Frau Regina Prinz half beim Fotonachweis; die studentischen Hilfskräfte Frau Heibl, Herr Haag und Herr Rein trugen Material zusammen; Frau Zaiser organisierte erfindungsreich Adressen und Fotos; viele Architekturbüros, Gemeinden und Stadtarchive unterstützten uns großzügig. Ihnen allen danken wir herzlich.

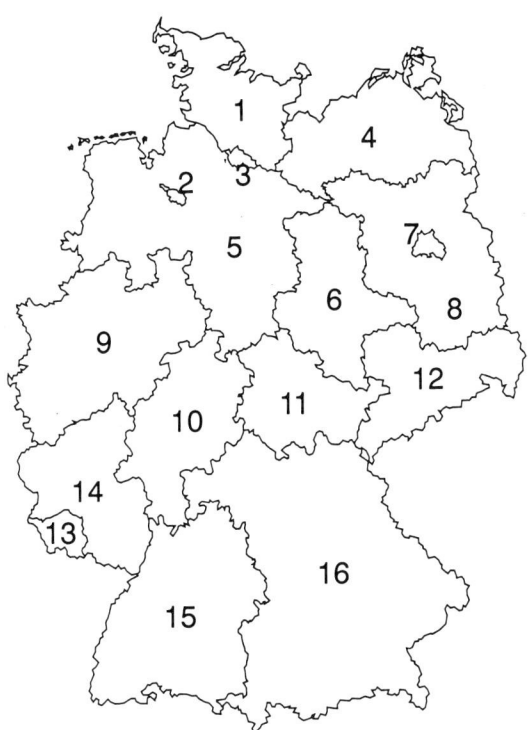

1 Schleswig-Holstein
2 Bremen
3 Hamburg
4 Mecklenburg-Vorpommern
5 Niedersachsen
6 Sachsen-Anhalt
7 Berlin
8 Brandenburg
9 Nordrhein-Westfalen
10 Hessen
11 Thüringen
12 Sachsen
13 Saarland
14 Rheinland-Pfalz
15 Baden-Württemberg
16 Bayern

Schleswig-Holstein

Flensburg
Großhandelshaus Emcona
Schlesviger Straße 66
1930
Georg Rieve
Als landwirtschaftliche Schule des Kreises Flensburg errichtete Dreiflügelanlage in der Formensprache des Neuen Bauens. Die durch das Portal und die Freitreppe des Haupteingangs betonte Symmetrie des Außenbaus steht im Gegensatz zur freien Raumorganisation des Inneren. Die Wirkung der sorgfältig komponierten Ziegelfassade wird durch den Einbau neuer sprossenloser Fenster beeinträchtigt.
Lit.: Architektur in Schleswig Holstein 1900–1980. Neumünster 1980.

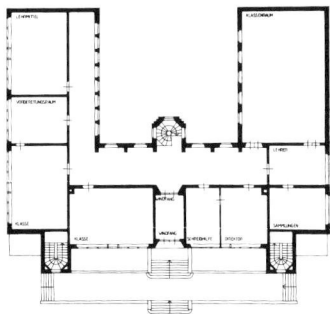

Großhandelshaus
Emcona, Grundriß und
Ansicht

Heikendorf/Kreis Plön
Ferienhaus
Strandweg 48
1931
Rudolf Schroeder
Das direkt an der Kieler Förde gelegene Ferienhaus des Architekten ist mit kabinenartigen Nebenräumen um einen zentralen Aufenthaltsraum gruppiert, der sich zum Meer mit einer überdachten Terrasse öffnet. In Formensprache (Flachdach, Fensterband) und rationalisiertem Grundriß exemplarischer, auch in der NS-Zeit noch mehrfach publizierter Wohnbau des Neuen Bauens. Mit kleinen Veränderungen gut erhalten.
Lit.: Baumeister 1933, S. 324; Moderne Bauformen 1937.

Ferienhaus, Grundriß und Ansicht

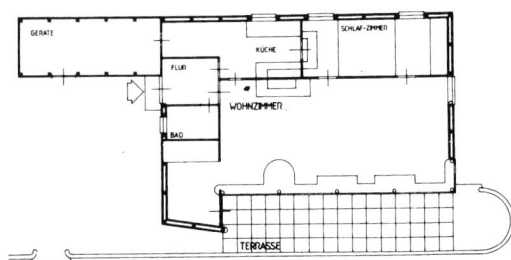

Kiel
Petruskirche
(Wik)
1905–1907
Robert Curjel und Karl Moser
Die beiden Architekten vertraten, ebenso wie der gleichfalls in Karlsruhe arbeitende Hermann Billing, einen monumentalen „Reduktionsstil" mit stark abstrahierten historischen Formelementen und Jugendstileinflüssen. Die evangelische Garnisonkirche mit ca. 1.100 Sitzplätzen ist, vergleichbar Fischers Garnisonkirche in Ulm, ein Saalbau mit eingezogenen Wandpfeilern und Orgelempore. Innen und außen Sichtziegel, offener Holzbohlen-Dachstuhl. Durch Flügelbauten Einbindung in den städtebaulichen Zusammenhang des Militärgeländes (Kasernen, Lazarett).
Lit.: Moderne Bauformen 4/1908, S. 129ff.

Kiel
Rathaus
Rathausmarkt
1907–1911
Hermann Billing
Das auf rechteckigem Grundstück von über 100 m Länge um drei Innenhöfe angeordnete Rathaus bildet, zusammen mit dem Stadttheater und einem Bankgebäude, einen dreiseitig geschlossenen, zur Wasserfläche des Kleinen Kiels offenen Platzraum. Die Repräsentationsräume hinter der Hauptfassade am Neumarkt sind in der Fassade durch Werksteinverkleidung gegenüber den anderen, klinkerverkleideten Bauteilen hervorgehoben. Der von der Straßenfront abgerückte, in der Achse des Haupteingangs stehende Turm entstand in formaler Anlehnung an den Campanile von San Marco in Venedig.
Lit.: Moderne Bauformen 1912, S. 57ff.

Kiel
Ehem. Speicher der Firma Sartori & Berger
Wall 49–51
1925–1926
Ernst Stoffers
Das als Stahlskelett-Konstruktion mit Ziegelfassaden konstruierte Lagerhaus auf keilförmigem Grundstück zwischen Wall und Kaimauer wird durch zurückgesetzte und gestaffelte Wandpartien so-

Petruskirche

Schleswig-Holstein

wie - auf der Hafenseite - durch die Reihung der Ladenluken gegliedert. Trotz moderner Formelemente (Flachdach, horizontal gereihte Fenster, schmuckloses Ziegelmauerwerk) pathetisch-monumental inszenierter Industriebau (vgl. die Eckpylone des zentralen Aufzugsturmes).

Ein weiterer bedeutender Hafenspeicher ist das Rundsilo der Firma Sieck in Eckernförde (Frau-Clara-Straße, 1930-1931, Architekt Heinrich Hansen).

Lit.: Rainer Slotta, Technische Denkmäler in der Bundesrepublik Deutschland, Bochum 1975.

Rathaus, Grundriß und Ansicht

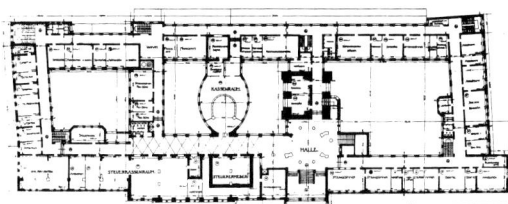

Ehem. Speicher der Firma Sartori & Berger

Kiel
Arbeitsamt
Platz der Republik
1928–1929
Willy Hahn, Rudolf Schroeder

An den Kopfenden des 105 m langen und 15 m breiten Gebäudes liegen die Eingänge und Treppenhäuser, dazwischen, parallel nebeneinander gereiht, die Erschließungsflure sowie Warte- und Schalterräume. Diese Anordnung ermöglicht die behördeninterne Verbindung zwischen den Schaltern und die flexible Einteilung der Trennwände zwischen den nach Berufsgruppen gegliederten Warteräumen. Später um ein viertes Geschoß aufgestockt. Fassaden mit Klinkermauerwerk, runde Glassteinwände an den Stirnseiten der Treppenhäuser. Klare Anlage in konsequent moderner Formensprache, bis heute unverändert in Benutzung.

Lit.: Wasmuths Monatshefte für Baukunst und Städtebau 1931. S. 25f.

Arbeitsamt

Gegenüber:
Stadttheater, Grundriß
und Fassade

Lübeck
Stadttheater
Beckergrube
1907–1908
Martin Dülfer

Lit.: Dieter Klein, Martin Dülfer – Wegbereiter der deutschen Jugendstilarchitektur, München 1981.

Anstelle eines aus Sicherheitsgründen abgerissenen Vorgängerbaus wurde das Theater in einer Baulücke mit vorgelagertem, gesondert erschlossenem Saalbau errichtet. Das Hauptfoyer im 1. Obergeschoß konnte wechselnd dem Saalbau oder dem Theater zugeschlagen werden. Aufgrund des späteren Umbaus der Säle in Kammmerspiele und Studiobühne ist die reiche Ausstattung nur zum kleinen Teil erhalten. Monumentaler, wegen mangelnder Einfügung in das Stadtbild (Werksteinfassade an der Beckergrube) auch vielfach kritisierter Jugendstilbau. Zurückhaltende Ziegelfassade an der Rückseite (Fischergrube).

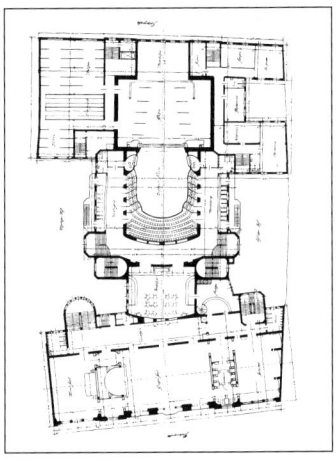

Lübeck
Holstentorhalle
Holstentorplatz
1924–1926
Bauamt Lübeck (Friedrich Wilhelm Virck)
Anläßlich der 700-Jahrfeier der Reichsfreiheit Lübecks entstand eine eingeschossige, mit einer Spitztonne überwölbte Ausstellungshalle als südlicher Abschluß des Holstentorplatzes. 14 Dreigelenkrahmen in Holzverbundkonstruktion überspannen die 18 m breite, an den Stirnseiten durch zweigeschossige Nebenraumzonen abgeschlossene Halle. Historisierende Motive (Staffelgiebel an den Stirnseiten) und Ziegelfassade binden die im Inneren offen gezeigte Ingenieurkonstruktion in die Hanse-Tradition der Stadt ein. Heute als Sporthalle genutzt.
Lit.: Deutsche Bauzeitung 1927, S. 313 ff.

Scharbeutz-Klingberg
Gut Garkau
Am Pönitzer See
1924–1925
Hugo Häring
Von einer geplanten landwirtschaftlichen Anlage mit Wohnhaus wurden nur der Rinderstall und die Scheune verwirklicht. Die genaue Ausformung des Rinderstalls entsprechend den Nutzungsanforderungen und Bewegungsabläufen verdeutlicht exemplarisch Härings Auffassung vom „organhaften" Bauen. Dagegen ist die Scheune ein frei nutzbarer, mit einem hölzernen Rautenwaben-Gewölbe (Zollinger-System) überspannter Raum. Nach der Umstellung des Betriebs auf Schweinezucht konnte der vom Abbruch bedrohte Rinderstall durch Umbau in eine Schweinemast-Anlage erhalten werden. Die über reine Zweckerfüllung hinausgehende gestalterische Umsetzung praktischer Forderungen (z.B. die Trennung von Belichtung und Belüftung in Fensterband und Lüftungsschlitz) und materialgerechte Konstruktionen machten das Gut Garkau zu einem vielpublizierten Gründungsbau der modernen Architektur in Deutschland.
Lit.: Jürgen Joedicke, Heinrich Lauterbach, Hugo Häring, Schriften, Entwürfe, Bauten, Stuttgart 1965; Sabine Kremer, Hugo Häring – Wohnungsbau, Theorie und Praxis, Stuttgart 1984; Deutsche Bauzeitung 7/1988, S. 74 f.

Schleswig-Holstein

Holstentorhalle, Außen- und Innenansicht

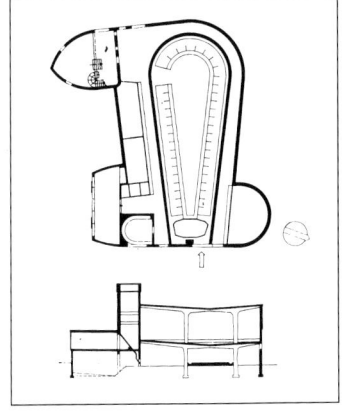

Gut Garkau, Grundriß, Schnitt und Ansicht

Bremen

Böttcherstraße
1924–1931
Bernhard Hoetger, Runge & Scotland, Karl von Weihe
Wiederaufbau 1945–1954: Max Säume, Günter Hafemann, Hans Köther

Der Bremer Kaufmann Ludwig Roselius übernahm das Gelände an der Böttcherstraße in Erbpacht und ließ die zwischen Marktplatz und Weser zentral gelegene Fläche nach seinen Vorstellungen von verschiedenen Architekten neu bebauen. Neben zumeist kommerziellen Zwecken dienenden Gebäuden in historisierender Formensprache entstanden nach dem Entwurf des Worpsweder Künstlers Bernhard Hoetger das Paula-Modersohn-Becker-Haus, ein in expressionistischer Ziegelarchitektur gestaltetes Museum mit Werkstätten um einen Innenhof, und das Atlantishaus, eine Stahl-Glas-Skelettkonstruktion, deren Fassade als einziger Bauteil des Ensembles nach dem Zweiten Weltkrieg nicht wiederaufgebaut und von Ewald Mataré 1965 in Ziegeln neu gestaltet wurde. Trotz eines Bauprogramms mit völkisch-nationalistischem Hintergrund wurde die Baugruppe von den Nationalsozialisten abgelehnt, aber angeblich auf Hitlers Anweisung als „abschreckendes Beispiel" erhalten.

Lit.: Eugen Thiemann (Hrsg.), Bernhard Hoetger, Worpswede 1990.

Böttcherstraße, Ansicht und Paula-Modersohn-Becker-Haus (Foto 1930)

Wohnanlage Bismarckstraße
Bismarckstraße 108–126
1929–1930
Willi Berg, Max Paasche

Die gewerkschaftseigene Deutsche Wohnungsfürsorge AG errichtete als exemplarische Anlage des Neuen Bauens diese erste Zeilenbausiedlung in Bremen mit 320 Wohnungen, die als „modernster Wohnblock Deutschlands" gefeiert wurde. Die flachgedeckten kubischen Blöcke waren zur Entstehungszeit als „Stilwidrigkeit" in einem vornehmen Wohnviertel heftig umstritten. Nach Kriegsschäden wurde die Siedlung 1949–1950 wiederaufgebaut. Bei einer Sanierung 1980 wurden die um die Gebäudeecken gezogenen Rundbalkone abgerissen, inzwischen aber wieder neu errichtet.

Lit.: Der Architekt 3/1982, S.110; Manfred Schomers, Architektur in Bremen und Bremerhaven, Bremen 1988.

Wohnanlage Bismarckstraße, Ansichten

Warenhaus Karstadt
Obernstraße 5–19
1930–1932
Behrens & Neumark
Für den Bau des Kaufhauses wurden große Flächen mit alter Bausubstanz in der historischen Altstadt abgeräumt. Die Stahlbetonskelettkonstruktion mit Natursteinverkleidung erhält durch strenge Reihung vertikaler Pfeiler ein monumental-klassizistisches Erscheinungsbild. Da das ähnliche, aber wesentlich größere Pendant, der Kaufhof in Berlin am Hermannplatz, zerstört ist, vermittelt der Bremer Bau eine Vorstellung vom Anspruch und Ausdruck dieser „Konsum-Tempel" der zwanziger Jahre.
Lit.: Manfred Schomers, Architektur in Bremen und Bremerhaven, Bremen 1988.

Goliath-Werke
Hastedter Osterdeich/Malerstraße (Hastedt)
1933–1935
Rudolf Lodders
Die für die Automobilfirma Borgward errichtete Werksanlage ist als Ensemble moderner Stahlskelettbauten mit großflächigen, teilweise vorgehängten Verglasungen und (zumeist verputzter) Mauerwerksausfachung ausgeführt. Ein geschwungenes zweigeschossiges Betriebsgebäude mit hofseitig vorgestellten Treppenhäusern schirmt Innenhof und Werkshallen von der Erschließungsstraße ab. Die im Krieg zum Teil zerstörte Anlage wurde mit geringfügigen Änderungen 1948 ebenfalls von Lodders wiederaufgebaut. Eines von zahlreichen Beispielen moderner Industriearchitektur im Nationalsozialismus.
Lit.: Rudolf Lodders, Bauten 1931–1961, Hamburg 1962; Olaf Bartels (Hrsg.), Rudolf Lodders, Hamburg 1989.

Generalkonsulat der USA
Präsident-Kennedy-Platz 1
1952
Skidmore, Owings & Merrill (SOM) mit Otto Apel
Die Generalkonsulatsbauten der USA nach dem Zweiten Weltkrieg bildeten einen Re-Import moderner Architektur Miesscher Prägung nach Deutschland. Das Bremer Konsulat, ein travertinverkleideter Stahlskelettbau mit eingespannten Mittelstützen und Pendelstützen an den Längsseiten ist als dreigeschossiger Bürotrakt über offenem Erdgeschoß aufgeständert. Die Neben- und Versorgungsräume befinden sich in einem quer in die Erdgeschoßhalle eingeschobenen Flachbau.
Lit.: Architektur von SOM 1950–1962, Stuttgart 1962.

Bremen

Warenhaus Karstadt

Goliath-Werke

Generalkonsulat der USA

Wohnbauten für Beamte des Generalkonsulats der USA
Marcusallee
1953
Skidmore, Owings & Merrill (SOM) mit Otto Apel

Die auf parkartigem Grundstück errichtete Wohnanlage besteht aus zwei parallelen, im Grundriß identischen dreigeschossigen Laubenganghäusern in Stahlbeton-Skelettbauweise mit verglasten Treppenhäusern an den Stirnseiten. Trotz der zumeist bei Kleinwohnungen angewandten Laubengangerschließung entstanden ungewöhnlich große Vierzimmerwohnungen mit ökonomischen Grundrissen. Die aus Gründen der Energieersparnis statt der ursprünglichen Stahlfenster eingesetzten Fenster aus Holz vergröbern die Erscheinung der Südfassade.

Lit.: Architektur von SOM 1950–1962, Stuttgart 1962.

Stadthalle
Bürgerweide (Schwachhausen)
1955–1964
Roland Rainer mit Max Säume und Günter Hafemann

Die asymmetrische Anlage des formbestimmenden Dachtragwerks resultiert aus der städtebaulichen Situation, die eine Hauptschauseite und die Erschließung auf der dem Stadtzentrum zugewandten Südseite nahelegte. Die Stahlbeton-Unterkonstruktion der Tribünen bildet im oberen Bereich weit zurückgelehnte Pylone für ein Hängedach aus betonummantelten Stahlseilen (100 m Spannweite). Auf der Südseite sind zwischen die Pylone Treppen eingespannt. Betonoberflächen und Heizungsinstallationen der 7.000 Personen fassenden Halle sind offen gezeigt. Trotz expressiver Geste ist die Konstruktion allein aus den statischen Bedingungen entwickelt und in ihrem Kräfteverlauf ablesbar.

Lit.: Peter Kann, Roland Rainer: Bauten, Schriften und Projekte, Tübingen 1965.

Stadthalle, Schnitt

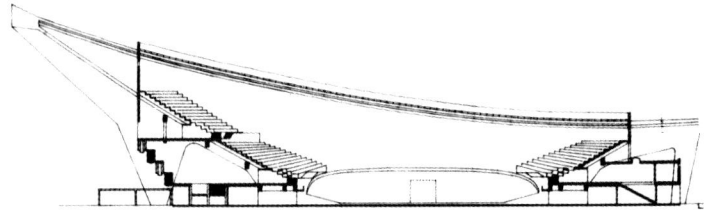

Bremen

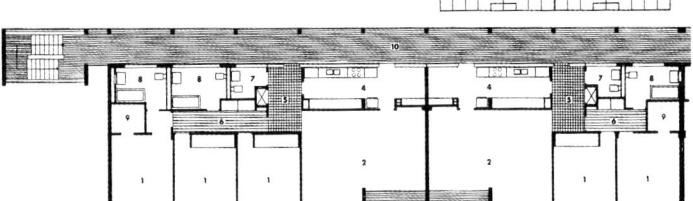

Wohnbauten für Beamte des Generalkonsulats der USA, Grundriß und Ansicht

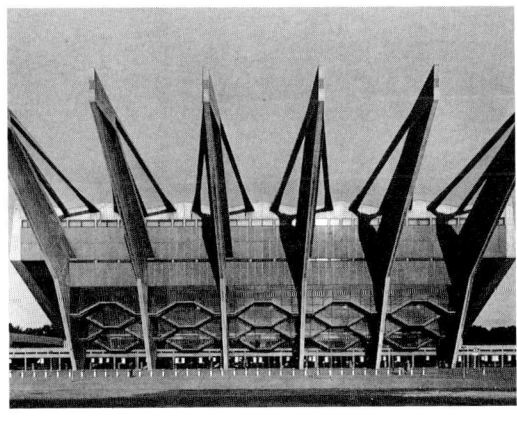

Stadthalle, Ansicht

Bremen

Großsiedlung Neue Vahr
1958–1962
Ernst May, Hans Bernhard Reichow, Max Säume, Günter Hafemann (Städtebauliche Planung), Alvar Aalto (Wohnhochhaus Berliner Freiheit)

Fünf durch Grünzüge voneinander getrennte Nachbarschaften um je eine Grundschule bilden eine Trabantenstadt mit insgesamt ca. 10.000 Wohneinheiten, die meisten davon als Geschoßwohnungen in fünf- bis achtgeschossigen Zeilen. Träger dieser neuen Wohnstadt war die gewerkschaftseigene Neue Heimat, die seinerzeit größte Wohnbaugesellschaft Europas. Den Mittelpunkt der nach dem Prinzip der Funktionstrennung unter dem Primat der Verkehrsführung angelegten Großsiedlung bildet ein Ladenzentrum, das von dem weithin sichtbaren Wohnhochhaus Aaltos als städtebaulicher Dominante markiert wird. Das Hochhaus besteht aus einer Erschließungszone auf der Nordseite und den fächerförmig davon ausgehenden 1- bis 2-Zimmerwohnungen, bei denen die schmälere innere Zone die Nebenräu-

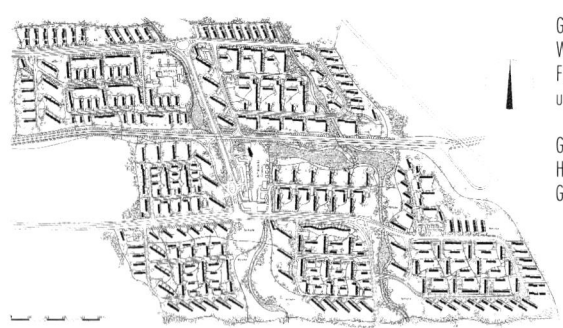

Großsiedlung Neue Vahr, Wohnhochhaus Berliner Freiheit, Gesamtansicht und Lageplan

Gegenüber:
Haus der Bürgerschaft, Grundriß und Ansicht

me, der äußere Bereich Wohn- und Schlafräume mit Balkon aufnimmt. Zur Entstehungszeit als größte Baustelle der Bundesrepublik und anschließend als Mustersiedlung gefeiert.
Lit.: Justus Buekschmitt, Ernst May: Bauten und Planungen, Stuttgart 1963; Hans Girsberger (Hrsg.), Alvar Aalto, Zürich 1963; Göran Schildt, Alvar Aalto – A Life's Work, Helsinki 1994.

Haus der Bürgerschaft
Am Markt
1962–1969
Wassili Luckhardt

Das Haus der Bürgerschaft – Landtag des Bundeslandes Bremen – wurde anstelle des im Zweiten Weltkrieg zerstörten Börsengebäudes inmitten eines weitgehend intakten historischen Ensembles (Dom, Rathaus, Schütting) errichtet. Das Konstruktionsprinzip – tragendes Stahlbetonskelett mit nichttragendem Ausbau – wird mit eingehängten Scheiben und vorgehängter Glasfassade demonstrativ vorgeführt. Der erst nach mehreren Wettbewerbsstufen realisierte Bau ist in Traufhöhe und Fassadengliederung auf die umgebende Bebauung bezogen und galt bei vielen Architekten, trotz heftiger Kontroversen unter der Bürgerschaft während der Planungszeit, bei der Fertigstellung als vorbildlich für neues Bauen in einem historischen Ensemble. Beispiel für die Vorstellung von reduzierter und transparenter staatlicher Repräsentation in der ersten Nachkriegszeit.
Lit.: Dagmar Nowitzki, Hans und Wassili Luckhardt – Das architektonische Werk, Hamburg 1991.

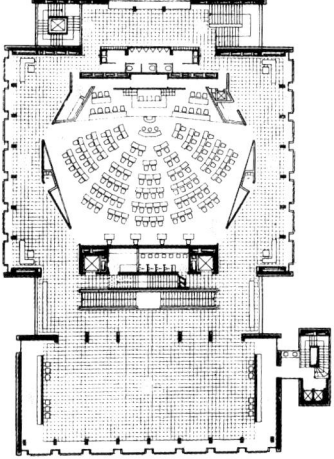

Wohnwasserturm

Am Wohnwasserturm 6 (Bremerhaven)
1926–1927
Stadtbaurat Kunz

Der symmetrische, als Blickpunkt am Ende der nach ihm benannten Straße stehende Wasserturm enthält 24 Wohnungen in den unteren sechs Geschossen, darüber zwei je 750 cbm Wasser fassende Behälter. Der in Stahlbeton-Skelettbauweise erbaute, mit Ziegeln ausgefachte und verkleidete Bau ist in seiner Formensprache (enge Pfeilerreihung, Anwendung spitzwinkliger Dreiecksmotive in Grund- und Aufriß) ein typisches Beispiel des norddeutschen Backstein-Expressionismus. Bei der Sanierung 1969 wurde das ursprüngliche Erscheinungsbild durch sprossenlose Fenster und Glasbausteine im Treppenhaus (statt der originalen Schrägsprossenfenster) beeinträchtigt.

Lit.: Wolfgang Pehnt, Die Architektur des Expressionismus, Stuttgart 1973.

Deutsches Schiffahrtsmuseum

Van-Ronzelen-Straße/Alter Hafen (Bremerhaven)
1969–1972
*Hans Scharoun
mit Helmut Bohnsack*

Das anläßlich der Bergung einer Hansekogge (1962) in Scharouns Heimatstadt erbaute Museum, sein letztes Werk, liegt zwischen Weser und Altem Hafen parallel zum Weserdeich. Außer der südlichen Haupterschließung führt auch eine Fußgängerbrücke vom Deich zur Eingangshalle, an die sich im Norden auf drei Geschossen die vielfach terrassierten Ausstellungsflächen bis hin zum wichtigsten Exponat, der „Bremenkogge", anschließen. Im Außenbau kulminiert die Anlage in der Radarstation, die zusammen mit den vielfach verwendeten Bullaugen-Fenstern dem Bau selbst Schiffsähnlichkeit verleiht.

Lit.: Peter Blundell-Jones, Hans Scharoun – Eine Monographie, Stuttgart 1980; Baumeister 3/1991, S. 59.

Bremen

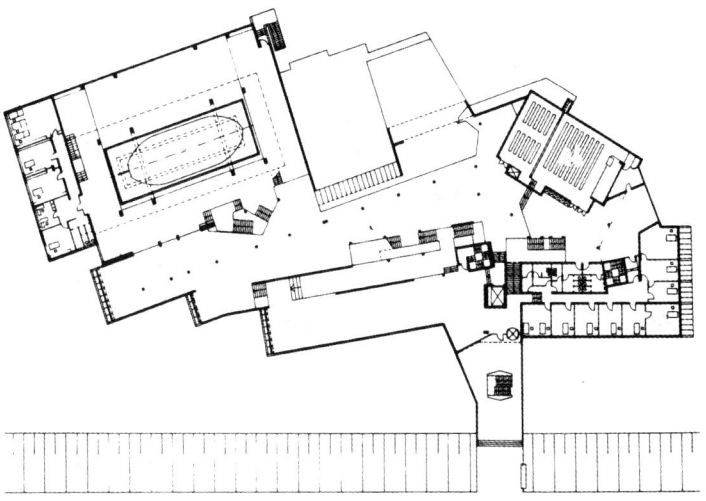

Deutsches Schiffahrtsmuseum, Grundriß und Ansicht

Fachhochschule

An der Karlstadt 8 (Bremerhaven)
1979–1985
Gottfried Böhm mit Georg Adolphi

Nach dem Beschluß, das ehemalige Auswandererhaus aus dem 19. Jahrhundert zu erhalten (eine Massenunterkunft für bis zu 2.000 Personen gleichzeitig, später zu einer Brauerei umgebaut) wurde die in einem Wettbewerb preisgekrönte Planung stark verändert und durch Einsparungen im Raumprogramm erheblich reduziert. Im Ergebnis wird das Auswandererhaus, nun Mensa und Bibliothek, von in Material und Dachform dem Altbau angeglichenen Ziegel-Neubauten umstellt. Alt und Neu sind durch eine Glaspassage miteinander verbunden, ein runder Eckturm dient als Hörsaalgebäude.
Lit.: Baumeister 7/1986, S. 18ff.

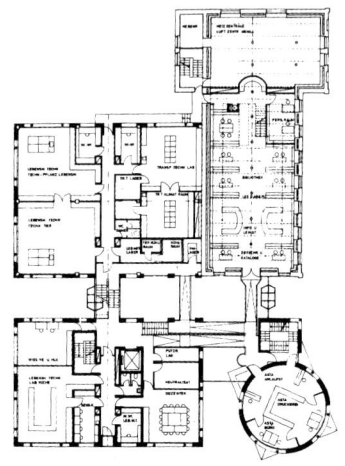

Fachhochschule,
Grundriß und Ansicht

Alfred-Wegener-Institut für Polar- und Meeresforschung

Columbusstraße/Am Alten Hafen (Bremerhaven)
1982–1986
Oswald Mathias Ungers

Die große Anzahl künstlich belichteter Labor-, EDV- und Nebenräume ermöglichte die kompakte Anlage des Forschungsinstituts, das als Kopfbau eines auf zwei Seiten von Straßen umgebenen Häuserblocks den Zugang zur Altstadt markiert. Vom Haupteingang an der Nordseite (dort soll sich später ein 2. Bauabschnitt anschließen) führt die Haupterschließungsachse über zwei Ebenen in die Halbrotunde des Foyers. Wenige Elemente (Schornsteine, offene Stahltreppen, ein runder „Schiffsbug") rufen in einem sonst handwerklich (Ziegelfassade) und geometrisch bestimmten Entwurf Schiffsassoziationen hervor.

Lit.: Oswald Mathias Ungers, Architektur 1951–1990, Stuttgart 1991.

Alfred-Wegener-Institut für Polar- und Meeresforschung

Hamburg

Hanseatisches Oberlandesgericht

Sievekingplatz (Neustadt)
1907–1912
Lundt & Kallmorgen

Im Zuge der Justizreform und der Vereinheitlichung der Gerichtshierarchie (Amts-, Land- und Oberlandesgericht) nach der Reichsgründung 1871 entstand das Justizforum im Bereich der ehemaligen Wallanlagen mit dem hanseatischen Oberlandesgericht (zuständig für Hamburg, Bremen und Lübeck) in der Hauptachse, flankiert von den schon zwischen 1879 und 1903 erbauten Straf- und Ziviljustizgebäuden. Das in der Platzanlage dominierende, in der Justizhierarchie ranghöhere Oberlandesgericht mit zentraler, von einer Kuppel überwölbten Treppenhalle folgt dem Typus des neobarocken, den Machtanspruch des wilhelminischen Staates repräsentierenden Justizpalastes.

Lit.: Zentralblatt der Bauverwaltung 1913, S. 465ff.

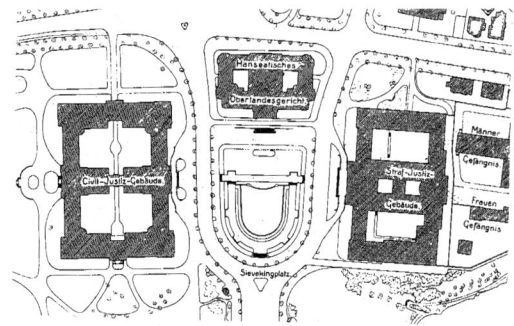

Hanseatisches Oberlandesgericht, Lageplan und Ansicht

Vorlesungsgebäude der Universität

Edmund-Siemers-Allee 1
(Rotherbaum)
1909–1911
Distel & Grubitz

Das Vorlesungsgebäude wurde mit Geldern einer privaten Stiftung für das „Allgemeine Vorlesungswesen", eine Art Volkshochschule, erbaut. Die über quadratischem Umriß um vier Innenhöfe angeordnete Anlage kulminiert in einer zentralen monolithischen Stahlbetonkuppel über dem großen Hörsaal. Die teils mit Naturstein verkleideten, sonst verputzten Fassaden in Formen des süddeutschen Barock bildeten eine Ausnahme im sonst zunehmend vom Sichtziegelbau geprägten Hamburg. Eine schon 1911 geplante Erweiterung kam nicht zur Ausführung. 1919 wurde das Vorlesungsgebäude als Hauptgebäude von der neugegründeten Universität übernommen.

Lit.: Hermann Hipp, Freie und Hansestadt Hamburg: Geschichte, Kultur und Stadtbaukunst, Köln 1990.

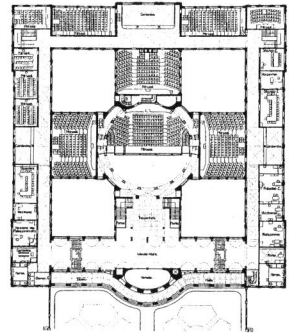

Vorlesungsgebäude der Universität, Grundriß und Ansicht

Hamburg

Erweiterungsbau der Kunsthalle
Glockengießerwall/Ernst-Merck-Straße
1909–1921
Fritz Schumacher, Albert Erbe

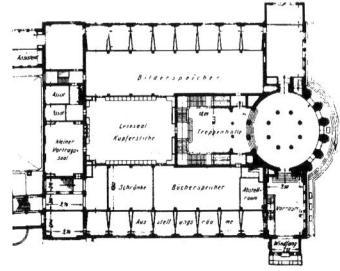

Die 1863–1868 erbaute, und schon 1887 erstmals erweiterte Kunsthalle erfuhr durch den Neubau von 1909 in der Amtszeit ihres Direktors Alfred Lichtwark eine Vergrößerung auf fast das Dreifache. Entsprechend den Vorgaben Lichtwarks erhielten die um den zentralen Innenhof (Lesesaal) angelegten Ausstellungsräume Tageslicht über Laternen statt, wie üblich, durch Glasoberlichter. Die neoklassizistische Formensprache und die dem Pantheon nachgebildete Vorhalle verleihen dem Bau die fast sakrale Würde eines Kunsttempels. Erweiterungsbau durch Oswald Mathias Ungers (1995).

Lit.: Hamburg und seine Bauten, Hamburg 1914.

Erweiterungsbau der Kunsthalle, Grundriß und Ansicht (Foto 1919), Perspektive (1995)

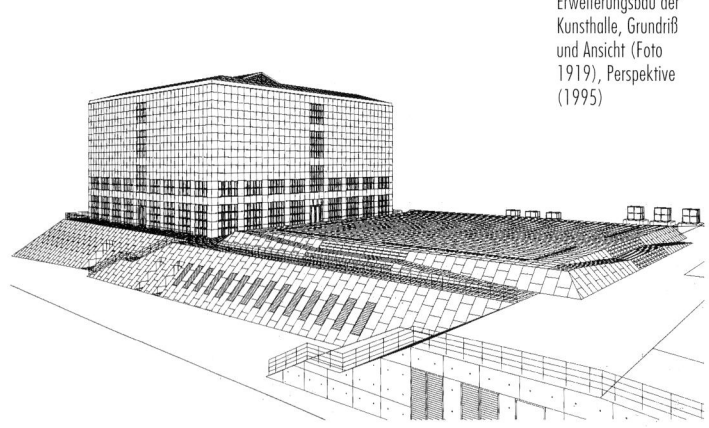

Johanneum
Maria-Louisen-Straße 114
(Winterhude)
1912–1914
Fritz Schumacher

Der Neubau der traditionsreichen, aus dem St.-Johannis-Kloster hervorgegangenen Gelehrtenschule bildet eine dem Kloster in der Anordnung ähnliche Dreiflügelanlage mit erhöhtem Mitteltrakt und offener Loggia auf der Eingangsseite. Eingangshalle, Treppenhäuser, Sporthalle und Aula befinden sich im repräsentativ gestalteten Mitteltrakt. Der neoklassizistische, gut erhaltene Ziegelbau ist trotz weitgehender Symmetrie funktional angelegt: Die Klassenzimmer in den Seitenflügeln sind nach Süden orientiert, so daß die Flurerschließung einmal auf der Hofseite, einmal auf der Außenseite liegt.

Lit.: H. Frank (Hrsg.), Fritz Schumacher – Reformkultur und Moderne, Hamburg 1994.

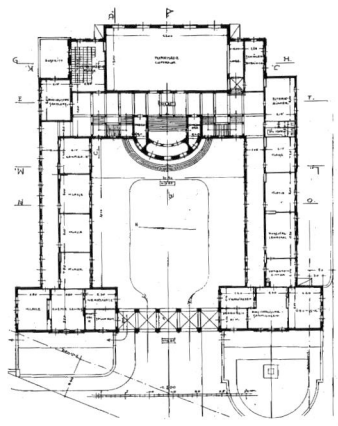

Johanneum, Grundriß und Ansicht

Hamburg

Haus für Hamburgische Geschichte

Holstenwall 39
1914–1923
Fritz Schumacher
Innenhofüberdachung von Gerkan, Marg & Partner mit Jörg Schlaich

Der um einen Innenhof angelegte, winkelförmige Ziegelbau steht auf den Grundmauern einer Bastion der früheren Wallanlagen inmitten des Stadtparks. Im Gegensatz zur neoklassizistischen, ebenfalls von Schumacher entworfenen Kunsthalle am Glockengießerwall ist dieses der Stadtgeschichte gewidmete Museum stark der hanseatischen, durch Einbau von historischen Fragmenten am Bau selbst dokumentierten Bautradition verpflichtet. Als Witterungsschutz wurde der Innenhof 1989 mit einer leichten Membran aus Einscheiben-Sicherheitsglas auf einer Stahlunterkonstruktion mit Diagonalabspannungen überdacht.

Lit.: Meinhard von Gerkan, von Gerkan, Marg & Partner 1988–1991, Basel/Berlin/Boston 1995².

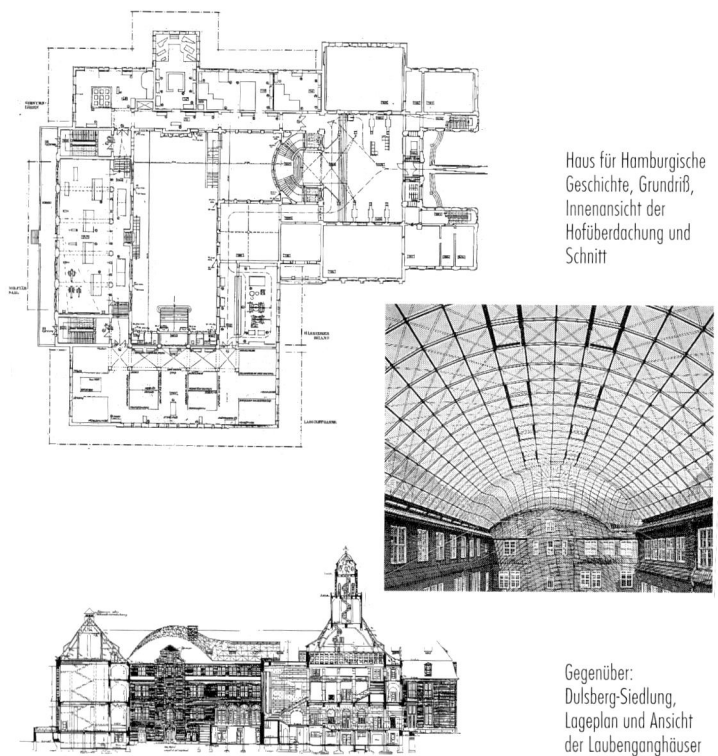

Haus für Hamburgische Geschichte, Grundriß, Innenansicht der Hofüberdachung und Schnitt

Gegenüber:
Dulsberg-Siedlung,
Lageplan und Ansicht
der Laubenganghäuser

Fritz Schumacher und der Hamburger Wohnungsbau in der Weimarer Republik 1919–1933

Schumacher, 1909–1933 Stadtbaurat von Hamburg, trat zuerst mit öffentlichen Bauten, nach dem Ersten Weltkrieg auch durch Einflußnahme auf die Stadtplanung hervor. Auf zumeist innerstädtischen Flächen wurden bis 1933 65.000 Wohnungen vorwiegend als Massenwohnungsbau für kleine Einkommen erbaut, bezogen auf die Bevölkerungsanzahl mehr als in Berlin und Frankfurt. Das weiterhin vorherrschende Prinzip der Blockrandbebauung und die Sichtziegelbauweise führten zu einem, trotz der Gegensätze zwischen traditionellen und progressiven Architekten, vergleichsweise homogenen Erscheinungsbild der neuen Siedlungsbereiche.

Lit.: Werner Kallmorgen, Fritz Schumacher und Hamburg, Hamburg 1961; Hermann Hipp, Wohnstadt Hamburg, Hamburg 1982; Gert Kähler, Wohnung und Stadt: Hamburg – Frankfurt – Wien, Modelle sozialen Wohnens in den zwanziger Jahren, Berlin 1985; H. Frank (Hrsg.), Fritz Schumacher – Reformkultur und Moderne, Hamburg 1994.

Dulsberg-Siedlung
Alter Teichweg/Eulenkamp/ Straßberger-/Krausestraße
1919–1931
Fritz Schumacher (Bebauungsplan), Paul A. R. Frank u.a.

Der Bebauungsplan Schumachers für das Dulsberggelände ersetzte eine Planung aus dem 19. Jahrhundert und wurde in mehreren Abschnitten beiderseits eines ca. 60 m breiten Grünstreifens realisiert. In den späteren Baupha sen löste Zeilenbauweise die von Schumacher bevorzugte Blockbebauung ab. Am westlichen Eingang der Siedlung (Krausestraße) steht die von Schumacher auf viertelkreisförmigem Grundriß errichtete Grundschule (heute Gymnasium). Wegweisend im Wohnungsbau waren die viergeschossigen Frankschen Laubenganghäuser mit paarweise zusammengefaßten Erschließungszonen und Läden im Erdgeschoß der zur Straßenseite hin abgerundeten Zeilenköpfe.

Jarrestadt/Jarrestadt-Erweiterung. Schule Meerweinstraße Versuchssiedlung am Wiesendamm

Jarrestraße/Glindweg/Semperstraße
Wiesendamm (Winterhude)
1926–1931
Fritz Schumacher, Karl Schneider, Paul A.R. Frank, Friedrich Ostermeyer u.a.

Die von Schumacher vorgegebene Straßenführung und Blockbebauung der Jarrestadt garantierte eine einheitliche Bebauung auch nach Aufteilung der einzelnen Blöcke unter verschiedenen Architekten. Ein Grünzug mündet in den von Schneider entworfenen zentralen quadratischen Block von 100 m Seitenlänge. Umlaufende weiße Balkone fassen den Innenhof zu einer – wohl auch als Architektursymbol intendierten – Einheit zusammen. Das Zentrum der in fast barocker Weise axial angelegten Jarrestadt-Erweiterung bildet die Schule an der Meerweinstraße, ein Stahlbeton-Rasterbau mit Ziegelausfachung, Schumachers am stärksten dem Neuen Bauen verpflichtetes Bauwerk. Am östlichen Rand des Jarrestadt-Quartiers entstanden als Versuchsbauten paarweise angelegte Wohnzeilen, die je einmal in Stahl- und Stahlbeton-Skelettbauweise errichtet wurden, darunter auch zwei Laubenganghäuser von Paul Frank.

Wohnblock Habichtstraße

Habichtstraße 116–118 (Barmbek)
1927–1928
Karl Schneider mit Willi Berg und Max Paasche

Zwei Wohnblöcke mit unregelmäßigem Grundstückszuschnitt sind durch geschlossene Blockrandbebauung mit Dreispänner-Wohnungen umbaut, einer zur Erbauungszeit wegen fehlender Querlüftungsmöglichkeit der mittleren Wohnung seltenen Bebauungsform. An der westlichen Einmündung der Durchfahrtsstraße bilden flankierende Zeilenköpfe mit Ladenbauten im Erdgeschoß eine symmetrische Torsituation, die den Ausblick auf die raumabschließende, beide Blöcke verbindende östliche Straßenüberbauung rahmt.

Jarrestadt/Jarrestadt-Erweiterung, Luftaufnahme

Gegenüber links unten: Schule Meerweinstraße

Hamburg

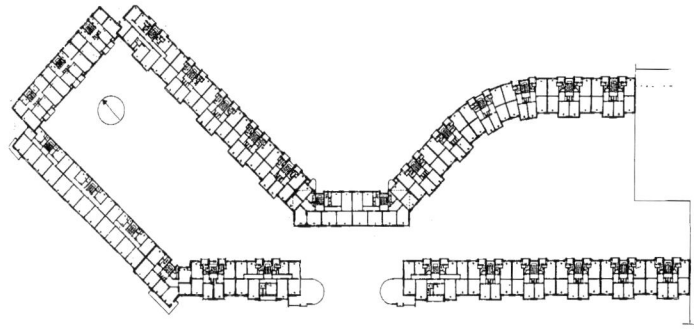

Wohnblock
Habichtstraße, Grundriß
und Ansichten

Chilehaus
Burchardplatz 1–2
1921–1924
Fritz Höger

Durch die Zusammenlegung von zwei Baublöcken entstand ein zehngeschossiges, aus baurechtlichen Gründen in den oberen Geschossen zurückgestaffeltes Kontorhaus mit 36.000 qm Nutzfläche. Der durch Überbauung der Durchfahrtsstraße entstandene mittlere Hof dient als Hauptanlieferungs- und Erschließungsfläche. Gleichförmige, durch Lisenen vertikal gegliederte Fensterachsen (mit allein 2.800 gleichen Fenstern in den Normalgeschossen) fassen den Baukörper vereinheitlichend zusammen. Die Besonderheiten des unregelmäßigen Grundstückszuschnitts sind wirkungsvoll inszeniert und gesteigert, insbesondere an der S-förmig geschwungenen Südfassade und der wie ein Schiffsbug geformten östlichen Gebäudekante. Hauptwerk des norddeutschen Backstein-Expressionismus.

Lit.: Hermann Hipp, Hamburger Kontorbäuser, Berlin 1988; Piergiacomo Bucciarelli, Fritz Höger – Hanseatischer Baumeister, Berlin 1992.

Landhaus Michaelsen
Grotiusweg 79 (Blankenese)
1921–1924
Karl Schneider

Zentrum des an einen Hügel angelehnten, auf einem 70.000 qm großen Grundstück errichteten Landhauses mit Blick auf die Elbe ist der viergeschossige Wohnturm, an den sich südlich eine Terrasse, östlich ein Wohntrakt und nördlich der Eingangshof, ursprünglich mit Stallungen, anschließen. Freie Grundrißanlage, Fensterbänder und sprossenlose, gebogene Verglasung machen das im Außenbau weiß geschlämmte Ziegelgebäude zu einer Pionierleistung des Neuen Bauens. Das lange Zeit wenig bekannte Haus wird heute als Puppenmuseum, Galerie und Wohnhaus genutzt.

Lit.: Karl Schneider, Landhaus Michaelsen, Hamburg 1992 (Nachdruck); Robert Koch, Eberhard Pook (Hrsg.), Karl Schneider: Leben und Werk 1892–1945, Hamburg 1992.

Hamburg

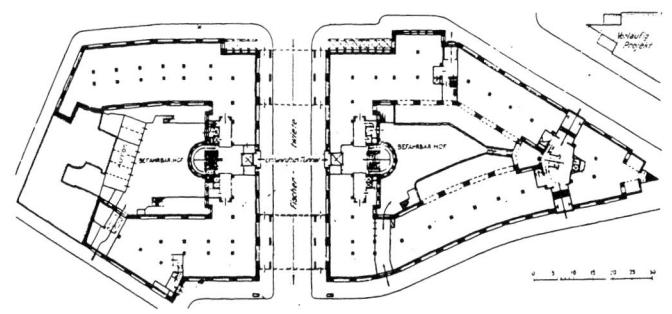

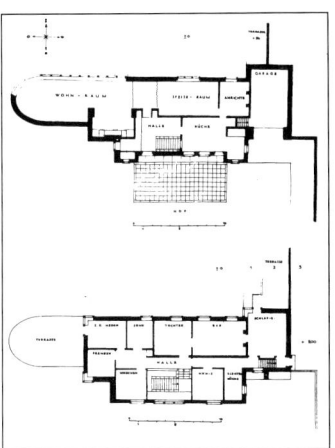

Chilehaus, Grundriß und
Ansicht der Südfassade

Landhaus Michaelsen,
Grundrisse und Ansicht

Wohnhaus Neumann
Cranachstraße 27 (Groß-Flottbek)
1923
Heinz Esselmann, Max Gerntke
Zweigeschossiges, von einem hohen Walmdach dominiertes großbürgerliches Wohnhaus. Trotz expressionistischer Dreiecksformen in Grund- und Aufriß sowie Gauben und Pfeilerverkröpfungen, symmetrisch-ausgewogene, in der Balance horizontaler und vertikaler Tendenzen geradezu klassische Straßenfassade. Innenausstattung teils erhalten. Das benachbarte, ähnliche Wohnhaus Harms von 1923 wurde 1973 abgerissen.
Lit.: Wolfgang Pehnt, Die Architektur des Expressionismus, Stuttgart 1973.

Gustav Oelsner – Wohnungsbau und kommunale Bautätigkeit in Altona 1926–1933
Gustav Oelsner, 1924–1933 Bausenator im sozialdemokratisch regierten Altona, war, wie sein Kollege Schumacher in Hamburg, gleichermaßen für öffentliche Bauten wie für die Stadtplanung zuständig. Anders als dieser gehörte er aber von Anfang an zu den Vertretern des Neuen Bauens, so daß die wichtigsten öffentlichen Bauten der Avantgarde zunächst nicht in Hamburg, sondern im benachbarten, damals noch nicht eingemeindeten Altona entstanden.
Lit.: Christoph Timm, Gustav Oelsner und das neue Altona – Kommunale Architektur und Stadtplanung in der Weimarer Republik, Hamburg 1984.

Wohnquartier Bunsenstraße
Bunsen-/Helmholtzstraße (Ottensen)
1926–1927
Gustav Oelsner
Fünf ost-west-orientierte Zeilen mit flach geneigten Pultdächern und verglasten Ladenbauten an den südlichen Köpfen bilden durch Vor- und Rücksprünge gegliederte Freiräume, die

Wohnhaus Neumann

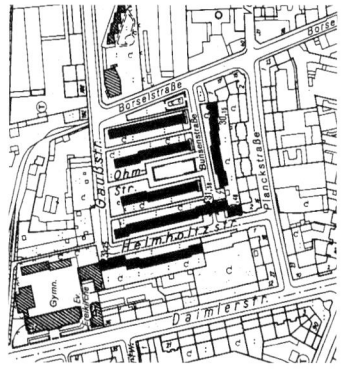

Wohnquartier Bunsenstraße, Lageplan

durch eine senkrecht dazu stehende Zeile an der Bunsenstraße nach Süden räumlich geschlossen werden. Die mit dem (ursprünglich als Bodenraum genutzten) Attikageschoß fünfstöckigen Zeilen sind die ersten Siedlungsbauten des Neuen Bauens im Hamburger Raum. In der NS-Zeit wurden die Attikageschosse zu Wohnungen umgebaut und mit Walmdächern überdeckt.

Arbeitsamt Altona
Kielerstraße 39 (Altona Nord)
1926–1927
Gustav Oelsner
Ein symmetrischer Stahlbeton-Rasterbau mit im Außenbau sichtbarer Rasterkonstruktion und keramikverkleideten Ausfachungen umgibt einen vierseitig umschlossenen Innenhof. Nach dem Zweiten Weltkrieg erweitert. Die ursprünglich mit Kugellampen in Fassadenebene gekennzeichneten Zugänge wurden verändert und mit Vordächern versehen.

Oben:
Arbeitsamt Altona
(Foto 1927)

Wohnquartier
Bunsenstraße, Ansicht

Landessozialamt (Ehem. Schwesternheim)

Max-Brauer-Allee 136 (Altona)
1926–1927
Gustav Oelsner

Das im Grundriß winkelförmige Schwesternhaus wurde aufgrund seiner prominenten Lage und konseqent modernen Formensprache (kubischschmucklose Baukörper, Eckfenster, großflächige Milchglas-Scheiben im Erdgeschoß) zum umstrittenen Gründungsbau der Moderne in Altona. Okkerfarbene, in zwei verschiedenen Formaten vermauerte Klinkerziegel bilden horizontale Fenster- und Brüstungsbänder und harmonieren mit der nüchternen Fassadenwirkung des im Außenbau gut erhaltenen Gebäudes.

Friedrich-Ebert-Hof

Friedensallee/Griegstraße/Otawiweg/
Behringstraße (Ottensen)
1928–1929
Friedrich Ostermeyer

Neben der kommunalen Wohnbautätigkeit unter Oelsner trugen vor allem Genossenschaften den Mietwohnungsbau Altonas in den zwanziger Jahren. Die gewerkschaftseigene „Selbsthilfe" war Bauherrin des in zwei Bauabschnitten nördlich und südlich einer Sportanlage erbauten Friedrich-Ebert-Hofs. Der wegen des schmalen Grundstücks langgestreckte Eingangshof des ersten Bauabschnitts ist durch die Verbreiterung des zentralen Bereichs optisch geweitet und in überschaubare Sequenzen unterteilt. Den nördlichen Abschluß bildet eine von Karl Schneiders Hamburger Wohnbauten entlehnte Straßenüberbauung.

Lit.: Hermann Hipp, Wohnstadt Hamburg, Hamburg 1982.

Berufsschulzentrum Altona

Museumsstraße 16 (Ottensen)
1928–1930
Gustav Oelsner

Gegenüber dem wilhelminischen Rathaus entstand als programmatischer Gegenpol ein Fachschulzentrum zur beruflichen Förderung der Arbeiterjugend, das größte städtische Bauvorhaben der Stadt Altona während der Weimarer Republik. Durch den Hauptein-

Landessozialamt (ehem. Schwesternheim)

gang wird axial die große Aula/Versammlungshalle erschlossen, die das Raumprogramm der Schule zum Kulturzentrum erweitert und heute als Spielort für das Altonaer Theater dient. Die von außen ablesbare Stahlbeton-Rahmenkonstruktion ist weitgehend verglast und im Brüstungsbereich mit Kupferblech verkleidet. Verschmutzung und neue Fenster beeinträchtigen heute das Erscheinungsbild.

Lit: Christoph Timm, Gustav Oelsner und das neue Altona – Kommunale Architektur und Stadtplanung in der Weimarer Republik, Hamburg 1984.

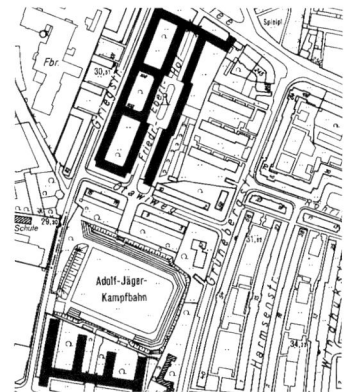

Friedrich-Ebert-Hof, Lageplan und Ansicht

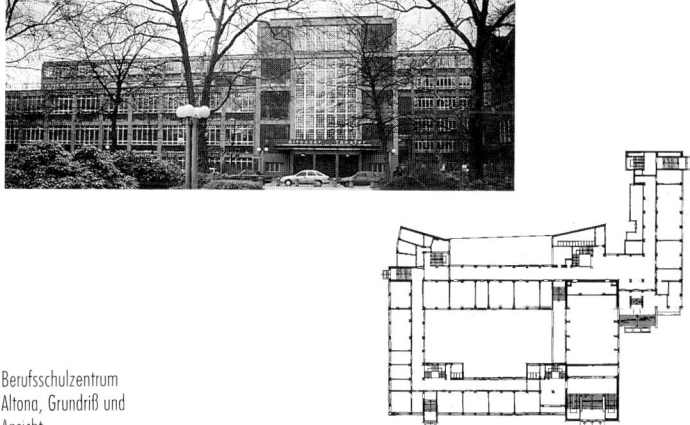

Berufsschulzentrum Altona, Grundriß und Ansicht

Hamburg

Karl-Schneider-Turnhalle Farmsen
(Farmsen)
1927–1928
Karl Schneider

Die auch für Veranstaltungen nutzbare Turnhalle, Erweiterung einer von Fritz Höger 1909–1910 errichteten Gemeindeschule, ist ein freistehender, zur Querachse symmetrischer Baukörper mit Nebenräumen an den Stirnseiten und Pfeilervorhalle an der südlichen Längsseite. Auf der Südseite liegt auch (in der Symmetrieachse) der Haupteingang für Veranstaltungen. Die als Stahlbeton-Rahmenkonstruktion mit flachem Dach ausgeführte Halle, eines der bedeutendsten Beispiele des Neuen Bauens in Norddeutschland, wurde 1992 in ihrer ursprünglichen kräftigen Farbgebung wiederhergestellt.

Lit.: Robert Koch, Eberhard Pook (Hrsg.), Karl Schneider: Leben und Werk 1892–1945, Hamburg 1992.

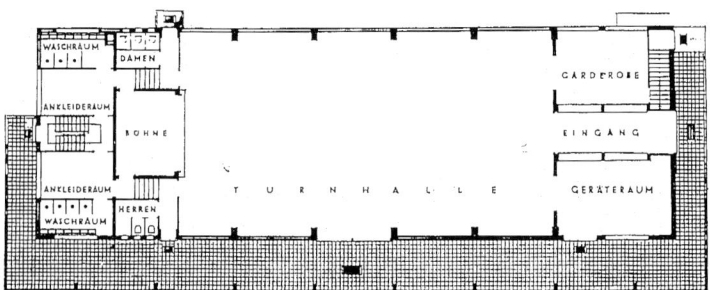

Karl-Schneider-Turnhalle Farmsen, Grundriß und Ansicht

Haus Römer
Ernst-August-Straße 39 (Othmarschen)
1927–1928
Karl Schneider

„Ein in der Landschaft verankertes Villenschiff" nannte H. de Fries diese ebenso elegante wie anspruchsvolle Villa mit halbkreisförmigem Wohnraum und darüberliegender schiffsdeckartiger Terrasse. Die einzelnen Funktionsbereiche sind als Baublöcke voneinander getrennt und durch Materialwechsel konturiert. Von der ursprünglich aufwendigen, durchgängig von Schneider entworfenen Innenausstattung sind nur noch Reste erhalten. Exemplarischer Bau, in dem die Ideen des Neuen Bauens individuell und gekonnt variiert werden. Ebenso bedeutsam ist das Haus Bauer (Duvenstedter Driftweg 84, Hamburg-Wohldorf), das Schneider 1925–1928 errichtete.

Lit.: Robert Koch, Eberhard Pook (Hrsg.), Karl Schneider: Leben und Werk 1892–1945, Hamburg 1992.

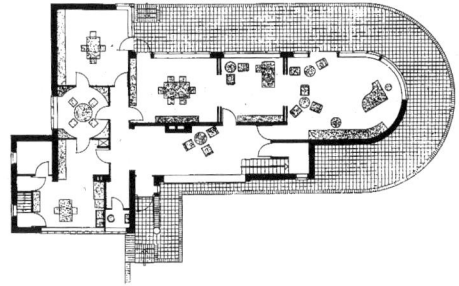

Haus Römer, Grundriß und Ansicht

Sprinkenhof
Burchardstraße 6–14
1927–1928, 1930–1932, 1939–1943
Fritz Höger, Hans und Oscar Gerson
Von dem, wie das Chilehaus über zwei Baublöcke um drei Innenhöfe angelegten Kontorhaus wurde zunächst, nach gemeinsamem Wettbewerbserfolg von Höger und den Brüdern Gerson, nur der Mittelteil errichtet. Dieser im Grundriß annähernd quadratische Baublock ist mit netzförmigem Backsteinornament überzogen und wurde in zwei weiteren Bauabschnitten später von Höger allein in schlichterer Form erweitert. Im symmetrischen Innenhof des zentralen Blocks befindet sich ein plastisch vorgewölbter Treppenturm.
Lit.: Piergiacomo Bucciarelli, Fritz Höger – Hanseatischer Baumeister, Berlin 1992.

Villa und Verwaltungsgebäude Reemtsma
Parkstraße 51 (Othmarschen)
1930, 1953
Martin Elsässer, Godber Nissen
Die repräsentative, weitläufig luxuriöse Reemtsma-Villa in den Formen des Neuen Bauens des Frankfurter Baudirektors Elsässer wurde im Zuge der Nachkriegsneubauten für die Betriebsverwaltung von G. Nissen in ein Casino umgebaut.
Lit.: Martin Elsässer, Wohnhäuser – Wohnräume, Berlin 1933; Anke und Volkwin Marg, Hamburg – Bauen seit 1900, Hamburg o.J.

Polo-Club
Jenisch-/Polostraße (Klein-Flottbek)
1930–1931
Bensel, Kamps und Amsinck
Die langgestreckte, weiß verputzte Anlage evoziert mit weit auskragendem Flachdach, vorspringendem, halbkreisförmigem Restaurantraum und relingartigem Treppengeländer die typischen Schiffsmotive des Neuen Bauens.
Vergleichbar ist das gleichzeitig errichtete, allerdings heute etwas veränderte Falkenstein Golfclubhaus von Elingius und Schramm (In de Bargen, Hamburg-Blankenese).
Lit.: Moderne Bauformen 1932, S. 504ff.

Hamburg

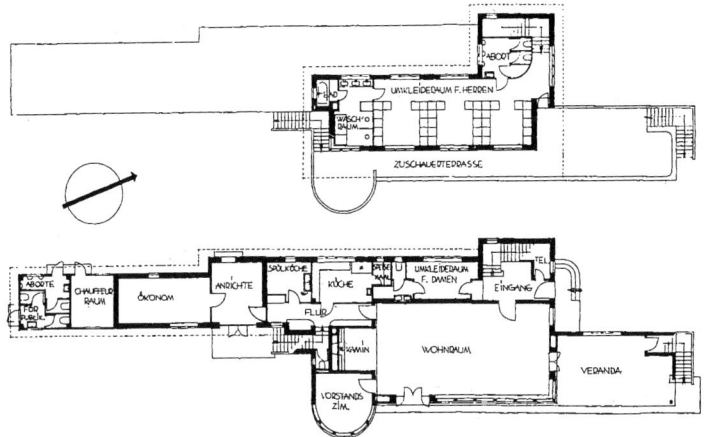

Polo-Club, Grundrisse und Ansicht

Villa und Verwaltungsgebäude Reemtsma

Krematorium Ohlsdorf
Hauptfriedhof Hamburg-Ohlsdorf
1930–1933
Fritz Schumacher
Die symmetrische Dreiflügelanlage öffnet sich zu einer großen, über eine Freitreppe erschlossenen Terrasse. Die Baugruppe wird von der größeren der beiden Feierhallen dominiert, die, 500 Personen fassend, von Parabelbögen getragen und durch farbige, 9 m hohe Fenster belichtet wird. Die Verbrennung findet im Untergeschoß statt. Kamin und Altarnische der großen Feierhalle bilden einen turmartigen Abschluß der Hauptachse. Ziegelverkleideter, feierlicher Monumentalbau mit Formelementen des Neuen Bauens.

Lit.: Fritz Schumacher, Die Feuerbestattung, Leipzig 1939 (Handbuch der Architektur IV, Hbd. 8); H. Frank (Hrsg.), Fritz Schumacher – Reformkultur und Moderne, Hamburg 1994.

Grindelhochhäuser
Grindelberg (Harvestehude)
1946–1956
Bernhard Hermkes, Rudolf Lodders, Rudolf Jäger, Hermann Zess, Albrecht Sander, Fritz Trautwein, Ferdinand Streb u.a.
Ursprünglich als Siedlung für Angehörige der britischen Besatzungsmacht in Hamburg geplant, wurde das Projekt von der gemeinnützigen Wohnungsbau-Gesellschaft SAGA übernommen und als Hochhausanlage mit 2.120 Wohnungen auf dem Gelände eines im Krieg zerstörten gründerzeitlichen Wohnviertels fertiggestellt. Zwölf ost-west-orientierte Hochhauszeilen mit Läden, Gemeinschaftseinrichtungen und Büros in den unteren zwei Geschossen wurden als Stahl- bzw. Stahlbeton-Skelettbauten mit Mauerwerks-Ausfachung errichtet. Stark eingegrünte Anlage mit (inzwischen) hoher Akzeptanz bei den Bewohnern; in den fünfziger Jahren vielbesuchtes Wahrzeichen des modernen Wiederaufbaus von Hamburg. Die den städtebaulichen Grundsätzen der CIAM verpflichtete Konzeption von Wohn-Hochhäusern in parkartig fließenden Freiräumen inmitten der Stadt blieb umstritten und fand in der jungen Bundesrepublik nur begrenzt Nachahmung (zum Beispiel: Hansaviertel, Berlin).

Lit.: Axel Schildt, Die Grindelhochhäuser, Hamburg 1988.

Hamburg

Krematorium Ohlsdorf, Ansichten

Grindelhochhäuser

Gartenstadt Hohnerkamp
(Wandsbek/Bramfeld)
1953–1954
Hans Bernhard Reichow u.a.

Die als Gartenstadt bezeichnete Wohnsiedlung mit am Hang gestaffelten Reihenhäusern, Geschoßwohnungen und Punkthäusern wurde nach den Theorien H. B. Reichows angelegt: Verästelungsprinzip mit kreuzungsfreien, „organisch" geschwungenen Straßen, strikte Trennung von Fuß-, Rad-, und Autoverkehr. Die Organik der Straßenführung fand keine Fortsetzung in den zumeist rechtwinkligen Wohnanlagen, die „organische Stadtbaukunst" Reichows erwies sich in der Praxis als wenig überzeugend. Hohnerkamp, erbaut von der gewerkschaftseigenen Neuen Heimat, war die erste frei finanzierte und frei vermietete Großsiedlung Deutschlands nach dem Zweiten Weltkrieg. Heute stark eingegrünt.

Lit.: Hans Bernhard Reichow, Organische Stadtbaukunst: Von der Großstadt zur Stadtlandschaft. Braunschweig/Berlin/Hamburg 1948; Bauwelt 1956. S. 505f.

Gartenstadt
Hohnerkamp, Ansicht
und Lageplan

Großmarkthalle

Banksstraße (Hammerbrook)
1955–1962
Bernhard Hermkes mit Gottfried Schramm und Jürgen Elingius

Auf einer Grundfläche von 220 x 180 m tragen zwölf Reihen parabelförmiger Stahlbetonbinder zweiseitig gekrümmte, nach Norden aufgebogene Betonschalen von 8 bis 13 cm Stärke. Die Hallen werden durch Drahtglasplatten auf Stahlbetonsprossen an der Nordseite belichtet und durch elf längs verlaufende Lagerstraßen erschlossen. Die Stirnseiten der Halle sind mit Mauerwerk zwischen Betonpfeilern ausgefacht und mit Granitplatten verkleidet. 1982–1984 um den Blumenmarkt erweitert (Bernhard Hermkes).

Lit.: Bauwelt 46–47/1962.

Großmarkthalle, Luftaufnahme des Gesamtkomplexes und Innenaufnahme einer Halle

Ernst Barlach-Haus
Jenischpark (Klein-Flottbek)
1960–1962
Werner Kallmorgen

Der im Auftrag einer privaten Stiftung in einem Parkgelände erbaute, weiß geschlämmte Ziegelbau nimmt neben einer Dauerausstellung Bibliothek, Vortragssaal und Nebenräume auf. Oberlichter ergänzen die Kunstlichtausleuchtung des zu einem gepflasterten Innenhof orientierten, nach außen geschlossenen Ausstellungsbereichs. Bibliothek und Verwaltung öffnen sich zu einer durch Pfeiler rhythmisierten Loggia. Der weiße geschlossene Kubus ist elegant vom benachbarten neoklassizistischen Jenisch-Haus abgesetzt.

Lit.: Bauen und Wohnen 4/1963, S. 169f.; Bauwelt 10/1969.

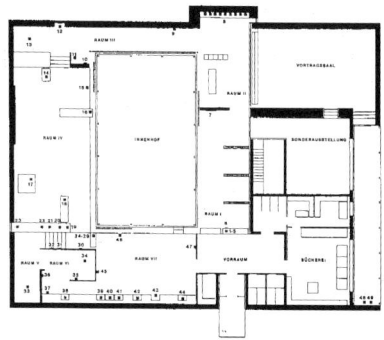

Ernst Barlach-Haus, Grundriß und Ansicht

Wohnquartier Steilshoop

(Steilshoop)
1961–1976
*Burmester und Ostermann;
Candilis, Josic, Woods; Garten und
Kahl; Suhr
Ladenzentrum: Patschan, Werner,
Winking*

Die Großsiedlung mit 7.200 Wohnungen in drei- bis zwölfgeschossiger Bebauung wird von einer Sammelstraße im Süden und schleifenförmigen Anliegerstraßen erschlossen (Parkdecks in den offenen Ecken der Wohnhöfe). Zentrale Fußgängerachse zwischen den in zwei Reihen angeordneten Wohnblocks; Ladenzentrum im Süden, Schulen, Sport- und Erholungsflächen auf der verkehrsabgewandten Seite im Norden. Den zur Erbauungszeit als Rückkehr zu städtebaulicher Raumbildung gefeierten Wohnhöfen fehlen aufgrund ihrer Größe (Länge eines Blocks ca. 200 m) Maßstäblichkeit und Urbanität.
Lit.: Hamburg und seine Bauten 1968–1984; Baumeister 12/1972, 6/1974.

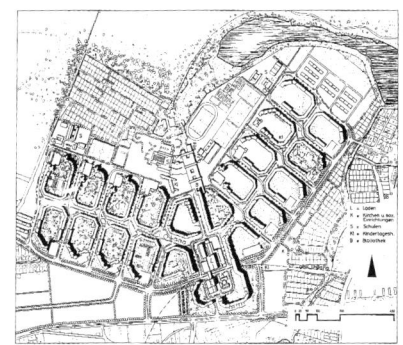

Wohnquartier
Steilshoop, Lageplan
und Ansicht

Hamburg

Geschäftsstadt Nord („City Nord")
Jahnring/Überseering
1961–1977
Werner Hebebrand u.a.
Zur Entlastung der Innenstadt von Büronutzung wurde auf ca. 80 ha eine Geschäftsstadt für ca. 25.000 Beschäftigte (ursprünglich geplant: 35.000) angelegt, die von der U-Bahn und von einer schleifenförmigen Schnellstraße (Überseering) erschlossen wird. Fußgängerbrücken verbinden die durch Straßen getrennten Bereiche und die Gesamtanlage mit dem südlich anschließenden, unter Fritz Schumacher in den zwanziger Jahren angelegten Stadtpark. Entsprechend den Forderungen der Charta von Athen (Trennung der städtischen Funktionen: Arbeiten, Wohnen und Erholung) ist die City Nord eine reine, nach Betriebsschluß wie ausgestorbene Arbeitsstadt. Ein, von der HEW-Hauptverwaltung abgesehen, architektonisch belangloses Beispiel für den „Machbarkeitswahn" der sechziger Jahre und die monströse Betonierung von Stadtteilen für Kapitalzwecke.

Lit.: Fritz Schumacher, Ein Volkspark, München 1928; Hamburg und seine Bauten 1954–1968, Hamburg 1968; Werner Hebebrand, Zur neuen Stadt, Berlin 1969; Baumeister 4/1971; Hamburg und seine Bauten 1969–1984, Hamburg 1984.

Verwaltungsgebäude der Hamburgischen Elektrizitätswerke (HEW)
Überseering 12 (City Nord)
1963–1968
Arne Jacobsen, Otto Weitling
Von zwei, entsprechend der Wettbewerbsauslobung in zwei Bauabschnitten zu planenden Hochhausanlagen wurde nur eine realisiert. Auf einem flachen Sockelbau mit Gemeinschafts- und halböffentlichen Einrichtungen (Kantine, Vortragssaal) erhebt sich das in vier Scheiben angeordnete Hochhaus (mit deutlichen Anklängen an das Düsseldorfer Thyssenhaus) mit reiner Büronutzung. In die von Aluminiumprofilen gehaltene zweischalige Glasfassade sind automatisch gesteuerte Sonnenschutzlamellen integriert. Innenausstattung von Jacobsen.

Lit.: Tobias Faber, Arne Jacobsen, Stuttgart 1964; Hamburg und seine Bauten 1954–1968, Hamburg 1968; Arne Jacobsen 1902–1971, Ausstellungskatalog, Kopenhagen 1991.

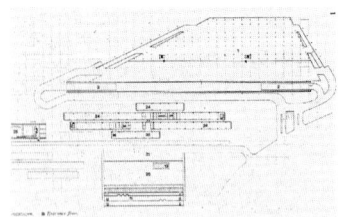
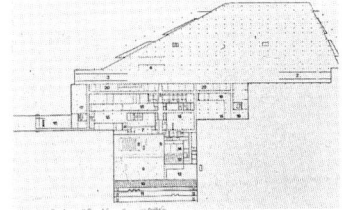

Hamburg

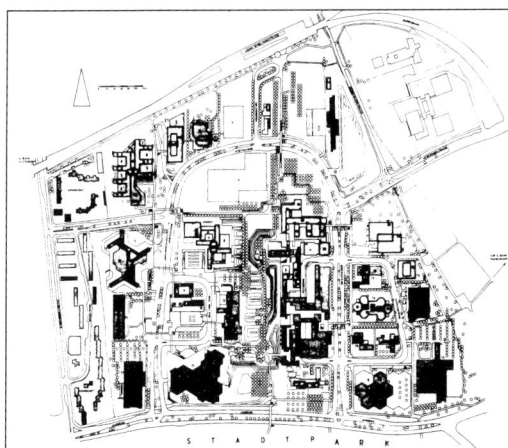

Geschäftsstadt Nord
(„City Nord"), Lageplan
und Luftaufnahme

Verwaltungsgebäude der
Hamburgischen
Elektrizitätswerke
(HEW), Ansichten
Gegenüber:
Grundrisse

Hamburg

Finnische Seemannskirche
Ditmar-Koel-Straße 6
1966
Rentti Ahola, Dieter Langmaak
Die Anlage aus Wohnheim, Gemeinschaftsräumen und Kapelle gruppiert sich um einen aus dem Straßenniveau herausgehobenen Innenhof. Die kleine, durch zuschaltbare Räume in ihrem Umfang veränderbare Kapelle ist durch Umbauten (Schließung der seitlichen Oberlichter) in ihrer ursprünglich differenzierten Tageslichtbeleuchtung verändert worden. Formensprache und Anwendung von Holz und Sichtziegeln verweisen auf skandinavische Bauweisen und insbesondere auf das Vorbild Alvar Aaltos. Benachbart die norwegische und die dänische Seemannskirche.
Lit.: Hamburg und seine Bauten 1954–1968, Hamburg 1968; Anke und Volkwin Marg, Hamburg – Bauen seit 1900, Hamburg o.J.

Christianeum
Otto-Ernst-Straße 34 (Klein-Flottbek)
1968–1972
Arne Jacobsen, Otto Weitling
Das anstelle des Oelsnerschen Vorgängerbaus (abgerissen im Zuge der Elbuntertunnelung) an anderer Stelle wiedererbaute Gymnasium bildet eine kompakte, nur zweigeschossige Stahlbeton-Rahmenkonstruktion. Zwischen Sporthalle und Aula (mit zuschaltbarem Freilufttheater) an den Enden der Anlage befinden sich die teils nach außen, teils zu Innenhöfen orientierten Klassentrakte. Begehbare Dachterrassen bilden vielfach nutzbare Freiflächen mit Bezug zu den umgebenden Grünbereichen.
Lit.: Felix Solaguren-Beascoa de Corral, Arne Jacobsen, Barcelona 1989.

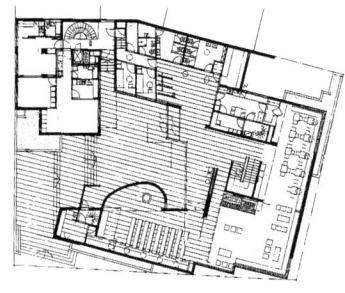

Finnische Seemannskirche, Grundriß und Ansicht

Verlagsgebäude Gruner+Jahr
Baumwall
1982–1990
Otto Steidle, Uwe Kiessler & Partner
Schweger & Partner (Ausführung)

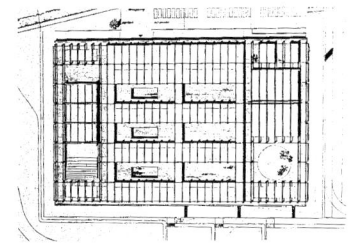

Auf 21.000 qm Grundfläche wurde für ca. 2.500 Mitarbeiter des Medienkonzerns eine „Zeitungsstadt" beiderseits einer neugeschaffenen innerstädtischen Fußgängerverbindung vom Hafen zur Michaeliskirche erbaut. Der Haupteingang ist durch einen Turmbau akzentuiert. Die vier auf Stahlbetonböcken aufgeständerten Bürozeilen des südlichen Bauabschnitts umschließen zusammen mit niedrigeren Querbauten 16 Innenhöfe. Die Anlage ist auch im internen Erschließungsbereich überwiegend natürlich belichtet und belüftet. Kran- und Schiffsmotive auf der dem Hafen zugewendeten Südfassade binden die Anlage in den städtischen Kontext ein. Der für das städtebauliche Konzept wichtige nördliche Bauabschnitt wurde nur zum Teil realisiert.

Lit.: Otto Steidle, Uwe Kiessler, Verlagshaus Gruner + Jahr in Hamburg, München/Stuttgart 1991.

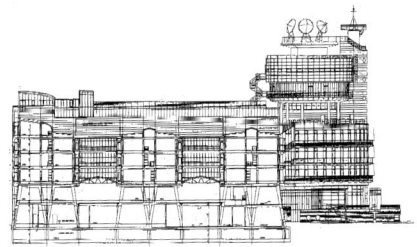

Christianeum, Lageplan und Ansicht

Verlagsgebäude Gruner+Jahr, Ansicht und Schnitt

Passagierterminal
Flughafen Hamburg-Fuhlsbüttel
1986–1991
Meinhard von Gerkan, Volkwin Marg & Partner
Die Passagierhalle ist das erste von drei geplanten Terminals an dem langgestreckten Rückgrat der Gesamtanlage, an dem auch die Flugsteige liegen. Das gekrümmte, zur Luftseite ansteigende Dach der seitlich von Bürotrakten flankierten Halle wird von sieben Raumfachwerkträgern auf eingespannten Betonstützen getragen und soll zeichenhaft an eine Flugzeug-Tragfläche erinnern. Südöstlich des Terminals steht das vom selben Büro geplante, ringförmig angelegte Parkhaus mit zylindrischem Treppen- und Aufzugsturm.
Lit.: Baumeister 7/1991, S. 33ff.; Von Gerkan, Marg & Partner: Architecture 1991–1995, Basel/Berlin/Boston 1995.

Fährterminal
Van-der-Smissen-Straße
1988–1992
William Alsop, John Lyall; me-di-um Jentz, Popp, Wiesner
Ursprünglich als reines Verkehrsbauwerk geplant, wurde das 186 m lange Gebäude durch die nachträglich geforderte Erweiterung um Büroflächen gegenüber dem prämierten Wettbewerbsentwurf in der Ausführung stark verändert. Die Detaillierung des Abfertigungsbereichs im Westen der Anlage und die dort in die Stahlbeton-Skelettstruktur eingehängten Betonfertigteil-Ausleger des Vordaches zeigen ebenso wie der östliche Gebäudekopf mit aufgeständerten und abgehängten Bauteilen noch die ursprüngliche dynamisch-konstruktivistische Konzeption des Wettbewerbsentwurfs. Eine Erweiterung ist geplant.
Lit.: Deutsche Bauzeitung 10/1993, S. 56ff.; Baumeister 2/1993, S. 20ff.; Bauwelt 7/1993, S. 282ff.

Autohaus „Car & Driver"
Friedrich-Ebert-Damm
1989–1991
Hadi Teherani mit Wolfgang Raderschall
Eine bestehende Industriehalle wurde entkernt und unter Hinzufügung eines verglasten „Showroom" an der Straßenseite zu einem Autohaus für Oldtimer und Neuwagen der gehobenen Klasse umgebaut. Die nach dem Planarsystem punktweise befestigte Glasfassade des Präsentationsraumes ist um 10 Grad nach außen geneigt, um das vorgelagerte Wasserbecken (und nicht die Umgebung der wenig attraktiven Ausfallstraße) zu reflektieren. Der Eingang und Beginn einer das ganze Gebäude durchziehenden Erschließungsachse ist durch ein rotes Vordach und eine Brücke über das Bassin in der Mitte der Hauptfassade auffällig inszeniert.
Lit.: Deutsche Bauzeitschrift 10/1991, S. 1421ff.; Bauwelt 10/1991, S. 2052ff.; Glasforum 2/1992, S. 19ff.

Hamburg

Passagierterminal
Flughafen Hamburg-Fuhlsbüttel, Außen- und Innenansicht

Links unten:
Fährterminal

Unten:
Autohaus „Car & Driver"

Mecklenburg-Vorpommern

Rostock
Lange Straße ("Magistrale")
1953–1960
Kollektiv Joachim Näther u.a.

Neben den Zentralen Plätzen gehörten die Magistralen als Haupt- und Aufmarschstraßen für sogenannte "Fließdemonstrationen" zum verpflichtenden Bauprogramm der sozialistischen Städte in der Frühzeit der DDR. Die Rostocker Magistrale von 600 m Länge und 60 m Breite führt den von Westen kommenden innerstädtischen Verkehr zum Neuen Markt. Durch die monumentalen, formal der lokalen Bautradition verpflichteten Baublöcke wurde die Altstadt umstrukturiert und zur See abgegrenzt. Den östlichen Abschluß der Magistrale und die Richtungsänderung des Verkehrsstroms nach Süden zum Neuen Markt markiert ein zwölfgeschossiges, massiv ausgeführtes Wohnhochhaus mit Klinkerfassade. Neben der Stalinallee in Berlin das klarste Dokument für das Konzept einer "Nationalen Bautradition", das von Stalin 1950 den Satellitenstaaten als Architekturform befohlen wurde. Die Platzfronten des anschlie-

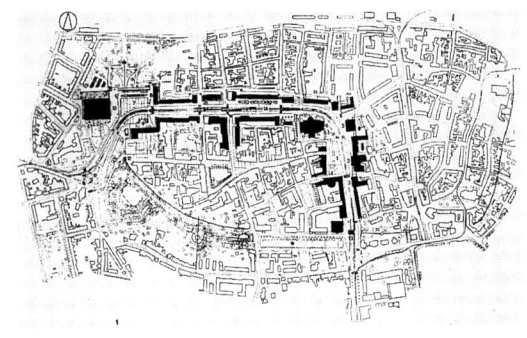

Lange Straße ("Magistrale"), Lageplan und Ansicht

ßenden Neuen Marktes wurden 1953–1956 teils originalgetreu rekonstruiert, teils historisierend ergänzt.
Lit.: Thomas Topfstedt, Städtebau in der DDR 1955–1971, Leipzig 1988; Klaus von Beyme u.a., Neue Städte aus Ruinen – Deutscher Städtebau der Nachkriegszeit, München 1992.

Wiek auf Rügen
Kinderheim am Wieker Bodden
1929–1930
O. Menzel
Das Erholungsheim für Kinder aus unbemittelten Familien besteht aus 26, um zwei Höfe angelegten Häusern für 600–1.000 Kinder sowie Wirtschafts- und Gemeinschaftsgebäuden. Die im Erdgeschoß massiv, im Obergeschoß in Holz-Leichtbauweise errichteten Häuser sind mit Stülpschalung verkleidet und weiß gestrichen. Das Kinderheim, im Bereich der ehemaligen DDR das größte dieser Art, wurde nach 1945 unverändert weiter genutzt. Im Bestand gefährdet, seit 1991 unter Denkmalschutz.
Lit.: Bauwelt 1991, S. 1803f.

Kinderheim am Wieker Bodden, Luftaufnahme und Ansicht

Mecklenburg-Vorpommern

Prora auf Rügen
KdF-Seebad
1935–1939
Clemens Klotz
Die 4,5 km lange, symmetrisch angelegte Ferienkolonie der NS-Organisation „Kraft-durch-Freude" sollte 20.000 Gäste und 2.000 Angestellte aufnehmen; zur Bewältigung der An- und Abfahrten wurde ein eigener Bahnanschluß geschaffen. Die beiden, je zwei km langen Wohnflügel (mit Freizeiteinrichtungen in den zum Meer vorgeschobenen Gebäudeköpfen) wurden kriegsbedingt nur teilweise ausgeführt, die zentrale Halle (Planung: Erich zu Putlitz) nicht einmal begonnen. Nach dem Krieg in Teilen demontiert und gesprengt, wurde die Anlage später von der Nationalen Volksarmee der DDR übernommen. Derzeit ohne Nutzung.
Lit.: Jürgen Rostock, Paradiesruinen – Das KdF-Seebad der Zwanzigtausend auf Rügen, Berlin 1992; Bauwelt 1994, S. 1460.

Warnemünde bei Rostock
Kurhaus
1914–1928
G.W. Berringer
Der Bau des Kurhauses wurde noch vor dem Ersten Weltkrieg begonnen, durch den Krieg unterbrochen und erst gegen Ende der Weimarer Republik fertiggestellt. Dieses bedeutende regionale Beispiel des Neuen Bauens verbindet Elemente der Formensprache Frank Lloyd Wrights (auskragende Dachplatten, Eckpylone) und der holländischen De Stijl-Gruppe mit expressionistischen Details zu einer symmetrisch ausgewogenen Komposition vertikaler und horizontaler Bauteile. Im Außenbau gut erhalten.
Lit.: Walter Müller-Wulckow, Bauten der Gemeinschaft, Königstein im Taunus 1929 (Nachdruck 1975).

Schwerin
Gerhart-Hauptmann-Oberschule
Obotritenring 50
1929–1930
A. Hamann
Im Grundriß U-förmige Baugruppe mit in der Mitte eingestellter Turnhalle (in enger typologischer Anlehnung an Otto Haeslers zeitgleich errichtete, vielfach veröffentlichte Altstädter Schule in Celle). Gut erhaltene, 1960 erweiterte Schulanlage des Neuen Bauens mit einzelnen expressionistischen Formelementen (farbige Keramikverkleidung).
Lit.: Architekturführer DDR, Bezirk Schwerin, Berlin o.J.

Mecklenburg-Vorpommern

Gerhart-Hauptmann-
Oberschule

Kurhaus

KdF-Seebad, Wohnflügel
Gegenüber:
Entwurfsmodell (1940)

Niedersachsen

Alfeld/Leine
Faguswerke
1911–1912, 1914
Walter Gropius mit Adolf Meyer
Bei seinem ersten größeren Bauauftrag, der Schuhleistenfabrik von Carl Benscheidt, mußte Gropius eine in Bezug auf betriebliche Organisation und Baukörperanordnung schon fertige Planung übernehmen. Berühmt wurde das Gebäude, eine Stahlbetonkonstruktion, durch die vorgehängte Fassade des Bürotraktes, deren Verglasung entgegen herkömmlichem Konstruktionsverständnis um die stützenlose Gebäudekante geführt ist. Die Fassadenebene ist deutlich vor die nach oben verjüngten, gemauerten Wandpfeiler gerückt und verdeckt die dahinterliegenden Geschoßdecken durch Blindfelder aus Stahl. In der heute bekannten Form mit Haupteingang im Südwesten besteht das Gebäude erst seit einer Erweiterung durch Gropius aus dem Jahre 1914.

Lit.: Helmut Weber, Walter Gropius und das Faguswerk, München 1961; Winfried Nerdinger, Der Architekt Walter Gropius, Berlin 1985.

Algermissen
Haus Bähre
Lange Straße 13
1987
Heinz Bienefeld
Das Einfamilienhaus schließt mit seiner Hauptfassade die Westseite einer platzartig erweiterten Straßenkreuzung. Ein Querbau mit Einliegerwohnung und das östlich in den Garten vorgeschobene oktogonale Eßzimmer schirmen den Gartenhof des auf drei Seiten von Straßen umgebenen Grundstücks ab. Historische Motive (Oktogon, Stützenvorhalle) sind mit modernen Bauformen (containerartig vor die Fassade gestellte Naßzellen des Querbaus) kombiniert. Sorgfältige, geradezu demonstrativ vorgeführte Detaillierung.

Lit.: Manfred Speidel, Sebastian Legge, Heinz Bienefeld – Bauten und Projekte, Köln 1991.

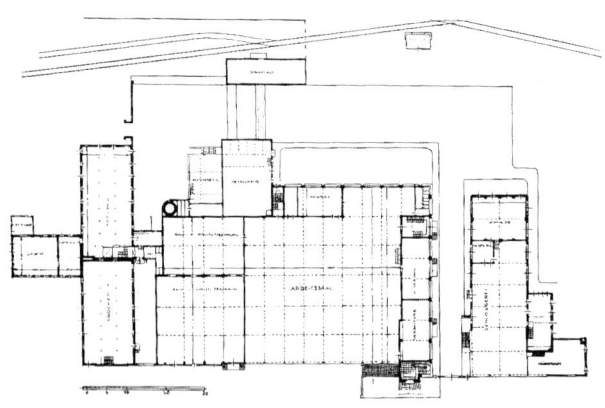

Niedersachsen

Haus Bähre, Grundriß und Ansicht

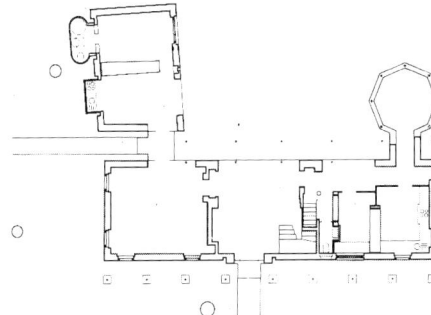

Faguswerke, Ansicht
Gegenüber:
Grundriß

Bad Münder/Eimbeckhausen
Produktionsgebäude der Firma Wilkhahn
1989–1993
Thomas Herzog
Die bestehenden Produktionshallen eines Sitzmöbelherstellers (darunter vier Zeltdach-Pavillons von Frei Otto, 1987) wurden um eine neue Halle und eine Energiezentrale erweitert. Die Dächer der in einer Stahl- und Brettschichtholz-Mischkonstruktion errichteten Halle sind zwischen vier dreigeschossige „Holzböcke" eingehängt. Die Energiezentrale ist ein unbeheiztes Glashaus mit außenliegender Stahlrohrkonstruktion. Beide Bauten sind in gleicher Bauart erweiterbar. Perfekt detaillierter, ökologisch innovativer Industriebau (transluzente Wärmedämmung an den Längsfassaden, Solarzellen an der südlichen Stirnwand) in klar ablesbarer Konstruktion.
Lit.: Thomas Herzog, Bauten 1978–1992, München 1992; Bauwelt 1993, S.1462ff.

Braunschweig
Institutsgebäude Elektrotechnik der Technischen Universität Braunschweig
Mühlenpfordtstraße
1927–1929
Karl Mühlenpfordt
Schleinitzstraße 21–24
1960–1961
Friedrich Wilhelm Kraemer
Zentraler Bereich des Institutsgebäudes von 1929 ist der zwei Geschosse hohe Versuchsraum, in dessen Beton-Rahmenkonstruktion die demontable eiserne Tragkonstruktion des Hörsaals eingehängt ist. Der dreiteilige Fassadenaufbau mit geböschtem Sockel zeigt eine traditionell-handwerkliche Bauauffassung und Einflüsse des norddeutschen Backstein-Expressionismus.
Die nördlich daran angebaute Erweiterung, einer von zahlreichen Universitätsbauten F. W. Kraemers in Braunschweig, ist ein fünfgeschossiger Stahlbeton-Skelettbau mit quadratischem Fassadenraster (3,40 m), Aluminiumfenstern und polierter Betonsteinverkleidung. Vortrags- bzw. Seminarräume mit zugeordneten Terrassen im Dachgeschoß.
Lit.: Baukunst und Werkform 1962, S. 332ff.

Institutsgebäude Elektrotechnik der Technischen Universität Braunschweig, nördlicher Erweiterungsbau

Niedersachsen

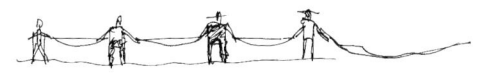
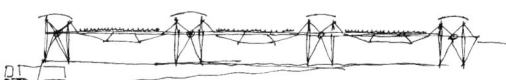

Produktionsgebäude der
Firma Wilkhahn,
Entwurfsskizzen und
Ansichten

Institutsgebäude
Elektrotechnik der
Technischen Universität
Braunschweig,
Versuchsbereich

Braunschweig
August-Bebel-Hof
Salzdahlumer Straße/Hans-Porner-Straße/Hermann-von-Vechelde-Straße/Borsigstraße
1929–1930
Friedrich R. Ostermeyer

Initiiert von der neuen sozialdemokratischen Braunschweiger Regierung entstand eine exemplarische Siedlung des Neuen Bauens der zwanziger Jahre mit strengen Nord-Süd-Zeilen, Flachdächern, weiß geschlämmten Fassaden und braun abgesetzten Fensterbändern sowie zahlreichen Gemeinschaftseinrichtungen. Der ursprüngliche Zustand ist durch Veränderungen 1956 (Steildächer, neuer Verputz) gravierend verschlechtert worden.

Lit.: Siedlungen der zwanziger Jahre in Niedersachsen, Arbeitshefte zur Denkmalpflege in Niedersachsen 4, Hannover 1985.

Braunschweig
Müller-Schule/Braunschweig-Kolleg
Wolfenbütteler Straße 57
1936–1939
Erich zu Putlitz

Die ehemalige „Akademie für Jugendführung", ein Schulungsbau der Hitlerjugend, ist der einzige ausgeführte Teil einer den ganzen Richmond-Park umfassenden NS-Planung. An den neoklassizistischen Akademiebau schließen sich, symmetrisch zur Hauptachse, sechs Wohnhäuser im Heimatstil an. Die Akademie ist eine Mischkonstruktion aus massivem Mauerwerk und mit Naturstein verkleidetem Stahlbetonskelett. Zwei Jünglingsstatuen von sieben Metern Höhe über der zentralen Pfeilerhalle (ein freies Zitat des Brandenburger Tores in Berlin) kamen nicht zur Ausführung. Innenausstattung teilweise erhalten.

Lit.: Manfred Bültemann, Architektur für das Dritte Reich: Die Akademie für Deutsche Jugendführung in Braunschweig, Berlin 1986.

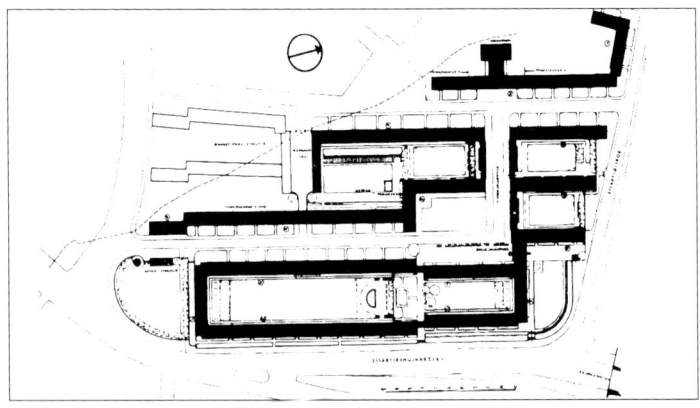

Niedersachsen

Müller-Schule/
Braunschweig-Kolleg

August-Bebel-Hof,
Luftaufnahme (1930)
und Ansicht

Gegenüber:
Lageplan

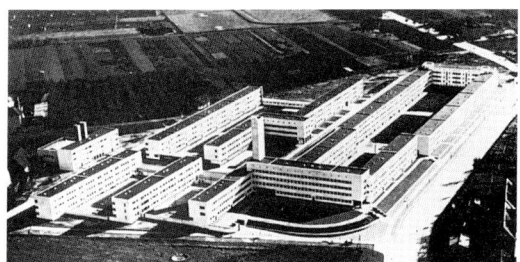

Niedersachsen

Otto Haesler und Celle 1906–1934

Otto Haesler (1880–1962), seit 1906 freier Architekt in der wenig industrialisierten, vorwiegend bürgerlich geprägten Kleinstadt Celle, wurde durch seine seit 1924 entstandenen Siedlungsbauten (Italienischer Garten, Georgsgarten, Blumenlägerfeld) zu einem der prominentesten Architekten des Neuen Bauens. Er war als Fachmann für Rationalisierung und Standardisierung im Wohnungsbau ein Pionier des Zeilenbaus, den er im Gegensatz zu Ernst May und Bruno Taut ohne Konzessionen an Topographie und Umgebung mit äußerster Konsequenz in strenger Ost-West-Ausrichtung bei zahlreichen, auch außerhalb Celles realisierten Siedlungsprojekten (Kassel/Rothenberg, Karlsruhe/Dammerstock) anwandte.

Lit.: Angela Schumacher, Otto Haesler und der Wohnungsbau in der Weimarer Republik, Marburg 1982.

Wohnsiedlung Italienischer Garten

Italienischer Garten, Wehlstraße
1924
Otto Haesler

Die kleine Siedlung (44 Wohnungen in zehn Häusern) verdankt ihren Ruf vor allem der skulpturalen Gestaltung der acht Vierfamilienhäuser am Italienischen Garten. Einander scheinbar durchdringende, farblich voneinander abgesetzte Kuben mit Eckfenstern und hinter der Attika verborgenen Pultdächern sind dem Formenrepertoire der holländischen De Stijl-Gruppe verpflichtet. Die großzügig bemessenen Wohnungen über Flurgrundrissen mit repräsentativer Raumfolge orientieren sich an bürgerlichen Wohnvorstellungen und galten zur Entstehungszeit für kleine Einkommen als zu teuer.

Wohnsiedlung
Italienischer Garten

Gegenüber:
Wohnsiedlung
Georgsgarten, Lageplan
und Ansichten

Wohnsiedlung Georgsgarten
St. Georgsgarten
1926–1927
Otto Haesler

Die für eine private Wohnungsbaugenossenschaft errichtete Siedlung besteht aus sechs ost-west-orientierten Zeilen in Stahlskelett-Konstruktion mit begleitender Ladenzeile auf der Nordseite. Standardisierung der Grundrisse für die 168 Zwei- bis Fünf-Zimmerwohnungen mit Größen zwischen 47 und 81 qm ermöglichte erschwingliche Mieten für kleine Einkommen. Bei der Anlage der durchweg als Zweispänner angeordneten Wohnungen wurde auf Flure weitgehend verzichtet. Die inneren Erschließungsflächen sind dem Wohnraum zugeschlagen. Fenster teilweise ersetzt, Eingangsbereiche verändert, sonst gut erhalten.

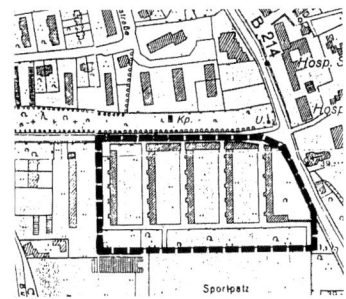

Niedersachsen

Altstädter Schule
Sägemühlenstraße 9
1929–1930
Otto Haesler

Die streng symmetrisch angelegte Volksschule ist unter anderem wegen der sorgfältigen Detaillierung und der trotz kompakter Anlage guten Belichtung einer der bedeutendsten Schulbauten des Neuen Bauens. Zwei weit aufgeglaste, nach Westen bzw. nach Osten ausgerichtete Klassentrakte flankieren die innenliegende, über Glasbaustein-Decken belichtete Turn- und Feierhalle. Innenausstattung und Fenster der Schule wurden inzwischen erneuert. Gleich neben dem Schulbau steht das Wohnhaus des Rektors (Sägemühlenstraße 7, 1930–1931, Architekt O. Haesler), heute Jugendzentrum.
Lit.: Stein, Holz Eisen 1928, S. 496ff.; Die Form 1928, S. 154ff.

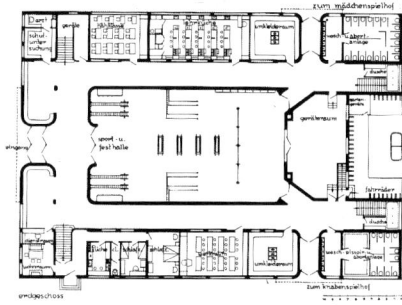

Altstädter Schule, Grundriß und Ansicht

Hameln
Studio des Kunstkreises Hameln
Rathausplatz
1955–1957
Dieter Oesterlen

Die im Grundriß fast quadratische Anlage mit Vor- und Eingangshalle, Ausstellungsraum und Skulpturenhof wird von einer Sichtziegelmauer umschlossen. Die mit einer Glaswand zum Skulpturenhof geöffnete Ausstellungshalle erhält über Sheddächer durch bewegliche Holzlamellen gesteuertes Oberlicht, das bei Dunkelheit durch tageslichtähnliche Neonbeleuchtung über den Lamellen ersetzt wird. Der auf allen größeren Innen- und Außenflächen verlegte Natursteinbelag faßt die Raumfolge optisch zusammen.

Lit.: Alexander Koch, Dieter Oesterlen, Bauten und Planungen 1948–1963, Stuttgart 1964.

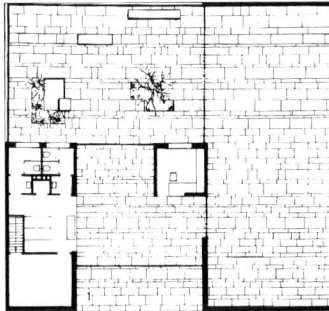

Studio des Kunstkreises Hameln, Grundriß und Innenansicht

Hannover
Stadthalle
Corvinusplatz 2
1911–1914
Paul Bonatz
An einen zweigeschossigen Vorbau mit Eingangshalle im Erdgeschoß und Konzertsaal im Obergeschoß schließt sich ein Kuppelsaalbau (Durchmesser 42 m) mit einer umlaufenden Erschließungszone und rückwärtigen Gesellschaftsräumen an. Die Stahlbeton-Kuppel, mit Kassettendecke und zentralem Oberlicht ein Zitat des Pantheon, überdeckt eine in zwei Ebenen angeordnete Amphitheater-Sitzanordnung. Die klassizistische Architektursprache des Inneren und der Fassaden wird durch nichtklassische Proportionen verfremdet. Erweitert um die Niedersachsenhalle.
Lit.: Friedrich Tamms, Paul Bonatz – Arbeiten aus den Jahren 1907–1937, Stuttgart 1937.

Hannover
Ehem. Verwaltungsgebäude der Firma Gebr. Mayer
Beneckeallee (Vinnhorst)
1923–1924
Hans Poelzig
Der fünfgeschossige Mauerwerksbau bildet eine zweibündige Anlage an einem Mittelflur. Die Fassade wird durch vorgeblendete Lisenen mit gezackter, im Bereich der Attika „tannenbaumartig" verbreiterter Ziegelornamentik gegliedert. Die trotz einfacher Baukörpergestaltung in Oberfläche und Umriß bewegte Fassade ist ein Hauptwerk des Backstein-Expressionismus. Das Gebäude wurde ab 1940 als Lazarett genutzt und nach 1945 zu Wohnungen umgebaut.
Lit.: Walter Müller-Wulckow, Architektur der zwanziger Jahre in Deutschland (Nachdruck der Blauen Bücher von 1925–1932), Königstein im Taunus 1975.

Hannover
Anzeiger-Hochhaus
Goseriede 9
1927–1928
Fritz Höger
Für das als Stahlbeton-Skelettbau mit Ziegelverkleidung errichtete Zeitungsgebäude übernahm Höger einen Vorentwurf von Emil Lorenz (1925), steigerte aber die expressionistischen Formtendenzen des Außenbaus durch die Vertikalität der eng gereihten Ziegelpfeiler und die abgetreppten Bogenöffnungen im Erdgeschoß. Das kupferdeckte Planetarium auf dem Dach wurde inzwischen zum Kino umgebaut. Nach dem Zweiten Weltkrieg eingebaute sprossenlose Fenster beeinträchtigen die Fassadenwirkung. Die Innenausstattung der Schalterhalle, zu der ein Oberlichtband vom Haupteingang hinführt, ist dagegen erhalten. Bedeutender Bau des Backstein-Expressionismus der zwanziger Jahre.
Lit.: Piergiacomo Bucciarelli, Fritz Höger – Hanseatischer Baumeister, Berlin 1992.

Niedersachsen

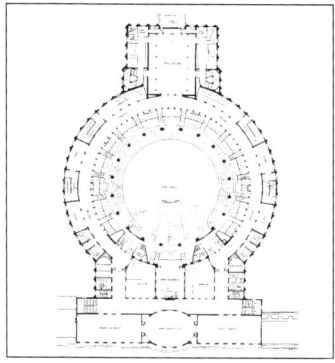

Stadthalle, Grundriß und Ansicht (Foto 1914)

Ehem. Verwaltungsgebäude der Firma Gebr. Mayer

Anzeiger-Hochhaus, Ansicht und Schalterhalle

67

Hannover
Wohnsiedlung
Im Kreuzkampe (List)
1927–1929
Brüder Siebrecht, F. W. Schick
In der Amtszeit des Stadtbaurates Karl Elkart entstanden Ende der zwanziger Jahre in Hannover zahlreiche Siedlungen in Blockrandbebauung und gemäßigt moderner, zum Teil dem norddeutschen Backstein-Expressionismus verpflichteter Formensprache. Die vier Wohnblöcke beiderseits der zur Allee ausgebauten Straße „Im Kreuzkampe" sind auf der Nordseite paarweise durch eine Überbauung der Erschließungsstraße zusammengefaßt. Die Häuser sind entweder als Zweispänner oder als Vierspänner mit parallel zu den Außenwänden verlaufender innerer Trennwand angeordnet. Das Erscheinungsbild der sonst gut erhaltenen Siedlung wird durch neue, sprossenlose Fenster beeinträchtigt.

Weitere, im Zuge der Stadterweiterungen an der Podbielski-Straße entstandene moderne Wohnanlagen: De-Haen-Platz (Architekt Karl Elkart, 1927–1929); Listhof, Am Listholze (Stadtbauamt, 1927–1929); Liststadt, Defreggerstraße (Architekt Adolf Falke, 1929–1931).

Lit.: Siedlungen der zwanziger Jahre in Niedersachsen, Arbeitshefte zur Denkmalpflege in Niedersachsen, Hannover 1985.

Hannover
Damen-Altersheim der Heinemann-Stiftung
Brabeckstraße 86 (Kirchrode/Bemerode)
1929–1931
Henry van de Velde
Das durch eine Terrasse und Treppenanlagen in ein parkartiges Gelände eingebundene Gebäude wird von einer Auffahrtsallee erschlossen, deren Beginn durch zwei symmetrisch angeordnete Eingangspavillons an der Brabeckstraße repräsentativ inszeniert wird. Neben einzelnen formalen Motiven (etwa den abgeschrägten Ecken) ist vor allem die ungewöhnliche tangentiale Erschließung senkrecht zur Achse des Gebäudes typisch für die Architektursprache van de Veldes. Entstellende Veränderungen (Fenster) und Erweiterungsbauten beeinträchtigen heute das Erscheinungsbild des Gebäudes.

Lit.: Karl-Heinz Hüter, Henry van de Velde – Sein Werk bis zum Ende seiner Tätigkeit in Deutschland, Berlin 1967.

Niedersachsen

Oben und links unten:
De-Haen-Platz
Wohnsiedlung
Im Kreuzkampe

Rechts unten:
Damen-Altersheim der
Heinemann-Stiftung

Hannover
Ehem. Pädagogische Akademie
Bismarckstraße 2 (Südstadt)
1929–1935
*Staatliches Hochbauamt Hannover
(Franz Erich Kassbaum)*

Die Pädagogische Akademie in Hannover war eine von 16 neuen, fast zeitgleich errichteten Lehrerausbildungsstätten in Preußen. Die kubisch-asymmetrische Baukörperanlage mit ziegelverkleidetem Stahlbetonskelett umfaßt Saalbau, Verwaltungsturm und Seminartrakt. Die Seminarräume sind, getrennt durch Nebenräume, als südseitig verglaste Halbzylinder in drei Geschossen an einem ca. 130 m langen Flur aufgereiht. Herausragende, erst in der NS-Zeit fertiggestellte Anlage des Neuen Bauens. Später Pädagogische Hochschule, dann Fachbereich Erziehungswissenschaften der TU Hannover.

Lit.: Stiftung Niedersachsen (Hrsg.), Von Laves bis heute – Über staatliche Baukultur, Braunschweig 1988.

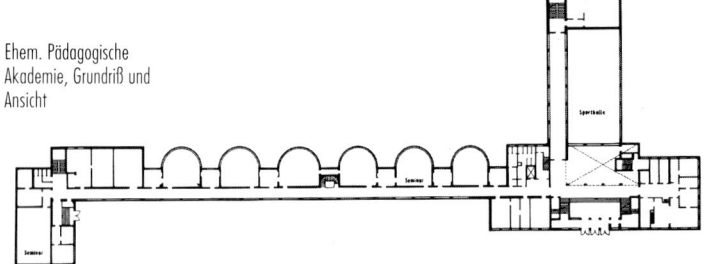

Ehem. Pädagogische Akademie, Grundriß und Ansicht

Niedersachsen

Hannover
Wiederaufbau Innenstadt
1948–1959
Rudolf Hillebrecht

Lit.: Klaus von Beyme u.a., Neue Städte aus Ruinen – Deutscher Städtebau der Nachkriegszeit, München 1992; Deutsche Bauzeitung 12/1994, S. 109f.

Unter der Leitung des seit 1948 amtierenden Stadtbaurates Hillebrecht wurde die vor den Kriegszerstörungen dichtbesiedelte Innenstadt Hannovers in aufgelockerter Form wiederaufgebaut und durch einen Innenstadtring vom Verkehr entlastet. Teile der Innenstadt – darunter insbesondere das Kreuzviertel – sowie neue, vorwiegend als Zeilenbauten in offenen, fließenden Stadträumen erbaute Siedlungen wurden schon 1951 als beispielhafte Planungen auf der „Constructa"-Bauaustellung vorgestellt. Die „autogerechten" breiten Verkehrszüge sind in bewußter Negierung der Achsenplanung in der NS-Zeit in geschwungenen Trassen geführt (Waterlooplatz). Der Wiederaufbau von Hannover galt als Muster für andere Nachkriegsplanungen; seit den siebziger Jahren wird allerdings die Zerstörung aller gewachsenen Strukturen zunehmend kritisiert.

Wiederaufbau Innenstadt Hannover: Waterlooplatz und Kreuzviertel

Niedersachsen

Hannover
Historisches Museum
Am Hohen Ufer
1960–1966
Dieter Oesterlen

Unter Einbeziehung der alten Stadtmauer und des Beginenturms entstand das Museum als dreigeschossiger, im Umriß den umgebenden Straßen folgender Stahlbeton-Skelettbau, in dessen Sandsteinverkleidung das Baumaterial der mittelalterlichen Vorgängerbauten wiederaufgenommen wird. Durch Fassadenversprünge in gleichförmigem Rhythmus an der Burgstraße wird ein den gegenüberliegenden Fachwerkhäusern entsprechender Maßstab erzielt. Eine der wenigen bedeutsamen baulichen Auseinandersetzungen mit dem historischem Kontext beim Wiederaufbau in Deutschland.

Lit.: Dieter Oesterlen, Bauten und Texte 1946–1991, Tübingen/Berlin 1992; Deutsche Bauzeitung 10/1994, S.126.

Historisches Museum, Grundriß und Ansicht

Jesteburg
Atelier und Kunsttempel
(Lüllau)
1912–1914/1926
Johann Michael Bossard

J. M. Bossard (1874–1950), seit 1907 Lehrer an der Kunstgewerbeschule in Hamburg, war Keramiker, Bildhauer, Maler und, als Autodidakt, Architekt. Sein Wohn- und Atelierhaus (1914), ein typologisch aus dem niederdeutschen Bauernhaus abgeleiteter Ziegelbau, ist Tendenzen des Jugendstils und der Arts-and-Crafts-Bewegung verpflichtet. Der Kunsttempel (1926), im Äußeren einem gebauten Schrein vergleichbar, stellt ein Gesamtkunstwerk ohne festgelegte Nutzung mit quasi sakralem Anspruch dar. Das an allen Oberflächen bildnerisch durchgestaltete Innere ist in der Selbstbezogenheit einer privaten Formenwelt mit dem zerstörten Merzbau von Kurt Schwitters vergleichbar.

Lit.: Berichte zur Denkmalpflege in Niedersachsen 2/1981, S. 2ff.

Atelier und Kunsttempel, Innenraum und Ansicht

Niedersachsen

Mascherode bei Braunschweig
Lehrsiedlung Mascherode
1936–1939
Julius Schulte-Frohlinde
Die für 6.000 Einwohner geplante Siedlung, die größte geschlossene Wohnanlage der NS-Zeit, wurde in Abänderung der anfangs beim NS-Siedlungsbau verbindlichen Einzelhaus-Bebauung teilweise in Reihenhauszeilen angelegt. Trotz standardisierter Bauweise und typisierten Grundrissen wird durch geschwungene Wegeführung und einen angerartigen Grünzug das Bild traditioneller dörflicher Siedlungen erzeugt. Das am zentralen Marktplatz gelegene Gemeinschaftshaus mit großer Halle, heute durch den Einbau eines Supermarkts stark verändert, demonstrierte durch Größe und pathetische Formensprache den Machtanspruch des NS-Staates.
Lit.: Werner Durth, Winfried Nerdinger, Architektur und Städtebau der 30er und 40er Jahre, Bonn 1993.

Lit.: Baumeister 1932, S. 274f.; August Hoff (Hrsg.), Dominikus Böhm, München 1962.

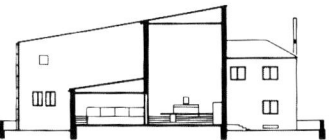

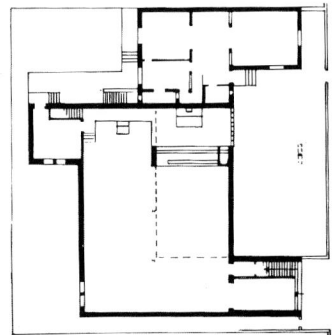

Norderney
Katholische Kirche
1931
Dominikus Böhm
Die für katholische Sommergäste erbaute, nur 20 m lange und 14 m breite Kirche besteht aus einfachen kubischen Baukörpern mit flachen Pultdächern. In Annäherung an Rudolf Schwarz' Fronleichnamskirche in Aachen (1930) ist dem hohen Hauptschiff ein niedriges Seitenschiff zugeordnet. Im Gegensatz zur Helligkeit der weiß verputzten Fassaden steht das Halbdunkel des durch ein tiefliegendes farbiges Fenster indirekt belichteten Innenraums.

Oldenburg
Ehem. Ministerialgebäude
Theodor-Tantzen-Platz 8
Ehem. Landtag
Tappenbeckstraße 1
1912–1917
Paul Bonatz, Friedrich Scholer
Die beiden rechtwinklig zueinander angeordneten Bauten bilden zwei Seiten einer ebenfalls von Bonatz und Scholer geplanten Platzanlage. Die Dreiflügelanlage des Staatsministeriums und der Landtag mit vorgelagertem Portikus sind typische Beispiele des formal reduzierten Monumentalklassizismus der Vorkriegszeit mit Rückgriff auf dorische und ägyptische Stilelemente (Westfassade Landtag).

Lit.: Baudenkmale in Niedersachsen, Stadt Oldenburg, Hannover 1993.

Oben:
Lehrsiedlung Mascherode, Lageplan und Ansicht

Ehem. Landtag

Gegenüber:
Katholische Kirche, Schnitt, Grundriß und Ansicht

Niedersachsen

Salzgitter
Gesamtplanung, Stadtneugründung
ab 1937
Werner Hebebrand, Walter Tralau, Wilhelm Heintz (Städtebau);
Herbert Rimpl (Wohn- und Verwaltungsbauten);
Ernst Sagebiel (Industrieanlagen)

Lit.: Christian Schneider, Stadtgründung im Dritten Reich – Wolfsburg und Salzgitter: Ideologie, Ressortpolitik, Repräsentation, München 1979; W. Benz (Hrsg.), Salzgitter – Geschichte und Gegenwart einer deutschen Stadt 1942–1990, München 1991.

Unter dem Namen „Stadt der Hermann-Göring-Werke" wurde Salzgitter als Industrieansiedlung zur Ausbeutung der örtlichen Erzvorkommen entsprechend den weit verstreuten Standorten als polyzentrische Flächensiedlung in der NS-Zeit neu geplant und erbaut. Im Bereich Watenstedt wurden unter härtestem und brutalem Einsatz von Zwangsarbeitern bis Kriegsende ca. 10.000 Wohnungen errichtet. Öffentliche Großbauten an einer zentralen Achse im Bereich Salzgitter-Watenstedt wurden nur zum kleinen Teil verwirklicht. Nach dem Krieg wuchs Salzgitter bis auf 110.000 Einwohner an. 1976 wurde der Erzabbau eingestellt.

Wolfsburg
Gesamtplanung, Stadtneugründung
ab 1938
Peter Koller

Wolfsburg, neben Salzgitter die einzige Stadtneugründung der NS-Zeit, wurde als Industrieansiedlung – ursprünglich unter dem Namen „Stadt des KdF-Wagens" – für das Volkswagenwerk am Mittellandkanal angelegt. Als Gegenpol zu den Werksanlagen am Hafen nördlich des Kanals sollte ein Partei- und Verwaltungszentrum auf dem Klieversberg entlang einer Aufmarschstraße in Ost-West-Richtung erbaut werden. Die bei Kriegsende unvollendete Anlage (geplant für 90.000 Einwohner) wurde nach veränderten Plänen weiter ausgebaut, das im Krieg zerstörte Werk dagegen unverändert wiederaufgebaut. Heute bildet die nord-südlich verlaufende Ferdinand-Porsche-Straße die Hauptachse der Stadt, der Klieversberg blieb unbebautes Naherholungsgebiet.

Lit.: Christian Schneider, Stadtgründung im Dritten Reich – Wolfsburg und Salzgitter: Ideologie, Ressortpolitik, Repräsentation, München 1979; Ferdinand Stracke und Gottfried Schuster, Wolfsburg 1938–1988, Wolfsburg 1988.

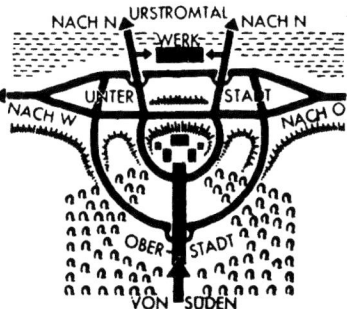

Wolfsburg, Schema der Gesamtplanung (1938) und Luftaufnahme

Gegenüber:
Salzgitter, Ansicht eines Verwaltungsgebäudes und Perspektive der Gesamtplanung (1937)

Wolfsburg
Kulturzentrum
Porschestraße 51
1958–1962
Alvar Aalto

Unter einem Dach vereint das Kulturzentrum Stadtbibliothek mit Volkshochschule, Werkstatt- und Clubräume, ein Jugendhaus sowie Veranstaltungsräume und Verwaltung. Markantester Bauteil des kompakten, ein- bis zweigeschossigen Baus ist die dem Rathaus zugewandte, fächerförmige Gruppe von Hörsälen der Volkshochschule. Das Obergeschoß ist U-förmig um eine Dachterrasse angelegt, zu der alle Nutzergruppen Zugang haben. Die Raumwirkung wird geprägt durch eine vielfältige Anwendung von natürlichem Oberlicht. Durch die Erweiterung des Rathauses und das neue Kunstmuseum (1993, beide entworfen von Peter Schweger & Partner) wird die Westseite des Kulturzentrums zu einem Platzraum geschlossen.

1960–64 errichtete Aalto in Wolfsburg außerdem ein großes Gemeindezentrum, das – wieder fächerförmig angeordnet – Heilig-Geist-Kirche, Pfarrerwohnung, Versammlungsräume und Kindergarten umfaßt. Im Stadtteil Detmerode erbaute Aalto 1965–1968 ein Kirchenzentrum.

Lit.: Hans Girsberger (Hrsg.), Alvar Aalto, Zürich 1963; Deutsche Bauzeitung 5/1988, S. 80f.; Göran Schildt, Alvar Aalto – A Life's Work, Helsinki 1994.

Wolfsburg
Stadttheater
Am Klieversberg
1965–1973
Hans Scharoun

Das Theater, ein ca. 200 m langer, stark gegliederter Baukörper, liegt am Nordhang eines bewaldeten innerstädtischen Hügels (Klieversberg) neben der Stadthalle. Auf das 80 m lange, talseitig verglaste, bergseitig von Garderoben und Restaurationsbereichen flankierte Foyer folgt ein Erschließungsbereich mit Treppenanlagen, die zum 750 Plätze fassenden Theaterraum führen. Leichte Asymmetrien in der Grundrißanlage und ein aus der Achse gerücktes Tageslichtfenster sind bewußte Störungen der geforderten konventionellen Anlage mit Guckkastenbühne.

Lit.: Peter Blundell Jones, Hans Scharoun – Eine Monographie, Stuttgart 1979.

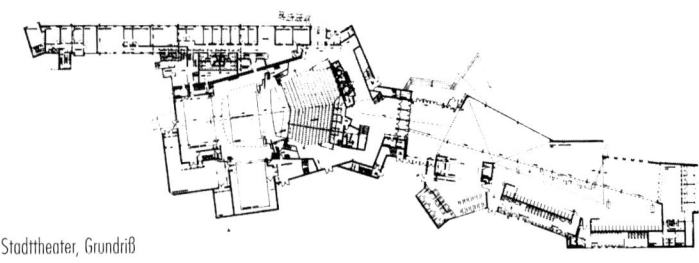

Stadttheater, Grundriß

Niedersachsen

Kulturzentrum, Schnitt, Grundriß und Ansicht

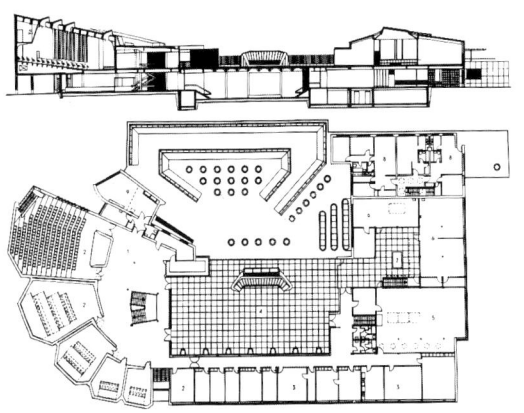

Stadttheater, Ansicht

Sachsen-Anhalt

Bad Dürrenberg
Wohnsiedlung
Thomas-Müntzer-Straße
1928–1930
Alexander Klein

Auf Vermittlung des Industriellen Adolf Sommerfeld plante Walter Gropius im Auftrag der Gemeinnützigen Siedlungsgesellschaft Merseburg in Bahnhofsnähe eine Siedlung mit 1.160 Wohnungen für Arbeiter der Ammoniakfabrik im 7 km entfernten Merseburg. Nach Differenzen mit dem Auftraggeber wegen der von Gropius geforderten Flachdächer führte Alexander Klein die Planungen weiter. Drei je 100 m lange Laubenganghäuser bilden die südliche Begrenzung der sonst vorwiegend in ost-westorientiertem Zeilenbau angelegten Siedlung. Wirtschaftliche Grundrißlösungen des für seine Forschungen zur Rationalisierung im Wohnungsbau bekannt gewordenen Architekten kennzeichnen die Wohnungen der gut erhaltenen Anlage.
Lit.: Wasmuths Monatshefte für Baukunst 1929, S. 290ff.

Das Bauhaus in Dessau
1925–1932

1925 zog das Bauhaus unter seinem Leiter Walter Gropius von Weimar in das sozialdemokratisch regierte Dessau, wo sich neben der theoretischen und didaktischen Arbeit durch städtische Aufträge auch die Möglichkeit zur praktischen Umsetzung der Bauhauslehre bei mehreren, in Gropius' privatem Atelier bearbeiteten Bauaufträgen bot. Unter der Leitung von Gropius' Nachfolger,

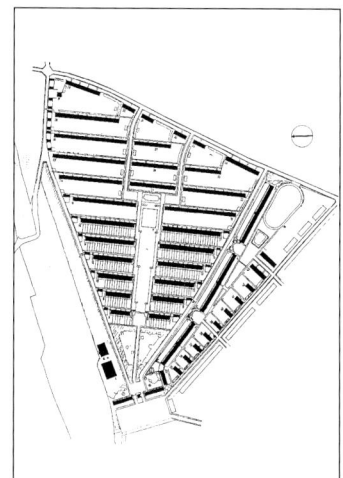

Wohnsiedlung, Lageplan und Ansicht

Hannes Meyer, wurden die Bauhauswerkstätten intensiv an praktischen Aufgaben (u.a. Ausstattung der Bundesschule des ADGB in Bernau) beteiligt. Der politische Streit um das von den Nationalsozialisten bekämpfte Bauhaus führte 1930 zum Rücktritt des linksgerichteten Hannes Meyer und zur Berufung Mies van der Rohes als Direktor. Im September 1932 mußte das Bauhaus unter politischem Druck nach Berlin umziehen und wurde dort nach wenigen Monaten im April 1933 endgültig geschlossen.

Lit.: Walter Gropius, Bauhausbauten Dessau, Mainz/Berlin 1974 (Nachdruck von 1930); Christine Kutschke, Bauhausbauten der Dessauer Zeit, (Diss.) Weimar 1981; Winfried Nerdinger, Der Architekt Walter Gropius, Berlin 1985; Deutsche Bauzeitung 11/1991 S. 160f.; Christine Engelmann, Christian Schädlich, Die Bauhausbauten in Dessau, 1991.

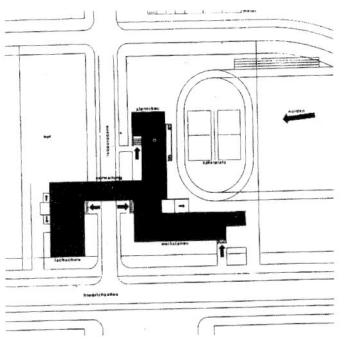

Bauhaus, Lageplan und Ansicht

Bauhaus

Bauhausstraße 1
1925–1926
Walter Gropius

Der mit dem Umzug von Weimar nach Dessau notwendig gewordene Neubau wurde, ebenso wie der Bau der Meisterhäuser, von der Stadt Dessau finanziert. Das in Gropius' Bauatelier geplante und von den Bauhaus-Werkstätten ausgestattete neue Schulgebäude bildet eine allseitig plastisch gegliederte Anlage ineinandergreifender, unterschiedlich charakterisierter Baukörper mit klar ablesbaren Funktionen ohne Haupt- und Nebenfronten. Lehr- und Verwaltungstrakt, Wohn- und Atelierhaus sowie der Werkstättentrakt liegen beiderseits einer durch eine Verbindungsbrücke überbauten Zufahrtsstraße. Zwischen Werkstatt- und Ateliergebäude liegt die auch öffentlichen Veranstaltungen dienende Aula mit Kantine. Die zur Schau gestellten Technizität der Ausstattung ist Ausdruck der Hinwendung der Bauhausarbeit vom Handwerklichen zur industriellen Gestaltung. Die komplett verglaste Fassade des Werkstättentraktes zeigt jedoch noch Anklänge an die expressionistische Erneuerungsbewegung und entspricht nicht rein funktionellen Kriterien. Das Bauhaus, als Gebäude und Institution Hauptzielscheibe nationalsozialistischer Angriffe, wurde 1932 geschlossen. 1945 brannte das Gebäude völlig aus und wurde 1976–78 sorgfältig restauriert. Heute Museum und wieder Sitz einer Architekturschule.

Lit.: Winfried Nerdinger, Das Bauhausgebäude von Walter Gropius, in: Klaus Kinold, Architektur und Beton, München 1994.

Meisterhäuser
Burgkühnauer Allee/Ebert-Allee
1925–1926
Walter Gropius

Für den Direktor und sechs Lehrer am Bauhaus wurden eine Villa und drei Doppelhäuser errichtet. Die spiegelbildlich angeordneten Doppelhaushälften sind großzügig geschnittene Wohnungen mit Ateliers. Von Gropius privatem Atelier am Bauhaus entworfen und von den Bauhaus-Werkstätten ausgestattet, waren die Meisterhäuser auch Demonstrationen modernen Wohnens. Berühmt wurden die Einbauschränke und zahlreichen technischen Neuerungen zur Rationalisierung des Wohnablaufs, über die sogar ein eigener Film gedreht wurde. Die Direktorenvilla und eine Doppelhaushälfte wurden im Krieg zerstört. Die erhaltenen Häuser sind in schlechtem Zustand, eine Doppelhaushälfte wurde 1993/94 in Farbgebung und Ausstattung originalgetreu rekonstruiert.

Lit.: Leben am Bauhaus, Die Meisterhäuser in Dessau, München 1993; Bauwelt 1994, S. 2648f.

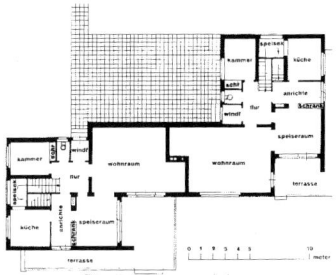

Meisterhäuser, Grundriß und Ansicht eines Doppelhauses

Unten:
1993/94 rekonstruierte Doppelhaushälfte

Gegenüber:
Bauhaus, Ansicht und Treppenhaus

Dessau
Siedlung Dessau-Törten
(Törten)
1926–1928; 1929–1930
*Walter Gropius, Georg Muche,
Richard Paulick, Hannes Meyer*

Die als Demonstrationssiedlung geplante Anlage wurde wegen des billigeren Baugrundes außerhalb von Dessau bei Törten in drei Abschnitten mit insgesamt 316 Wohnungen erbaut. Die durch Rationalisierung des Baubetriebs im Fließbandsystem erstrebte Kostenersparnis bestimmte die Anordnung der Reihenhäuser in einer Doppelreihe an einer Transport- und Kranachse. Die Reihenhäuser sind Schottenbauten mit nichttragenden Fassaden (Mauerwerk in Schlackenbetonsteinen, Decken aus trocken verlegten Rapidbetonbalken). Im ersten Bauabschnitt zeigten sich schwere Mängel (Setzungsrisse in den Fassadenmauern), die erst bei den folgenden Abschnitten vermieden werden konnten. Die Siedlung, zu der auch ein Konsumgebäude von Gropius gehört, ist durch Umbauten stark verändert.

Am Rand der Siedlung erbaute Georg Muche zusammen mit Richard Paulick 1926–27 ein experimentelles Stahl-

Siedlung Dessau-Törten, Konsumgebäude

haus. Der Stahltafelbau besteht aus einem tragenden Stahlskelett mit daran befestigten Stahltafeln. Auf Grund mangelnder Isolierung mußte das Haus mit einer Ziegelwand hintermauert werden. Anschließend an die Bauten von Gropius errichtete sein Nachfolger am Bauhaus, Hannes Meyer, zusammen mit den Bauhausstudenten in einer Kollektivarbeit fünf extrem typisierte Laubenganghäuser mit 2 1/2-Zimmerwohnungen zu je 46 qm (1929–1930; Bitterholzstraße).

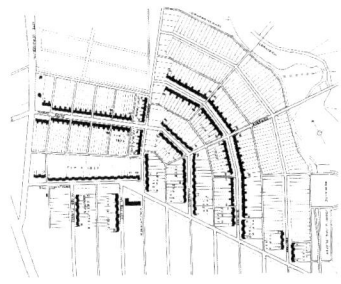

Siedlung Dessau-Törten, Lageplan, Experimentalhaus und Ansicht

Dessau
Ehem. Arbeitsamt
August-Bebel-Platz
1927–1929
Walter Gropius
Die durch das Bauprogramm gestellte Anforderung, den Andrang vieler Arbeitsuchender mit wenigen Beamten zu bewältigen, wurde durch die halbkreisförmige Anlage mit einem äußeren, durch sechs Zugänge erschlossenen Ring für die Warteräume und einem inneren Ring für die Vermittlungsschalter erfüllt. Die innenliegenden Teile des eingeschossigen Schalterbereichs werden durch konzentrische Sheddachringe belichtet. Die Raumstruktur des Schalterbereichs wird durch Glasstreifen zwischen Trennwänden und Decke ablesbar. Klinkerverkleideter Stahlskelettbau. Bis heute weitgehend unverändert erhalten; allerdings wurden zusätzliche Fenster bei den Eingängen nachträglich eingebaut.
Lit.: Walter Gropius, Bauhausbauten Dessau, Mainz/Berlin 1974 (Nachdruck von 1930); Winfried Nerdinger, Der Architekt Walter Gropius, Berlin 1985.

Dessau
Verwaltung der Junkerswerke
Junkersstraße
1934
Werner Issel
Die Junkers-Flugzeugwerke wurden zwar im Krieg zerstört, erhalten sind aber noch die Konstruktions- und Verwaltungsbauten der Firma. Die Stahlbetonkonstruktion ist mit Ziegel verkleidet, die Treppenhäuser sind vorgezogen und aufgeglast. Typische funktional organisierte und sachlich nüchtern gestaltete Industrieanlage der dreißiger Jahre.
Lit.: Monatshefte für Baukunst und Städtebau 1939.

Halle
Landesmuseum für Vorgeschichte
Richard-Wagner-Straße 9
1911–1912
Wilhelm Kreis, K.-A. Jüngst
Das auf quadratischem Grundriß um einen viergeschossigen Lichthof angelegte Museum beherbergt ausschließlich der deutschen Vor- und Frühgeschichte gewidmete Sammlungen und Forschungseinrichtungen. In Übereinstimmung mit dem Programm zeigt der Außenbau Zitate provinzialrömischer Architektur, so in der Hauptfassade Anklänge an die Porta Nigra in Trier. Der mit nationalem Pathos verbundene Ausdruck der Wehrhaftigkeit und Solidität des Außenbaus setzt sich im Inneren durch die Anwendung gedrungener dorischer Architekturelemente in Eingangshalle und Lichthof fort.
Lit.: Winfried Nerdinger, Ekkehard Mai (Hrsg.), Wilhelm Kreis – Architekt zwischen Kaiserreich und Demokratie 1873–1955, München 1994.

Sachsen-Anhalt

Oben und Mitte links:
Ehem. Arbeitsamt,
Außen- und Innenansicht

Mitte rechts:
Verwaltung der
Junkerswerke

Landesmuseum für
Vorgeschichte

Halle
Gertraudenfriedhof
Landrain 25
1912–1914
Wilhelm Jost, Georg Lindner
Inmitten der weitläufigen, auf über 30 ha angelegten Friedhofsanlage bildete das Krematorium eine symmetrische Baugruppe mit zentraler Feierhalle, seitlichen Säulenhallen, vorgelagerter Terrasse und Wasserbassin. Der Typus der zumeist monumental-pathetisch inszenierten Dreiflügelanlage mit Feierhalle in der Hauptachse wurde Vorbild für eine Reihe weiterer Krematorien (vgl. Hamburg-Ohlsdorf; Frankfurt/Oder).
Lit.: Fritz Schumacher, Die Feuerbestattung, Leipzig 1939 (Handbuch der Architektur IV, Hbd. 8).

Halle
Ehem. Forsterhof (Bürohaus Sernau)
Forsterstraße 29
1921–1922
Alfred Gellhorn, Martin Knauthe
Das als verputzter Stahlbeton-Skelettbau mit Mauerwerksausfachung errichtete Bürogebäude steigt unter Ausnutzung des Pultdachs zur Hofseite von drei auf vier Geschosse an. Die im Grundriß zweibündige Anlage mit Innenflur wird an der Stirnseite durch ein vorgelagertes Treppenhaus erschlossen. Das Äußere wird durch die vorstehenden, hohen Brüstungsbänder und abgerundete Ecken bestimmt. Die Originalfenster mit Wendeflügeln sind noch erhalten. Frühes Werk des Neuen Bauens mit ungewöhnlich plastischer Fassadenausbildung.

Lit.: Walter Müller-Wulckow, Architektur der zwanziger Jahre in Deutschland (Nachdruck der Blauen Bücher von 1925–1932), Königstein im Taunus 1975.

Halle
Verwaltungsgebäude der AOK
Robert-Franz-Ring
1931-1932
Martin Knauthe
Die an der Saale gegenüber der Moritzburg errichtete Anlage wurde mit Bezug auf den historischen Bau ebenfalls in fließenden, vielfach abgerundeten Formen angelegt. Ein langgestreckter Institutsflügel ist über ein gelenkartiges Treppenhaus mit dem Verwaltungstrakt verbunden, der einen ursprünglich glasüberdachten Innenhof mit der Schalterhalle der Krankenkasse umschließt. Ein technisch und formal konsequent moderner Bau: Stahlskelett mit Keramikverkleidung; Beton-Rippendecke mit Stahlblechschalung; Luxfer-Prismenglas zur Belichtung der Archivräume unter der Schalterhalle. Im Außenbau gut erhalten.
Im Auftrag der AOK entstand auch 1927 das Wohn- und Geschäftshaus Clara Zetkin-Straße 15 (Architekt Martin Knauthe).
Lit.: Bauwelt 28/1932, S. 1ff.

Sachsen-Anhalt

Gertraudenfriedhof

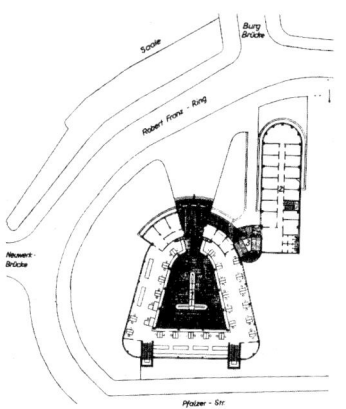

Mitte links und unten:
Verwaltungsgebäude der AOK, Lageplan und Ansicht (Foto 1932)

Mitte rechts:
Ehem. Forsterhof (Bürohaus Sernau)

Magdeburg/Peseckendorf
Schloß Peseckendorf
1906–1910
Paul Schultze-Naumburg
Anstelle eines zerstörten Renaissancebaus entstand eine zweigeschossige, symmetrische Schloßanlage in neoklassizistischem Stil mit überdachter Vorfahrt und rundem Saalbau – Zitat von Schloß Sanssouci in Potsdam – auf der Gartenseite. Der ursprüngliche Figurenschmuck (Skulpturen von Georg Kolbe) sowie Gauben und Fensterläden gingen verloren. Sonst ist der Bau gut erhalten.
Lit.: Norbert Borrmann, Paul Schultze-Naumburg 1869–1949, Essen 1989.

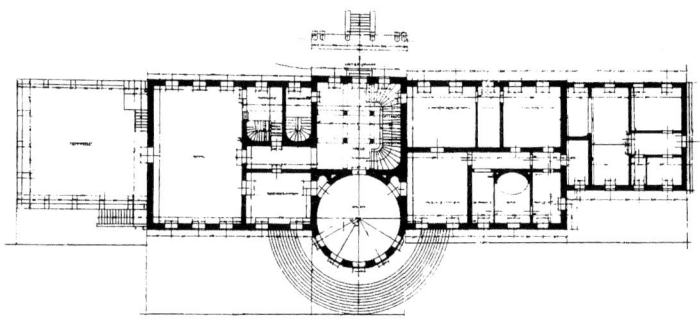

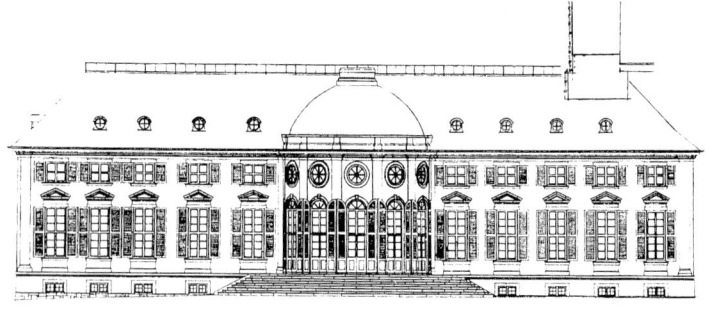

Schloß Peseckendorf, Grundriß und Fassadenansicht Gartenseite

Magdeburg
Wohnsiedlung Reform
Bunter Weg
1912–1915, 1921
Bruno Taut

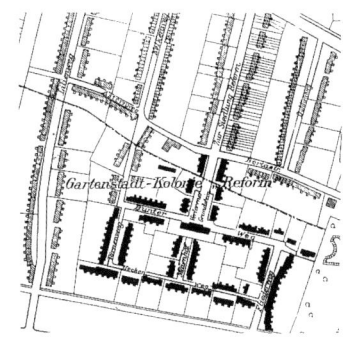

Im Auftrag einer Arbeitergenossenschaft entstanden mit geringer Bausumme in zwei Bauabschnitten eingeschossige Reihenhäuser, deren Dachgeschosse aufgrund der Anhebung durch einen Kniestock (Drempel) vollständig als Wohnflächen ausgenutzt werden konnten. Den Mittelpunkt der Siedlung bildet der Marienhof, eine zur Siedlungseinfahrt geöffnete, symmetrische Anlage. Auf Veranlassung der Nutzer verwendete Taut zum erstenmal Farbe als preisgünstiges Gestaltungsmittel im Siedlungsbau. Nach Tauts Umzug nach Berlin bis in die dreißiger Jahre hinein von anderen Architekten (u.a. Carl Krayl) ständig erweiterte Anlage.

Lit.: Kurt Junghanns, Bruno Taut 1880-1938, Berlin 1988.

Wohnsiedlung Reform,
Lageplan und Ansicht

Bruno Taut und Magdeburg 1921–1924

Die Stadtplanung, Stadtgestaltung (Farbkonzepte von Karl Völker und Oskar Fischer), den Siedlungsbau und die Planung öffentlicher Gebäude umfassende Tätigkeit Bruno Tauts als Stadtbaurat von Magdeburg wurde durch Ausstellungen, Vorträge und Zeitschriften (darunter das von Taut selbst herausgegebene „Frühlicht") in ganz Deutschland bekannt. Bedingt durch die Finanzknappheit der Kommunen nach dem 1. Weltkrieg und die Inflation von 1923 wurden nur wenige Projekte (darunter die Mehrzweckhalle „Stadt und Land" und der Generalsiedlungsplan) ausgeführt. Durch die von Tauts Schülern und Mitarbeitern Johannes Göderitz, Carl Krayl und Konrad Rühl weitergeführte Bau- und Siedlungstätigkeit blieb Magdeburg auch nach 1924 ein Zentrum des Neuen Bauens.

Magdeburg
Hermann-Gieseler-Halle (Halle „Stadt und Land")
Wilhelm-Kobelt-Straße
1921–1922
Bruno Taut

Das neben dem Generalsiedlungsplan ambitionierteste Projekt Bruno Tauts während seiner Tätigkeit als Stadtbaurat von Magdeburg (1921–1924) war die für Landwirtschafts-Ausstellungen, Feste und Sportveranstaltungen geplante Halle „Stadt und Land", die nur in einer stark verkleinerten zweiten Fassung zur Ausführung kam. Von Querbindern ausgesteifte Stahlbeton-Bogenbinder tragen ein polygones Satteldach mit Firstoberlicht und überspannen eine Arena mit ansteigenden Tribünen an beiden Längsseiten. Den beiden Stirnseiten sind Eingangshallen vorgelagert. Heute Sporthalle.

Lit.: Kurt Junghanns, Bruno Taut 1880–1938, Berlin 1988.

Magdeburg
Hermann-Beims-Siedlung
Große Diesdorfer Straße
1925–1928
Konrad Rühl, G. Gauger

Auf einem von Bruno Taut 1923 im Generalsiedlungsplan ausgewiesenen Gelände entstand im Auftrag des städtischen „Vereins für Kleinwohnungswesen" mit 2.100 Wohnungen eine der größten Wohnsiedlungen der zwanziger Jahre in dreigeschossiger, durch Quer- und Winkelbauten differenzierter Zeilenbauweise. Den durchweg als Zweispänner angelegten Wohnungen mit durchschnittlich 65 qm Größe sind freistehende Kindergärten und Geschäfte in den Erdgeschoßzonen der Wohnzeilen zugeordnet. Die Straßen sind nach Erschließungs- und Wohnstraßen, die Außenbereiche nach Verkehrs- und Freiflächen unterschieden. Weitere Siedlungen der zwanziger Jahre in Magdeburg: Die stark farbige Siedlung Brückfeld (Berliner Chaussee, 800 Wohnungen, 1927–1930, Architekten Carl Krayl und Maximilian Worm) und die Siedlung Cracau I (Büchnerstraße 1926–1928, Architekt Carl Krayl).

Lit.: Zentralblatt der Bauverwaltung 1928, S. 457f.; Architektur der DDR 10/1989, S. 41ff.

Sachsen-Anhalt

Hermann-Gieseler-Halle (Halle „Stadt und Land"), Außen- und Innenansicht (zeitgenössische Fotos)

Hermann-Beims-Siedlung, Lageplan und Ansicht

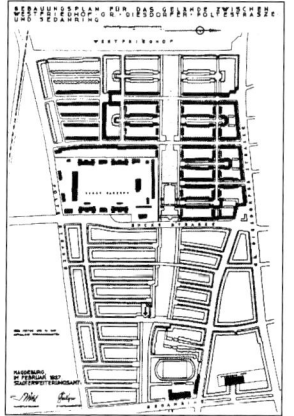

Magdeburg
Stadthalle
Rotehorn-Park
1926–1927
Johannes Göderitz
Die aus Anlaß der deutschen Theaterausstellung 1927 erbaute Stadthalle ist Teil des 1871–1872 angelegten Stadtparks auf einer Elbeinsel unterhalb der Altstadt. Der symmetrische, mit Ziegeln verkleidete und teils über Luxfer-Prismen belichtete Saalbau wurde im Erdgeschoß als Stahlbeton-, im Haupt- und Emporengeschoß als Stahlskelettbau in nur neun Monaten errichtet. Er umfaßt zwei Säle mit 3.000 bzw. 300 Plätzen sowie Neben- und Restaurationsräume. 1945 zerstört, wurde die Stadthalle im Außenbau weitgehend original, im Inneren verändert wiederaufgebaut. Zur Gesamtanlage von 1927 gehört auch der Aussichtsturm (Göderitz) sowie das von Albinmüller als Eingang zur Ausstellung entworfene skulpturale „Pferdetor".

Lit.: Deutsche Bauzeitung 1929, S. 121ff.

Magdeburg
Verwaltungsgebäude der AOK
Lüneburgerstraße 4
1926–1927
Maximilian Worm, Carl Krayl
Das Verwaltungsgebäude umfaßt neben der Schalterhalle im Erdgeschoß Bürotrakte sowie einen medizinischen Trakt mit Behandlungsräumen an der Steubenstraße. Die Bürogeschosse sind um einen Innenhof mit Glasdach über der Schalterhalle angeordnet. Das Haupttreppenhaus an der Straßenfront wurde ursprünglich, wie auch die Schalterhalle, durch Luxfer-Prismenglas belichtet. Im Gegensatz zur expressionistischen Klinkerfassade sind die Hoffronten und der rückwärtige Behandlungstrakt in Formen des Neuen Bauens ausgeführt. Im Inneren stark verändert.

Lit.: Wasmuths Monatshefte für Baukunst und Städtebau 1928, S. 103ff.

Sachsen-Anhalt

Stadthalle, Ansichten

Verwaltungsgebäude der AOK, Ansicht und Schalterhalle (Foto 1927)

Magdeburg
Ernst-Reuter-Allee
1953–1961
Johannes Cramer
Die in ostwestlicher Richtung verlaufende Platzanlage bildet den nach dem Krieg neugeschaffenen zentralen Platzraum der Altstadt. Sie wurde abschnittsweise, bis 1957 im Sinne der „Nationalen Bautradition" in einem an Schinkel orientierten Neoklassizismus, danach in moderner Formensprache (Südabschnitt) erbaut. Zwei achtgeschossige Torbauten als westlicher Abschluß und ein ebenfalls achtgeschossiger Turm an der Kreuzung mit der Breiten Straße bilden die Dominanten der nach Osten zur Elbe noch nicht geschlossenen Anlage. Ein geplantes Hochhaus an dieser Seite kam nicht zur Ausführung.

Lit.: Thomas Topfstedt, Städtebau in der DDR 1955–1971, Leipzig 1988; Klaus von Beyme u.a., Neue Städte aus Ruinen, München 1992.

Piesteritz bei Wittenberg
Ehem. Werkssiedlung der Mitteldeutschen Reichswerke
1916–1919
Otto Rudolf Salvisberg
Im Auftrag einer Siedlungsgesellschaft entstand eine Gartenstadt mit 470 Wohnhäusern, Geschäften und einer Schule als Werkssiedlung eines Düngemittel produzierenden Betriebs. Elemente des romantischen Städtebaus der Theodor-Fischer-Schule (malerische, aus der Topographie abgeleitete Wegeführungen und Raumfolgen) sind mit den symmetrischen und geometrischen Raumbildungen der neobarock-klassizistischen Ostendorf-Schule zu einer Synthese vereinigt. In der Gesamtanlage gut erhalten. Pendant zur weitaus bekannteren, einseitig dem romantischen Städtebau verpflichteten Gartenstadt Staaken (ebenfalls eine Werkssiedlung) von Paul Schmitthenner.

Lit.: Gartenstadt-Siedlung der Mitteldeutschen Reichswerke, Berlin 1917; Claude Lichtenstein u.a. (Hrsg.), O. R. Salvisberg – Die andere Moderne, Zürich 1985.

Sachsen-Anhalt

Ehem. Werkssiedlung
der Mitteldeutschen
Reichswerke, Lageplan
und Ansicht

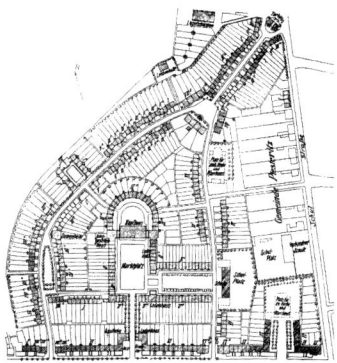

Ernst-Reuter-Allee

Berlin

Ehem. Land- und Amtsgericht/ Stadtgericht Berlin-Mitte
Littenstraße 13–17 (Mitte)
1896–1904
Rudolf Mönnich, Otto Schmalz
Der neobarocke Justizpalast bildet einen um elf Höfe angelegten, zur Querachse symmetrischen Komplex von 207 m Länge. Von den zwei großen, in der Fassade durch Mittelrisalite repräsentierten Treppenhallen besteht nach Kriegszerstörungen 1945 und der Verbreiterung der Grunerstraße nur noch das in etwas vereinfachter Form wiederhergestellte Haupttreppenhaus an der Littenstraße. Für die aufwendige Rauminszenierung der Treppenhalle sind barocke Vorbilder (Lukas von Hildebrandt), aber auch gotisierende Elemente (Gewölbe) und Jugendstilformen miteinander zu einem neuen imposanten Ausdruck verschmolzen.
Lit.: Berlin und seine Bauten, Band III, Berlin 1966.

Märkisches Museum
Am Köllnischen Park 5 (Mitte)
1899–1908
Ludwig Hoffmann
Der Neubau des 1874 gegründeten, bis dahin nur provisorisch untergebrachten Museums ist in Bezug zum Programm eines natur- und kulturhistorischen Heimatmuseums als freie Montage von exakten Kopien wichtiger Bauten aus der märkischen Baugeschichte (Katharinenkirche in Brandenburg, Bischofsburg in Wittstock u.a.) angelegt. Im Sinne eines „Stimmungsmuseums" sind die Ausstellungsräume stilistisch auf die Exponate abgestimmt. Gegenüber steht die zeitgleich errichtete neobarocke Landesversicherungsanstalt von Alfred Messel (Am Köllnischen Park 2a/3, 1903–1904, Umbau seit 1993, Architekten Kampmann, Weström).
Lit.: Ludwig Hoffmann, Neubauten der Stadt Berlin, Band 8, Berlin 1909.

Ehem. Land- und Amtsgericht/ Stadtgericht Berlin-Mitte, Grundriß

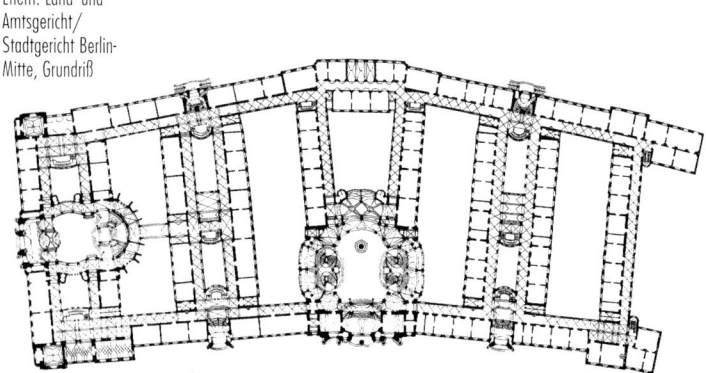

Klinikum Berlin Buch

Karower Straße 11, Wiltbergstraße 50,
Alt-Buch 74, Hobrechtsfelder Chaussee
(Buch)
1899–1915
Ludwig Hoffmann

Seit 1899 entstanden auf dem Gelände des ehemaligen Rittergutes Buch fünf abgeschlossene Krankenhauskomplexe für insgesamt ca. 6.500 Patienten als stark durchgrünte „Gartenstädte für Kranke". Die symmetrisch angelegten, zumeist nur zweigeschossigen Bauanlagen wurden im Pavillonsystem in schlichten neobarocken oder klassizistischen Formen errichtet. Im Gegensatz zum zeitgleich erbauten, heute teilweise zerstörten Rudolf Virchow-Krankenhaus (Augustenburger Platz 1, 1899–1906, Architekt L. Hoffmann) weitgehend unverändert erhaltene Anlage.

Lit.: Hans J. Reichardt, Wolfgang Schäche, Ludwig Hoffmann in Berlin, Berlin 1987.

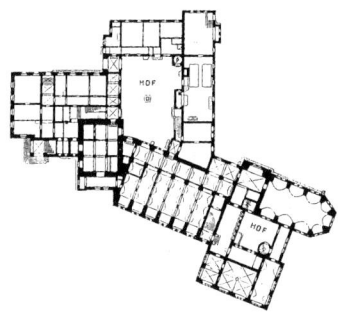

Märkisches Museum, Grundriß und Ansicht

Kriminalgericht Moabit
Turmstraße 91 (Moabit)
1902–1906
Rudolf Mönnich, Carl Vohl
Ähnlich wie beim Stadtgericht Mitte nimmt auch hier die weit über ihre Erschließungsfunktion ins Repräsentative gesteigerte Haupttreppenanlage den gesamten Mittelrisalit des über 200 m langen Gebäudes ein. Die hintereinander gestaffelten Treppenläufe und die umlaufenden Galerien sind Elemente einer Bewegungsregie, die ständig wechselnde Durchblicke und einen an Piranesi erinnernden, labyrinthischen Raumeindruck erzeugt. Die als Vorbild dienenden barocken Schloßtreppenanlagen sind – nicht zuletzt durch versteckte Verwendung von Stahl und Beton – gewaltig, aber ungemein eindrucksvoll übersteigert.
Lit.: Berlin und seine Bauten, Band III, Bauwerke für Regierung und Verwaltung, Berlin 1966.

Ehem. Stadthaus
Jüdenstraße (Mitte)
1902–1911
Ludwig Hoffmann
Das neobarocke Stadthaus, Erweiterung des 1861–1869 errichteten, gegenüberliegenden „roten" Rathauses von H. F. Waesemann, nahm neben Verwaltungsbereichen für ursprünglich ca. 1.000 Beamte einen der Stadtgemeinde bis dahin fehlenden repräsentativen Festsaal auf. Diese sog. Stadthalle mit tonnengewölbter Decke schließt in der Hauptachse direkt an die Eingangshalle an. Der 101 m hohe Turm, ein Zitat der Gontardschen Dome am Gendarmenmarkt, steht in Korrespondenz zum Rathausturm. Nach Kriegszerstörungen 1960/61 unter Hinzufügung eines Mansarddachs als Haus des Ministerrates der DDR wiederaufgebaut. Heute wieder Sitz von Behörden, Festsaal nicht öffentlich zugänglich.
Lit.: Ludwig Hoffmann, Neubauten der Stadt Berlin 10, Berlin 1911; Zentralblatt der Bauverwaltung 1911, S. 558ff., 1912, S. 1ff., S. 351ff.

Haus Freudenberg
Potsdamer Chaussee 48 (Zehlendorf/Nikolassee)
1907–1908
Hermann Muthesius
Das nach einem englischen Vorbild (Edward Priors „The Barn" in Exmouth, Devonshire) winkelförmig angelegte, symmetrische Wohnhaus verbindet die freie, funktionale Anordnung englischer Landhäuser mit den Repräsentationsansprüchen deutscher Villen und der Formensprache niederdeutscher Fachwerkhäuser. Im Zentrum der Anlage befindet sich die im Grundriß ovale Halle mit Blick auf die Gartenterrasse. Eine die Empfangsgeste der Eingangsfront unterstützende Pergola existiert nicht mehr. Das Wohnhaus selbst wurde nach dem Zweiten Weltkrieg in mehrere Wohnungen unterteilt.
Direkt benachbart (Potsdamer Chaussee 49) Muthesius' eigenes Wohnhaus (1906–1907).
Lit.: Hans Joachim Hubrich, Hermann Muthesius, Berlin 1980; Julius Posener, „Hermann Muthesius", in: Aufsätze und Vorträge 1931–1980, Braunschweig/Wiesbaden 1981.

Berlin

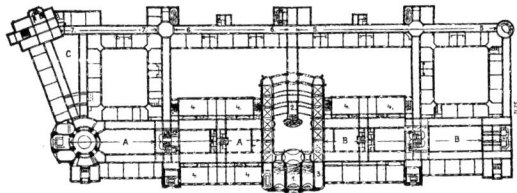

Kriminalgericht Moabit, Grundriß und Haupttreppenanlage

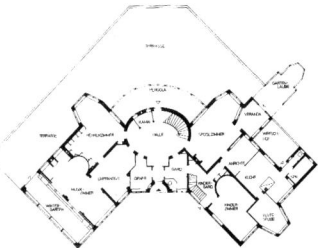

Ehem. Stadthaus

Haus Freudenberg, Grundriß und Ansicht

Berlin

Peter Behrens und die AEG (1907–1914)

Behrens, ursprünglich Maler, dann Innenausstatter und Architekt, war seit 1907 gestalterischer Berater für die AEG, den damals größten europäischen Elektrokonzern, für den er Produkte, Schrifttypen, Ausstellungspavillons, sehr bald aber auch große Industriebauten im Sinne eines einheitlichen modernen Erscheinungsbildes entwarf. Eine beispielhafte Zusammenarbeit zwischen Künstler und Industrie entsprechend den kultur- und wirtschaftspolitischen Zielsetzungen des Deutschen Werkbunds.

Lit.: Tilmann Buddensieg, Henning Rogge, Industriekultur: Peter Behrens und die AEG, Berlin 1979; Historische Bauwerke der Berliner Industrie, Beiträge zur Denkmalpflege in Berlin, Heft 1, Berlin 1988.

AEG-Turbinenhalle

Huttenstraße 12–19 (Moabit)
1908–1909, 1939
Peter Behrens

Stahlrahmenkonstruktionen überspannen Haupt- und Nebenhalle (Breite 25,60 m bzw. 13,90 m), deren lichter Querschnitt von der Höhe der Laufkräne bestimmt wird (in der Haupthalle 15 m). Auf der Längsfassade der Haupthalle wird die tragende Konstruktion durch nach unten verjüngte, vor den geneigten Fensterflächen stehende Stahlstützen demonstrativ freigestellt. Der Absicht, das Tragverhalten offen zu zeigen, widersprechen die massiv erscheinenden, aber nichttragenden Stahlbetonpylone der Stirnfassade, deren Giebelfeld das dahinterliegende polygonale Stahlfachwerk der Dachkonstruktion nachzeichnet. Die ursprünglich 123 m lange Halle wurde 1939 um weitere 80 m erweitert. Schon in der zeitgenössischen Literatur wurden Behrens' monumental überhöhte Industriebauten „Tempel der Arbeit" genannt.

Hochspannungs- und Kleinmotorenfabrik, Montagehalle

Hussiten-/Voltastraße (Wedding)
1909–1913
Peter Behrens

Die drei Fabrikgebäude am Humboldthain wurden teilweise anstelle von Vorgängerbauten in ein bestehendes Werksgelände eingefügt.
– Hochspannungsfabrik: Eine langgestreckte Doppelhalle in Stahlkonstruktion wird U-förmig von fünfgeschossigen Stahlskelettbauten mit Ziegelfassaden umgeben. Auf der Westseite ist die

AEG-Turbinenhalle

Gegenüber:
Kleinmotorenfabrik und
Hochspannungsfabrik

Anlage mit Rücksicht auf die Eisenbahnzufahrt zurückgestaffelt. Hauptfassade an der Ostseite mit Doppelgiebel vor der Stirnseite der Werkhallen.

– Kleinmotorenfabrik: Ein 196 m langer, sechsgeschossiger Baukörper entlang der Voltastraße mit zwei rückwärtigen Quertrakten wird auf der Straßenseite in den unteren vier Geschossen durch eine monumentale Ordnung aus ziegelverkleideten Rundpfeilern rhythmisiert. Fassadenabschnitte ohne Bezug zum Grundriß.

– Montagehalle: 176 m lang, mit Polygonalträgern und offen gezeigter Stahlkonstruktion, ist in Form, Querschnitt und Funktionsabläufen deutlich an der Turbinenhalle in der Huttenstraße orientiert. Das polygonale Glasdach wurde nach der Zerstörung im Zweiten Weltkrieg nicht wiederhergestellt.

Lit.: Tilmann Buddensieg, Henning Rogge, Industriekultur: Peter Behrens und die AEG, Berlin 1979; Historische Bauwerke der Berliner Industrie. Beiträge zur Denkmalpflege in Berlin, Heft 1, Berlin 1988.

Berlin

Haus Perls
Hermannstraße 14 (Zehlendorf)
1911, 1928
Ludwig Mies van der Rohe
Das Haus eines Kunsthändlers, Mies' zweiter ausgeführter Wohnhausentwurf, nahm im Erdgeschoß Repräsentations- und Ausstellungsräume, im Obergeschoß die Privaträume auf. Der neoklassizistische, Karl Friedrich Schinkel und Peter Behrens (Haus Wiegand) verpflichtete Bau öffnete sich über eine (heute geschlossene) Loggia zum Garten. 1928 von Mies um einen freistehenden Ausstellungsbau erweitert. Von 1938–1975 als Gewerbebau genutzt, in dieser Zeit mehrfach umgebaut und erweitert (Architekt Peter Großmann u.a.). Heute wieder in Privatbesitz.
Lit.: Berlin und seine Bauten, Band IV, Teil C, Berlin 1975; Der Architekt 3/1977, S. 88.

Lit.: Wolfram Hoepfner, Fritz Neumeyer, Das Haus Wiegand von Peter Behrens in Berlin-Dahlem, Mainz 1979.

Haus Dr. Wiegand
Peter-Lenné-Straße 28–30 (Dahlem)
1911–1912
Peter Behrens
Das für den Direktor der Preußischen Archäologischen Sammlungen errichtete Haus entwickelte sich entlang einer das Grundstück der Länge nach durchlaufenden Hauptachse. Die Raumfolge führt von einer offenen Vorhalle mit dorischen Muschelkalk-Säulen über Vestibül und Empfangszimmer zu den Gartenanlagen. Der von der Symmetrie der Anlage abweichende Wirtschaftstrakt und eine anschließende Pergola schirmen den Garten gegen die Drygalskistraße ab. Grund- und Aufriß liegt ein genau eingehaltenes Proportionssystem zugrunde. Heute ist das Haus Sitz des Deutschen Archäologischen Instituts.

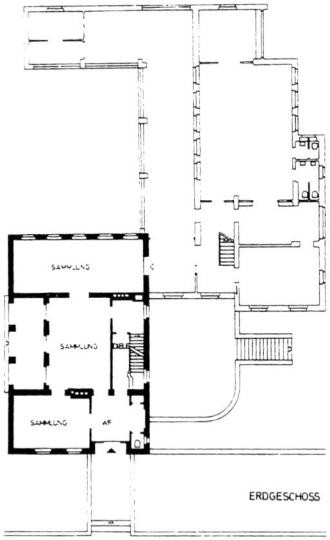

Berlin

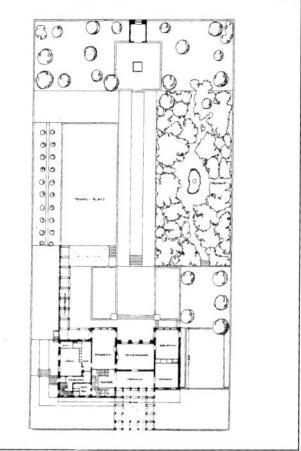

Volksbühne
Rosa-Luxemburg-Platz (Mitte)
1913–1915
Oskar Kaufmann, Wiederaufbau: Hans Richter

Mit den „Volksbühnen" sollten breitere Bevölkerungsschichten für das klassische Theater gewonnen werden. Die Berliner Volksbühne wurde programmatisch als Rangtheater ohne Logen mit 2.000 Sitzplätzen erbaut. Zur originalen technischen Ausstattung gehörten eine Drehbühne mit zwei Seitenbühnen, Versenkungsanlagen und ein Kuppelhorizont. Der halbrunde Abschluß des von einem breiten Umgang eingefaßten Zuschauerraums bildet sich im Außenbau durch den vorschwingenden, von dorischen Kolossalsäulen gegliederten Mittelteil ab. Nach Kriegszerstörungen vereinfacht wiederaufgebaut.

Lit.: Wasmuths Monatshefte für Baukunst und Städtebau 1918/19, S. 353ff.; Julius Posener, Berlin auf dem Weg zu einer neuen Architektur: Das Zeitalter Wilhelms II., München 1979.

Haus Dr. Wiegand, Grundriß und Ansicht

Volksbühne

Gegenüber:
Haus Perls, Grundriß und Ansicht

Berlin

Industrieanlage
Ostendstraße 1–5 (Köpenick/
Oberschöneweide)
1914–1917
Peter Behrens

In einem Industriegebiet an der Oberspree entstand die Werksanlage der (zum AEG-Konzern gehörenden) Nationalen Automobil Gesellschaft mit teilweise erhaltenen Werkhallen und dem fünfgeschossigen Hauptgebäude an der Ostendstraße. An den 70 m hohen Turm über dem Hauptportal schließt sich die viergeschossige, von Galerien umgebene Eingangs- und Treppenhalle an.

In der näheren Umgebung entwarf Behrens für die Werksangehörigen der AEG außerdem 1915 eine Reihenhausanlage (Roedernstraße 8–14), sowie 1912 – neben anderen Sozialgebäuden – für den Ruderklub ein Bootshaus an der Spree (An der Wuhlheide 192).

Lit.: Karl-Heinz Hüter, Architektur in Berlin 1900–1933, Dresden 1987; Bauwelt 1992, S. 2142ff.

Industrieanlage, Außen- und Innenansicht

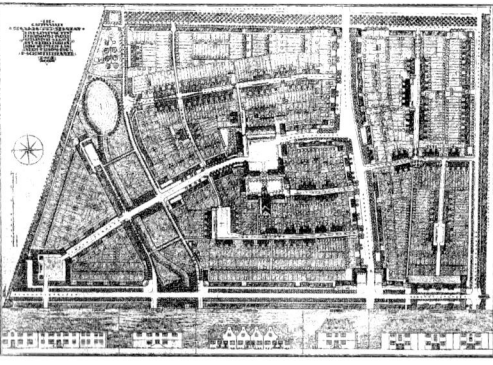

Gartenstadt Staaken, Lageplan

Gegenüber links:
Ansicht

Gegenüber rechts:
Ehem. Mosse-Haus

Gartenstadt Staaken
Am Heideberg (Spandau)
1914–1917
Paul Schmitthenner
Die für Beschäftigte der staatlichen Munitionsfabriken in Spandau erbaute Siedlung mit ca. 800 Wohnungen, einem Kaufhaus und zwei Schulen am zentralen Marktplatz ist trotz funktioneller Anlage ein Beispiel romantischen Städtebaus. Mit nur fünf, jedoch in vielen Kombinationen zusammengestellten Kleinhaustypen wurde, beeinflußt von Camillo Sittes Analysen mittelalterlichen Städtebaus, durch unterschiedlich charakterisierte Platz- und Wegesituationen das Bild einer gewachsenen, individuell gestalteten Kleinstadt erzeugt. Die Fassaden am Marktplatz sind denen des Holländischen Viertels in Potsdam (1732–1742) nachgebildet.
Lit.: Karl Kiem, Die Gartenstadt Staaken 1913–1918, (Diss.) Berlin 1991.

Ehem. Mosse-Haus
Jerusalemer Straße (Mitte)
1921–1922
Erich Mendelsohn
Das 1901–1903 nach Plänen von Cremer & Wolfenstein errichtete Haus des Zeitungsverlags wurde beim sog. Spartakistenaufstand 1919 zerschossen. Mendelsohn setzte auf den Altbau zwei, an der Ecke drei neue Geschosse auf. Sensationell wirkte die dynamisch gerundete Gebäudeecke, die den Verkehrsfluß scheinbar in Architektur umsetzte, ein Motiv, das Mendelsohn von nun an vielfach variierte. In der Nachkriegszeit vereinfacht wiederhergestellt, wurde der ursprüngliche Zustand 1993–1995, allerdings mit Abweichungen im Detail, rekonstruiert.
Lit.: Erich Mendelsohn, Berlin 1987; Bauwelt 1995, S. 855ff.

Berlin

Doppelvilla
Karolingerplatz 5, 5a (Charlottenburg)
1921–1922
Erich Mendelsohn

Zwei in der Baukörperanlage spiegelgleiche Doppelhaushälften sind symmetrisch zur Winkelhalbierenden des Eckgrundstücks zusammengefügt und bilden zur Straßenkreuzung eine gestaffelte Folge kubischer Baukörper. Horizontale Ziegelstreifen in den oberen zwei Geschossen fassen die Fenster zu übereck geführten Bändern zusammen. Die den Außenbau bestimmende diagonale Symmetrieachse wird im Grundriß nicht weitergeführt, auf der Achse liegende Räume werden abwechelnd der einen oder anderen Wohnung zugeschlagen. Die inzwischen zu einem Mehrfamilienhaus umgebaute Doppelvilla enthielt ursprünglich eine ebenfalls von Mendelsohn entworfene Ausstattung.

Lit.: Erich Mendelsohn 1887–1953: Ideen, Bauten, Projekte, Berlin 1987.

Verwaltungsgebäude des ADGB
Wallstraße 61–65/Inselstraße 6/
Märkisches Ufer 32–34 (Mitte)
1922–1923
Max Taut, Franz Hoffmann

Die zur Südecke heruntergestaffelte Bauhöhe des nur fragmentarisch realisierten Gewerkschaftshauses erklärt sich aus dem schlechten Baugrund und mit der Lage des Eckbereichs über einer U-Bahntrasse. Das Gebäude ist zwar in Einzelformen expressionistisch gestaltet (Sitzungssaal im 3. Obergeschoß, heute durch Einbau einer Zwischendecke entstellt), das erstmals offen gezeigte, an der Stirnseite kielförmig ausgebildete Beton-Rahmenwerk ist jedoch exemplarisch für das Neue Bauen.

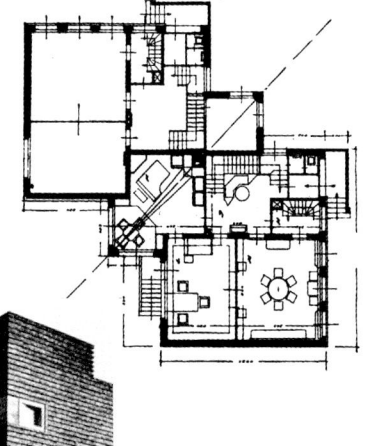

Doppelvilla, Grundriß
(1922) und Ansicht
(zeitgenössisches Foto)

1930–1932 nach Westen erweitert (Architekt Walter Würzbach), nach Kriegszerstörungen 1964 in Details vereinfacht wiederaufgebaut.
Lit: Berlin und seine Bauten, Band IX, Berlin 1984.

Haus Sternefeld
Heerstraße 107 (Charlottenburg)
1923–1924
Erich Mendelsohn
Wie zuvor die Doppelvilla am Karolingerplatz 5 (1921–1922) ist auch das dreigeschossige, primär nach plastisch-volumetrischen Gesichtspunkten gestaltete Haus Sternefeld holländischen Vorbildern (Dudok) und Frank Lloyd Wright verpflichtet. Vom Haus ausgehende Einfriedungsmauern binden das Gebäude in den umgebenden Freiraum ein. Entgegen der dynamischen Baukörpergestaltung zeigt der Grundriß abgeschlossene Räume in konventioneller Reihung. 1932 wurde nach Plänen von Mendelsohn auch der Trockenboden zu einer Wohnetage umgebaut.
Lit.: Erich Mendelsohn 1887–1953: Ideen, Bauten, Projekte, Berlin 1987.

Verwaltungsgebäude des ADGB

Haus Sternefeld

Berlin

Wohnsiedlung
Am Heidehof 1–54 (Zehlendorf/
Schlachtensee)
1923–1925
Paul Mebes, Paul Emmerich
Die von einer schmalen Wohnstraße erschlossene und um einen zentralen Platz (Heidehof) angelegte Siedlung besteht aus 147 Wohneinheiten in Geschoßwohnungs- und Einfamilienhausbebauung. Expressionistisch-gotisierende Formen (Spitzbogen, Dreieckserker) und die für Berliner Siedlungen ungewöhnliche Sichtziegel-Bauweise kennzeichnen die Fassaden. Trotz ausgedehnter Gartenflächen weitgehend geschlossene, gut proportionierte Straßen- und Platzräume. Stark eingegrünt, gut erhalten.
Lit.: Edina Meyer, Paul Mebes: Mietshausbau in Berlin 1906–1938. Berlin 1972.

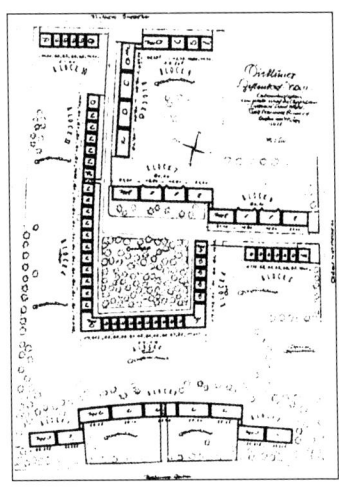

Wohnsiedlung
Lageplan (1925) und
zeitgenössische Ansicht

Ehem. Verbandshaus der Deutschen Buchdrucker
Dudenstraße 10 (Kreuzberg)
1924–1926
Max Taut, Franz Hoffmann

Die Anlage besteht aus einem Wohngebäude mit 18 Wohnungen an der Dudenstraße und, über eine Durchfahrt erreichbar, dem als Stahlbeton-Skelett mit Ziegelausfachung errichteten Druckereigebäude. Beide Bauteile sind durch niedrige Seitenflügel miteinander verbunden. Die durch Loggien und Balkone horizontal gegliederte Wohnanlage, eine der ersten größeren Anlagen des Neuen Bauens in Berlin, ist symmetrisch um zwei Treppenhäuser mit je zwei Wohnungen pro Etage angelegt. Die Fassaden sind mit gelben und blauen Klinkern verkleidet.
Lit.: Peter Pfankuch, Max Taut, Berlin 1964.

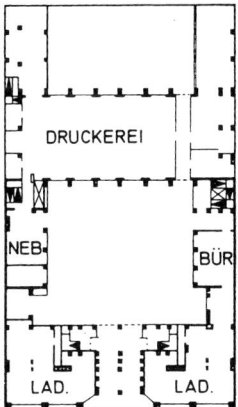

Ehem. Verbandshaus der Deutschen Buchdrucker, Grundriß und Ansicht

Wohnhäuser

Schorlemer Allee 13–23a (Zehlendorf/Dahlem)
1924–1930
Hans und Wassili Luckhardt

Auf privatem Versuchsgelände errichteten die Brüder Luckhardt als Bauherren und Architekten zwischen 1924 und 1930 drei Hausgruppen. Die Reihenhäuser von 1924 sind konventionelle Mauerwerksbauten, deren kubische Verschachtelung und Zurückstaffelung von der Straße aus dem Wunsch nach optimaler Besonnung und der Schaffung privater Freibereiche resultiert. Mit zwei Einzelhäusern und einem Doppel-

haus sowie einem Ateliergebäude für die Architekten wurde die Anwendung des Stahlskelettbaus und die Entwicklung von standardisierten Grundrissen erprobt. Die zweite Reihenhausgruppe besteht aus Schottenbauten, deren Freibereiche durch haushohe Glaswände voneinander getrennt werden.

Lit.: Brüder Luckhardt: Berliner Architekten der Moderne, Berlin 1990.

Heizkraftwerk Klingenberg

Köpenicker Chaussee 42–45 (Lichtenberg)
1925–1926
Walter Klingenberg, Werner Issel

Das Großkraftwerk, in der Größe eines eigenen Stadtteils, wurde von der AEG zur Stromversorgung Berlins errichtet. Die repräsentative Klinkerarchitektur (zumeist verkleidete Stahlskelettbauten) steht in der Tradition des von Peter Behrens für Industriebauten erstrittenen Kulturanspruchs.

Direkt benachbart (Köpenicker Chaussee 34–39) liegt eine von Ernst Engel-

Wohnhäuser, Ansichten

Gegenüber:
Heizkraftwerk Klingenberg, Ansichten

Unten:
Ullstein-Druckhaus

mann und Emil Fangmeyer errichtete Wohnanlage mit Schaugiebeln und Runderkern für die Arbeiter des anschließenden Gaswerks.
Lit.: Historische Bauwerke der Berliner Industrie, Beiträge zur Denkmalpflege in Berlin, Heft 1, Berlin 1988.

Ullstein-Druckhaus
Mariendorfer Damm 1–3 (Tempelhof)
1925–1926
Eugen Schmohl
Das erste in einer Stahlbeton-Rahmenkonstruktion erbaute Berliner Hochhaus besteht aus dem um einen Hof angelegten Betriebsgebäude, dem zum Mariendorfer Damm vorgeschobenen Verwaltungstrakt mit repräsentativer Eingangshalle und dem 77 m hohen Turm. Die Fassaden sowie die öffentlichen Bereiche sind mit Ziegeln und Travertin verkleidet. Die Vertikalstruktur der Fassade, der bildnerische Schmuck und gotisierende Formelemente am Turm bewirken eine fast sakrale Überhöhung der Arbeitsstätte.
Direkter Vorgänger ist das vom selben Architekten errichtete 65 m hohe Verwaltungs-Hochhaus der Borsig AG (Berliner Straße 35, 1922–1924) in Tegel, das erste Hochhaus Berlins (klinkerverkleideter Stahlskelettbau).
Lit.: Eugen Schmohl, Das Druckereigebäude der Ullstein AG: Ein Industriebau von der Fundierung bis zur Vollendung, Berlin 1927.

Großsiedlungen der zwanziger Jahre in Berlin
1925–1932

Angesichts zu teurer Wohnungen und geringer privater Bautätigkeit wurden durch gemeinnützige Wohnungsbaugenossenschaften in Berlin zwischen 1924 und 1930 insgesamt 135.000 Wohnungen gebaut (seit 1926 unter der Leitung des Stadtbaurates Martin Wagner). Vor allem Architekten des Neuen Bauens machten den Massenwohnungsbau zu ihrer Aufgabe. Allein Bruno Taut betreute als Architekt der GEHAG den Bau von ca. 10.000 Wohnungen.

Hufeisen-Siedlung
Fritz-Reuter-Allee, Parchimer Allee (Britz)
1925–1930
Bruno Taut, Martin Wagner
Nahe dem Dorf Britz wurden fast 2.000 Wohnungen auf 33 ha in sieben Bauabschnitten errichtet. Zentrum der Anlage ist das um einen bestehenden Weiher angelegte Hufeisen, eine den Gemeinschaftsgedanken der ganzen Siedlung symbolisierende Großform. Nach Osten schließt eine dreigeschossige Wohnzeile, die „Rote Front", die Siedlung demonstrativ gegen eine von konservativen Architekten erbaute Wohnanlage auf der anderen Seite der Fritz-Reuter-Allee ab. Von der geschlossenen „Roten Front" öffnet sich der Blick, geradezu dramatisch inszeniert, in das strahlend weiße Rund des Hufeisens. Westlich des Hufeisens vermitteln Reihenhauszeilen mit fast dörflicher Struktur (Angerform des Hüsung) zwischen dem Dorf Britz und den Städtischen Geschoßwohnungen im Osten. Spätere Bauabschnitte im Süden wurden als Geschoßwohnungen in reiner Zeilenbauweise erbaut.

Lit.: Bauhaus-Archiv (Hrsg.), Siedlungen der 20er Jahre heute: Vier Berliner Großsiedlungen 1924–1984, Berlin 1984.

Wohnstadt Carl Legien
Erich-Weinert-/Sült-/Gubitzstraße (Prenzlauer Berg)
1925–1930
Bruno Taut mit Franz Hillinger
Zu der durch Grünstreifen stark verbreiterten Erschließungsstraße öffnen sich langgestreckte, U-förmige Wohnhöfe, in denen bei innerstädtisch verdichteter, vier- bis fünfgeschossiger Bebauung 1.150 1 1/2– bis 3 1/2–Zimmerwohnungen mit Wäscherei und Läden untergebracht sind. Den in Nord-Süd-Richtung verlaufenden Hof-Längsseiten sind zu den Gartenhöfen hin durchlaufende, ursprünglich vor blauem oder rotem Hintergrund gelbgestrichene Loggien vorgelagert, ein von J. J. P. Oud übernommenes Motiv, das der Wohnanlage auch den Namen „Flamensiedlung" eintrug.
Direkt benachbart ist die Wohnanlage Grellstraße, von Bruno Taut 1927–1928 errichtet.

Lit.: Kristiana Hartmann (Hrsg.), Bruno Taut 1880–1938, Berlin 1980.

Berlin

Wohnstadt Carl Legien

Hufeisen-Siedlung

Großsiedlung „Onkel Toms Hütte"
Argentinische Allee/Onkel-Tom-Straße/
Riemeisterstraße (Zehlendorf)
1926–1931
Bruno Taut, Martin Wagner, Hugo Häring, Otto Rudolf Salvisberg, Alfred Grenander
Beiderseits einer eigens für die Siedlung verlängerten U-Bahntrasse entstanden auf ca. 35 ha 1.915 Wohnungen, davon 809 Hauseinheiten in flachgedeckten Zeilenbauten in sieben Bauabschnitten. Öffentliche Einrichtungen und Geschäfte sind um den U-Bahnhof konzentriert. Rückgrat der Anlage ist der sog. Peitschenknall Bruno Tauts, eine über 400 m lange Wohnzeile an der Argentinischen Allee parallel zur S-Bahn. 1930 kam es zum „Zehlendorfer Dächerkrieg", als unter der Leitung von Heinrich Tessenow vorwiegend konservative Architekten am Südrand der Großsiedlung die mit Steildächern gedeckte Versuchssiedlung am Fischtalgrund errichtete. Seit 1980 wird die Siedlung weitgehend in der originalen Farbigkeit wiederhergestellt.

Lit.: Bauhaus-Archiv (Hrsg.), Siedlungen der 20er Jahre heute: Vier Berliner Großsiedlungen 1924–1984, Berlin 1984.

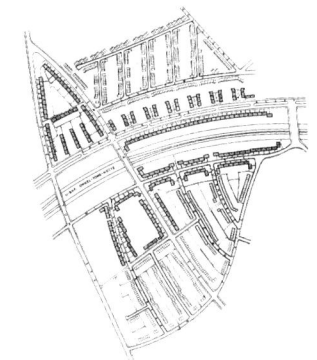

Berlin

Reichsforschungssiedlung
Haselhorster Damm/Gartenfelder Straße/Burscheider Weg/Lüdenscheider Weg (Spandau/Haselhorst)
1928–1931
Fred Forbat, Paul Mebes, Paul Emmerich

Im Auftrag der 1927 gegründeten Reichsforschungsgesellschaft für Wirtschaftlichkeit im Bau- und Wohnungswesen wurde ein Wettbewerb für eine Versuchssiedlung mit ca. 4.000 Wohnungen durchgeführt, den Walter Gropius mit einem Entwurf in strikter Zeilenbauweise gewann. Aufgrund starker Kritik an dem starren Schematismus dieses Projekts und einem Gegenentwurf von Bruno Taut entstanden nach den Plänen von Forbat/Mebes/Emmerich 1.000 Wohnungen in zumeist viergeschossiger, modifizierter Zeilenbauweise (zum Teil noch in der NS-Zeit weitergebaut). Heute ein sozial homogenes, eingegrüntes Wohnquartier.

Lit.: Sonderheft der Reichsforschungsgesellschaft 3, Berlin 1929; Zeitschrift für Bauwesen 4/1929, S. 79ff.; Bauwelt 7/1929, S. 137ff.; Bauwelt 8/1929, S. 158ff.; Baugilde 1931, S. 164f.

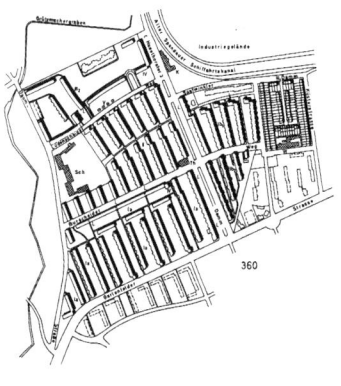

Reichsforschungssiedlung, Lageplan und Luftaufnahme

Gegenüber:
Großsiedlung „Onkel Toms Hütte", Lageplan und Ansicht

117

Berlin

Siemensstadt („Ringsiedlung")
(Charlottenburg/Spandau)
1929–1930
Hans Scharoun, Walter Gropius, Hugo Häring, Otto Bartning, Fred Forbat, Paul Rudolf Henning

Die Siedlung mit 1.379 Wohneinheiten, 17 Läden, zentralem Heizwerk und Siedlungswäscherei war das Ergebnis eines Berliner Sonder-Wohnbauprogramms und wurde in drei- bis fünfgeschossiger Zeilenbauweise mit Geschoßwohnungen von 48 bis 70 qm errichtet. Sie schließt im Süden an Wohnbebauung und die Siemenswerke, im Norden an den Volkspark Jungfernheide an und wird von einer S-Bahn durchschnitten. Die markantesten Bauten der formal herausragenden Anlage sind die trichterförmig in die Siedlung hineinführenden, vielfach Dampfermotive zitierenden Zeilen Scharouns südlich des Bahndamms, die durch organisch geschwungene Ziegelbalkone belebten Zweispänner Härings, die das Siedlungsgebiet nach Osten abschließende Zeile Fred Forbats sowie die geschwun-

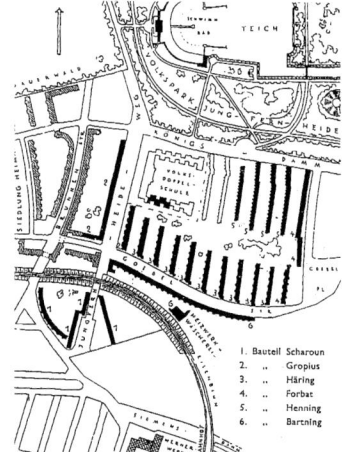

Siemensstadt („Ringsiedlung"), Lageplan, Bauteil Scharoun und Siedlung Charlottenburg Nord-Ost.

gene Wohnzeile Otto Bartnings an der S-Bahnlinie (sog. „Langer Jammer"). An die Siedlung der zwanziger Jahre schließen sich die 1957–1960 errichteten drei- bis achtgeschossigen „Wohngehöfte" der Siedlung Charlottenburg Nord-Ost an. (Heilmannring 59–78, Hans Scharoun, Werner Weber, Hans Hoffmann). Die Anlage ist beispielhaft für Scharouns Vorstellung vom Wiederaufbau mit gemeinschaftsbildenden Höfen und Hausgruppen.

Lit.: Bauhaus-Archiv (Hrsg.), Siedlungen der 20er Jahre heute: Vier Berliner Großsiedlungen 1924–1984. Berlin 1984.

Weiße Stadt
Aroser Allee (Reinickendorf)
1929–1931
Bruno Ahrends, Wilhelm Büning, Otto Rudolf Salvisberg
Die Weiße Stadt ist eine Zeilenbau mit Blockrandbebauung verbindende Planung von gemäßigt modernen Architekten mit 1.286 Wohnungen, Siedlungswäscherei, Kindergarten, Heizkraftwerk und 25 Läden. Der spektakulärste Teil der Anlage ist die fünfgeschossige, zwei Siedlungsbereiche miteinander verklammernde Straßenüberbauung an der Aroser Allee von O. R. Salvisberg.

Lit.: Bauhaus-Archiv (Hrsg.), Siedlungen der 20er Jahre heute: Vier Berliner Großsiedlungen 1924–1984. Berlin 1984.

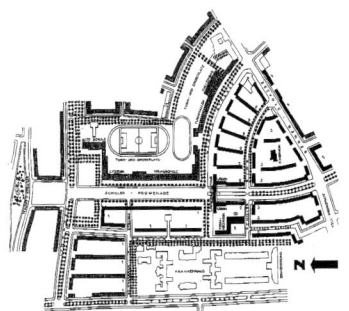

Weiße Stadt, Lageplan und Luftaufnahme

Berlin

Schaltwerk-Hochhaus der Siemens AG
Nonnendamm 104–110 (Charlottenburg)
1926–1927
Hans Hertlein

Hans Hertlein, ab 1915 Leiter der Siemens-Bauabteilung, entwarf bis in die fünfziger Jahre für den Konzern Produktions-, Verwaltungs-, Siedlungs- und sogar Kirchenbauten auf dem Gelände und in der unmittelbaren Umgebung der Siemensstadt. Das freistehende, scheibenförmige Schaltwerk-Hochhaus stellt eine Abkehr von der sonst in der Siemensstadt beachteten Blockrandbebauung und den Übergang zu einer sachlich gestalteten Industriearchitektur dar. Das zehngeschossige, 180 m lange Hochhaus ist ein Betonskelettbau mit außenliegenden Sanitär- und Erschließungsfestpunkten, die das Gebäude aussteifen und zugleich eine flexible Gestaltung des Grundrisses ermöglichen. Vor die Fassade gestellte Stützen gliedern die Fassade in gleichförmigem Rhythmus.

Lit.: Hans Hertlein, Das Schaltwerk-Hochhaus in Siemensstadt: Architektur und bautechnische Einrichtungen, Berlin o.J.; Wolfgang Ribbe, Wolfgang Schäche, Siemensstadt, Berlin 1985.

Titania-Palast
Schloßstraße 5 (Steglitz)
1926–1927
Carl Jacobi, Carlo Schloenbach, Ernst Schöffler

Das außen in Anlehnung an die Formensprache Mendelsohns modern gestaltete Großkino wurde nach dem Zweiten Weltkrieg in seiner Nutzung verändert und im Inneren völlig umgebaut. Ursprünglich aufwendige, illusionistische Beleuchtung der Fassade. Das Titania zählt, ebenso wie der Roxy-Palast (Hauptstraße 78–79, 1929, Architekt Martin Punitzer) und das Universum-Kino (Kurfürstendamm 53, Architekt Erich Mendelsohn) zu den wenigen, wenigstens im Äußeren erhaltenen Kinopalästen der zwanziger Jahre in Berlin. Nochmaliger Umbau 1994–1995.

Schaltwerk-Hochhaus der Siemens AG

Lit.: Wasmuths Monatshefte für Baukunst und Städtebau 1928, S. 402ff.; Karl-Heinz Hüter, Architektur in Berlin 1900–1933, Stuttgart 1988; Bauwelt 1995, S. 1961: Sylvaine Hänsel, Angelika Schmitt (Hrsg.), Kinoarchitektur in Berlin 1895–1995, Berlin 1995.

Wohnanlage
Afrikanische Straße 14–41 (Wedding)
1926–1927
Ludwig Mies van der Rohe
Mies' einzige Siedlungsanlage in Deutschland besteht aus vier dreigeschossigen Zeilen, an die sich kurze zweigeschossige Querbauten anschließen. Die beiden Bauteile mit insgesamt 88 Wohnungen werden durch abgerundete Balkone miteinander verklammert. Sorgfältige Proportionierung der ohne Vor- und Rücksprünge flächig behandelten Fassaden.
Direkt benachbart liegt die Friedrich-Ebert-Siedlung (1929–1931, Architekten Paul Mebes, Paul Emmerich; Bruno Taut), eine Wohnanlage des Neuen Bauens mit viergeschossigen, durch Querbauten und Ladenzeilen zu Wohnhöfen geschlossenen Zeilenbauten. Die Zeilen von Taut (südlich der Togostraße) waren ursprünglich stark farbig behandelt.
Lit.: Berlin und seine Bauten, Band IV, Berlin 1975.

Wohnanlage

Titania-Palast (Foto 1927)

Musterklasse für eine Gesamtschule

Dammweg 216–228 (Neukölln)
1927–1928
Bruno Taut

1927 entwarf Bruno Taut zusammen mit dem Schulpädagogen Fritz Karsen eine Gesamtschulanlage für 2.000 Schüler. Der Schulbau war als Abbild moderner Pädagogik konzipiert und sollte entlang einer geschwungenen Erschließungsachse den Entwicklungsweg von der Volksschule bis zum Abitur architektonisch ablesbar ausdrücken. Die einzelnen Klassenzimmer sollten nach dem System der Arbeitsschule nicht wie bisher starr mit Bänken, sondern vielfältig nutz- und möblierbar sein. Nur eine Musterklasse dieses wichtigsten Schulbauprojekts der Weimarer Republik kam als Probepavillon zur Ausführung und befindet sich heute etwas versteckt auf dem Gelände einer Gartenarbeitsschule.

Lit.: Verloren – gefährdet – geschützt: Baudenkmale in Berlin, Berlin 1989.

Wohnanlage

Ollenhauer-/Pfahler-/Kienhorst-/Waldowstraße (Reinickendorf)
1927–1928
Erwin Gutkind

Im Gegensatz zur sonst bei der Berliner Avantgarde vorherrschenden Zeilenbauweise ist die Wohnanlage an der Ollenhauerstraße eine eher an Wiener Gemeindewohnbauten erinnernde, durch Vor- und Rücksprünge modifizierte Blockrandbebauung. An der verkehrsreichen Ollenhauerstraße springt die Bauflucht ehrenhofartig zurück und bildet einen öffentlichen Raum mit Lä-

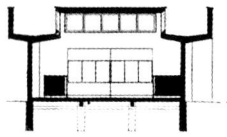 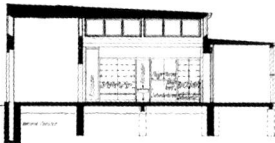

Musterklasse für eine Gesamtschule, Schnitt und Modellaufnahme

den im Erdgeschoß. Den mit Klinkersockel, Gesimsen, fein profilierten Stahlfenstern und Wintergärten differenziert gestalteten und plastisch durchgearbeiteten Fassaden entsprechen abwechslungsreich entwickelte Grundrisse mit 55 bis 80 qm Größe. Die formal herausragende Anlage der klassischen Moderne ist bis ins Detail gut erhalten.

Lit.: Bauwelt 1968, S. 407; Verloren – gefährdet – geschützt: Baudenkmale in Berlin, Berlin 1989; Rudolf Hierl, Erwin Gutkind 1886–1968: Architektur als Stadtraumkunst, Basel/Berlin/Boston 1992.

Kreuzkirche
Hohenzollerndamm 130
(Schmargendorf)
1927–1929
Ernst und Günter Paulus

Die aus traditionellen Sakralbauelementen zusammengesetzte Anlage mit breitem, von drei Turmhelmen gekröntem Westwerk über der Eingangshalle, einem kreuzgangartigen Vorhof und einem oktogonalen Zentralbau als Gemeinderaum bildet einen für den protestantischen Kirchenbau ungewöhnlichen Bautyp. Die Ziegelfassaden, insbesondere das mit Figuren von Felix Kupsch geschmückte Portal, sind Höhepunkte im expressionistischen Kirchenbau.

Lit.: Wolfgang Pehnt, Die Architektur des Expressionismus, Stuttgart 1973.

Wohnanlage   Kreuzkirche

Berlin

Neue Schaubühne (Ehem. Wogakomplex mit Universum-Kino)

Kurfürstendamm 53–63 (Wilmersdorf)
1927–1931
Erich Mendelsohn
Umbau 1976–1980
Jürgen Sawade

Lit.: Der Mendelsohn-Bau am Lehniner Platz: Erich Mendelsohn und Berlin, Berlin 1981; Berlin und seine Bauten, Band V, Bauten für die Kunst, Berlin 1983.

Die im Auftrag der „Wohnhaus-Grundstücksverwertung" (Woga) in mehreren Abschnitten erbaute Anlage enthielt neben den Kopfbauten am Kurfürstendamm (Kino, Läden, Restaurant, Theater) ein Apartmenthotel und Wohnbebauung (Cicerostraße). Das ehemalige Universum-Kino, charakterisiert durch die geschwungene Straßenfassade mit eingestellter Wandscheibe, wurde unter Beibehaltung des äußeren Erscheinungsbildes für die Schaubühne zu einem gleichermaßen als Arena wie als Guckkastenbühne nutzbaren und in drei Spielstätten unterteilbaren Theaterraum umgebaut. Dabei wurden die das Kino umgebenden Ladenbauten als Foyer in den Umbau miteinbezogen.

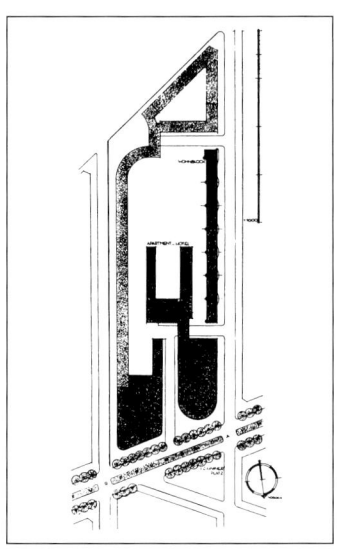

Neue Schaubühne (ehem. Wogakomplex mit Universum-Kino), Lageplan und Ansicht

Schulgruppe am Nöldnerplatz
Fischerstraße, Schlichtallee
(Lichtenberg)
1927–1932
Max Taut

Lit.: Wasmuths Monatshefte für Baukunst 1932; Berlin und seine Bauten, Band V, Teil C: Schulen, Berlin 1991.

Zwei Schulbauten an der Fischerstraße und die ehemalige Berufsfachschule für Metallarbeiter an der Schlichtallee flankieren einen zentralen, im Grundriß linsenförmigen Bereich am Nöldnerplatz mit konkavem Fachklassenbereich und konvexem, eingeschossigem Verwaltungstrakt. Dazwischen lag als Herzstück der Anlage die heute zerstörte Aula für 1.100 Personen, die auch von den umgebenden Wohngebieten als Festhalle genutzt werden sollte. Dem ganzen Komplex liegt ein Stahlbeton-Stützenraster von 4,55 m zugrunde, das eine flexible Einteilung der Klassenräume ermöglichte. Die Fassaden sind mit Klinkern verkleidet. Von den geplanten Frei- und Hallensportanlagen kam nur ein kleiner Teil zur Ausführung. Musterbeispiel einer Großschulanlage der Weimarer Republik.

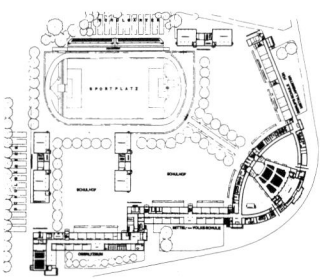

Schulgruppe am Nöldnerplatz, Lageplan und Ansicht (Foto 1932)

Wohnhäuser
Am Rupenhorn 24, Heerstraße 161 (Charlottenburg)
1928
Hans und Wassili Luckhardt

Von ursprünglich drei, in waldigem Gelände nahe der Havel geplanten Wohnhäusern fanden nur zwei einen Bauherrn. Die beiden ausgeführten Häuser sind aufgrund von Bauherrenwünschen und topographischen Gegebenheiten Abwandlungen eines Typus, der über einem Sockelgeschoß je eine Wohn- und Schlafebene und ein als Terrasse ausgebildetes offenes Dachgeschoß enthält. Wie bei den als Vorbild dienenden Villen Le Corbusiers sind hier die Außenstützen als sichtbare Demonstration des Stahlskeletts nach oben bis zur abschließenden Rahmenkonstruktion geführt.
Lit.: Dagmar Nowitzki, Hans und Wassili Luckhardt, (Diss.) Hamburg 1991.

Abspannwerk Scharnhorst
Sellerstraße 16–26 (Wedding)
1928–1929
Hans Heinrich Müller

In den zwanziger Jahren wurden von Hans Müller, dem Chefarchitekten der Bewag, in den meisten Stadtteilen Berlins Abspannwerke errichtet, in denen die Hochspannung auf eine Mittelspannung von 3.000 Volt transformiert wurde. Die Bauten zeigen durchgängig repräsentative Klinkerfronten mit expressionistischen Motiven. Auch Anregungen aus dem Vorderen Orient und der gotischen Backsteinarchitektur Brandenburgs sind verarbeitet. Beim Abspannwerk Scharnhorst liegen hinter den dreieckig vorspringenden Wandvorlagen Kabelschächte. Funktionalität verbindet sich mit dem symbolischen Ausdruck von Elektrizität.
Lit.: Hans Heinrich Müller, 1879–1951: Berliner Industriebauten. Basel/Berlin/Boston 1992.

Wohnhäuser, Ansichten

Berlin

Alexander-von-Humboldt-Schule
(Ehem. Dorotheen-Lyzeum)
Oberspreestraße 173–178 (Köpenick)
1928–1929
Max Taut

Die winkelförmige Anlage besteht aus einem Verwaltungstrakt mit Aula an der stark befahrenen Oberspreestraße und einem fünfgeschossigen Klassentrakt, an den sich nördlich die Sporthalle mit Dachterrasse für Freiübungen anschließt. Beide Trakte werden durch ein zur Straße konvex vorschwingendes Treppenhaus mit Eingangshalle im Erdgeschoß und Pausenflächen in den oberen Geschossen verbunden. Der ursprünglich keramikverkleidete Bau ist seit der Sanierung 1974 verputzt. Neben dem Eingang die Plastik „Dorothea verteilt Brot an Flüchtlinge" von Rudolf Belling.

Lit.: Berlin und seine Bauten, Band V, Teil C: Schulen, Berlin 1991.

Abspannwerk
Scharnhorst

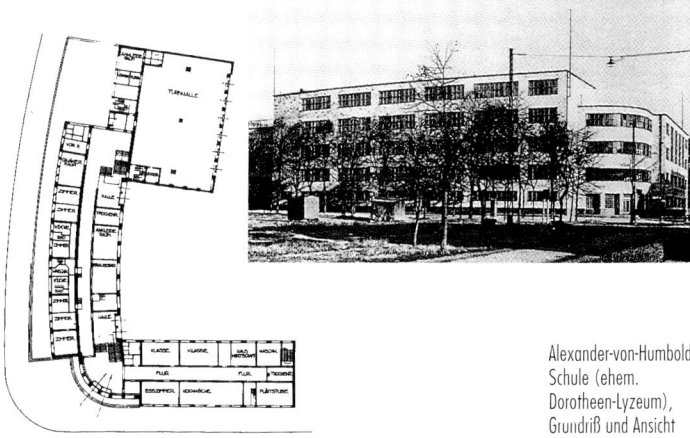

Alexander-von-Humboldt-Schule (ehem. Dorotheen-Lyzeum), Grundriß und Ansicht

Apartmenthäuser
Kaiserdamm 25 (Charlottenburg)
1928–1929
Hohenzollerndamm 35–36
(Wilmersdorf)
1929–1930
Hans Scharoun, Georg Jakobowitz

Scharouns Apartmenthäuser liegt eine aus den USA übernommene großstädtische Wohnform für Ein- bis Zweipersonenhaushalte mit hohem Komfort zugrunde. Das Haus am Kaiserdamm ist ein Wohn- und Geschäftshaus mit Ateliers und Sonnenterrassen im Dachgeschoß. Für das Neue Bauen der zwanziger Jahre ungewöhnlich ist die Bezugnahme auf die Nachbarbebauung, deren Satteldach zunächst aufgenommen und dann durch eine Wandscheibe abgeschlossen wird. Das Haus am Hohenzollerndamm besteht aus zwei parallelen, gegeneinander um ein halbes Geschoß versetzten Trakten mit Einzimmer-Apartments. Dazwischen liegen schmale Innenhöfe für die Belichtung und Belüftung der Nebenräume, zwischen denen drei runde Treppenhäuser eingestellt sind.

Lit.: Peter Blundell Jones, Hans Scharoun – Eine Monographie, Stuttgart 1979; Peter Pfankuch (Hrsg.), Hans Scharoun, Berlin 1993, S.76 ff.

Haus Mendelsohn
Am Rupenhorn 6 (Charlottenburg)
1929
Erich Mendelsohn

Der zweigeschossige, weiß verputzte Backsteinbau ist vom Grundriß ganz auf die Lage mit Blick auf die Havellandschaft ausgerichtet. Wohnraum, Halle, Eßzimmer und Terrasse bilden eine Einheit, die Fenster können zum Teil abgesenkt werden, um die Landschaft noch stärker einzubeziehen. Veränderungen im Inneren und an der Straßenseite in der Nachkriegszeit.

Nahegelegen sind ein Wohnhaus von 1929 in gemäßigt klassierender Moderne von Bruno Paul (Am Rupenhorn 5) und ein noch 1935 in Formen des Neuen Bauens errichtetes Wohnhaus von Ludwig Hilberseimer (Am Rupenhorn 9).

Lit.: Erich Mendelsohn, Berlin 1987; Berlin und seine Bauten, Band IV. Teil C, Berlin 1975.

Apartmenthaus
Kaiserdamm, Ansicht

Gegenüber oben:
Lageplan

Berlin

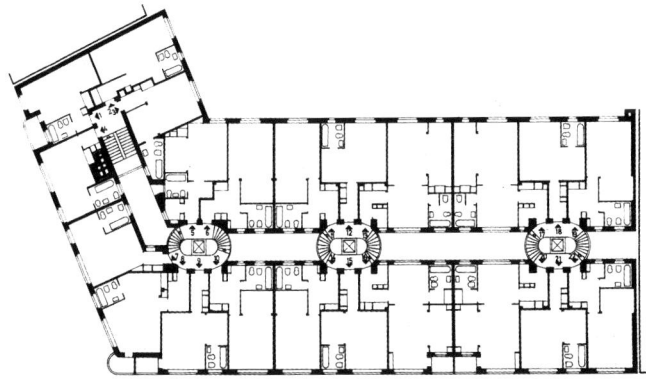

Apartmenthaus
Hohenzollerndamm,
Ansicht

Haus Mendelsohn

Berlin

Haus Lewin
Waldsängerpfad 3 (Zehlendorf)
1929–1930
Peter Behrens
Großbürgerliches Wohnhaus mit Dachterrasse und Einliegerwohnung im Seitentrakt über der Garage. In seiner asymmetrischen, aus Scheiben und einander durchdringenden Kuben gebildeten Baukörperanordnung Behrens' am stärksten der Moderne verpflichtetes Wohnhaus. Die festen Ausstattungsteile (Stahlkastenfenster, Treppengeländer, Türen, Garderobe etc.) sind noch erhalten.
Lit.: Berlin und seine Bauten, Band IV, Teil C, Berlin 1975; Alan Windsor, Peter Behrens: Architekt und Designer, Stuttgart 1985.

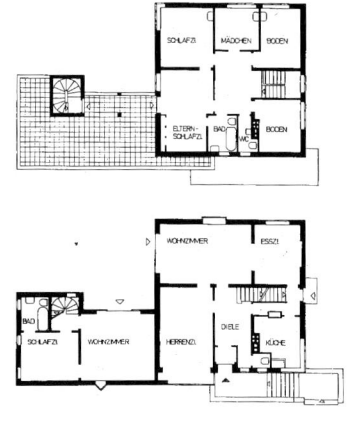

Haus Lewin, Grundrisse und Ansicht

Stadtbad Berlin-Mitte

Gartenstraße 5–6 (Mitte)
1929–1930
Carlo Jelkmann, Heinrich Tessenow

Drei parallele, durch eine zentrale Erschließungsachse verbundene Trakte bilden eine trotz unregelmäßigem Grundstückszuschnitt annähernd symmetrische Anlage um vier Innenhöfe. Abschluß und Höhepunkt der Raumfolge ist die zur Erbauungszeit größte Schwimmhalle Europas mit einem 50 m-Becken. Zur Vermeidung von Kondenswasser sind Außenwände und Decke der Halle zweischalig ausgeführt. Die raumabschließende, dem Stützenraster der Wandpfeiler folgende Glasdecke ist vom Stahlfachwerk der Glasdachkonstruktion als Staubdecke abgehängt. 1986–1991 saniert.

Lit.: Marco de Michelis, Heinrich Tessenow: Das architektonische Gesamtwerk, Stuttgart 1991.

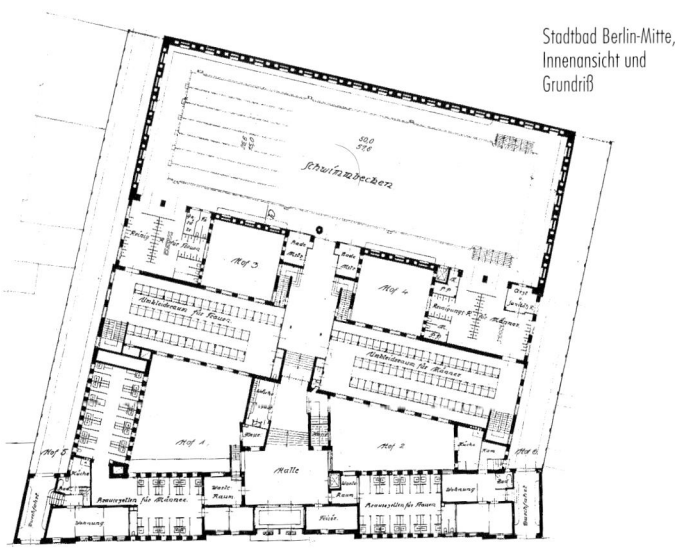

Stadtbad Berlin-Mitte, Innenansicht und Grundriß

Haus der IG Metall (Ehem. Haus des Deutschen Metallarbeiter-Verbandes)
Alte Jakobstraße 148–155 (Kreuzberg)
1929–1930
Erich Mendelsohn mit Rudolf Reichel
Das auf spitzwinkligem Grundstück axial angelegte Gewerkschaftshaus setzt sich aus dem Kopfbau mit den Sitzungssälen, zwei auseinanderstrebenden Seitenflügeln und dem geschwungenen, beide Flügel auf der Nordseite miteinander verbindenden Druckereitrakt zusammen. Auf der Innenhofseite kontrastiert das vertikal verglaste halbrunde Treppenhaus mit den horizontalen Fensterbändern der auskragenden, im Fassadenbereich stützenlosen Flure.
Lit.: Berlin und seine Bauten, Band IX, Berlin 1984.

Kathreiner-Hochhaus am Kleistpark
Potsdamer Straße 186 (Schöneberg)
1929–1930
Bruno Paul
Die Genehmigung für das im Grundriß H-förmige Verwaltungsgebäude einer Kaffeefirma wurde nur unter der Auflage erteilt, daß dazu ein spiegelsymmetrisches, ebenfalls zwölfgeschossiges Pendant auf der anderen Seite des Kleistparks errichtet würde. Das Pendant kam aufgrund der Wirtschaftskrise nicht zur Ausführung. Das in Stahlskelett-Bauweise erbaute, mit Travertin verkleidete Hochhaus nährte sich der Formensprache des Neuen Bauens durch kubische Baukörperanlage und horizontale Fensterbänder, ist aber im Gesamteindruck schwer und monumental.
Lit.: Alfred Ziffer (Hrsg.) Bruno Paul: Deutsche Raumkunst und Architektur zwischen Jugendstil und Moderne, München 1992.

Strandbad Wannsee
Strandbadweg 25 (Nikolassee)
1929–1930
Martin Wagner, Richard Ermisch
Die langgestreckte Anlage, eine Stahlskelettkonstruktion mit Tonplatten verkleidet, besteht aus vier zweigeschossigen Umkleidehallen mit Terrassen und einem vorgelagerten Wandelgang mit Läden und Nebeneinrichtungen. Obwohl nur zu Hälfte ausgeführt, war das für 1.300 m Strandlänge und 20.000 Badegäste geplante Strandbad dennoch das größte und modernste Binnenfreibad Europas. Exemplarischer Bau des Berliner Stadtbaurats für die Volksgesundheit nach den Prinzipien des Neuen Bauens.
Lit.: Martin Wagner 1885–1957, Berlin 1986.

Berlin

Haus der IG Metall (ehem. Haus des Deutschen Metallarbeiter-Verbandes), Ansicht und Grundriß

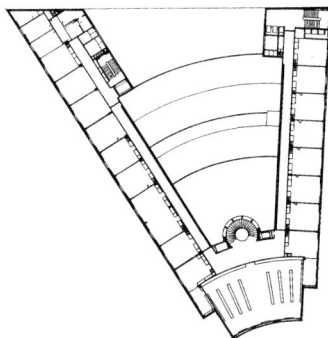

Kathreiner-Hochhaus am Kleistpark

Strandbad Wannsee (Foto 1930)

Ehem. Haus des Rundfunks
Masurenallee 8–14 (Charlottenburg)
1929–1930
Hans Poelzig

Das heutige SFB-Sendehaus ist Teil einer weitgehend unausgeführt gebliebenen Gesamtanlage (Planung Hans Poelzig, Martin Wagner), die ursprünglich das ganze Messegelände umfassen sollte. Für das Rundfunkgebäude, Ergebnis eines engeren Wettbewerbs, fand Poelzig mit der auf die Eingangshalle radial bezogenen Anlage der Sendesäle, die durch die umgebenden Verwaltungstrakte gegen den Verkehrslärm abgeschirmt werden, eine wegweisende Lösung. Die um einen Lichthof angelegte Halle mit einer Statue von Georg Kolbe wurde 1987 restauriert. Die Fassade, verkleidet mit Ziegeln und Keramikfliesen, wird durch die gleichförmige Reihung von Lisenen rhythmisiert. Direkt gegenüber befinden sich die Messehallen 18–20 von Richard Ermisch (1935–1937) mit der großen „Ehrenhalle" und, von den Hallen 10–17 umschlossen, der Funkturm von Heinrich Straumer (1924–1926). Auch Ermischs Gesamtplanungen aus der NS-Zeit für das Messegelände wurden nicht realisiert. Den südlichen Abschluß der Messe bildet die kammartige Struktur der Hallen 1–6 (Harald Franke 1971; Halle 1 mit einem stützenfreien Raumtragwerk von 80 m Spannweite).

Lit.: Julius Posener, Hans Poelzig: Sein Leben – Sein Werk, Braunschweig/Wiesbaden 1994.

Ehem. Shell-Haus
Reichspietschufer 60–62 (Tiergarten)
1930–1932
Emil Fahrenkamp

Die erst nach Verhandlungen mit den Behörden erzielte hohe Ausnutzung des Geländes, der unregelmäßige Grundstückszuschnitt und die Anpassung an die östliche Nachbarbebauung führten zu der charakteristischen Staffelung und Abstufung des um einen Innenhof angelegten Baukörpers, der durch Abrundung der stützenfreien Ecken dynamisiert wird. Zugleich nimmt das Wellenmotiv der travertinverkleideten Fassade Bezug auf die Lage des Gebäudes am Landwehrkanal. Die Primärkonstruktion ist ein Stahlskelett aus geschraubten, durch Betonummantelung brandgeschützten Einzelteilen über einer wegen des hohen Grundwasserspiegels erforderlichen Betonwanne. Heute Teil der BEWAG-Verwaltung.

Lit.: Emil Fahrenkamp, Das Shell-Haus in Berlin, Berlin 1932 (Sonderdruck aus der Bauwelt 1932, S. 361ff.); Bauwelt 1995, S. 818f.

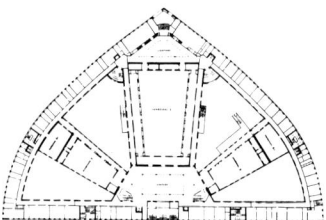

Berlin

Ehem. Shell-Haus, Grundriß und Ansicht

Ehem. Haus des Rundfunks, Ansicht

Gegenüber: Grundriß

Haus Lemke
Oberseestraße 60 (Hohenschönhausen)
1932–1933
Ludwig Mies van der Rohe
Das für ein Ehepaar errichtete eingeschossige Wohnhaus ist ein winkelförmig angelegter Sichtziegelbau, der sich mit großen Glasflächen nach Südwesten zu einer Terrasse und zum (künstlich angelegten) Obersee öffnet. Nach dem Krieg mehrfach verändert, wurde das Haus ab 1962 vom Ministerium für Staatssicherheit genutzt. Heute Ausstellungs- und Begegnungszentrum für Künstler und Architekten.

Lit.: Berlin und seine Bauten, Band IV, Teil C, Berlin 1975; Bauwelt 1991, S. 536f.

Katholische Kirche St. Adalbert
Linienstraße 101 (Mitte)
1932–1933
Clemens Holzmeister
Der in eine schmale Baulücke zwischen zwei Straßen eingefügte Bau – eine flachgedeckte Saalkirche mit Empore über dem Haupteingang – ist nur über Durchfahrten erreichbar. Mit der symmetrischen Anlage kontrastiert die grundstücksbedingte einseitige Belichtung des Hauptschiffs von der Ostseite.

Haus Lemke

Katholische Kirche St. Adalbert

Trotz der geringen Dimensionen monumentale, romanischen Vorbildern wie der Moderne gleichermaßen verpflichtete Gestaltung der Straßenfassade an der Linienstraße mit dramatischer Inszenierung der dicht aneinander gedrängten Baumassen.
Lit.: Clemens Holzmeister: Architekt in der Zeitenwende, Salzburg 1976; Wolfgang Pehnt. Die Architektur des Expressionismus, Stuttgart 1973.

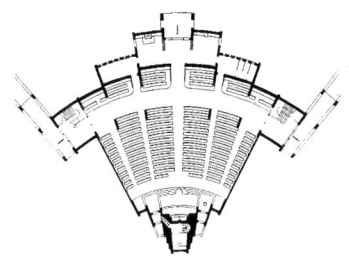

Gustav-Adolf-Kirche
Herschelstraße (Charlottenburg)
1932–1934
Otto Bartning

Die ursprünglich für die Mitte des Gustav-Adolf-Platzes vorgesehene Kirche wurde nach Einspruch der Baubehörde an der Ecke Herschel-/Brahestraße als Stahlbeton-Rahmenbau mit Klinkerausfachung errichtet. Die von den Betonrahmen gebildeten, zur Mittelachse hin ansteigenden Kirchenschiffe laufen strahlenförmig auf den an die Straßenecke vorgeschobenen Kirchturm zu. Beim Wiederaufbau der kriegszerstörten Kirche durch den Architekten wurde die stirnseitige Verglasung des Altarraums unter dem Turm geschlossen.
Lit.: Jürgen Bredow, Helmut Lerch, Otto Bartning: Materialien zum Werk des Architekten, Darmstadt 1983.

Gustav-Adolf-Kirche, Grundriß und Foto (1934)

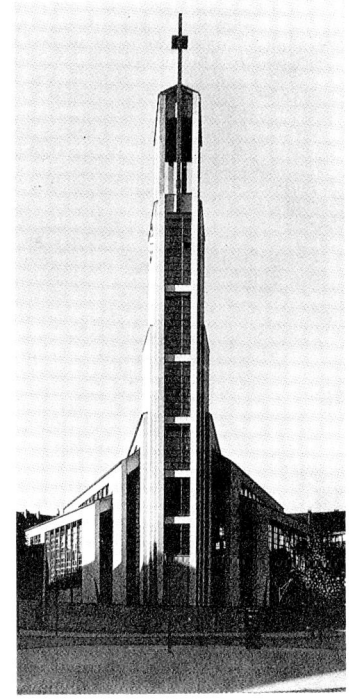

Berlin

Haus Dr. Baensch
Höhenweg 19 (Spandau)
1934–1935
Hans Scharoun

Das für einen Anwalt erbaute zweigeschossige Wohnhaus folgt im Erdgeschoß einem fächerförmigen, im Bodenniveau terrassierten Grundriß, der die Ausrichtung des Hauses von der Straßenfront bis zum optimalen Ausblick auf die Havel verschwenkt. Die Straßenseite zeigt, den politischen Verhältnissen nach 1933 angepaßt, ein konventionelles Steildach. Die Gartenseite ist dagegen mit zahlreichen Details (gekurvte Fassade, vollverglaste Außenwände, eine offen gezeigte Stahltreppe) in der Formensprache des Neuen Bauens gehalten.

Lit.: Christine Hoh-Slodczyk u.a., Hans Scharoun: Architekt in Deutschland 1893–1972. München 1992.

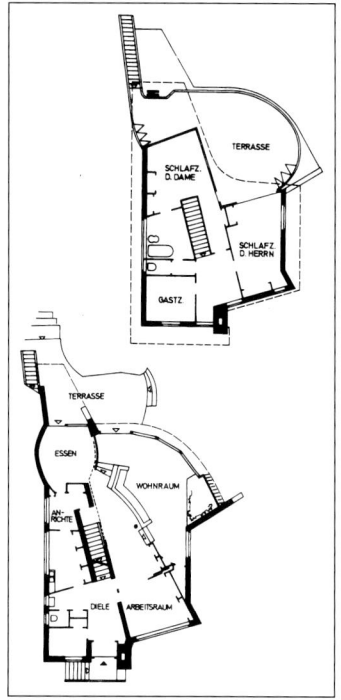

Ehem. Reichsluftfahrtministerium
Leipzigerstraße 5–7 (Mitte)
1934–1936
Ernst Sagebiel

Der in Stahl- und Stahlbeton-Skelettkonstruktion errichtete Verwaltungsbau bildet an der Wilhelmstraße eine symmetrische Anlage mit großem Konferenzsaal in der Hauptachse. Auf der Hofseite ist er als Kammbebauung angelegt. Hermann Görings Arbeitszimmer im Nordflügel bildete den Anlaß für die repräsentative Ecklösung der Seitenfront an der Leipzigerstraße (dort heute anstelle eines NS-Reliefs ein für die frühe DDR repräsentatives Gemälde auf Porzellanplatten von Max Lingner, 1952). Die Fassaden sind mit Muschelkalk verkleidet. Der zu DDR-Zeiten als Haus der Ministerien genutzte Bau war nach 1989 Sitz der für die Privatisierung von DDR-Betrieben zuständigen Treuhand-Gesellschaft.

Lit.: Wasmuths Monatshefte für Baukunst und Städtebau 1936, S. 81ff.; Das Bauen im Neuen Reich, Bayreuth 1938.

Berlin

Haus Dr. Baensch,
Ansicht

Gegenüber:
Grundrisse

Ehem. Reichs-
luftfahrtministerium,
Ansicht (Foto 1936)
und Lageplan

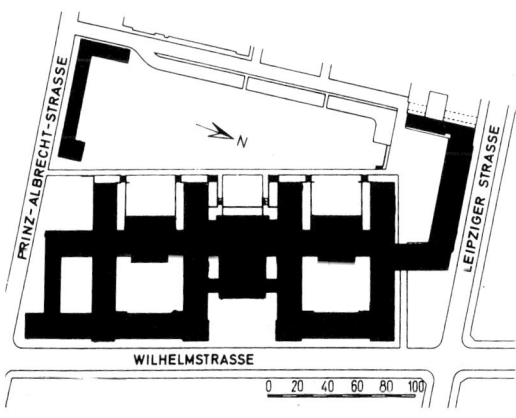

Ehem. Reichssportfeld
Coubertin-Platz (Charlottenburg)
1934–1936
Werner March

Das Reichssportfeld, Austragungsort der Olympischen Spiele von 1936, wurde als Demonstration der neuen Macht des NS-Deutschland in pathetisch-neoklassizistischem Formvokabular angelegt. Das elliptische, mit Rücksicht auf die Umgebung abgesenkte Stadion, dessen umlaufende Pfeilerhalle die einzelnen Zuschauerblöcke erschließt, öffnet sich nach Westen zum Maifeld, einem Aufmarschplatz für 250.000 Personen. Als Blickpunkt und eigentliches Zentrum der ganzen Anlage ist der abschließende Langemarckturm inszeniert, der auf Todesbereitschaft der Jugend für das Vaterland verweisen sollte. In der Querachse des Stadions schließt nördlich das von zwei Tribünen flankierte Schwimmstadion an. Ohne axialen Bezug zu den Hauptsportstätten liegen an der nördlichen Peripherie das schon 1926–1928 errichtete, in der NS-Zeit umgebaute Deutsche Sportforum (nach dem Zweiten Weltkrieg Hauptquartier der britischen Streitkräfte), und die Waldbühne, eine in der Form griechischer Theater angelegte Thingstätte.

Im Westen der Anlage wurde 1987–1990 das Horst-Korber-Sportzentrum (Hotel und Mehrzwecksporthalle) von Christoph Langhof errichtet. Das Dach der in die Erde eingegrabenen und über 420 Lichtkuppeln belichteten Sporthalle wird von Stahlpylonen mit Seilabspannungen über fingerartigen Auslegern getragen.

Lit.: Das Bauen im Neuen Reich, Bayreuth 1938; Jahrbuch für Architektur 1991; Braunschweig 1991; Deutsche Bauzeitung 5/1991, S. 52ff.; Thomas Schmidt, Werner March: Architekt des Olympia-Stadions 1894–1976, Basel/Berlin/Boston 1992.

Ehem. Müllverlade-Bahnhof
Helmholtzstraße 42 (Charlottenburg)
1936–1937
Paul G. R. Baumgarten

Die als Stahlbetonskelett mit Ziegelausfachung und umlaufendem Oberlichtband konstruierte Halle nahm auf Straßenebene vier Abladeplätze für Müllfahrzeuge auf, von denen aus der Müll auf darunterliegende Spreekähne verladen und zur Urbarmachung flußnaher Sumpfflächen weitertransportiert wurde. Eine die Wendekurve der abfahrenden Fahrzeuge begrenzende hohe Betonbrüstung verleiht dem Gebäude ein schiffsähnliches Aussehen. Beispielhafter, aus der Funktion entwickelter Industriebau in der NS-Zeit; wird heute als Architekturbüro genutzt.

Lit.: Paul Baumgarten, Bauten und Projekte 1924–1981, Berlin 1988; Verloren – gefährdet – geschützt: Baudenkmale in Berlin, Berlin 1989.

Berlin

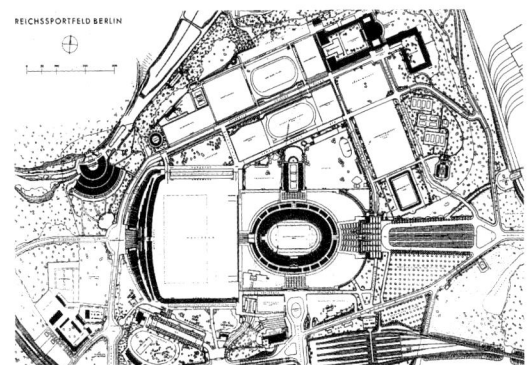

Ehem. Reichssportfeld,
Lageplan und
Luftaufnahme
Olympiastadion

Ehem. Müllverlade-
Bahnhof

Berlin

Flughafen Tempelhof
Platz der Luftbrücke (Tempelhof)
1936–1941
Ernst Sagebiel
Der zur Erbauungszeit an Fläche und beförderter Personenzahl (220.000 im Jahr 1936) größte europäische Flughafen stellt eine, auch das elliptische Flugfeld einbeziehende, symmetrische Großform dar, deren Achse vom heutigen Platz der Luftbrücke über einen Vorplatz und die 100 m lange Abfertigungshalle zu den von Hangars flankierten Flugsteigen führt. Die Flugsteige und -hallen bilden eine gebogene, den nördlichen Abschluß des Rollfeldes einfassende, 1.200 m lange Front, mit einem als Tribüne angelegten, 40 m weit auskragenden Vordach in Stahlkonstruktion, auf dem bei Flugschauen bis zu 65.000 Besucher Platz finden sollten. Bezeichnend ist der Kontrast zwischen monumentaler Schauseite und funktional-technischen Bereichen. Nach dem Krieg mehrfach umgebaut, Zielflughafen der Luftbrücke von 1948.
Lit.: Berlin und seine Bauten, Band X/2, Berlin 1984; Bauwelt 1994, S. 2543f.

Ehem. Italienische Botschaft
Tiergartenstraße 21a-23 (Tiergarten)
1938–1941
Friedrich Hetzelt
Ehem. Japanische Botschaft
Tiergartenstraße 24–27 (Tiergarten)
1938–1942
Ludwig Moshamer
Albert Speers Planungen für den Ausbau der Nord-Süd-Achse machten die Umsiedlungen der im Planungsbereich liegenden Botschaften erforderlich, von denen die japanische und italienische – Repräsentanten von mit dem Dritten Reich verbündeter Mächte – in städtebaulich prominenter Lage angesiedelt wurden. Die japanische Botschaft besteht aus einem symmetrischen Wohn- und Repräsentationsgebäude und einem seitlich angefügten Kanzleiflügel (nach kompletter Demontage und äußerlich unverändertem Wiederaufbau 1986–1988 heute japanisches Kultur- und Informationszentrum). Bei der italienischen Botschaft ist der Kanzleitrakt in eine symmetrische Dreiflügelanlage mit nach Süden abschließender Loggia integriert. Die im Zweiten Weltkrieg teilbeschädigten Botschaften folgten dem für öffentliche Bauten verbindlichen Monumentalklassizismus des NS-Regimes.
Lit.: Wolfgang Schäche, Fremde Botschaften: Die Gebäude der ehemaligen italienischen und japanischen Botschaften in Berlin (2 Bde.), Berlin 1983.

Berlin

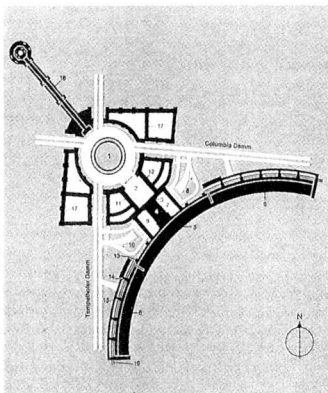

Flughafen Tempelhof,
Lageplan und Ansicht
Flughalle

Ehem. Japanische
Botschaft

Gegenüber:
Ehem. Italienische
Botschaft (Foto 1942)

Ehem. Botschaft der UdSSR
Unter den Linden 63–65 (Mitte)
1950–1953
A. Stryschewski, Lebedinskij, Sichert, Skujin

Auf dem Gelände der im Zweiten Weltkrieg zerstörten Botschaft, erweitert um benachbarte Grundstücke, entstand der für die DDR-Architektur demonstrative Neubau als symmetrische Dreiflügelanlage mit repräsentativen Wohn- und Empfangsräumen. In der Fortsetzung der Mittelachse schließen sich ein Festsaal und ein Quertrakt an der Behrenstraße mit Wohnungen und Verwaltungsräumen für die Botschaftsangestellten an. Der im Sinne der „Nationalen Bautradition" dem russischen Klassizismus des 19. Jahrhunderts verpflichtete Bau wurde 1963 bis zur Glinkastraße um einen Informations- und Geschäftsbereich in moderner Formensprache erweitert. Heute Sitz der Botschaft Rußlands.

Lit.: Berlin und seine Bauten, Band III, Berlin 1966; Bauwelt 1992, S. 2559ff.

Konzertsaal der Hochschule für Musik
Hardenbergstraße 32 (Charlottenburg)
1952–1955
Paul G. R. Baumgarten

Anstelle des kriegszerstörten neobarocken Konzertsaals wurde an das erhalten gebliebene Hauptgebäude (1897–1902, Architekten Kayser, von Großheim) ein Stahlbeton-Skelettbau mit zur Straße großflächig verglastem Foyer (Wandgemälde von Theodor Werner) angeschlossen. Aus akustischen Gründen ist der Konzertsaal im Bereich der Galerie zur Raummitte hin rautenförmig geweitet und wird von einer gebogenen Betondecke mit untergehängten Akustikpaneelen überdeckt. 1971–1975 entstand an der Nordseite des Hauptgebäudes ein Studiotheater, ebenfalls nach einem Entwurf von Baumgarten.

Lit.: Paul Baumgarten, Bauten und Projekte 1924–1981, Berlin 1988.

Berlin

Ehem. Botschaft der UdSSR

Konzertsaal der Hochschule für Musik, Grundriß und Ansicht

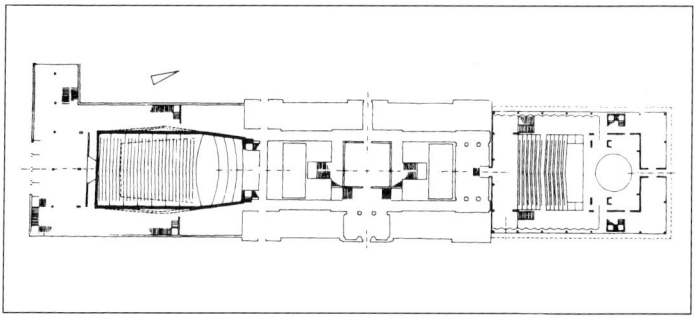

Karl-Marx-Allee (Ehem. Stalin-Allee)
(Friedrichshain)
1. Bauabschnitt 1952–1958,
2. Bauabschnitt 1959–1965
Kollektiv Hermann Henselmann

Der erste Abschnitt dieser zuerst Stalin-, dann Karl-Marx-Allee genannten monumentalen Magistrale wurde im Rahmen des Nationalen Aufbauprogramms auf einer Länge von 1.800 m als 90 m breite Wohn- und Geschäftsstraße erbaut. Die Doppelreihe der bis zu 300 m langen, mit Läden und hohem Komfort ausgestatteten Wohnblöcke wurde durch einen Grünzug um das von der Straße zurückgerückte Kino Kosmos aufgelockert und an den Enden (Frankfurter Tor, Strausberger Platz) zu axial angelegten Plätzen zum Teil mit Zitaten aus der Berliner Baugeschichte („Gontardtürme" am Frankfurter Tor) arrangiert. Den Auftakt zu dieser am Schinkel-Klassizismus orientierten sozialistischen Wiederaufbautätigkeit bildete das benachbarte zehngeschossige Wohnhochhaus an der Weberwiese (1951–1952) von Hermann Henselmann.

Nach der 1955 politisch verordneten Abkehr von handwerklich-traditionellen Bauweisen und der Hinwendung zum industriell erstellten Massenwohnungsbau wurde der zweite, zentrumsnähere, 700 m lange Bauabschnitt als ein auch die benachbarten Bereiche umfassendes Wohnquartier für ca. 14.000 Einwohner mit hohen Wohnscheiben und flach gebauten Nebeneinrichtungen entlang der 125 m breiten Allee erbaut. Mit dem Bau der Magistrale manifestierte sich der politische Anspruch auf Berlins Mitte und auf Berlin als Hauptstadt der DDR.

Lit.: Thomas Topfstedt, Städtebau in der DDR 1955–1971, Leipzig 1988; Berlin und seine Bauten, Band V, Teil A, Berlin 1983; Deutsche Bauzeitung 6/1990, S. 140f.; Andreas Schaetzke, Zwischen Bauhaus und Stalinallee: Architekturdiskussion im östlichen Deutschland 1945–1955, Braunschweig 1993; Thilo Köhler, Unser die Straße, Unser der Sieg, Berlin 1993.

Kongreßhalle (Haus der Kulturen der Welt)
John-Foster-Dulles-Allee (Tiergarten)
1955–1958
Hugh Stubbins

Die ehemalige Kongreßhalle, als „Ort des offenen, demokratischen Gesprächs" Beitrag der USA zur Interbau 1957, erhebt sich über einem zweigeschossigen Sockel von 92 × 96 m Grundfläche. Die Dachfläche des Sockels dient als Freifläche und ist über eine Freitreppenanlage mit dem Tiergarten verbunden. Die Halle wird von einer 7 cm starken, zweiachsig gekrümmten Stahlbetonschale überdeckt, deren Zugbeanspruchung von zwei Druckbögen mit gemeinsamen Auflagerpunkten an der Ost- und Westseite aufgenommen wird. Die infolge von Materialermüdung 1980 teilweise eingestürzte Halle wurde anläßlich der 750-Jahrfeier der Stadt konstruktiv verbessert wiederaufgebaut.

Lit.: Baukunst und Werkform 1958, S. 13ff.

Berlin

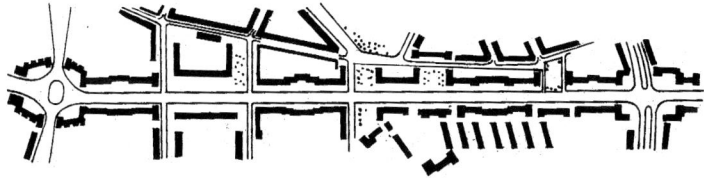

Karl-Marx-Allee (ehem. Stalinallee), Lageplan und Ansicht

Kongreßhalle (Haus der Kulturen der Welt), Ansicht, Grundriß und Schnitte

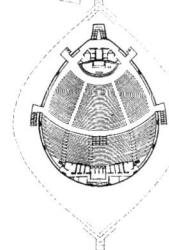

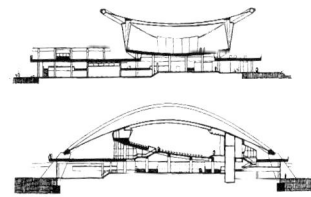

Berlin

Interbau
(Tiergarten)
1956–1957
Gesamtplanung Otto Bartning

Im Rahmen der Bauausstellung „Interbau" wurde das vor der Zerstörung im Zweiten Weltkrieg dichtbesiedelte Hansaviertel unter Beteiligung von 53 Architekten aus 13 Ländern als Demonstration modernen Wohn- und Städtebaus in lockerer Bebauung mit Punkt-Hochhäusern, Geschoßwohnungszeilen und Einfamilienhäusern neu bebaut. Zu den wichtigsten Gebäuden des heute stark durchgrünten Geländes zählen die Wohn-Hochhäuser von van den Broek und Bakema (Bartningallee) und Alvar Aalto (Klopstockstraße 30–32), die leicht geschwungene Zeile von Walter Gropius (Händelallee 3–9) und die Maisonettewohnungen von Paul R. Baumgarten (Altonaer Straße 1) sowie der Ausstellungspavillon von Hermann Fehling (am S-Bahnhof Tiergarten), ein Musterbeispiel für leichte, aufgeglaste Fünfziger-Jahre-Architektur. Auf einem Restgrundstück errichtete Werner Düttmann die Akademie der Künste (Hanseatenweg 10), deren drei Teile (Ausstellungs-, Studio- und Stockwerksbau mit Wohnungen und Ateliers) in Form

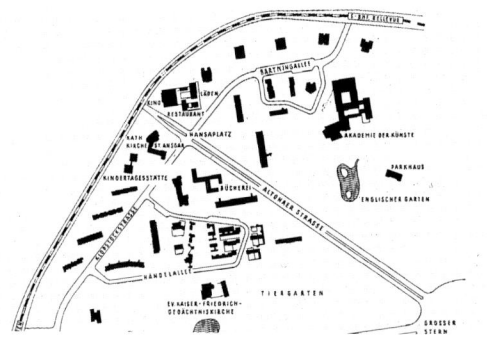

Interbau, Lageplan und Luftaufnahme

Gegenüber:
Interbau: Ausstellungspavillon (Fehling), Maisonettewohnungen (Baumgarten), Unité d'habitation (Le Corbusier)

und Material kontrastreich voneinander abgesetzt sind.
Neben der Kongreßhalle zählte auch Le Corbusiers Unité d'habitation zu den Bauten der Interbau.
Lit.: Interbau GmbH (Hrsg.), Die Stadt von Morgen, Berlin 1957; Harald Bodenschatz, Platz frei für das neue Berlin!, Berlin 1987; Deutsche Bauzeitung 1/1988, S. 40f.

Lit.: Andreas Vowinckel, Thomas Kesseler (Hrsg.), Le Corbusier, Synthèse des arts: Aspekte des Spätwerks, Karlsruhe 1986.

Wohneinheit, Unité d'habitation
Reichssportfeldstraße 16
(Charlottenburg)
1956–1957
Le Corbusier

Im Rahmen der Interbau errichtete Le Corbusier eine seiner in Frankreich bereits mehrfach gebauten Wohneinheiten. Das 17-geschossige Hochhaus in Stahlbeton-Schottenbauweise umfaßt 527 Wohnungen. Da die Baupolizei den zweigeschossigen offenen Wohnraum nicht erlaubte und zudem der Bauherr die geplante Vielfalt an Wohnungstypen sowie die Gemeinschaftseinrichtungen reduzierte, entstand eine Anlage, von deren gestalterischen Mängeln sich der Architekt selbst entschieden distanzierte.

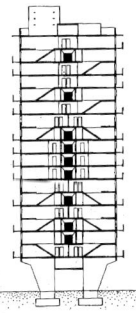

Berlin

Feierhallen des Waldfriedhofs Zehlendorf
Potsdamer Chaussee 75–77 (Zehlendorf)
1956–1957
Sergius Ruegenberg, Wolf von Möllendorf

Die zwei Feierhallen unterschiedlicher Größe sind durch einen Verwaltungstrakt miteinander verbunden. Der Weg der Trauergemeinde führt zwischen zwei travertinverkleideten, den Übergang zwischen Leben und Tod symbolisierenden Wandscheiben zu der jeweiligen Feierhalle, deren verglaste westliche Stirnseiten versenkt werden können, um den Weg des Trauerzugs auf den Friedhof freizugeben. Für den Scharoun-Schüler Ruegenberg in seiner formalen Reduktion auf rechtwinklige, über quadratischem Modul entwickelte Wand- und Deckenscheiben ungewöhnlicher Entwurf von zurückhaltender Feierlichkeit.
Lit.: Martin Gärtner, Sergius Ruegenberg: Bauten und Projekte seit 1925, Berlin 1990.

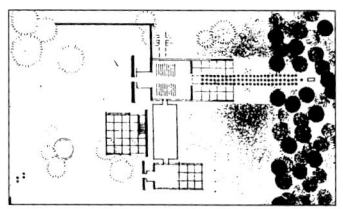

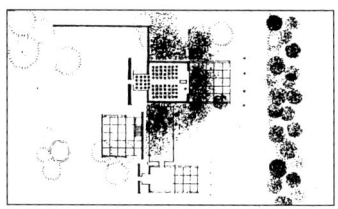

Feierhallen des Waldfriedhofs Zehlendorf, Grundrisse und Ansicht

Kaiser-Wilhelm-Gedächtniskirche

Breitscheidplatz (Charlottenburg)
1957–1963
Egon Eiermann

Vier prismenförmige Baukörper (Kapelle, Turm, Saalraum mit Vorbau) in Stahlskelettkonstruktion kontrastieren mit der Ruine des von Franz Schwechten 1895 fertiggestellten neuromanischen Vorgängerbaus. Zusammengebunden wird die Anlage durch die gemeinsame Plattform, die den Sakralbereich aus dem Straßenniveau heraushebt. Die Gegenüberstellung von Alt und Neu ist das Resultat von Bürgerprotesten auf die in zwei Wettbewerbsstufen preisgekrönte Planung Eiermanns, in der ursprünglich der Totalabriß der Ruine vorgesehen war. Durch gitterförmige, mit farbigen Gläsern ausgefüllte Betonfertigteile erhalten die Innenräume gleichmäßiges, gedämpftes Licht.
Lit.: Bauwelt 1957, S. 854ff., 1958, S. 171ff., 1962, S. 95ff.

Kaiser-Wilhelm-Gedächtniskirche, Ansicht und Grundriß

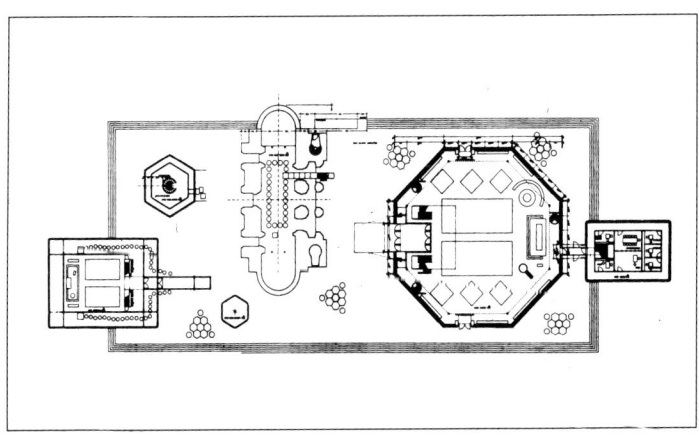

Kulturforum
Kemperplatz/Potsdamerstaße
(Tiergarten)

Das südlich des Tiergartens, nahe am abgetrennten Ostteil der Stadt angelegte Kulturforum sollte nach den Planungen der fünfziger Jahre den Bewohnern im Osten zugänglich sein und gleichzeitig westliche Kultur demonstrieren; im Falle einer Wiedervereinigung sollte es die neue kulturelle Mitte Berlins bilden. Ein von Scharoun entwickeltes Konzept kam jedoch nur teilweise zur Ausführung. Das von der Potsdamer Straße durchschnittene Forum, an dessen Ostseite sich eine neue Bebauung am Potsdamer Platz anschließt, bildet auch heute noch eine Gruppe isolierter Bauten.

Philharmonie mit
Kammermusiksaal und
Musikinstitut
1956–1963, 1979–1984
Hans Scharoun mit Edgar Wisniewski

Der ausgeführte Entwurf für die Philharmonie ist die veränderte Fassung eines preisgekrönten, für einen anderen Standort (Bundesallee) bestimmten

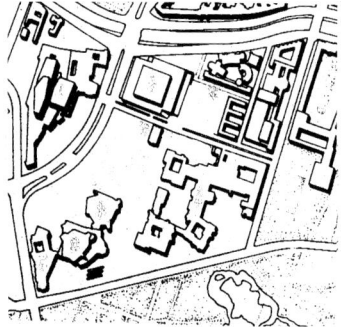

Kulturforum, Lageplan

Philharmonie, Ansicht

Wettbewerbsprojekts. Vom Orchesterpodium des Auditoriums steigen nach allen Seiten Sitzreihen in Terrassen an, überdeckt von einem zeltartigen Dach, dessen Form die Silhouette des Außenbaus bestimmt. Jede Terrasse hat einen Ausgang zum Foyer, auf dessen weitläufigen Treppenanlagen der Bewegungsfluß des Publikums inszeniert wird. Die Konzentration im Zentrum um die Musik und die freie Bewegung im Foyer ergänzen einander harmonisch und bilden vielfältigste Raumeindrücke. Die Fassadenverkleidung (Polyester auf eloxiertem Aluminium) konnte aus finanziellen Gründen erst in den achtziger Jahren angebracht werden. Eine ringförmige, das traditionelle Gegenüber von Publikum und Musikern überwindende Saalanlage liegt auch dem über einem Sechseck entwickelten Kammermusiksaal (Edgar Wisniewski) zugrunde.

Lit.: Edgar Wisniewski, Die Berliner Philharmonie und ihr Kammermusiksaal, Berlin 1994; Berlin und seine Bauten , Band V, Teil A, Berlin 1983.

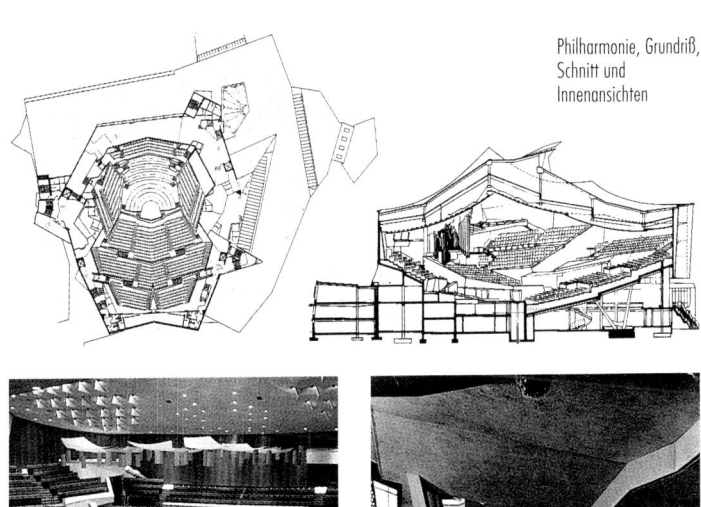

Philharmonie, Grundriß, Schnitt und Innenansichten

Berlin

Neue Nationalgalerie
1961–1968
Ludwig Mies van der Rohe
Auf einem aus dem Straßenniveau herausgehobenen Plateau tragen acht Kreuzstützen einen quadratischen Stahlträgerrost von 64,80 m Seitenlänge über einem Raster von 3,60 m. Das 1.250 Tonnen schwere Dach wurde vorgefertigt und als ganzes hydraulisch auf die Stützen gehoben. Eine Glasfassade umhüllt rundum einen nur durch Erschließungs- und Installationsfestpunkte gegliederten Ausstellungsraum. Unter diesem Hauptgeschoß befindet sich das von außen nicht sichtbare, zu einem abgesenkten Gartenhof geöffnete Sockelgeschoß mit weiteren Ausstellungs- und Nebenräumen. Der sorgfältig detaillierte, in seiner Konstruktion konsequent dargestellte Bau wurde von Mies aus früheren Planungen zu einem Idealtypus entwickelt, er ist das letztlich an keine Nutzung gebundene Hauptwerk eines modernen Klassizismus.
Lit.: Peter Carter, Mies van der Rohe at Work, New York 1974; Franz Schulze, Mies van der Rohe – Leben und Werk, Berlin 1986.

Staatsbibliothek
1967–1976
Hans Scharoun mit Edgar Wisniewski
Die in einer 1. Baustufe auf vier Millionen Bände angelegte Bibliothek schließt nach Osten zu einer geplanten, aber nicht realisierten Stadtautobahn ab und öffnet sich nach Westen mit zwei Haupteingängen zum Kulturforum. Von dort führen zwei Treppenanlagen zum fast 2.000 qm großen, durch Oberlichter und große Glasfenster im Westen belichteten Hauptlesesaal im 2. Obergeschoß. Neben den zentralen Bibliotheksräumen enthält die Anlage im Süden Sammlungen und Institute, im nördlichen Trakt Verwaltungsbereiche. Erst nach dem Tod Scharouns von Edgar Wisniewski fertiggestellt.
Lit.: Berlin und seine Bauten, Band V, Teil A, Berlin 1983; Peter Pfankuch (Hrsg.), Hans Scharoun, Berlin 1993.

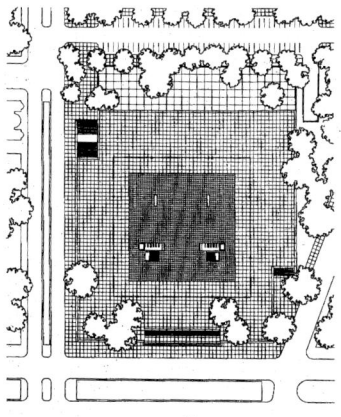

Neue Nationalgalerie, Grundriß

Berlin

Staatsbibliothek,
Grundriß und Ansicht

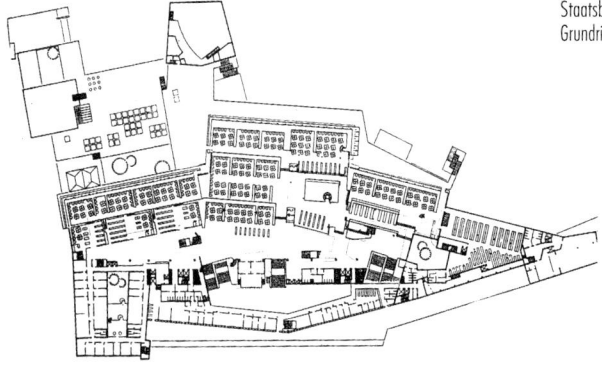

Neue Nationalgalerie,
Ansicht

Müggelturm
Auf den Müggelbergen (Köpenick)
1959–1961
Jörg Streitparth, Siegfried Wagner, Klaus Weißhaupt
Der anstelle eines abgebrannten Vorgängerbaus aus dem 19. Jahrhundert erbaute Aussichtsturm auf den über 100 m hohen Müggelbergen wurde im Rahmen des Nationalen Aufbauwerks (NAW) ausschließlich aus Spenden finanziert und nach einem Wettbewerb als Beton-Rahmenkonstruktion errichtet. Die übereck verglasten Treppenhauspodeste und die frei auskragende Dachplatte der Aussichtsterrasse zeigen ebenso wie die Terrassen und Sonnendächer des gleichzeitig errichteten Restaurants eine gemäßigt moderne Formensprache.

Lit.: Deutsche Architektur 4/5 1962; Bauwelt 1994, S. 392f.

Ehem. Staatsratsgebäude der DDR
Breite Straße 1 (Mitte)
1960–1964
Roland Korn, Hans-Erich Bogatzky
In das ehemalige Staatsratsgebäude ist als einziges Relikt des Berliner Stadtschlosses der Risalit eingefügt, von dem aus Karl Liebknecht 1918 die sozialistische Republik ausrief. Der Risalit gab Maßstab und Gliederung des als Stahlskelettbau mit Natursteinverkleidung ausgeführten Gebäudes vor.

Lit.: Berlin und seine Bauten, Band V, Berlin 1991.

Wohnbebauung Märkisches Viertel
Wilhelmsruher Damm/Senftenberger Ring (Reinickendorf/Wittenau)
1962–1974
Werner Düttmann, Georg Heinrichs, Hans C. Müller (Städtebau); Oswald Mathias Ungers, Heinz Schudnagies u.a. (Hochbau)
Unter Beteiligung von 35 Architekten entstand das Märkische Viertel als Großsiedlung für ca. 60.000 Menschen mit Schulen, sozialen, kulturellen und Versorgungseinrichtungen auf dem Gelände einer in den angrenzenden Bereichen noch erhaltenen Schrebergartensiedlung. Durch die Anonymität und die Unmaßstäblichkeit der bis zu 14 Geschosse hohen, vielfach abgewinkelten und um große Höfe angeordneten Hochhauszeilen wurde das Quartier – trotz praktikabler Wohnungsgrundrisse (Ungers, Schudnagies) – zum umstrit-

Müggelturm

tensten deutschen Wohnbauprojekt der siebziger Jahre. Die Siedlung steht in exemplarischer Parallele zu den zeitgleich entstandenen Großstrukturen im Bereich des Hochschul-, Krankenhaus- und Verwaltungsbaus.

Vergleichbar, wenn auch weniger diskutiert ist die sog. Gropiusstadt (Johannisthaler Chaussee/Fritz-Erler-Allee/Kölner Damm/Zwickauer Damm, Berlin-Buckow-Rudow; 1962–1972, Gesamtplanung: Wils Ebert, Wolfgang Dommer, Klaus Ernst, Rolf Gutbrod u.a.) mit ca. 17.000 Wohnungen und bis zu 31-geschossiger Bebauung (Wohnhochhaus von Walter Gropius und TAC).

Lit.: Märkisches Viertel, Berlin 1974; Deutsche Bauzeitung 8/1990, S. 84f.

Ehem. Staatsratsgebäude der DDR

Wohnbebauung Märkisches Viertel

Max-Planck-Institut für Bildungsforschung
Lentzeallee 94 (Wilmersdorf)
1965–1974
Hermann Fehling, Daniel Gogel
Von einem zentralen Treppenhaus gehen strahlenförmig Bürotrakte aus, die durch niedrigere Quertrakte miteinander verbunden werden. Der Treppenhalle sind beiderseits des Eingangs gemeinschaftlich genutzte Bereiche (Seminarräume, Mensa) vorgelagert. Der in Sichtbeton ausgeführte Bau zeigt am expressiv aufgefalteten Dach der zentralen Halle und bei der Inszenierung der Treppenanlage deutliche Einflüsse von Scharouns Philharmonie.
Lit.: Manfred Sack (Hrsg.), Fehling + Gogel, Berlin/Braunschweig 1981; Werk, Bauen und Wohnen 8/1988.

Institut für Hygiene und medizinische Mikrobiologie der FU Berlin
Hindenburgdamm 27 (Steglitz)
1966–1974
Hermann Fehling, Daniel Gogel
Der über eine Rampe erschlossene, im Grundriß Y-förmig angelegte Bau besteht aus einem Hörsaaltrakt sowie aus einem Büro- und Labortrakt, dessen Winkelform aus der für die Wartung vorteilhaften Dreieckform der Installationskerne begründet ist. Die Kurssäle sind fächerförmig angeordnet, um den Lehrkräften den Überblick über die Laborversuche der Studenten zu ermöglichen. Der Außenbau mit zahlreichen formalen Entlehnungen aus dem Schiffsbau zeigt sorgfältig geschalte und behandelte Sichtbetonflächen.
Lit.: Manfred Sack (Hrsg.) Fehling + Gogel, Berlin/Braunschweig 1981; Werk, Bauen und Wohnen 8/1988.

Internationales Congress Centrum, ICC
Messedamm 19 (Charlottenburg)
1966–1979
Ralf Schüler, Ursulina Schüler-Witte
Das 320 m lange, 80 m breite und 40 m hohe Kongreßzentrum ist von Straßen umgeben und zu Fuß nur über eine Brücke von den Messehallen aus erreichbar. Drei große und 40 kleine Säle können 20.000 Personen aufnehmen. Das deutlich ablesbare, aus Brandschutzgründen mit Aluminium verkleidete Stahl-Dachtragwerk besteht aus zwei Fachwerkpaaren an beiden Längsseiten, die 12 Dachbinder tragen und ihre Lasten in acht Auflagerpunkte zwischen außenliegenden Doppel-Treppenhäusern einleiten. Eine mit modernster elektroakustischer und optischer Technik ausgestattete „Kommunikationsmaschine".
Lit.: Baumeister 9/1979, S. 881ff.; Bauwelt 1979, S. 676ff.

Berlin

Oben und Mitte links:
Max-Planck-Institut für Bildungsforschung

Mitte rechts:
Institut für Hygiene und medizinische Mikrobiologie der FU Berlin

Internationales Congress Centrum, ICC

Hauptwerkstatt der Berliner Stadtreinigung

Ringbahnstraße 88–124 (Tempelhof)
1968–1983
Josef Paul Kleihues

Das bisher in zwei (von geplanten drei) Bauabschnitten ausgeführte Werkstattgebäude ist eine dreibündige Anlage mit Werkstätten, Lager- und Pausenräumen (in der teils zweigeschossigen Mittelzone) sowie weitgehend von oben belichteten Werkhallen mit Standplätzen für die reparaturbedürftigen BSR-Fahrzeuge (in den Außenzonen). Die Abstände der Doppelstützen des in Fertigteilbauweise errichteten Tragwerks ermöglichen die wechselnde Anordnung von Standplätzen und Zwischenzonen für Installationen und Erschließung, deren Rhythmus auch die Fassadengestaltung bestimmt. Die Standplätze können über die ganze Breite durch Rolltore geöffnet werden.

Lit.: Architecture d'aujourd'hui 231/1981, S. 25ff.; Josef Paul Kleihues, Dublin 1983; Frank Werner, Ein Tempel für die Sauberkeitsapostel, in: Mathias Schreiber (Hrsg.), Deutsche Architektur nach 1945, Stuttgart 1986.

Zentrale der Deutschen Lebensrettungs-Gesellschaft (DLRG)

Am Pichelssee 25 (Spandau)
1969–1971
Ludwig Leo

Die prägnant-technische, keilförmige Form des ca. 30 m hoch (ohne Antenne) aufragenden Gebäudes wird durch den unter 45° aufsteigenden Schrägaufzug für die Winterlagerung von Rettungsbooten bestimmt. Aufgrund von Veränderungen bei der Größe der Rettungsboote konnte das Gebäude seine ursprüngliche Funktion nicht mehr erfüllen; nach einem Umbau beherbergt es heute Wohn- und Verwaltungsräume.

Lit.: Bauwelt 1972, S. 1461ff.; Verloren – gefährdet – geschützt: Baudenkmale in Berlin, Berlin 1989.

Palast der Republik

Schloßplatz (Mitte)
1973–1976
Heinz Graffunder, Karl-Ernst Swora

Anstelle des im Krieg schwer beschädigten, 1951 aus ideologischen Gründen gesprengten Berliner Stadtschlosses entstand auf 85 × 180 m Grundfläche ein Kulturhaus, das neben dem Plenarsaal der Volkskammer einen flexibel teilbaren Mehrzwecksaal mit max. 5.000 Sitzplätzen sowie Restaurants und Klubräume aufnimmt. Ein Abriß des als Stahlskelettbau mit großflächiger Verglasung und Marmorverkleidung errichteten Gebäudes und eine Rekonstruktion des Vorgängerbaus werden kontrovers diskutiert.

Lit.: Architectural Review 2/1977, S. 83ff.; Berlin und seine Bauten, Band V, Berlin 1991.

Gegenüber:
Hauptwerkstatt der Berliner Stadtreinigung, Perspektive und Fassade

Zentrale der Deutschen Lebensrettungs-Gesellschaft (DLRG)

Palast der Republik

Berlin

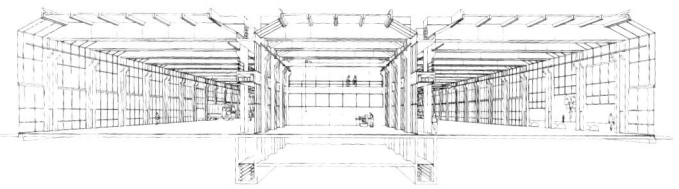

Berlin

Krankenhaus Neukölln
Rudower Straße 47 (Neukölln)
1973–1983
Josef Paul Kleihues mit Jürgen König
Der Krankenhaus-Neubau ersetzt eine frühere Anlage im Pavillon-System (Reinhold Kiehl, 1907–1913) und nimmt neben 686 Betten Behandlungs- und Untersuchungseinrichtungen für ca. 1.200 Patienten auf. Entsprechend dem schmalen Grundstück entstand eine langgestreckte, dreibündige Struktur mit zentraler Glashalle und zwei parallelen Bettentrakten über zwei Sokkelgeschossen. Die ursprünglich geplanten abgerundeten Gebäudeköpfe kamen nicht zur Ausführung. Nüchterne, kompakt organisierte Anlage mit gerasterter weißer Aluminiumfassade und schwarzen Deckprofilen.
Lit.: Josef Paul Kleihues, Dublin 1983; Architecture d'aujourd'hui 256/1988, S. 1ff.; Bauwelt 1988, S.817ff.

Krankenhaus Neukölln,
Außen- und Innenansicht

Umlaufkanal des Instituts für Wasser- und Schiffbau der TU Berlin
Müller-Breslau-Straße (Tiergarten)
1975–1976
Ludwig Leo

Ähnlich wie die vom gleichen Architekten geplante Zentrale der DLRG wird der Umlaufkanal von der anschaulich gemachten Umsetzung technischer Vorgaben bestimmt. Von einer Turbine wird Wasser zu den Versuchsanordnungen für Strömungsversuche im aufgeständerten Laborgebäude gepumpt und, der Schwerkraft folgend, wieder zur Turbine zurückgeführt. Der rot gestrichene Umlaufkanal wird demonstrativ vorgeführt und kontrastiert mit dem in blau gehaltenen Laborgebäude.
Lit.: Architectural Review 1981, S. 371ff.; Deutsche Bauzeitung 1/1992, S. 76f.

Umlaufkanal des Instituts für Wasser- und Schiffbau der TU Berlin

Internationale Bauausstellung IBA, Berlin, 1979–1987

Unter dem Titel „Die Innenstadt als Wohnort" demonstrierte die IBA die Wiedergewinnung innerstädtischen Wohnraums durch Ergänzung historischer Stadtstrukturen („Stadtreparatur"). Die aufgrund von Kriegszerstörung, Planungsfehlentwicklung oder politischer Teilung strukturschwachen Wohngebiete Südlicher Tiergarten, Südliche Friedrichstadt, Luisenstadt, Kreuzberg (SO 36) und Tegel wurden zu Sanierungsgebieten. Zugleich bildete die unter internationaler Beteiligung durchgeführte sog. IBA-Neu (Leitung Josef Paul Kleihues) eine Demonstration aller Architekturtendenzen, insbesondere der Postmoderne. Als Ergänzung, zum Teil auch als Gegensatz zur zuweilen nur formal ambitionierten IBA-Neu arbeitete die dem Konzept der behutsamen Stadterneuerung (STERN) verpflichtete und sozial engagierte IBA-Alt (Leitung Hardt-Waltherr Hämer).

Lit.: Internationale Bauausstellung Berlin 1987, Leitfaden: Projekte, Daten, Geschichte, Berlin 1984; Internationale Bauausstellung Berlin: Die Neubaugebiete, Berlin 1987; Internationale Bauausstellung Berlin 1984–1987, Kataloge 1–7, Stuttgart 1987–1993.

IBA Kreuzberg/Luisenstadt
1978–1990

In dem dichtbesiedelten Arbeiterviertel Kreuzberg (ehemaliger Postbezirk Berlin SO 36) mit hohem Ausländeranteil und eigener Stadtteilkultur entstanden, zumeist als Blockrandergänzungen:
– Das Wohnhaus „Bonjour Tristesse" (Schlesische Straße 1–8, 1982–1983) des portugiesischen Architekten Alvaro Siza Vieira, von dem auch die benachbarte Kindertagesstätte (1988–1990) stammt.
– Die Wohnanlage Reichenberger-/Mariannenstraße (1983–1985, Wilhelm Holzbauer), eine monumental gegliederte, dem Rationalismus verpflichtete Eckbebauung.

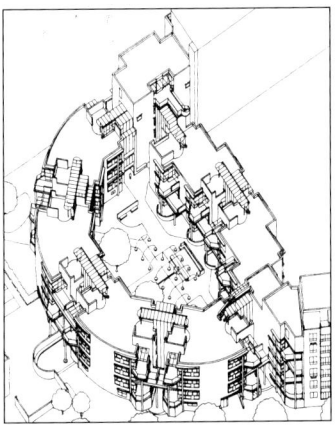

– Das Wohn- und Geschäftshaus Kottbuser Damm 2–3, auf der Hofseite einer 1910/1911 von Bruno Taut errichteten Mietshausanlage (1978–1980, Hinrich und Inken Baller).

– Das Selbstbauprojekt „Wohnregal", dessen Ausbau innerhalb einer vorgegebenen Primärstruktur von den Bewohnern selbst vorgenommen wurde (Admiralstraße 16, 1984–1986, Kjell Nylund, Christof Puttfarken, Peter Stürzebecher).

IBA Kreuzberg/Südliche Friedrichstadt
1979–1981; 1984–1988

Kurz vor der IBA errichtete Rob Krier einen Wohnblock (Ritterstraße 61–65), bei dem programmatisch eine Blockrandbebauung zur Wiedergewinnung städtischen Raums vorgeführt wurde. In der folgenden Wohnanlage Ritterstraße-Nord (Ritterstraße 55–60b) führte Krier dieses Konzept fort. Im Zentrum befindet sich der Schinkelplatz mit einer Kopie der Fassade von Schinkels Feilnerhaus.

Zu den wichtigsten der formal heterogenen Blockergänzungen der südlichen Friedrichstadt gehören die Wohn- und Geschäftshäuser von Aldo Rossi (Wilhelmstraße 36–38, Kochstraße 1–4) und Peter Eisenman (Kochstraße 62–63), die Wohnanlage mit Atelierturm von John Hejduk (Charlottenstraße 96–98) und der Wohnhof von Herman Hertzberger (Lindenstraße 81–84). Die erste Blockrandbebauung in Berlin nach dem Krieg errichtete J. P. Kleihues am Vineta-Platz 1971–1975.

IBA, Kreuzberg/Südliche Friedrichstadt,
Kochstraße 62–63 (Eisenman)
Wilhelmstraße 36–38 (Rossi)

Gegenüber:
IBA, Kreuzberg Wohnhof (Hertzberger)
„Bonjour Tristesse" (Siza)

Berlin

Phosphateliminationsanlage
Buddestraße (Tegel)
1981–1985
Gustav Peichl

Die im Rahmen der IBA zur Verringerung des Phosphatgehaltes im Tegeler See errichtete Anlage besteht aus dem Betriebsgebäude mit Labors und Dosierungsanlage sowie den weitgehend hinter einer Böschung verborgenen Sedimentationsbecken mit Mischturm und vorgeschaltetem Pumphaus. Das Betriebsgebäude zeigt Schiffsmotive in Anlehnung an die Moderne der zwanziger Jahre. Das gereinigte Wasser fließt zurück in den Tegeler Hafen, dessen Wohnbebauung nach dem städtebaulichen Konzept von Charles Moore einen der Neubau-Schwerpunkte der IBA bildete (Karolinenstraße, 1985–1988).

Lit.: Dietmar Steiner (Hrsg.), Gustav Peichl, Tübingen/Berlin 1993.

Stadtvillen
Rauchstraße 4–10 (Tiergarten)
1983–1984
Rob Krier, Giorgio Grassi, Hans Hollein, Aldo Rossi u.a.

Als freie Rekonstruktion eines im Zweiten Weltkrieg zerstörten Villenviertels wurden, unter Einbeziehung der bestehenden norwegischen Botschaft, sieben Villen und eine als Torbau angeordnete Wohnanlage nach einem Bebauungsplan von Rob Krier symmetrisch um einen innenliegenden Gartenhof errichtet. Bei der Realisierung der von verschiedenen Architekten gestalteten Anlage führte der Widerspruch zwischen großbürgerlicher Villen-Typologie und den Anforderungen des sozialen Wohnungsbaus zu zahlreichen Einschränkungen (Erhöhung der Geschoßzahl, Verkleinerung der Wohnungen).

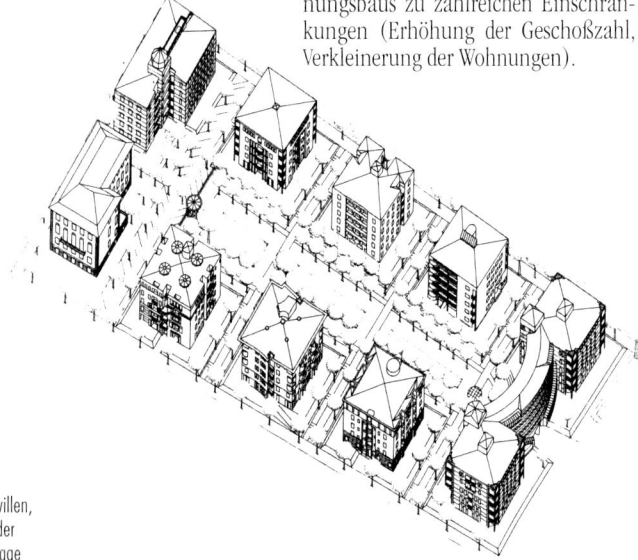

IBA, Stadtvillen,
Isometrie der
Gesamtanlage

Berlin

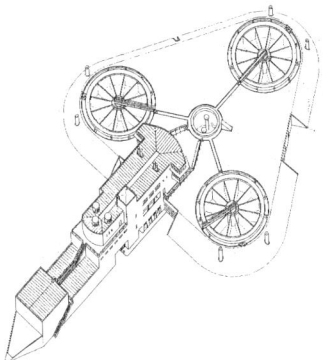

Phosphateliminationsanlage, Isometrie und Ansicht

IBA, Stadtvillen, Torbau (Krier) und Villa (Hollein)

Wohnbebauung
Fraenkelufer (Kreuzberg)
1982–1984
Hinrich und Inken Baller
Seit 1975 entstanden nach den Plänen der Architekten mehrere Wohn- und Geschäftshäuser mit stark gegliederten Fassaden in organisch-expressiver Formensprache (Lietzenburgerstraße 86, Schloßstraße 45–47). Bevorzugte Elemente sind parabel- oder spitzbogige Dachgauben und weitauskragende, eigenwillig geformte Balkonfertigteile in Anlehnung an die Formensprache von Antoni Gaudí. Die als Ergänzung der Blockstruktur um einen Gartenhof angeordnete Bebauung am Fraenkelufer besteht aus drei Baulückenergänzungen und einer rückwärtigen Brandwand-Bebauung mit insgesamt 104 Wohnungen von 55 bis 167 qm Größe.
Lit.: Architecture d'aujourd'hui 234/1984, S. 48ff.; Deutsche Bauzeitung 4/1987, S. 34ff.

Wohnbebauung am Luisenplatz
Eosanderstraße (Charlottenburg)
1982–1988
Hans Kollhoff
Die aus einem städtebaulichen Gesamtkonzept zur Ergänzung der vorhandenen Blockstruktur hervorgegangene Wohnbebauung besteht aus zwei Zeilen, eine davon wird durch einen gründerzeitlichen Altbau unterbrochen. Auf der Westseite ist der Wohnanlage eine geschlossene Glaswand mit Wintergärten vorgelagert, im Osten ist sie teilweise an eine Brandwand angebaut. Das von plastisch geschwungenen Flugdächern in der Nachfolge Le Corbusiers überdeckte Dachgeschoß nimmt Ateliers und Terrassen auf. Im Gegensatz zum Blockrand-Bebauungsschema der IBA, mit dem alte Strukturen wiederhergestellt werden, wird hier die vorhandene Struktur belassen und damit auch ein Bruch in der Bebauung gezeigt.
Lit.: Bauwelt 1988, S. 1116ff.; Baumeister 9/1988, S. 52ff.

Berlin

Links oben:
Wohnbebauung
Fraenkelufer, Ansicht

Oben rechts und unten:
Wohnbebauung am
Luisenplatz

Haus am Checkpoint Charlie
Friedrichstraße 207–209 (Kreuzberg)
1988–1990
*Office for Metropolitan Architecture
OMA (Matthias Sauerbruch, Elia
Zenghelis)*

An einem Grenzübergang der Berliner Mauer erbaut, umfaßte das Gebäude ursprünglich neben 26 Wohnungen im Sozialen Wohnungsbau auch Einrichtungen für den Grenzübertritt im Erdgeschoß (nach dem Fall der Mauer umgebaut). Die darüberliegenden Maisonettewohnungen (mit Wohnebene im oberen Geschoß) öffnen sich zu einer Gartenterrasse, zu der auch die über eine interne Wohnstraße erschlossenen Wohnungen im 3.–5. Obergeschoß Zugang haben. Im 6. Obergeschoß Dachwohnungen mit eigenen Terrassen, darüber ein auf der Straßenseite weit auskragendes Flugdach. Innovativer Wohnungsbau mit kommunikationsfördernden Gemeinschaftszonen.

Lit.: Bauwelt 1990, S. 752ff.

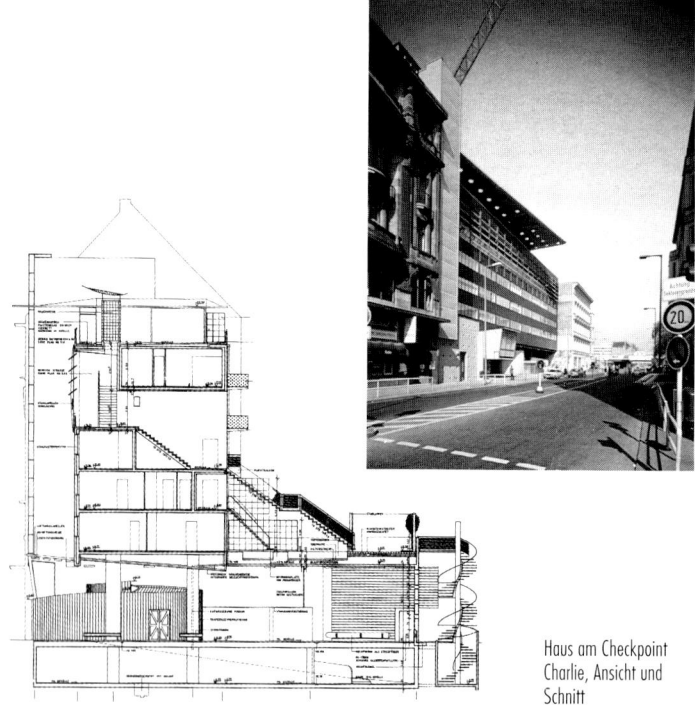

Haus am Checkpoint Charlie, Ansicht und Schnitt

Jüdisches Museum
Lindenstraße 14 (Kreuzberg)
1989–1996
Daniel Libeskind

Die Erweiterung des Berlin-Museums nimmt die jüdische Abteilung auf. Der Neubau ist mit dem bestehenden Museum nur unterirdisch verbunden und bildet einen langen, vielfach abgewinkelten Baukörper, der sich mehrfach mit einer geradlinigen Schneise verschneidet. Diese von Libeskind „void" (Leere) genannte Achse weist – im Gegensatz zur eigentlichen Aufgabe eines Museums, nämlich zu „zeigen" – auf die „Abwesenheit" von Bedeutungen und Bezügen, auf den Untergang der jüdischen Kultur im Holocaust hin. Museumstechnische Erfordernisse führten bei der Realisierung zu vielfachen Abstrichen (zum Beispiel Begradigung der ursprünglich geneigten Wände) von der Radikalität des Wettbewerbsentwurfs.

Lit.: Deutsche Bauzeitung 9/1989, S. 133f.; Daniel Libeskind, Erweiterung des Berlin-Museums mit Abteilung Jüdisches Museum, Berlin 1992; Daniel Libeskind, Radix/Matrix: Architekturen und Schriften, München, 1994.

Jüdisches Museum,
Modellfoto

Friedrichstadt-Passagen Quartier 207

Friedrich-/Französische-/Jägerstraße (Mitte)
1991–1996
Jean Nouvel

Drei Baublöcke an der Friedrichstraße zwischen der Mohren- und der Französischen Straße (Quartiere 205–207: Architekten Ungers 205; Pei, Cobb & Partner 206; Nouvel 207) bilden, durch ein durchgängiges Wegesystem miteinander verbunden, die Friedrichstadt-Passagen. Das Quartier 207 an der Französischen Straße (mit einem großen Modehaus und Einzelhandelsgeschäften in den unteren Geschossen) wird im Inneren des Blocks durch Lichtkegel und Lichtzylinder belichtet. Die dynamisch geschwungene, verglaste Fassade stellt eine zeitgemäße, mit den technischen Mitteln der neunziger Jahre (Medientafeln, Siebdruck-Serigraphien) erzielte Wiederaufnahme futuristischer Großstadtvisionen der frühen Moderne (Mendelsohn, Luckhardt) dar.

Lit.: Bauwelt 1993, S. 1118f.; Hans Stimmann (Hrsg.), Annegret Burg, Berlin Mitte: Die Entstehung einer urbanen Architektur, Berlin/Basel/Boston 1995.

Städtebauliche Planungen und Neubebauung

Potsdamer Platz/Leipziger Platz
1991–1997
Heinz Hilmer & Christoph Sattler (Gesamtgelände, 1991)
Renzo Piano, Christoph Kohlbecker (Daimler-Benz-Gelände, 1992)
Helmut Jahn (Sony-Gelände, 1992)

Das vor dem Zweiten Weltkrieg dichtbebaute Gelände um Europas seinerzeit verkehrsreichsten Platz – nach Kriegszerstörung und Mauerbau jahrzehntelang ein von Trümmern geräumtes Brachland – wurde nach der Wende 1989 an vier Großinvestoren verkauft. Das Ergebnis eines städtebaulichen Wettbewerbs für das gesamte Gelände, das beiderseits einer Grünachse geschlossene, in Parzellen zu unterteilende Blöcke mit 50 m Seitenlänge und einer Traufhöhe von 35 m vorsah (Hilmer & Sattler), wurde durch die Planungen für die einzelnen Investoren stark modifiziert. Der Plan für das Daimler-Benz-Gelände verändert durch eine zusätzliche Achse zwischen Potsdamer Platz und Musicaltheater (Piano, Kohlbecker) und eine stärkere Vernetzung (Passagen, Fußgängerzonen) der nicht weiter unterteilten Blöcke das Leitbild einer Großstadt des 19. Jahrhunderts hin zu einer zusammenhängenden, wenn auch von verschiedenen Architekten weiterbearbeiteten Megastruktur. Helmut Jahns Planung für Sony faßt das ganze Gelände des Investors zu einem Block um eine zentrale Plaza nach amerikanischem Vorbild zusammen. Planung des ABB-Geländes nach Entwurf von Giorgio Grassi (Wettbewerb 1993).

Lit.: Deutsche Bauzeitung 12/1991, S. 11f; Bauwelt 1991, S. 2210ff.; 1992, S. 2196ff.; 1995, S. 94; Die Rekonstruktion eines Stücks Stadt. Ausstellungskatalog, Stuttgart 1994; Hans Stimmann (Hrsg.), Annegret Burg, Berlin Mitte: Die Entstehung einer urbanen Architektur, Berlin/Basel/Boston 1995.

Berlin

Friedrichstadt-Passagen
Quartier 207 (Nouvel)

Potsdamer Platz/
Leipziger Platz,
städtebauliches Modell

Berlin

Ludwig-Erhard-Haus
Fasanenstraße 83–85 (Charlottenburg)
1992–1997
Nicholas Grimshaw & Partners

Lit.: Bauwelt 1992, S. 950f.; Hans Stimmann (Hrsg.), Annegret Burg, Berlin Mitte: Die Entstehung einer urbanen Architektur, Berlin/ Basel/Boston 1995.

Das an die Rückseite der Industrie- und Handelskammer (1954–1955, Architekten Franz Heinrich Sobotka, Gustav Müller) anschließende Kommunikations- und Servicezentrum für die Unternehmer der Region Berlin nimmt beiderseits einer internen Glaspassage Büros, Konferenzräume und im Erdgeschoß die Berliner Börse auf. 15 Stahl-Bogenträger bilden das Haupttragwerk, von dem die oberen Geschosse über Zugstäbe abgehängt sind. Durch die großflächige Verglasung der Hauptfassade wird die so gewonnene Stützenfreiheit im Erdgeschoß demonstrativ sichtbar gemacht.

„Zoofenster" – Brau-und Brunnen-Gebäude
Joachimstaler Straße 43
(Charlottenburg)
1992–
Richard Rogers Partnership

Das 22-geschossige Geschäftshaus mit Büros, Konferenzsälen, Geschäften und einem Hotel in den oberen Geschossen nimmt mit der Höhe des Hauptbaukörpers (80 m) den Maßstab des benachbarten Europa Centers auf. Der mehrfach gestaffelte Baukörper kulminiert in dem auf der Ostseite vorgestellten Aufzugsturm mit einer Aussichtsplattform in 115 m Höhe. Die Anlage öffnet sich mit einer zwölfgeschossigen Lobby zum Bahnhof Zoo und soll über eine unterirdische Einkaufspassage mit den Haltestellen des Nah- und Fernverkehrs sowie mit der Gloriapassage und dem Kurfürstendamm verbunden werden.

„Zoofenster" – Brau-und-Brunnen-Gebäude, Modellfoto

Berlin

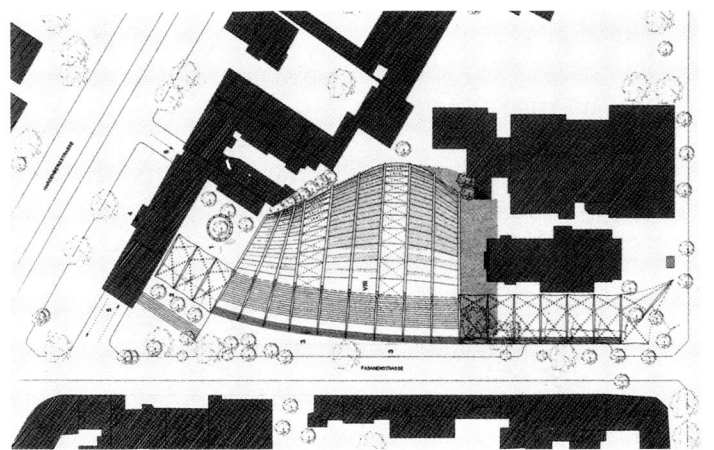

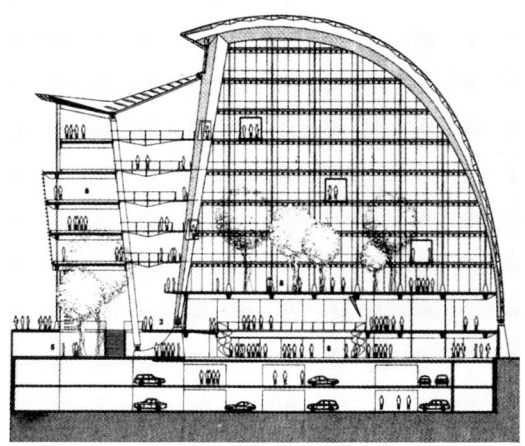

Ludwig-Erhard-Haus,
Lageplan und Schnitt
(1992)

Brandenburg

Bernau
Gewerkschaftsschule
Fritz-Heckert-Straße 1
1928–1930
Hannes Meyer, Hans Wittwer
Die Ausführung der als Internat für 120 Arbeiter-Schüler organisierten Bundesschule des ADGB (Allgemeiner Deutscher Gewerkschaftsbund) wurde von Hannes Meyer und Hans Wittwer nach gewonnenem engerem Wettbewerb zusammen mit Studenten des von Meyer geleiteten Bauhauses durchgeführt. Ein Glasgang erschließt die gestaffelt am Hang angeordneten Wohnhäuser der Seminarteilnehmer und verbindet die Gemeinschaftsräume mit dem Schulungsbereich. Der räumlichen Gliederung der Wohnbereiche (Doppelzimmer, Stockwerk, Haus) entsprechen abgestufte Formen der Gemeinschaft (Zelle, Kameradschaft, Kollektiv). Wohnungen für das Lehr- und Bewirtschaftungspersonal ergänzen das fast mathematisch aus Topographie und Funktionsabläufen entwickelte, aber auch symbolisch überhöhte Baukörperensemble. Die Anlage wurde 1960 und 1976 verändert und durch weitere Bauten entstellt. Heute Fachhochschule für öffentliche Verwaltung Brandenburg.
Lit.: Hans Jürgen Winkler, Der Architekt Hannes Meyer, Berlin 1989; Bauhaus-Archiv Berlin (Hrsg.), Hannes Meyer 1889–1954, Berlin 1989.

Bernau/Bogensee
Ehem. Jugendhochschule der Freien Deutschen Jugend (FDJ)
1950–1956
VEB Projektierung Berlin, Gottfried Wagner
Der ehemalige Landsitz des NS-Propagandaministers Joseph Goebbels am Bogensee wurde 1946 zum FDJ-Schulungszentrum ausgebaut. Als Jugendhochschule für ca. 600 FDJ-Kader und ausländische Jugendfunktionäre aus anderen sozialistischen Staaten wurde die Anlage bis 1956 um eine symmetrisch ausgerichtete Baugruppe mit drei Wohnheimen, einem Schulungsgebäude und einem Kulturhaus (Mensa) in neoklassizistischen Formen im Sinne der Architektur Schinkels ausgebaut. Beeindruckendes Ensemble im Sinne der 1950 verordneten „Nationalen Bautradition". Die 1986 nochmals erweiterte Anlage ist seit 1991 Berufsausbildungsstätte des Internationalen Bundes für Sozialarbeit.
Lit.: Deutsche Architektur 1955, S. 204ff.

Brandenburg

Ehem. Jugend-
hochschule, Lageplan
und Ansicht

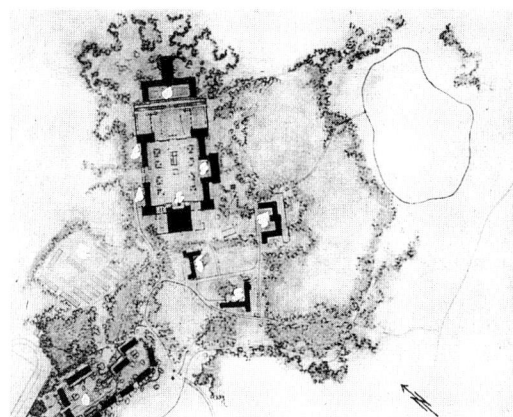

Gewerkschaftsschule,
Luftaufnahme (1930)

Gegenüber:
Ansicht

Brieske-Ost
Wohnsiedlung Marga
1907–1914
Georg Heinrich von Mayenburg
Die ehemalige Bergarbeitersiedlung wurde radial um einen zentralen Platz mit Kirche, Stadthaus, Schule und Läden angelegt. Dem Gartenstadtideal verpflichtete Siedlungsanlage mit Mehrfamilienhausbebauung über 14 Grundtypen im sog. Heimatstil, vergleichbar

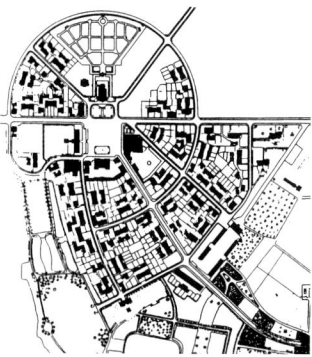

der Siedlung Margarethenhöhe in Essen. Kirche (1914, Georg Heinrich von Mayenburg) in Jugendstilformen mit erhaltener Innenausstattung, 1989–1991 restauriert.

Lit.: Kristiana Hartmann, Deutsche Gartenstadtbewegung, München 1976; Bauwelt 1995, S. 1006; Wolfgang Joswig, Marga: Die erste deutsche Gartenstadt, Cottbus 1994.

Brieskow-Finkenherd
Wohnsiedlung
Glückauf 1–32
1927–1928
Heinrich Tessenow
Die Siedlung für Bergleute besteht aus 31 Wohnhäusern, die dreiseitig eine gemeinsame Grünfläche umschließen. Zweigeschossige Wohnhäuser mit Flachdach sind paarweise durch einen eingeschossigen Wirtschaftstrakt verbunden. Stall und Garten als landwirtschaftliche Nebenerwerbsfläche. In der Gesamtanlage erhalten; Häuser teils verändert.

Brandenburg

Lit.: Gerda Wangerin, Gerhard Weiss, Heinrich Tessenow, Essen 1976; Marco de Michelis, Heinrich Tessenow – Das architektonische Gesamtwerk, Stuttgart 1991.

Cottbus
Stadttheater
Karl-Liebknecht-Straße 118–121
1907–1908, 1910
Bernhard Sehring
Nach einem Wettbewerbserfolg des Theaterspezialisten Sehring wurde der Neubau als symmetrisches Rangtheater mit 900 Sitzplätzen erbaut und 1912 um einen Anbau mit Nebenräumen erweitert. Die reiche skulpturale Ausstattung des im Außenbau vollständig erhaltenen Jugendstiltheaters wurde ebenso wie die Freiflächenanlage in den achtziger Jahren restauriert, die Bühnentechnik modernisiert. Durch großzügigere Bestuhlung verringerte sich dabei die Anzahl der Sitzplätze auf 680.
Lit.: Architektur der DDR 6/1988, S. 30ff.; Bauwelt 1992, S. 484.

Wohnsiedlung Brieskow-Finkenherd

Stadttheater Cottbus

Gegenüber:
Wohnsiedlung Marga,
Lageplan und
Luftaufnahme

Brandenburg

Dahlewitz
Wohnhaus
Wiesenstraße 13
1926–1927
Bruno Taut

Bruno Tauts eigenes Wohnhaus ist ein zweigeschossiger Bau mit viertelkreisförmigem Umriß und nördlich angeschlossenem eingeschossigem Wirtschaftstrakt. Die gebogene, zur Absorption der Sonnenstrahlen schwarz gestrichene Eingangsseite schirmt die Wohn- und Schlafräume gegen die Straße ab, die Westzeile stößt schiffsbugartig in die Landschaft vor. Der ungewöhnliche Grundriß ermöglicht die Erschließung fast aller Räume von einem beide Geschosse miteinander verklammernden Treppenhaus. Zugang aller Schlafräume zur Loggia im Obergeschoß. Der Bau, inklusive die stark farbige Innenraumgestaltung, wurden 1992–1994 umfassend restauriert.

Lit.: Bruno Taut, Ein Wohnhaus, Stuttgart 1927.

Eberswalde-Finow
Musterhäuser
Altenhofer Straße
1930
Robert Krafft

Die im Grundriß und in der Fassadengestaltung konventionellen Häuser wurden im Auftrag der Hirsch Kupfer- und Messing Werke nach von Friedrich Förster entwickeltem und zusammen mit Robert Krafft verbessertem Patent mit gedämmten Stahlblech- oder Kupferpaneelen ausgeführt. Dachdeckung ebenfalls Kupfer. Einer von zahlreichen, durch die Wirtschaftskrise von 1930 verstärkt betriebenen und auf Bauausstellungen propagierten Versuchen, mit Holz- und Blech-Leichtbauweisen billigen Massenwohnungsbau in industrieller Produktion herzustellen.

Lit.: Gilbert Herbert, The Dream of the Factory-Made House, Cambridge/Mass. 1984; Kurt Junghanns, Das Haus für Alle: Zur Geschichte der Vorfertigung in Deutschland, Berlin 1994.

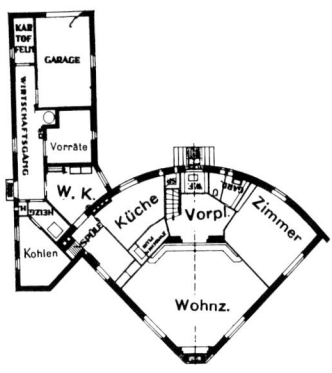

Wohnhaus Taut, Grundriß

Brandenburg

Wohnhaus Taut,
Ansichten

Musterhaus

Eisenhüttenstadt
1951–1972
*Kollektiv Kurt W. Leucht
(Gesamtplanung)*

Die erste vollständig neu angelegte Stadt der DDR am Schnittpunkt der Bahnlinie Frankfurt-Guben mit dem Oder-Spree-Kanal wurde als Wohnstadt für ein neues Eisenhütten-Kombinat geplant. Da in der DDR kaum Erzvorkommen waren, wurde an der Grenze zur Volksrepublik Polen, die das Erz lieferte, das Eisenhüttenwerk aufgebaut. Nacheinander entstanden vier Wohnkomplexe für insgesamt 30.000 Einwohner. Das Zentrum bildet eine 600 m lange Hauptstraße (Magistrale) mit Versorgungs- und kulturellen Einrichtungen, rhythmisiert von drei neungeschossigen Wohnhochhäusern. Der noch heute freie Ausblick von der Magistrale auf das Kombinat im Norden sollte ursprünglich durch eine monumentale Baugruppe geschlossen werden, die das Fabrikgelände wie ein Schloßtor gerahmt hätte. Die ersten Wohnkomplexe entstanden noch im Stil der 1950 verordneten „Nationalen Bautradition". Die spätere Erweiterung nach Osten um zwei weitere Wohnkomplexe in Plattenbauweise und die Eingemeindung bestehender Ortschaften veränderte die ursprüngliche Stadtstruktur, die ostwestlich verlaufende Straße der Republik wurde nun zur Hauptachse.

Lit.: Thomas Topfstedt, Städtebau in der DDR 1955–1971, Leipzig 1988; Bauwelt 1992, S. 497ff.; Klaus von Beyme u.a., Neue Städte aus Ruinen – Deutscher Städtebau der Nachkriegszeit, München 1992.

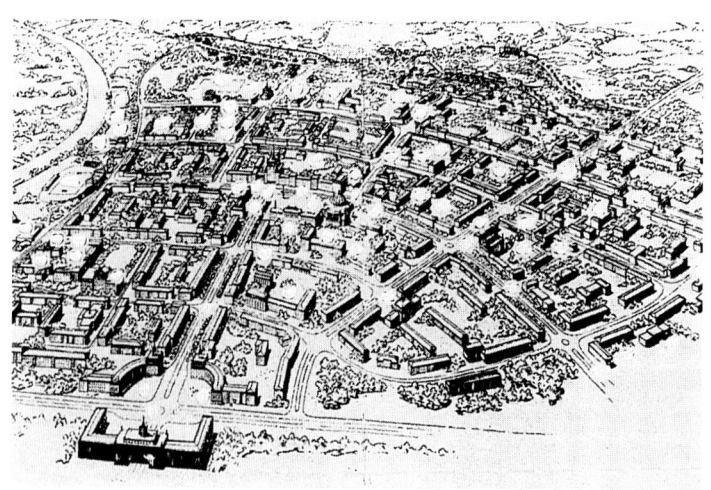

Brandenburg

Eisenhüttenstadt, Straße der Republik und Wohnhäuser in der Erich-Weinert-Straße

Gegenüber:
Eisenhüttenstadt,
Massenplan (1953)

Brandenburg

Falkenberg bei Grünau
Gartenstadt
Akazienhof, Gartenstadtweg
1913–1914
Bruno Taut

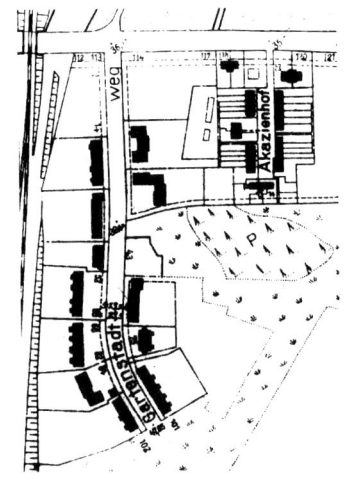

Die im Auftrag der „Gemeinnützigen Baugenossenschaft Gartenstadt Groß-Berlin" auf ca. 75 ha geplante Gartenstadt mit 1.500 Wohneinheiten für 7.000 Bewohner wurde nur zum kleinen Teil fertiggestellt. Bis zum Ersten Weltkrieg entstanden 80 Ein- und zehn Mehrfamilienhäuser einer im Gegensatz zum englischen Vorbild reinen Wohnsiedlung. Der Gesamtplan ist in der Nachfolge Hellraus mit geschwungenen Straßenführungen und malerischen Raumbildungen aus der Topographie entwickelt. Im Zentrum befindet sich der stark farbige, leicht asymmetrische, harmonisch ausbalancierte Akazienhof. Das westliche Eingangsgebäude (Am Falkenberg) errichtete Heinrich Tessenow. Die Siedlerfeste dieser sog. Tuschkastensiedlung waren berühmt.

Lit.: Kurt Junghanns, Bruno Taut 1880–1938, Berlin 1988; Kristiana Hartmann, Deutsche Gartenstadtbewegung, München 1976.

Frankfurt/Oder
Franz-Mehring-Oberschule (Ehem. August-Bebel-Oberschule)
August-Bebel-Straße 18–24
1925–1926
Josef Gesing

Der symmetrische, viergeschossige Schulbau mit Aula im 3. Obergeschoß wird ehrenhofartig von dreigeschossigen Wohnbauten gerahmt und städtebaulich in die Randbebauung der August-Bebel-Straße eingebunden. Typologisch ungewöhnliches Ensemble mit expressionistisch gestalteter Ziegelfassade.

Zu den Arbeiten Josef Gesings als Stadtbaurat von Frankfurt/Oder gehören ferner die im Auftrag der Frankfurter Wohnungsfürsorge entstandene Wohnbebauung August-Bebel-Straße 111–112 (1924–1925), das Krematorium (Hauptfriedhof, 1929–1930) und die ehem. Mädchenschule (später Berufsschule, Beeskower Straße, 1930–1931).

Lit.: Die Bau- und Kunstdenkmale der DDR, Bezirk Frankfurt/Oder.

Brandenburg

Gartenstadt, Ansicht

Gegenüber:
Lageplan

Franz-Mehring-
Oberschule

Krematorium

Brandenburg

Frankfurt/Oder
Kleist-Theater
Gerhart-Hauptmann-Straße 3–4
1928–1929
Otto Bartning
Ursprünglich als musische Ausbildungsstätte für Pastoren und Lehrer im Rahmen einer pädagogischen Akademie erbaut, bildet das Theater eine mehrfach abgewinkelte Anlage mit Eingangshof auf der Straßenseite. Der Theatersaal bildet einen durch große Glasflächen nach Norden und Süden zur Landschaft geöffneten, nach Osten und Westen um Bühne und Gegenbühne erweiterten Raum. Kleineren Veranstaltungen dient ein rundes Turmzimmer mit offenem Dachstuhl. Die handwerklich-traditionelle Bauweise (Ziegelmauerwerk, Satteldach) verbindet sich mit Gestaltungsmitteln der Moderne (Fensterbänder, Glasfassaden).
Lit.: Hans K. F. Mayer, Der Baumeister Otto Bartning, Heidelberg 1951.

Frankfurt/Oder
Ehem. Pädagogische Akademie
Friedrich-Ebert-Straße 51–52
1930–1934
Adolf Petersen
Eine der 16 neuen Akademien zur Lehrerausbildung, die in Preußen in der Weimarer Republik teils neu errichtet, teils durch Umbauten geschaffen wurden. Eine kubisch gestaltete Baugruppe in den Formen des Neuen Bauens, 1974–1975 nach Kriegsschäden originalgetreu wiederaufgebaut.

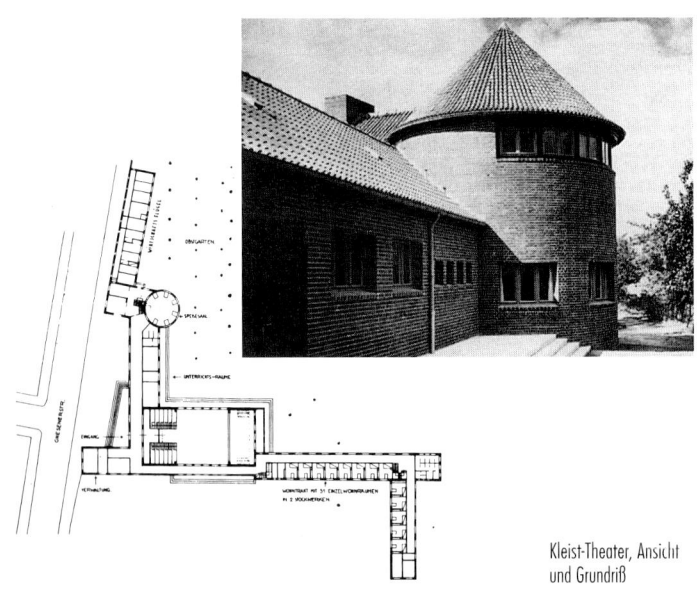

Kleist-Theater, Ansicht und Grundriß

Lit.: Architekturführer DDR, Bezirk Frankfurt/ Oder; Die Bau- und Kunstdenkmale der DDR, Berlin 1984.

Luckenwalde
Ehem. Hutfabrik
Industriestraße
1919–1928
Erich Mendelsohn

Der wohl bedeutendste expressionistische Industriebau Deutschlands, die in Stahlbeton errichtete Hutfabrik der Firma Steinberg, Hermann & Co., ist nur noch in der Grundanlage und in wenigen Details (Gebäudeecken) erhalten. Obwohl der Bau die für den Expressionismus charakteristischen Dreiecksformen zeigte, waren alle Formen völlig aus der Statik (Rahmenecken) und der Funktion entwickelt. So diente der konisch nach oben verjüngte Querschnitt der Färberei als kaminartiger Luftabzug (ein System, das Mendelsohn bei einer Textilfabrik in Leningrad wiederholte).

Am selben Ort: Wohnsiedlung Gottower Straße (1920, ebenfalls von Mendelsohn); Oberschule und Aula/Stadttheater, Dimitroffstraße 15a, in Formen des Neuen Bauens von Stadtbaumeister Graf (1928).

Lit.: Wasmuths Monatshefte für Baukunst und Städtebau 1/2/1924, S. 16ff.; Bruno Zevi, Erich Mendelsohn, Zürich 1983; Erich Mendelsohn, Berlin 1987.

Oben:
Ehem. Pädagogische Akademie

Ehem. Hutfabrik (Foto 1930)

Brandenburg

Nauen
Großfunkstation
(an der B 273 nach Kremmen)
1917–1919
Hermann Muthesius
Als Betriebsstation und Versuchssendeanlage der Firma Telefunken für den Kurzwellenbereich entstand die Großfunkstation als symmetrischer, kubisch gegliederter Ziegelbau mit großer Maschinenhalle über kreuzförmigem Grundriß. Sparsames Ziegelornament, vorwiegend als Rahmung für die zu Gruppen zusammengefaßten vertikalen Fensterbänder. Bedeutender Industriebau der frühen Moderne. Von Muthesius stammt auch die benachbarte, zeitgleich errichtete Werkssiedlung.
Lit.: Walter Müller-Wulckow, Architektur der zwanziger Jahre in Deutschland (Nachdruck der Blauen Bücher von 1925–1932), Königstein im Taunus 1975; Hans Joachim Hubrich, Hermann Muthesius, Berlin 1980.

Neuenhagen
Rathaus
Am Rathaus 1
1925–1926
Wilhelm Wagner
Der monumentale, symmetrisch gegliederte Eisenbeton-Skelettbau mit Ziegelfassaden nimmt in den unteren Geschossen die Stadtverwaltung und darüber einen Hochbehälter für die örtliche Wasserversorgung auf. Das Betonpfeilersystem wird durch Wandvorlagen sichtbar gemacht. Im Inneren befinden sich eine repräsentative Treppenhalle und der Ratssaal.
Lit.: Walter Müller-Wulckow, Architektur der zwanziger Jahre in Deutschland (Nachdruck der Blauen Bücher von 1925–1932), Königstein im Taunus 1975.

Schloß Cecilienhof

Potsdam
Schloß Cecilienhof
1913–1917
Paul Schultze-Naumburg
Der Wohnsitz des preußischen Kronprinzen Wilhelm im Neuen Garten am Jungfernsee wurde auf Wunsch des Bauherrn unter Verzicht auf eine axiale Anlage und repräsentative Gesten im sog. englischen Landhausstil erbaut. Die Größe des 176 Zimmer umfassenden Gebäudekomplexes bleibt durch die nur zweigeschossige Bauweise und Anlage um mehrere Höfe weitgehend verborgen. Exemplarischer Bau für die an Handwerk und Bautradition orientierte Architekturauffassung des Hauptvertreters der sog. Heimatschutzbewegung. 1945 fand hier die Potsdamer Viermächtekonferenz der siegreichen Alliierten des Zweiten Weltkriegs statt.
Lit.: Norbert Borrmann, Paul Schultze-Naumburg 1869–1949, Essen 1989.

Links und unten links:
Großfunkstation,
Ansichten

Unten rechts:
Rathaus

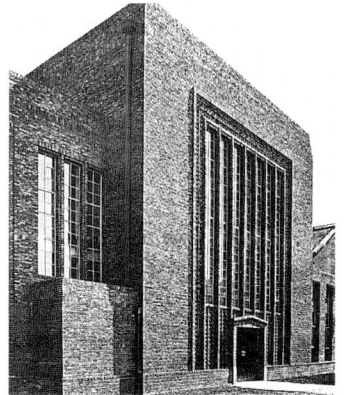

Brandenburg

Potsdam
**Einsteinturm
(Astrophysikalisches Institut)**
Telegrafenberg
1920–1921
Erich Mendelsohn
Der Name des seit 1924 mit einem Turmteleskop ausgerüsteten Instituts erklärt sich aus den dort betriebenen Forschungen, die u.a. die Verifizierung der Einsteinschen Relativitätstheorie zum Ziel hatten, sowie den persönlichen Kontakten Mendelsohns zu Einsteins Assistenten Erwin Finlay-Freundlich, der dem Architekten den Auftrag verschafft hatte. Die ursprünglich als homogene Betonskulptur geplante Anlage mußte wegen Schalungsproblemen teilweise in Ziegeln ausgeführt werden. Ein Teil der Arbeitsräume befindet sich unter der Erde, um ein konstantes Raumklima für Messungen zu erhalten. Die von Mendelsohn entworfene Inneneinrichtung ist weitgehend erhalten. Das Gebäude, ein Hauptwerk des deutschen Expressionismus, wurde 1978 restauriert.
Lit.: Klaus Hentschel, Der Einstein-Turm, Heidelberg/Berlin/New York 1992; Der Einstein-Turm: Architektur und Astrophysik, Berlin 1995.

Potsdam/Caputh
Sommerhaus Albert Einstein
Am Waldrand 3
1929
Konrad Wachsmann
Das Landhaus Albert Einsteins wurde wie ein amerikanisches „balloon"-Rahmenwerk als vorgefertigter Holzfachwerkbau mit Wandstielen von 5 × 10 cm im Abstand von 50–70 cm auf einem gemauerten Fundament errichtet. Die beidseitig beplankte und durch Torfplatten gedämmte Konstruktion wird durch Diagonalverbände ausgesteift. Konrad Wachsmann, einer der Pioniere präfabrizierten Bauens, war seit 1926 Chefarchitekt der Holzbaufirma Christoph & Unmack. Einstein bewohnte das noch heute unveränderte Haus bis zu seiner Emigration 1932.
Lit.: Moderne Bauformen 1930, S. 401ff.; Michael Grüning, Ein Haus für Albert Einstein, München 1986; Konrad Wachsmann, Holzhausbau: Technik und Gestaltung, Berlin 1930 (Nachdruck Basel/Berlin/Boston 1995).

Potsdam/Bornim
Landhaus Mattern
Florastraße 6
1934
Hans Scharoun
Das kleine, mit einem flachen Satteldach überdeckte Haus des Landschaftsarchitekten Hermann Mattern ist eines von 15 in der NS-Zeit gebauten Wohn-

häusern Scharouns. Die geringen Dimensionen des Hauses werden durch die fließende Anordnung von Wohn-, Eß- und Arbeitsraum sowie die großzügige Verglasung der Südfassade ausgeglichen. Später um einen Anbau mit Garage erweitert. Wandbild mit Relief von Oskar Schlemmer (1936).
Ebenfalls in Bornim: Haus Bonk, Am Raubfang (1938, Hans Scharoun).
Lit.: Deutsche Bauzeitung 3/1935, S.53ff.; Peter Pfankuch, Hans Scharoun, Berlin 1974; Christine Hob-Slodczyk u.a., Hans Scharoun, Architekt in Deutschland 1893–1972, München 1992.

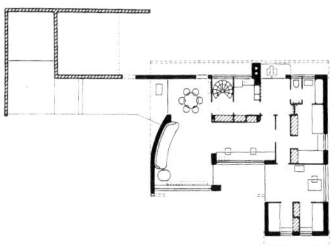

Landhaus Mattern, Grundriß und Ansicht

Sommerhaus Albert Einstein

Gegenüber:
Einsteinturm
(Astrophysikalisches Institut)

Brandenburg

Potsdam
Landhaus Matthies
Baldurstraße 6
1936
Egon Eiermann
Ein entsprechend den Vorgaben der NS-Zeit in traditionellen Materialien und Bauweisen errichtetes, in der kubischen Baukörperanlage und nüchternen Sachlichkeit aber modernes Haus über winkelförmigem Grundriß. Der Haupttrakt nimmt im Erdgeschoß den Wohn-Eßbereich, im Obergeschoß die Schlafräume auf. Unter dem Schleppdach des Nebentrakts befinden sich die Wirtschafts- und Sanitärräume. Weiß geschlämmtes Mauerwerk, Fenster mit breiten Holz-Blockzargen.
Ebenfalls von Eiermann: Wohnhaus, Am Weinberg 5, Kleinmachnow (1936).
Lit.: Wasmuths Monatshefte für Baukunst und Städtebau 1938, S. 345f.; Bauwelt 36/1938, S. 1ff.

Rathenow
Friedrich-Ebert-Siedlung
Friedrich-Ebert-Ring
1928–1930
Otto Haesler
Von einer auf 12 ha geplanten Siedlung in dreigeschossigem Etagenwohnungsbau wurden nur ca. 3 ha realisiert. Die konsequent eingehaltene Ost-West-Ausrichtung der Siedlung führte zu einer gestaffelten Anordnung der Wohnzeilen am Friedrich-Ebert-Ring. Um die Siedlung gegen den Ring abzuschirmen, sind die Erschließungsstraßen an den westlichen Zufahrten überbaut. Nach dem Zweiten Weltkrieg erarbeitete Haesler zusammen mit Karl Völker den Wiederaufbauplan für Rathenow. Auch dieser Plan wurde nur zu einem kleinen Teil realisiert (Wohnbebauung am Platz der Jugend).
Lit.: Angela Schumacher, Otto Haesler und der Wohnungsbau in der Weimarer Republik, Marburg 1982.

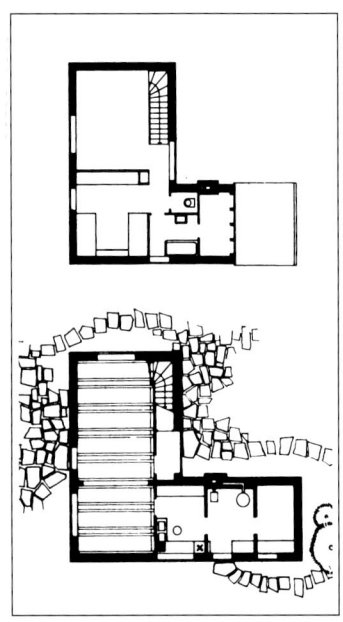

Brandenburg

Rüdersdorf
Kulturhaus Martin Andersen Nexö
Am Kalkberger Platz
1953–1956
Emil Leibold
Erbaut für die Belegschaft der Zementwerke in Rüdersdorf, bildet das Kulturhaus eine tempelartige symmetrische Anlage mit Portikus, Vorhalle, großem Saal und Clubräumen im Obergeschoß. Die gediegene Ausführung und aufwendige Gestaltung des neoklassizistischen „Kulturtempels" demonstriert den Anspruch der sozialistischen Gesellschaft auf eine bisher dem Bürgertum vorbehaltene repräsentative Kulturpflege. Das Gebäude erwies sich bald als zu groß; ab 1990 ohne Nutzung.
Lit.: Bauwelt 1991, S. 1446ff.

Senftenberg
Gymnasium
Walter-Rathenau-Straße
1930–1931
Bruno und Max Taut
Winkelförmig angeordnete Schulanlage mit Klinkerverkleidung in Formen des Neuen Bauens. Fenster und Innenausstattung ursprünglich farbig.
Am selben Ort, ebenfalls von Bruno Taut: Berufsschule, Calauer Straße 3, 1931–1932.
Lit.: Peter Pfankuch, Max Taut, Berlin 1964; Kurt Junghanns, Bruno Taut 1880–1938, Berlin 1988.

Gegenüber:
Landhaus Matthies,
Grundrisse und Ansicht

Rechts:
Friedrich-Ebert-Siedlung
Unten links:
Kulturhaus
Unten rechts:
Gymnasium (Foto 1931)

Nordrhein-Westfalen

Aachen
Fronleichnamskirche
Leipzigerstraße 19
1928–1930
Rudolf Schwarz mit Hans Schwippert, Johannes Krahn

Zwei der Länge nach zusammengeschobene Quader, das ca. 20 m hohe Hauptschiff und das niedrige Nebenschiff mit Vorhalle, Kreuzweg und Sakristei bilden zusammen mit dem Glockenturm eine spannungsvolle Baugruppe. Das Hauptschiff wird auf drei Seiten von hochgelegenen quadratischen Fenstern belichtet, dadurch erhält die Altarwand Licht, bleibt selbst aber ohne Fenster. Das Stahlbeton-Rahmenwerk zwischen zweischaligem Bimsstein-Mauerwerk, ursprünglich verdeckt durch die weiß verputzten, schmucklosen Wände, zeichnet sich im derzeitigen Zustand durch Verfärbung an den Wänden ab. Herausragender Kirchenbau des Neuen Bauens von asketischer Strenge.

Lit.: Rudolf Schwarz, Kirchenbau, Heidelberg 1960; Rudolf Schwarz, Vom Bau der Kirche, Würzburg 1938.

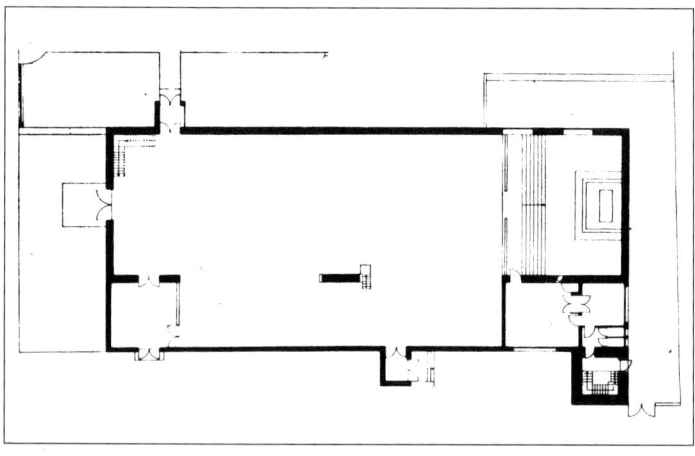

Aachen
Katholische Fachhochschule (Ehem. Soziale Frauenfachschule)
Robert-Schumann-Straße 25
1929–1930
Rudolf Schwarz mit Hans Schwippert, Johannes Krahn

Der in der Formensprache des Neuen Bauens mit putzbündigen Stahlfenstern und flachem Dach kubisch gegliederte, asketisch-nüchtern gestaltete Bau umschließt mit einem Schulungs- und drei eingeschossigen Wohntrakten einen quadratischen Innenhof. Entgegen dem typologischen Vorbild klösterlicher Kreuzgänge liegen hier die Erschließungsgänge außen, die Wohn- und Schlafräume (heute Verwaltung) sind zum Innenhof orientiert. In der Substanz gut erhalten, durch Umnutzungen und Erweiterungen teilweise verändert.

Lit.: Die Form 1/1931, S. 11ff.; Rudolf Schwarz, Denken und Bauen, Heidelberg 1963.

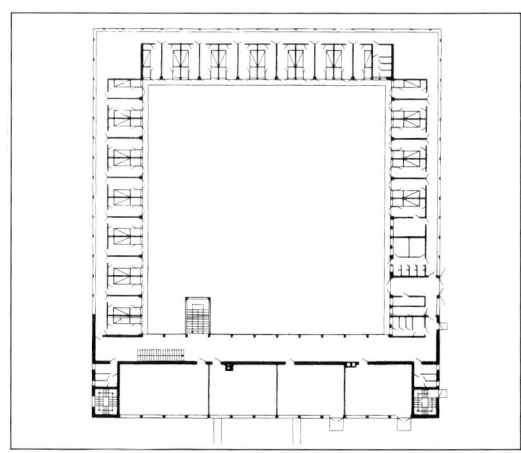

Katholische Fachhochschule, Ansicht und Grundriß (1930)

Gegenüber:
Fronleichnamskirche, Ansicht und Grundriß

Aachen
Klinikum der Rheinisch-Westfälischen Technischen Hochschule Aachen
Pauwelsstraße (Laurensberg)
1969–1983
Wolfgang Weber, Peter Brand & Partner

Auf einer Grundfläche von 240 × 130 m bildet das Aachener Klinikum eine kompakte Anlage um elf Innenhöfe mit Forschungs-, Behandlungs- und (in den oberen drei Geschossen) Pflegeeinrichtungen für 1.600 Patienten, 3.800 Beschäftigte sowie 2.400 Studenten und Pflegeschüler. Nach dem Vorbild des Medizinischen Zentrums der McMasters University in Hamilton, Kanada (1968–1971, Eberhard Zeidler) sind die Technikzonen konsequent von den flexibel nutzbaren medizinischen Einrichtungen getrennt. Die Gebäudetechnik wird durch außenliegende, farbig hervorgehobene Leitungsführung zum Gestaltungselement. Während der Bauzeit heftig umstrittenes Großkrankenhaus.

Lit.: Axel Hinrich Murken, Vom Armenhospital zum Großklinikum – Die Geschichte des Krankenhauses vom 18. Jahrhundert bis zur Gegenwart, Köln 1988.

Bad Honnef
Haus Mayer-Kuckuk
Böckingstraße 9
1967
Wolfgang Döring

Das komplett aus Fertigteilen zusammengesetzte Gebäude wurde innerhalb von sechs Tagen montiert. Die außenliegende Tragkonstruktion (Holzleimbinder-Rahmen, ausgesteift durch Sperrholz-Dreiecke und Windverbände) ruht auf Stahlstiften, die in 2,50 m Abstand in die Fundamente einbetoniert sind. Freier Grundriß mit zweigeschossigem Wohnraum und Galerie.

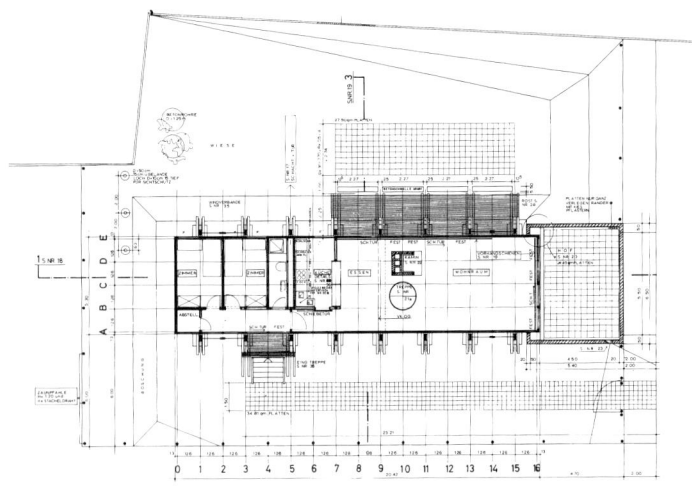

Nordrhein-Westfalen

Trotz nur einmaliger Ausführung niedrige Baukosten. Diskutierter Experimentalbau der sechziger Jahre.
Vom selben Architekten: Wohnhaus Wabbel, Schulweg 22, Düsseldorf, 1973. Das Haus für ein Ehepaar ist eine Wohnhalle mit offen gezeigter Stahl-Tragstruktur, in die der Küchenblock als Container frei eingestellt ist.

Lit.: Wolfgang Döring Architekt, Köln 1989; Wolfgang Döring, Perspektiven einer Architektur, Frankfurt/Main 1970.

Klinikum der Rheinisch-Westfälischen Technischen Hochschule Aachen

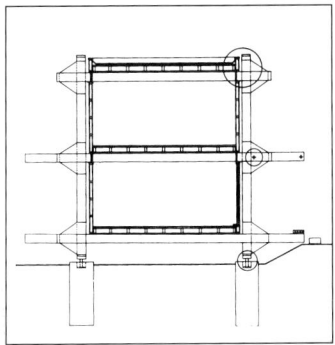

Haus Mayer-Kuckuk, Schnitt und Ansicht
Gegenüber: Grundriß

Nordrhein-Westfalen

Bad Oeynhausen
Energie-Forum-Innovation
Mindener Straße
1992–1995
Frank Gehry

Das an einer stark befahrenen Straße liegende Verwaltungsgebäude des Elektrizitätswerks Minden-Ravensberg mit angeschlossenen, ausgedehnten Öffentlichkeitsbereichen (Konferenzräume mit Auditorium, Ausstellungsflächen, Cafeteria) besteht aus strahlenförmig von einer zentralen Passage ausgreifenden Trakten aus skulptural zerklüfteten Baukörpern. Trotz des hohen Anteils an Außenwandflächen werden modellhaft vielfache Formen von ökonomischem Energieeinsatz sowie von Energie-Einsparung und -Rückgewinnung demonstriert (Erdgas-Blockheizkraftwerk, Gebäudeleittechnik, Photovoltaik, Solar- und Luftkollektoren, transparente Wärmedämmung, Wärmedämm-Verbundsysteme etc.).

Lit.: Bauwelt 1995, S. 2134ff.

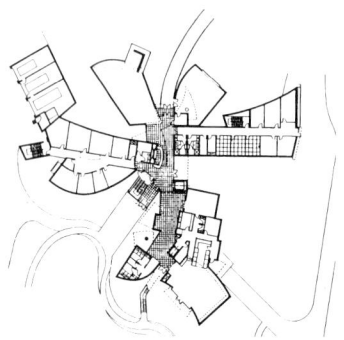

Energie-Forum-Innovation, Grundriß und Ansichten

Nordrhein-Westfalen

Bergisch-Gladbach/Bensberg
Rathaus Bensberg
1962–1971
Gottfried Böhm

Aufgrund akuten Platzmangels wurde auf dem Gelände des Alten Schlosses in Bensberg die bisher über das Stadtgebiet verteilte Stadtverwaltung zusammengefaßt. Nach Böhms preisgekröntem Entwurf wurde die durch Zubauten veränderte mittelalterliche Burg freigelegt und in den neuen Verwaltungsbau innerhalb des ehemaligen Burggeländes einbezogen. Ein expressiv überhöhter neuer Treppenhausturm überragt und ergänzt die noch erhaltenen Türme; Fragmente des alten Palastes sind im Ratssaal integriert. Ein geplanter zweiter Bauabschnitt wurde nicht realisiert. Auch als Torso herausragendes Beispiel für die Ergänzung historischer Bauten mit modernen Formen und Materialien (Sichtbeton).

Lit.: Veronika Darius, Der Architekt Gottfried Böhm: Bauten der sechziger Jahre, Düsseldorf 1980.

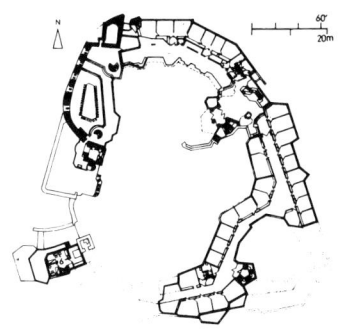

Rathaus Bensberg,
Grundriß und Ansicht

Nordrhein-Westfalen

Bielefeld
Kunsthalle
Artur-Ladebeck-Straße 5
1963–1968
Philip Johnson

Das auf einer Grundfläche von 30 × 30 m erbaute Museum mit Bibliothek, Vortragsraum und Verwaltung im Souterrain, Eingangshalle und Cafe im Erdgeschoß und Ausstellungsräumen in den oberen zwei Geschossen ist um eine zentrale Treppenhalle organisiert. An den Stirnseiten abgerundete, mit rötlich-violettem Sandstein verkleidete Wandscheiben bilden die tragende Struktur und das Hauptgestaltungselement im Innen- und Außenbau. Das nach außen geschlossene, ebenfalls sandsteinverkleidete und von oben belichtete 2. Obergeschoß erscheint in der Fassade als überhöhte Attika und vermittelt den Eindruck eines repräsentativen „Kulturtempels".
Lit.: Bauwelt 1968, S. 1300f.

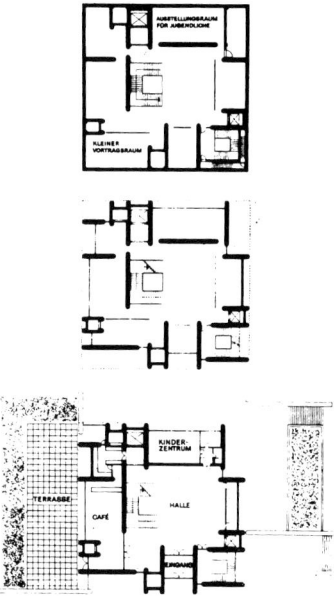

Kunsthalle, Grundrisse und Ansicht

Nordrhein-Westfalen

Bochum
Ruhruniversität Bochum
Universitätsstraße
1962–1967
Hentrich-Petschnigg & Partner
Die erste völlige Neugründung einer Universität in der Bundesrepublik ist eine kompakte Anlage auf ursprünglich freiem Gelände außerhalb der Stadt. Auf einer Fläche von 1.000 × 500 m sind beiderseits einer Hauptachse 13 Hochhausscheiben mit Institutsbauten über einem Raster von 7,50 × 7,50 m aufgereiht. Eine Querachse nimmt die zentralen Einrichtungen (Bibliothek, Audimax und Mensa) auf. Jenseits der Erschließungsstraßen um die Universität sind eine Wohnstadt, Sport- und Erholungsflächen angeordnet. S-Bahnhaltestelle der U 35 „Ruhruniversität" von der Arbeitsgemeinschaft Reichardt/Agiplan (1992–1993). Beispiel des rein nach funktionalen, konstruktiven, verkehrstechnischen und wirtschaftlichen Gesichtspunkten ausgerichteten Bauens von Großprojekten der sechziger Jahre.
Lit.: Henry-Russell Hitchcock, Hentrich-Petschnigg & Partner, Bauten und Entwürfe, Düsseldorf-Wien 1973; Glasforum 3/1994, S. 25ff.

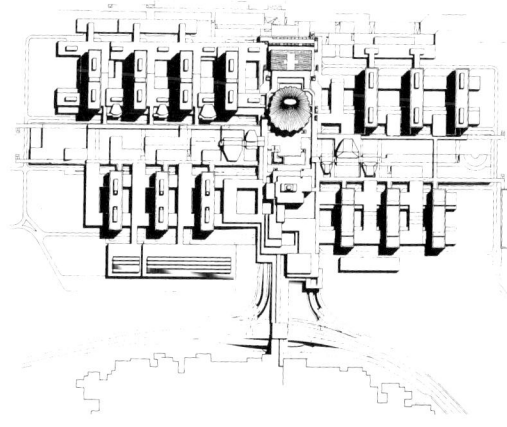

Ruhruniversität Bochum, Luftaufnahme und Lageplan

Bonn
Bundeshaus
Görresstraße
1948–1949 Hans Schwippert
1988–1992 Günter Behnisch &
Partner

Die 1930–1933 von Martin Witte erbaute Pädagogische Akademie wurde als Sitz des Bundestages um Bürotrakte, ein Restaurant und den Plenarsaal erweitert. Der provisorische Charakter der Baumaßnahme sollte einen Umzug nach Berlin jederzeit offenhalten. Die über einem Stahlskelett errichteten, weiß verputzten Erweiterungen ermöglichten eine flexible Nutzung und sollten den Anschluß der jungen deutschen Demokratie an die Architektur der Weimarer Republik auch architektonisch ausdrücken.

In den achtziger Jahren wurden Teile der Schwippertschen Anlage (Plenarsaal, Präsidialbereich, Restaurant) abgerissen und zum Teil an der selben Stelle durch Neubauten ersetzt. Die Transparenz des auf zwei Seiten völlig verglasten Plenarsaals wurde wieder be-

Bundeshaus, Modellfoto und Ansichten nach Umbau

wußt als zeichenhafte Umsetzung des Konzepts der offenen Demokratie inszeniert. Die Fertigstellung überschnitt sich zeitlich mit dem Beschluß des Bundestags (1991), die Hauptstadt nach Berlin zurückzuverlegen.

Lit.: Charlotte M. E. Werhahn, Hans Schwippert, München 1987; Deutsche Bauzeitung 8/1989, S. 25f.; Bauwelt 1992 S. 2340; Deutscher Bundestag (Hrsg.), Neubau des Plenar- und Präsidialbereichs, Bonn 1993; Ingeborg Flagge, Wolfgang Jean Stock (Hrsg.), Architektur und Demokratie, Stuttgart 1993.

Bonn
Kanzlerbungalow
Konrad-Adenauer-Allee 143
1963–1965
Sep Ruf

Zwei aneinandergeschobene Pavillons in Stahlskelettbauweise mit weit auskragender Dachplatte nehmen die Wohn- und Empfangsräume des Kanzlers sowie einen Wirtschaftsflügel mit Personalräumen auf. Der Empfangsbereich ist zum Innenhof und nach außen verglast. Nichttragende Wandscheiben gliedern die fließend ineinander übergehenden Wohnräume. Der seinerzeit umstrittene Kanzlerbungalow zeigt, wie auch andere Bundesbauten dieser Zeit, die Orientierung der jungen Bundesrepublik an der in den USA weiterentwickelten Moderne Miesscher Prägung. Nicht öffentlich zugänglich.

Lit.: Hans Wichmann, Sep Ruf, Stuttgart 1986.

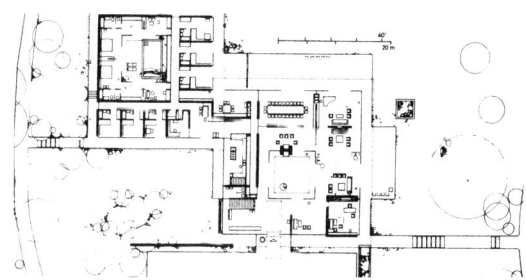

Kanzlerbungalow, Ansicht und Grundriß

Nordrhein-Westfalen

Bonn
Abgeordneten-Hochhaus des Deutschen Bundestages
Hermann-Ehlers-Straße 10
1965–1969
Egon Eiermann

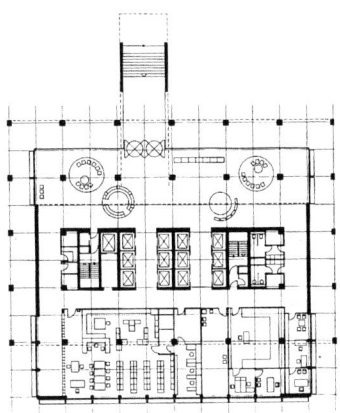

Ein durch beengte Grundstücksverhältnisse bedingter 28-geschossiger Hochbau in Stahlskelett-Bauweise mit Ortbeton-Aussteifungskern und Betonfertigteil-Decken ist durch ein klar ablesbares Technikgeschoß deutlich in einen oberen Bereich für die Ausschuß-Säle und einen unteren für die Abgeordnetenbüros getrennt. Die zwei Sockelgeschosse

Abgeordneten-Hochhaus des Deutschen Bundestages, Grundriß und Ansicht

Gegenüber:
Lageplan von Kunstmuseum und Bundeskunsthalle, Ansicht Kunstmuseum

sind von der Baufluchtzurückgesetzt, um den Anschluß späterer Erweiterungsbauten zu erleichtern. Starre Sonnenschutzlamellen (auch auf der Nordfassade!) und umlaufende Wartungsgänge verhindern die an glatten Fassaden auftretenden Fallwinde und vermitteln den für Eiermann-Bauten typischen Eindruck räumlicher Transparenz.
Lit.: Architektur und Wohnwelt 1972, S. 358ff.; Wulf Schirmer (Hrsg.), Egon Eiermann, Stuttgart 1984.

Bonn
Kunstmuseum
Friedrich-Ebert-Allee 2
1985–1993
Axel Schultes
Das Kunstmuseum und die gegenüberliegende Kunsthalle werden über einen gemeinsamen, von der Straße abgerückten Vorhof erschlossen. Eine Diagonale teilt das über einem Quadrat entwickelte Kunstmuseum in einen L-förmigen, von den umgebenden Straßen abgeschirmten Museumsbereich mit 4.200 qm Ausstellungsfläche und einen größtenteils überdeckten, zur Kunsthalle geöffneten Vorbereich im Südosten. Virtuose Rauminszenierung mit ungewöhnlich hohem Anteil an direkt einfallendem Tageslicht.
Lit.: Bauwelt 1992, S. 1518ff.; Glasforum 1/1993, S. 17ff.

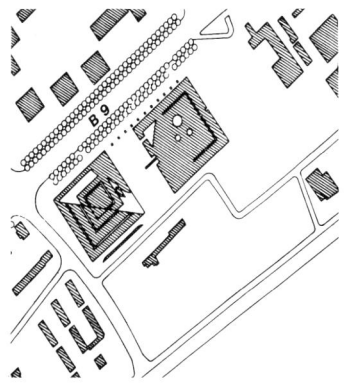

Bonn
Bundeskunsthalle
Friedrich-Ebert-Allee 4
1986–1993
Gustav Peichl
Von der Kunsthalle wird die ursprünglich geplante Öffnung beider Museen zu einem gemeinsamen Hof nicht aufgenommen. Bei dieser nach allen Seiten geschlossenen Anlage führt nur ein schmaler Zugang in den dreieckigen, vom Foyer zum Quadrat ergänzten Vorhof. Eine Freitreppe auf der Nordseite erschließt den Skulpturen-Dachgarten, der zusätzlich durch drei kegelförmige Oberlichter „möbliert" wird. Die 16 Säulen an der Friedrich-Ebert-Allee sollen die deutschen Bundesländer symbolisieren.
Lit.: Bauwelt 1992, S. 1528ff.; Glasforum 1/ 1993, S. 17ff.; Dietmar Steiner (Hrsg.), Gustav Peichl, Tübingen/Berlin 1993.

Dortmund
Maschinenhalle der Zeche Zollern 2/4
Grubenweg 5 (Bövinghausen)
1902–1903
Bruno Möhring
Als zentrale Anlage der seit 1898 bestehenden Zeche wurde die Maschinenhalle abweichend von dem neogotischen Stil früherer Bauten (darunter die Lohnhalle 1898–1902 von Paul Knobbe) als offen gezeigte, mit Glas und Ziegeln ausgefachte Stahlkonstruktion ausgeführt. Bekanntestes Motiv der seinerzeit modernsten Maschinenhalle Europas (mit der weltweit ersten elektrischen Fördermaschine) ist das Hauptportal in floralem Jugendstil. Heute ist die Zeche mit zwölf erhaltenen von ursprünglich 43 Bauten Teil des über mehrere Standorte verteilten Westfälischen Industriemuseums.

Nordrhein-Westfalen

Zum Museum gehört u.a. auch das 1899 errichtete Alte Schiffshebewerk Henrichenburg (Am Hebewerk 2, Waltrop-Oberwiese), eine Eisenkonstruktion mit einer Hubhöhe von 14 m, einst Teil des zeitgleich erbauten Dortmund-Ems-Kanals.

Lit.: Bernhard und Hilla Becher, Hans Günther Conrad, Eberhard Neumann, Zeche Zollern 2, München 1977; Das Westfälische Industriemuseum im Aufbau, Dortmund 1992.

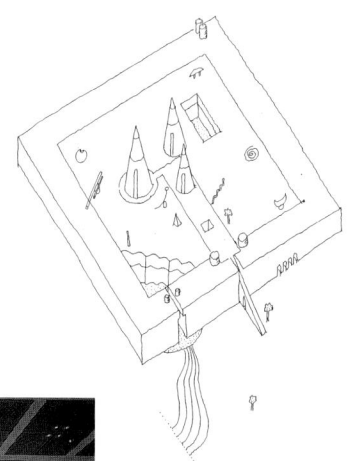

Bundeskunsthalle, Entwurfsskizze, Innenansicht und Grundriß

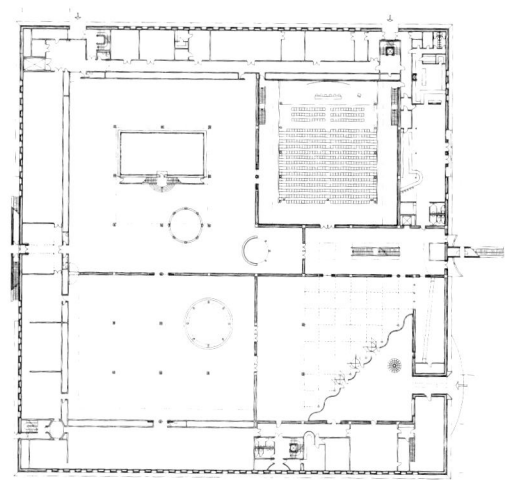

Gegenüber:
Maschinenhalle der Zeche Zollern 2/4, Eingang und Innenansicht

Dortmund
Westfalenhalle
Rheinlanddamm 200
1949–1952
Walter Höltje, Horst Retzki

Die im Grundriß elliptische, für Groß- und Sportveranstaltungen genutzte Halle mit einem Fassungsvermögen von 20.000 Personen ist von einem breiten, nach außen verglasten Umgang mit Treppenhäusern umgeben. 20 Stahlbetonstützen tragen die radialen, zur Hallenmitte 30 m weit auskragenden, vor den Fassaden mit je 5 Stahlzugankern abgespannten Dachbinder. Unter dem durch Glassteindecken belichteten Dach hängt in der Mitte eine 1.000 qm große Betriebsbühne. Spätere Anbauten beeinträchtigen das äußere Erscheinungsbild. Größte freigespannte Halle Deutschlands.

Lit.: Bauen und Wohnen 1952, S. 11f.

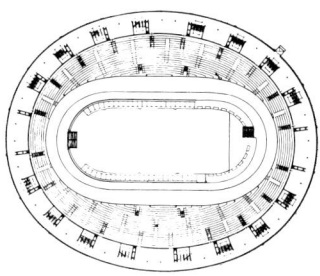

Westfalenhalle, Schnitt, Grundriß und Ansicht

Duisburg
Wilhelm-Lehmbruck-Museum
Düsseldorferstraße 51
1957–1964
Manfred Lehmbruck

Die vom Sohn des Künstlers entworfene Anlage umfaßt einen ausschließlich den Skulpturen Lehmbrucks gewidmeten, nach außen geschlossenen Atriumbereich sowie eine stützenfreie, flexibel einteilbare Wechsel-Ausstellungshalle, die, von fünf Stahl-Rahmenbindern getragen, durch Niveausprünge räumlich differenziert wird. Mit der Lichtfülle des Wechsel-Ausstellungsbereichs kontrastiert die gezielte, auf die ständigen Exponate zugeschnittene Lichtführung des Lehmbruck-Atriums. 1985–1987 erweitert (Manfred Lehmbruck; Klaus Hänsch).

Lit.: Manfred Lehmbruck u.a., Wilhelm-Lehmbruck-Museum Duisburg, Duisburg 1964.

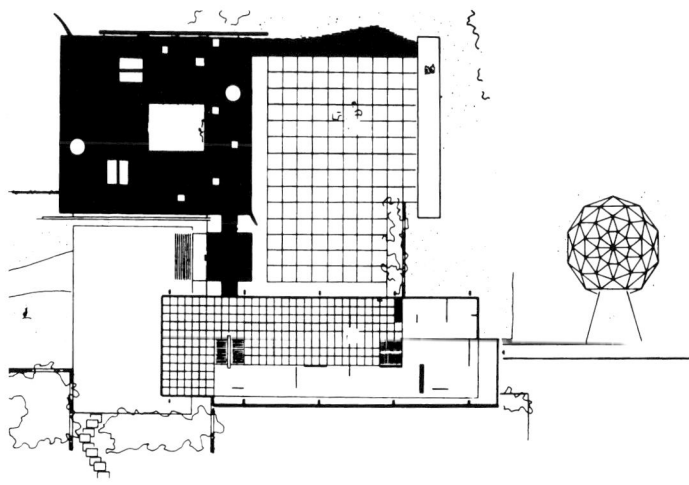

Wilhelm-Lehmbruck-Museum, Innenansicht und Lageplan

Nordrhein-Westfalen

Duisburg
Haus der Wirtschaftsförderung
Mülheimer Straße 100
1988–1992
Norman Foster
Das im Grundriß linsenförmige Gebäude mit gebogener Dachfläche – Teil des Duisburger Technologieparks im Rahmen der Internationalen Bauausstellung Emscherpark – wird von Stahlbeton-Außenstützen im Abstand von 6 m getragen und von einem ebenfalls linsenförmigen Kern ausgesteift. Die zweischalige, vom Dach abgehängte Fassade nimmt zwischen Einfachverglasung im Außenbereich und stark gedämmter Innenverglasung den flexiblen Sonnenschutz auf, dessen Absorptionswärme über das Dach abgeführt wird. Gegen die durch Körperwärme und Elektronik entstehende Aufheizung werden Kühldecken eingesetzt. In ähnlicher Konstruktion von demselben Architekten der Rundbau des benachbarten Technologiezentrums III an der Bismarckstraße.

Zu den Bauprojekten der Bauausstellung Emscherpark gehört auch der Umbau des Duisburger Innenhafens zu einem modernen, nach ökologischen Gesichtspunkten konzipierten Dienstleistungszentrum. Der Neubaubereich wird dominiert von einer (der Form des alten Holzhafens folgenden) geschwungenen Hochhauszeile mit Büro- und Hotelnutzung („Eurogate", in Planung seit 1989, Architekt Sir Norman Foster).
Lit.: Deutsche Bauzeitung 11/1991, S. 152f.; Detail 6/1993, S. 664; Dokumentation Innenhafen Duisburg, Duisburg 1993.

Düren
St. Anna
Annaplatz
1953–1956
Rudolf Schwarz
Aus Steinen des im Zweiten Weltkrieg zerstörten Vorgängerbaus errichteter Naturstein-Mauerwerksbau mit winkelförmigem Hochschiff und niedrigem, über Glassteinkuppeln belichtetem Seitenschiff, das den Taufstein und Reliquien der heiligen Anna aufnimmt. Die Unterteilung der Kirche in klar gegliederte, aber zueinander geöffnete Teilräume mit Ausrichtung auf den Altar im Kreuzungspunkt beider Hochschiffarme ermöglicht die Nutzung der Kirche als Pfarr- und als Wallfahrtskirche. Über dem Seitenschiff große, vom Eingang aus nicht sichtbare Glassteinfenster zwischen Betonpfeiler. An der östlichen Stirnseite eine in Stein und Glas ausgeführte Darstellung des Lebensbaumes.
Lit.: Baukunst und Werkform 1957, S.144 ff.; Rudolf Schwarz, Kirchenbau, Heidelberg 1960.

Nordrhein-Westfalen

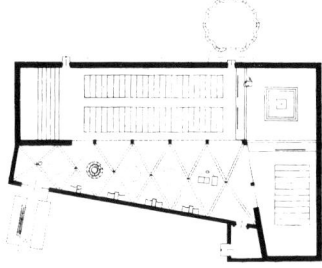
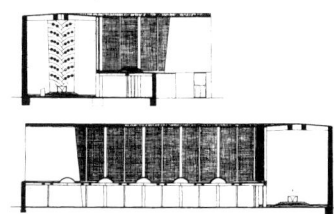

Technologiepark,
Modellfoto
Haus der Wirtschaftsförderung, Ansicht

St. Anna, Grundriß,
Schnitte und
Innenansicht

Düsseldorf
**Kaufhof
(Ehem. Warenhaus Leonhard Tietz)**
Königsallee 1
1906–1909
Joseph Maria Olbrich

In der Nachfolge von Alfred Messels Berliner Warenhaus Wertheim am Leipziger Platz (1896–1900, 1904) entstand als Ergebnis eines zweistufigen Wettbewerbs ein sandsteinverkleideter, über einem quadratischen Raster entwickelter Stahlskelettbau mit drei verglasten Lichthöfen und straffem, vertikalem Fassadenaufbau. Trotz der zur Längsfassade an der Theodor-Körner-Straße symmetrischen Grundrißanlage befindet sich die Hauptschauseite an der Königsallee. Die von Olbrich aufwendig gestaltete und von Philipp Schäfer nach Olbrichs Tod fertiggestellte Innenausstattung ist nicht mehr erhalten.

Lit.: Bernd Krimmel (Hrsg.), Joseph M. Olbrich 1867–1908, Darmstadt 1983.

Düsseldorf
Hauptverwaltung der Mannesmann AG
Mannesmannufer 2 (Karlstadt)
1911–1912
Peter Behrens

Ein mit Muschelkalkplatten verkleideter Stahlskelettbau bildet einen vierseitig geschlossenen Block um zwei Innenhöfe. Skelettbau und enger Fensterrhythmus ermöglichen die freie Raumeinteilung der 7 m tiefen Verwaltungszonen in Einzel- und Großraumbüros. Das Raster von 1,30 m Breite ist aus der inneren Organisation abgeleitet: 3 Rasterfelder entsprechen der kleinsten Büroeinheit. Im Gegensatz zu den modernen Bürogrundrissen steht die monumental-klassizistische Fassadengestaltung. In den dreißiger Jahren um einen dritten Hof erweitert.

Lit.: Alan Windsor, Peter Behrens: Architekt und Designer, Stuttgart 1985.

Hauptverwaltung der Mannesmann AG

Düsseldorf
Wilhelm-Marx-Haus
Heinrich-Heine-Allee
1922–1924
Wilhelm Kreis

Das Hochhaus, Ergebnis eines von Kreis und K. A. Jüngst gewonnenen Wettbewerbs, bildet eine L-förmige Anlage mit dem aus einer siebengeschossigen Bebauung herauswachsenden Turmbau als südlichem Abschluß der platzartig erweiterten Heinrich-Heine-Allee. Das zeitweilig auch als Börse genutzte Büro- und Geschäftshaus wurde als Stahlbeton-Skelettbau mit Sandstein- und Ziegelverkleidung erbaut. Hinter der zweigeschossig über Dach geführten gotisierend-maßwerkartigen Attika des Turmbaus befindet sich ein von einem Zeltdach überdeckter Löschwasserbehälter. 1984 mit ähnlicher Fassadengestaltung nach Westen erweitert.

Lit.: Zentralblatt der Bauverwaltung 1921, S. 498ff.; Rainer Stommer, Hochhaus: Der Beginn in Deutschland, Marburg 1990; Winfried Nerdinger, Ekkehard Mai (Hrsg.), Wilhelm Kreis: Architekt zwischen Kaiserreich und Demokratie 1873–1955, München 1994.

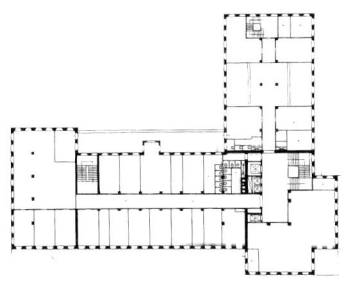

Unten:
Wilhelm-Marx-Haus,
Grundriß und Ansicht

Oben:
Kaufhof (ehem. Warenhaus Tietz)

Nordrhein-Westfalen

Düsseldorf
**Stahl-Hochhaus
(Ehem. Verwaltungsgebäude
des Stumm-Konzerns)**
Breite Straße 69
1922–1925
Paul Bonatz
Das fünf- bis neungeschossige Verwaltungsgebäude umschließt dreiseitig einen Vorhof, von dem aus der durch einen Vorbau akzentuierte Haupteingang erschlossen wird. Die vielfach nachgeahmte expressionistische Ziegelfassade erweckt durch eng gereihte, Strebepfeilern ähnliche Wandvorlagen, Assoziationen an die Architektur der Gotik. Mit der Höhenentwicklung des Hochhauses kontrastiert das zwischen Straße und Hof stehende, nur eingeschossige Pförtnerhaus. Haupttreppenhaus und Paternoster-Aufzugsanlage sind noch erhalten.
Lit.: Rainer Stommer, Hochhaus: Der Beginn in Deutschland, Marburg 1990.

Düsseldorf
Ausstellungsbauten der „GesoLei"
Hofgartenufer 7 (Pempelfort)
1925–1926
Wilhelm Kreis
Aus Anlaß der „GesoLei", der Ausstellung für „Gesundheit, soziale Fürsorge und Leibesübungen", wurden Planetarium, Landesmuseum für Volk und Wirtschaft, das um einen Innenhof angelegte Kunstmuseum sowie – jenseits der Uferstraße – die Rheinterrasse als dauerhafte Bauten angelegt. Symmetrie, archaische Würdeformen (Pylone, geböschte Sockel etc.) und expressionistische Ziegelornamentik sind gemeinsame Charakteristika der GesoLei-Bauten. Das Planetarium wurde nach Kriegszerstörungen und Provisorien 1975–1978 von Hentrich-Petschnigg & Partner durch eine zwischen die Außenwände eingestellte Betonkonstruktion zu einem Konzertsaal (Tonhalle) umgebaut. Innenausstattungen (Foyer der

Stahl-Hochhaus (ehem. Verwaltungsgebäude des Stumm-Konzerns)

Gegenüber oben links und unten:
Ausstellungsbauten der „GesoLei"

Gegenüber oben rechts:
Hanielgarage am Lichtplatz

Tonhalle, Treppenhäuser) sind teils noch erhalten.

Lit.: Winfried Nerdinger, Ekkehard Mai (Hrsg.), Wilhelm Kreis: Architekt zwischen Kaiserreich und Demokratie 1873–1955, München 1994.

Düsseldorf
Hanielgarage am Lichtplatz
Grafenberger Allee 258 (Düsseltal)
1950–1951
Paul Schneider-Esleben

Das erste deutsche Parkhaus ist ein Stahlbeton-Skelettbau mit 500 Stellplätzen auf vier Ebenen. An den konsolenartig auskragenden Bindern des weitauskragenden, nach innen entwässerten Daches sind vor der Fassade zwei offene Auffahrtsrampen abgehängt. Die Fassade besteht aus einer filigranen Sprossenverglasung mit geschoßhohen Glaselementen. Zu der Anlage gehört auch ein über der Grundstückseinfahrt errichteter Hotelbau mit 22 Zimmern, dessen massive Formensprache mit der des Parkhauses kontrastiert.

Lit.: Paul Schneider-Esleben, Entwürfe und Bauten 1949–1987, Braunschweig 1987.

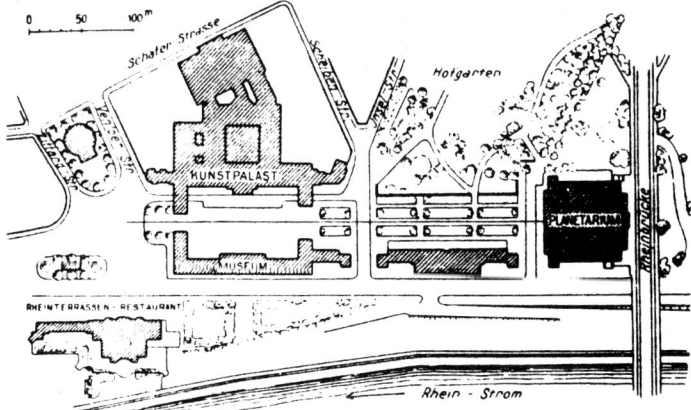

Düsseldorf
Drahthaus
Kaiserswertherstraße 137 (Golzheim)
1951–1952
Helmut Hentrich, Hans Heuser
Aluminiumhaus
Jägerhofstraße 29
1952–1953
Helmut Hentrich mit Hubert Petschnigg

Lit.: Henry-Russell Hitchcock, Hentrich-Petschnigg & Partner: Bauten und Entwürfe, Düsseldorf/Wien 1973.

Beide Bauten, erbaut für Verbände der Metallindustrie, sind mit Rasterung, filigranen Stahlkonstruktionen sowie dünnen, vorkragenden Deckenplatten Prototypen der Architektur der fünfziger Jahre. Die Stützen des Drahthauses stehen vor der Fassadenebene, die des Alumimiumhauses sind als Fensterpfosten in die Fassade integriert. Beide Häuser werden über ein rundes, vollverglastes Treppenhaus auf der Gebäuderückseite erschlossen.

Die Gefährdung dieser, heutigen Wärmeschutzstandards nicht mehr entsprechenden Bauten zeigt sich an dem durch Nachrüstung völlig verunstalteten Haus der Glasindustrie von Bernhard Pfau (Couvenstraße 4, 1950–1951).

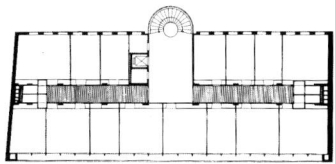

Oben:
Drahthaus

Aluminiumhaus,
Grundriß und Ansicht

Düsseldorf
Mannesmann-Hochhaus
Mannesmannufer 2 (Karlstadt)
1951–1956
Paul Schneider-Esleben

Das bewußt als werbewirksames Firmensymbol inszenierte 22-geschossige Hochhaus, Ergebnis eines engeren Wettbewerbs, steht von der Straßenflucht abgerückt mit der Schmalseite zum Rheinufer auf engem Grundstück neben der Hauptverwaltung von Peter Behrens. Stahlrundstützen in Fassadenebene und Stahlbetondecken werden durch einen exzentrisch angeordneten Installations- und Erschließungskern ausgesteift, um den sich U-förmig die Büroräume gruppieren. Die Farben der Fassadenpaneele – weiß und blau – verweisen ebenso auf den Auftraggeber wie die Hohlprofile der Fassadenpfosten, die diesen Bau deutlich von seinem Vorbild, dem Seagram Building Mies van der Rohes in New York, unterscheiden.

Lit.: Aluminium 6/1958, S. 346; Paul Schneider-Esleben, Entwürfe und Bauten 1949–1987, Braunschweig 1987; Deutsche Bauzeitung 3/1988, S. 95f.

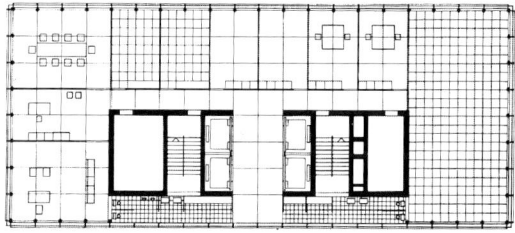

Mannesmann-Hochhaus, Grundriß und Ansicht

Düsseldorf
St. Rochuskirche
Rochusmarkt 5 (Pempelfort)
1953–1954
Paul Schneider-Esleben
Anstelle eines im Krieg zerstörten Vorgängerbaus überdecken drei parabelförmige Sichtbeton-Schalen einen als Symbol der Trinität im Grundriß dreipaßförmigen Zentralbau mit konzentrischem, ebenfalls mit Schalen überdeckten Kirchenumgang. Die Schalen sind mit Kupferplatten eingedeckt, die im Laufe der achtziger Jahre erneuert wurden. Der Zugang des im Winkel zwischen zwei Straßenzügen angelegten Kirchengebäudes erfolgt in der Winkelhalbierenden durch den erhalten gebliebenen Glockenturm des Vorgängerbaus.
Lit.: Paul Schneider-Esleben, Entwürfe und Bauten 1949–1987, Braunschweig 1987.

Düsseldorf
Wohn- und Atelierhaus Schwippert
Leo-Statz-Straße 14 (Golzheim)
1955
Hans Schwippert
Das von Schwippert für sich und seine Frau auf einem Eckgrundstück inmitten einer Siedlung aus den dreißiger Jahren errichtete Wohnhaus umgibt einen Innenhof von 8 × 8 m. Auf der zum Hof geschlossenen Westseite liegt das Atelier, die Wohnräume öffnen sich dreiseitig mit raumhohen Fenstern zum Innenhof. Beide Funktionsbereiche werden voneinander unabhängig von Norden erschlossen. Die zu den Straßen hin weitgehend geschlossenen Außenwände sind Sichtziegelmauern mit weißem Kalkanstrich. Nicht öffentlich zugänglich.
Lit.: Baukunst und Werkform 1956, H. 5, S. 257f.

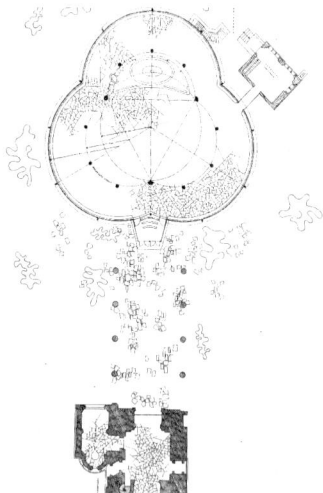

Nordrhein-Westfalen

Wohn- und Atelierhaus Schwippert, Grundriß und Innenhof

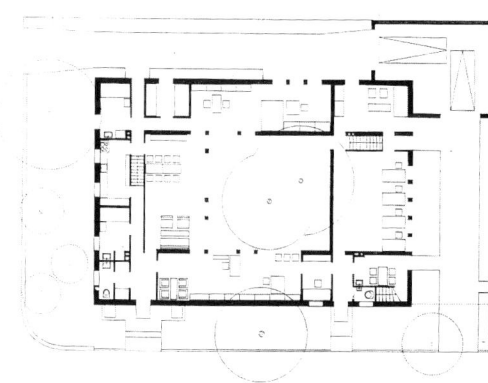

St. Rochuskirche, Ansicht

Gegenüber:
Lageplan und
Innenansicht

Düsseldorf
Thyssenhaus
August-Thyssen-Straße 1
1955–1960
Helmut Hentrich, Hubert Petschnigg

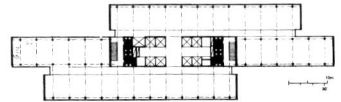

Das aus drei je 6 m breiten Büroscheiben bestehende Hochhaus nimmt in der Dunkelzone der mittleren Scheibe die zentralen Erschließungs- und Installationsfestpunkte auf. Die Stirnseiten der Scheiben sind mit blechverkleideten Betonscheiben geschlossen; den Längsseiten ist eine Curtain-Wall-Aluminiumfassade vorgehängt. Die formale Eleganz der äußeren Erscheinung ist mit Erschließungsproblemen in den Bereichen erkauft, in denen die mittlere Scheibe die beiden anderen überragt. Das Dreischeiben-Hochhaus galt als architektonisches Zeichen und Symbol des deutschen Wirtschaftswundes-Erfolgs und des Anschlusses an die USA.
Mit der scharfkantigen Umrißform des Hochhauses kontrastieren die geschwungenen Außenwände des gegenüberliegenden, 1965–1969 erbauten, Schauspielhauses von Bernhard Pfau.
Lit.: Henry-Russell Hitchcock, Hentrich-Petschnigg & Partner: Bauten und Entwürfe, Düsseldorf/Wien 1973.

Düsseldorf
Galerie Schmela
Mutter-Ey-Straße 3
1971
Aldo van Eyck

Galerie und Wohnhaus entwickeln sich auf schmalem Grundstück in der Düsseldorfer Altstadt über fünf Geschosse. Die Ausstellungsflächen befinden sich im Keller- und 1. Obergeschoß, Anlieferung und Eingangsbereich im Erdgeschoß, von dem aus eine gläserne Rundkanzel Ausblick auf die Ausstellungsflächen gewährt. Die oberen zwei Geschosse nehmen eine Maisonettewohnung auf. In der Durchdringung kubischer Baukörper entfaltet sich ein virtuoses Spiel ineinander verschränkter Innen- und Außenräume. Derzeit (1995) geschlossen.

Lit.: Herman Hertzberger, Addie von Royen-Wortmann, Francis Strouven, Aldo van Eyck, Amsterdam 1982.

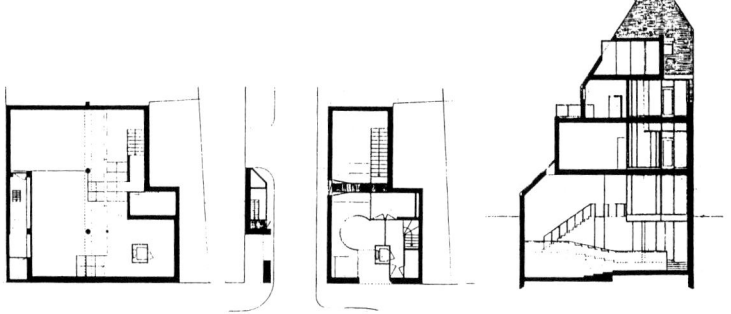

Galerie Schmela, Grundrisse, Schnitt und Innenansicht

Gegenüber oben: Thyssenhaus, Grundriß und Ansicht

Gegenüber unten: Schauspielhaus (Bernhard Pfau)

Düsseldorf
Kunstsammlung Nordrhein-Westfalen
Grabbeplatz
1981–1986
Hans Dissing und Otto Weitling

Für die berühmte, von Werner Schmalenbach zusammengetragene Kunstsammlung wurde ein exquisites Gebäude errichtet, dessen blau-schwarze, glänzend polierte und geschwungene Granitfassade – Gegenstück zum gegenüberliegenden Beton-Brutalismus der Kunsthalle – bereits auf die intendierte Schatzkammer-Funktion des Bauwerks hinweist. Die Forderung nach ausschließlich natürlicher Belichtung führte zu stark höhendifferenzierten Innenräumen; die Lichtführung ist an Louis Kahns Museum in Fort Worth orientiert.

Lit.: Manfred Sack, Kunstsammlung Nordrhein-Westfalen Düsseldorf, Stuttgart 1986.

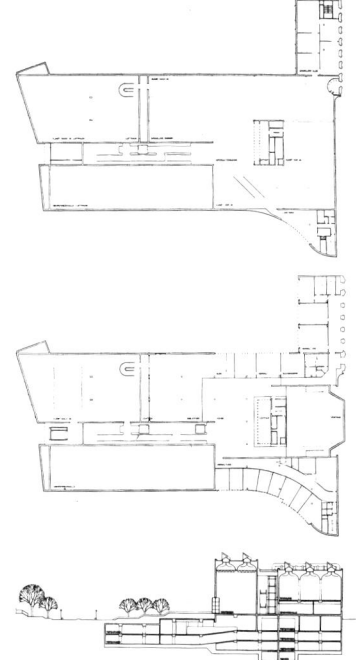

Kunstsammlung Nordrhein-Westfalen, Grundrisse, Schnitt und Ansicht

Nordrhein-Westfalen

Essen
Synagoge
Steeler Straße
1908–1914
Edmund Körner

Lit.: Edmund Körner, Die neue Synagoge in Essen an der Ruhr, Berlin 1914; Carol Herselle Krinsky, Europas Synagogen, Stuttgart 1988.

Die größte erhaltene Synagoge Deutschlands, Ergebnis eines interkonfessionellen Wettbewerbs, ist symmetrisch auf einem zwischen zwei Straßen spitz zulaufenden Grundstück angelegt. Runder, kuppelüberdachter Versammlungssaal mit Vorhalle und Empore; Vorhof durch Straßenverbreiterung zerstört. Der ursprünglich reich ausgestattete, eklektizistische, aber keiner Stilepoche konkret verpflichtete Bau wurde in der sog. „Reichskristallnacht" am 9. November 1938 zwar geplündert, aufgrund seiner massiven Bauweise aber nicht zerstört. Nach dem Krieg zuerst als Museum genutzt, wurde die ehemalige Synagoge 1980 in eine Gedenkstätte umgewandelt.

Synagoge, Innen- und Außenansicht

Essen
Siedlung Margarethenhöhe
Sommerburg-/Metzendorfstraße
1909–1913
Georg Metzendorf

Mit den Mitteln der Margarethe-Krupp-Stiftung von 1 Million RM und 50 ha Land entstand auf bewegtem Gelände eine Gartenstadt für ca. 16.000 Einwohner mit Schulen und Versorgungseinrichtungen an zentralen Plätzen. Die über wenigen Grundtypen vielfach variierte Bebauung (zumeist Ein- oder Zweifamilienhäuser in Reihenhausanordnung) wurde etwa zur Hälfte an Werksangehörige des Krupp-Konzerns vermietet. Exemplarische, nach den Regeln des romantischen Städtebaus geplante Anlage paternalistischer Wohnungsfürsorge.

Lit.: A. E. Brinckmann, Die Margarethenhöhe bei Essen, Darmstadt 1913; Rainer Metzendorf, Georg Metzendorf 1874–1934, Darmstadt 1994.

Essen
Verwaltungsgebäude des Siedlungsverbands Ruhrkohlenbezirk
Kronprinzenstraße 35
1927–1929
Alfred Fischer

Alfred Fischer (1881–1950), bis zu seiner Entlassung 1933 Leiter der Folkwang-Schule Essen, zählt mit zahlreichen Industrieanlagen (Zeche Königsborn in Unna, Zeche Recklinghausen Süd) und öffentlichen Bauten (Volkshaus Rotthausen, Hans-Sachs-Haus, beide Gelsenkirchen) zu den wichtigen lokalen Vertretern des Neuen Bauens. Das Verwaltungsgebäude des Siedlungsverbands (heute Kommunalverband Ruhrgebiet), ein durch horizontale Fensterbänder gegliederter, sorgfältig detaillierter Sichtziegelbau mit abgerundeten Kanten, wurde nach dem Krieg durch Aufstockung des Seitenflügels verändert. Der zentrale Lichthof wurde 1984–1985 nur teilweise dem Original entsprechend rekonstruiert.

Lit.: Zentralblatt der Bauverwaltung 1929, S. 613 ff.; Moderne Bauformen 1930, S. 149ff.; Bauen und Wohnen 1950, S. 494ff.

Verwaltungsgebäude des Siedlungsverbands Ruhrkohlenbezirk

Nordrhein-Westfalen

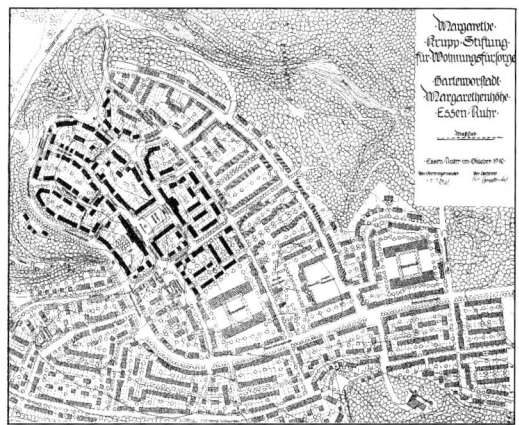

Siedlung Margarethenhöhe, Lageplan und Ansichten

Essen
Auferstehungskirche (Rundkirche)
Manteuffelstraße (Altstadt-Ost)
1930
Otto Bartning

Der Altar dieses von betonummantelten Stahlrahmen getragenen Rundbaus befindet sich in der geometrischen Mitte des Raumes und wird von konzentrischen Sitzreihen umgeben. Tageslicht erhält der Innenraum über eine Laterne und die umlaufende Empore. Bartning entwickelte hier seine 1928 auf der „Pressa"-Ausstellung in Köln erstellte und in Essen wiederaufgestellte Stahlkirche (im Zweiten Weltkrieg zerstört) zu einem idealtypischen Zentralbau weiter. Ein Sektor der Kreisfläche ist als Feierkirche vom übrigen Kirchenraum abgetrennt.

Lit.: Jürgen Bredow, Helmut Lerch, *Otto Bartning Materialien zum Werk des Architekten*, Darmstadt 1983; Walter Distel, *Protestantischer Kirchenbau seit 1980 in Deutschland*, Zürich/Leipzig 1993.

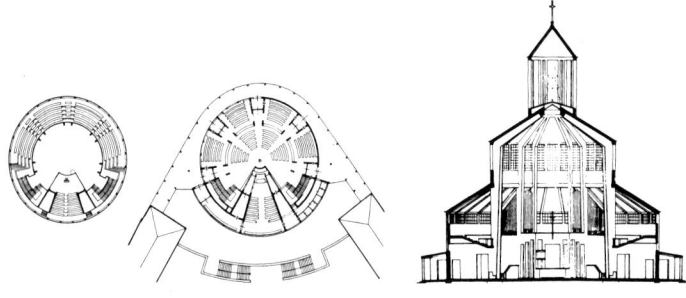

Auferstehungskirche (Rundkirche), Grundrisse, Schnitt und Ansicht

Essen
St. Andreas
Odastraße 16 (Rüttenscheid)
1954–1957
Rudolf Schwarz
Der am Hang gelegene Bau wird über ein niedriges Sockelgeschoß erschlossen, von dem aus der Aufstieg in den hohen Hauptraum erfolgt. Der Grundriß der Kirche bildet ein lateinisches Kreuz mit Konchen an den vier Kreuzenden. Belichtet wird der Raum ausschließlich über Glasbausteinwände an den nach innen gerichteten Ecken der Vierung. Konstruktiv bilden die Stahlbeton-Rahmungen der Verglasungen aussteifende, an der Decke durch ein Andreaskreuz verbundene Winkel. Erst nach Fertigstellung des Rohbaus fiel die Entscheidung, auch die Innenwände unverputzt zu lassen. Glockengeschoß später geschlossen, Fenster 1993–1994 von Jochem Poensken.
Lit.: Rudolf Schwarz, Kirchenbau, Heidelberg 1960; Das Münster 2/1995, S. 134f.

St. Andreas, Innen- und Außenansicht

Essen
Stadttheater
Rolandstraße 10
1959–1988
Alvar Aalto

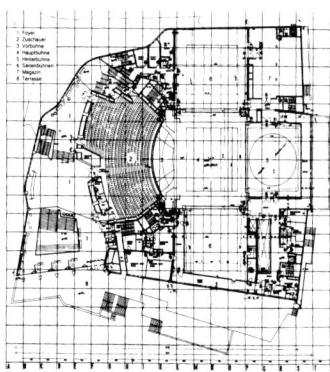

Wegen Umarbeitungen des Entwurfs und Finanzierungsproblemen liegt ein Vierteljahrhundert zwischen Wettbewerbsauslobung und Baubeginn des Opernhauses am Nordrand des Stadtparks (Ausführung nach dem Tod Aaltos 1976 durch Harald Deilmann und Elissa Aalto). Technik-, Bühnen- und Verwaltungsräume schirmen den Zuschauerbereich gegen die umgebenden Straßen ab. Von den Garderoben im

Stadttheater, Grundriß, Außen- und Innenansicht

Gegenüber:
Volkshaus Rotthausen

Erdgeschoß wird über breite Treppen der Aufstieg in das über drei Geschosse reichende Foyer inszeniert, dessen Galerien den Rängen des Theaterraums entsprechen. Die Farbgebung wandelt sich stufenweise von den Weißtönen der Außen- und Garderobenbereiche bis hin zum mystischen Dunkelblau des Zuschauerraums.

Lit.: Dietmar N. Schmidt (Hrsg.), Das Theater von Alvar Aalto in Essen, Essen 1988; Göran Schildt, Alvar Aalto: A Life's Work, Helsinki 1994.

Gelsenkirchen
Volkshaus Rotthausen
Grüner Weg 3 (Rotthausen)
1919–1920
Alfred Fischer
Die symmetrische Dreiflügelanlage, ein Backsteinbau mit expressionistischen Details, wurde nach den Idealen der sog. Volkshausbewegung als Bürger- und Kulturhaus konzipiert, aber seit der Eröffnung auch für die Gemeindeverwaltung genutzt. Im Zuge der Restaurierung 1989 wurde auch die Bemalung des Hauptportals nach alten Fotografien rekonstruiert.

Ebenfalls in Gelsenkirchen: Das Hans-Sachs-Haus (Ebertstraße 17, 1924–1927, Architekt A. Fischer), ein heute vorwiegend von der Stadtverwaltung genutztes Mehrzweckgebäude mit einem der weltweit ersten Farbleitsysteme (Max Burchartz).

Lit.: K. Rabas, Das Volkshaus Rotthausen, in: H. Hering/M. Klaus, Das ist unsere Geschichte, Oberhausen 1984, S. 253ff.; Jörg Stürzebecher, „Max ist auf dem richtigen Weg", Frankfurt/Main 1993; Stadt Gelsenkirchen (Hrsg.), Hans-Sachs-Haus, Gelsenkirchen 1995.

Nordrhein-Westfalen

Gelsenkirchen
Schachtanlage
Zeche Zollverein 12 (Katernberg)
1927–1932
Fritz Schupp, Martin Kremmer
Die entsprechend den Betriebsabläufen (Fördern, Sieben, Waschen der Kohle) angeordnete Gruppe von Einzelbauten unterschiedlicher Volumina wird durch Teilsymmetrien (Eingangshalle mit Förderturm, Querachse mit Kesselhaus) und einheitliche Konstruktion (Stahlskelett, vorgehängte Fassaden mit Ziegel- und Drahtglas-Ausfachung) zusammengefaßt. Das Zentrum der zur Hälfte über Bahngleisen errichteten Anlage bildet der erste aus Vollwandprofilen (statt aus Stahlfachwerk) montierte Förderturm. Die Zeche Zollverein wurde als letzte Zeche Essens 1987 stillgelegt. Umbau durch Sir Norman Foster.
Lit.: Wilhelm Busch, Fritz Schupp, Martin Kremmer: Bergbauarchitektur 1919–1974, Köln 1980.

Gelsenkirchen
Stadttheater
Friedrich-Ebert-Straße
1954–1959
Werner Ruhnau, Max von Hausen, Ortwin Rave
In ein über vier Geschosse reichendes, zum Theatervorplatz verglastes Foyer ragt das von Treppenanlagen umgebene Halbrund des Zuschauerraumes. Bühne und Bühnentechnik beanspruchen die nördliche Hälfte des symmetrischen, im Grundriß annähernd quadratischen Hauptbaus. Garderoben und Verwaltung sind an der Ost- und Westseite angeordnet. Der Westseite ist ein kleiner Baukörper mit flexibel nutzbarem Studiotheater vorgelagert. An der Innenausstattung waren u.a. Yves Klein und Jean Tinguely beteiligt.
Lit.: Bauen und Wohnen 1960, S. 107, S. 407ff.

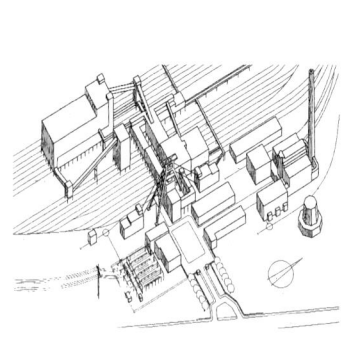

Gelsenkirchen
Technologiezentrum des Wissenschaftsparks Gelsenkirchen
Munscheiderstraße 14 (Ückendorf)
1989–1995
Kiessler & Partner, Uwe Kiessler, Hermann Schultz

Das zur IBA-Ausstellung Emscherpark gehörende Technologiezentrum entstand in parkartiger Umgebung auf dem Gelände einer ehemaligen Industriebrache. Die dreigeschossigen Pavillons des Technologiezentrums werden durch eine 300 m lange Gebäudezeile („Arkade") zusammengefaßt, die als Kommunikations- und Erholungszone dient und sich nach Süden zu einem künstlich angelegten See mit einer geneigten Glasfront öffnet. Gegen Überhitzung in den Sommermonaten kann das untere Drittel der Glasfassade hochgeschoben werden, um kühle Luft ins Gebäude und über Abluftklappen wieder ins Freie zu führen. Auf dem Dach die derzeit weltweit größte Photovoltaikanlage mit einer Leistung von 200.000 kWh im Jahresdurchschnitt.
Lit.: Baumeister-Sonderheft Oktober 1994, S. 34ff.; Bauwelt 1995, S. 424ff.

Stadttheater, Ansicht und Grundriß
Unten:
Technologiezentrum des Wissenschaftsparks Gelsenkirchen, Ansicht und Schnitt
Gegenüber:
Schachtanlage, Isometrie und Ansicht

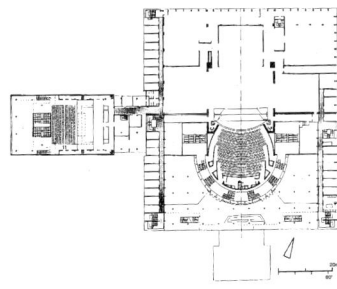

Karl Ernst Osthaus und Hagen

Der junge Kunstsammler und Mäzen Karl Ernst Osthaus, Erbe eines großen Vermögens, war um die Jahrhundertwende einer der wichtigsten Förderer moderner Kunst in Deutschland. Für seine Sammlungen ließ er das Folkwangmuseum in Hagen erbauen; später war er Initiator der Künstlerkolonie Hohenhof. Daneben vermittelte er Architekten der Avantgarde (van de Velde, Behrens, Gropius) an andere Auftraggeber und gehörte zu den treibenden Kräften des Deutschen Werkbundes.

Lit.: Karl-Ernst Osthaus, van de Velde, Hagen 1920 (Nachdruck Berlin 1984); Hans-Joachim Kadatz, Peter Behrens: Architekt, Maler, Grafiker und Formgestalter 1868–1940, Leipzig 1977; Der westdeutsche Impuls 1900–1914: Die Folkwang-Idee des Karl Ernst Osthaus, Essen 1984; Alan Windsor, Peter Behrens: Architekt und Designer, Stuttgart 1985; Klaus Jürgen Sembach, Birgit Schulte, Henry van de Velde, Ein europäischer Künstler seiner Zeit, Köln 1992.

Karl-Ernst-Osthaus-Museum
Hochstraße 73
1898–1902
Karl Gerard, Henry van de Velde

Dieser private Museumsbau, von Karl Gerard im Neorenaissance-Stil erbaut, beherbergte ursprünglich die Sammlungen und die Privatwohnung von K. E. Osthaus. Nach Fertigstellung des Außenbaus wurde van de Velde mit der noch heute weitgehend erhaltenen Innenausstattung beauftragt. Mit Mitteln des Jugendstils sind in oft symbolischer Formensprache (so beim Wellenmotiv der Haupttreppe) alle Raumoberflächen mit Dekor überzogen und die Ausstattungsteile (Vitrinen, Spiegel, Sitzgruppen) durch verbindende Ornamente zueinander in Beziehung gesetzt. Von Anfang an der Öffentlichkeit zugänglich, heute im Besitz der Stadt Hagen.

Krematorium Delstern
Am Berghang 30
1906–1907
Peter Behrens

Der durch Vermittlung von Karl Ernst Osthaus direkt an Behrens vergebene Bau ist in der Gestaltung des Außenbaus Motiven der italienischen Protorenaissance (San Miniato al Monte, Florenz) verpflichtet. Quadratischer Saalraum mit dreiseitig umlaufenden Emporen und von Säulen gebildeter Apsis vor abschließender Raumschale. Vor dem Bau wurde die geplante Raumwirkung an einem bis ins Detail ähnlich gestalteten Konzertsaal für die Kunstausstellung in der „Flora" (Köln 1905) erprobt. Nach frühzeitig auftretenden Bauschäden an der Marmorverkleidung der Fassaden wurde der Außenbau verputzt. Kennzeichnender Bau für Peter Behrens' neue, auf stereometrischer Baukörpergliederung beruhende Klassizität.

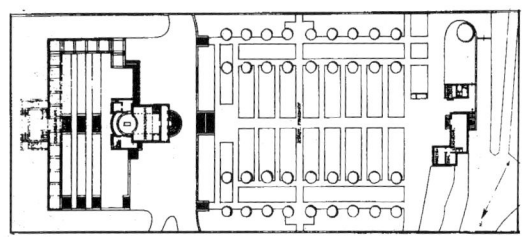

Krematorium Delstern, Lageplan und Ansicht (Foto 1908)

Gegenüber:
Karl-Ernst-Osthaus-Museum

Gartenstadt Hohenhagen
Stirnband, Haßleyer Straße (Emst)
1906–1912
Peter Behrens, J. L. M. Lauweriks, Henry van de Velde

K. E. Osthaus stellte 20 ha für die Errichtung einer am Vorbild der Darmstädter Mathildenhöhe orientierten Künstlerkolonie zur Verfügung, zu der Peter Behrens, van de Velde und der holländische Architekt Lauweriks Bebauungsvorschläge lieferten. Realisiert wurden außer dem Hohenhof (Osthaus eigener Villa) nur ein Straßenzug mit Künstlerhäusern von Lauweriks und drei Villen von Behrens (Haus Schröder, im Zweiten Weltkrieg zerstört; Villa Cuno; Haus Goedecke).

Haus Hohenhof
Stirnband (Emst)
1906–1908
Henry van de Velde

Osthaus' eigene Villa ist mit zwei Hauptschauseiten zur Eingangsfront und zum Garten winkelförmig angelegt. Eine diagonale Achse mit Treppenhaus, im Grundriß sechseckiger Halle und Zugang zum südwestlichen Gartenhof teilt das Gebäude in zwei Flügel, deren Symmetrie- und Blickachsen weitgehend unabhängig von den Bewegungsabläufen komponiert sind. Ein die Auffahrt begleitender Wirtschaftstrakt erweitert die Anlage zum Doppelwinkel. Die Originalausstattung van der Veldes ist teilweise erhalten.

Villa Cuno (Fachhochschule für öffentliche Verwaltung)
Stirnband (Emst)
1909–1910
Peter Behrens

Der runde Treppenhausturm über dem Eingang wurde von einem Vorgängerprojekt auf dreieckiger Grundfläche übernommen: Dort hatte der Turm die Funktion eines zwei Straßenfronten miteinander verbindenden Gelenks. In der ausgeführten Form ist der für den Bürgermeister von Hagen errichtete Bau eine blockhaft geschlossene neopalladianische Villa mit teilweise spannungsvoll gestörten Symmetrien. Als Bauleiter dieses Projekts kam auch der junge Walter Gropius in Verbindung mit dem einflußreichen Mäzen Osthaus.

Nordrhein-Westfalen

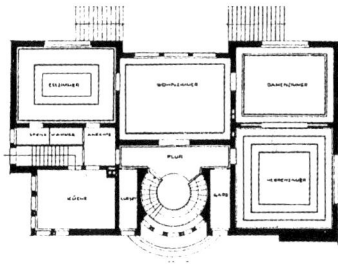

Villa Cuno, Grundriß und Ansicht

Haus Hohenhof

Künstlerkolonie
Stirnband (Emst)
1910–1914
J. L. M. Lauweriks

Als Teil einer wesentlich größer geplanten Wohnanlage wurden sechs Häuser mit neun Wohnungen realisiert, die durch einheitliche Materialwahl im Außenbau und von Haus zu Haus fortlaufende Firstausrichtung miteinander optisch verklammert sind. Durch Veränderungen der Straßenführung und spätere Garagenbauten ist das Konzept einer an der Straße beginnenden und wieder zur Straße zurückführenden raumbegrenzenden Häuserkante nicht mehr erkennbar. Sonst gut erhaltene Anlage. Lauweriks, der vor allem als Architekturlehrer und Theoretiker einflußreich war, zählt, wie auch Behrens, zu den Vertretern eines primär geometrisch bestimmten Jugendstil.

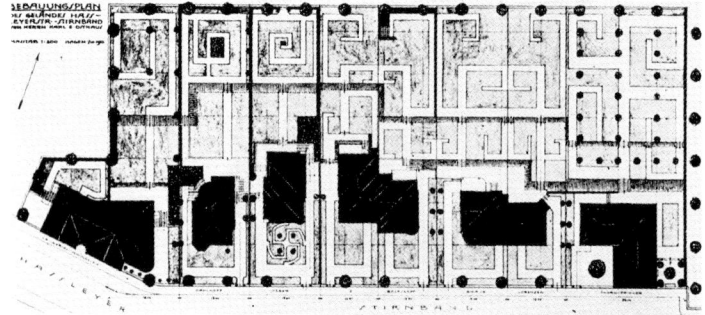

Künstlerkolonie,
Lageplan und Ansicht
(Foto 1914)

Hombroich bei Neuss-Reuschenberg
Museum Insel
1983–1986
Erwin Heerich, Anatol Herzfeld
Die in der Verbindung von Landschaft, Kunst und Architektur ungewöhnliche, über Jahre hinweg entstandene Museumsanlage besteht aus Ausstellungspavillons, einem Restaurationsbetrieb und älteren, jetzt zu Künstlerwohnhäusern und Ateliers umgebauten Häusern inmitten einer nur durch Fußpfade erschlossenen Flußlandschaft. Die kubischen, in der Materialwahl (Feldbrandsteine als Sichtmauerwerk, verzinkte Stahlfenster) einheitlichen Pavillons sind teils Ausstellungsflächen, teils begehbare Skulpturen.
Lit.: Bauwelt 1986, S. 1421; Bauwelt 1991, S. 1770ff.

Museum Insel, Ansichten

Kerken-Nieukerk
Ehem. Seidenweberei Michels & Cie.
Slousenweg
1919–1922
Hermann Muthesius

1911/1912 entstand nach Plänen von Muthesius die (im Zweiten Weltkrieg zerstörte) Seidenweberei Michels in Nowawes bei Potsdam als ein wegweisender, vielpublizierter Industriebau wilhelminischer Reformarchitektur. Die für den selben Bauherrn am Niederrhein errichtete Seidenweberei folgt in kleineren Dimensionen und unter Verzicht auf eine repräsentative Eingangshalle der Struktur des Prototyps: Einer als Eisenskelettbau konstruierten Produktionshalle ist über die ganze Länge ein Verwaltungstrakt in Massivbauweise vorgelagert. Die Symmetrieachse wird durch den Kopfbau des Verwaltungsbereichs und das überhöhte Mittelschiff der Stahlhalle betont. Sparsam gegliederte Ziegelfassaden. Heute für eine Baustoffhandlung umgenutzt.

Lit.: Hans-Joachim Hubrich, Hermann Muthesius, Berlin 1980.

Köln
Bastei
Kennedyufer
1924, Wiederaufbau 1959–1960
Wilhelm Riphahn

Das auf den Fundamenten einer alten Befestigungsanlage errichtete Obergeschoß des Restaurants am Rheinufer kragt weit aus, um die Stahlbetonkonstruktion spektakulär sichtbar zu machen. Die schon 1927 mit einer Panoramaverglasung geschlossene Terrasse liefert für die Restaurantbesucher fast eine Rundumsicht auf den ganzen Rheinlauf. Frühes Beispiel modernen Bauens im Rheinland, das nach Kriegszerstörung vom Architekten leicht verändert wiederhergestellt wurde.

Lit.: Heinrich de Fries, Wilhelm Riphahn, Berlin 1927.

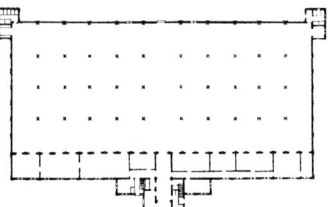

Ehem. Seidenweberei Michels & Cie., Grundriß und Ansicht

Köln
Hansa-Hochhaus
Hansaring
1924–1925
Jacob Koerfer

Das seinerzeit höchste Geschäftshaus Europas, unmittelbar nach und in Konkurrenz zu Wilhelm Kreis' Wilhelm-Marx-Haus in Düsseldorf entstanden, ist ein monolithischer Stahlbeton-Skelettbau mit Ziegelverkleidung. Als Blickpunkt der in den Hansaring einmündenden Hamburger Straße wurde der Turmbau asymmetrisch in eine siebengeschossige Blockrandbebauung integriert. Trotz der expressionistisch-gotisierenden Details am Turm eine sachlich-moderne Bürohausanlage.

Lit.: Klemens Klemmer, Jacob Koerfer 1875–1930: Ein Architekt zwischen Tradition und Moderne, München 1987.

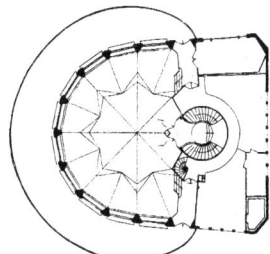

Bastei, Grundriß und Ansicht

Hansa-Hochhaus

Köln
Blauer Hof, Weiße Stadt
Waldecker-/Heidelberger-/Kopernikusstraße (Buchforst)
1926–1932
Wilhelm Riphahn, Caspar Maria Grod

Die im Auftrag der Gemeinnützigen Wohnungsbau-Genossenschaft GAG entstandenen Siedlungen sind Teil der in den zwanziger Jahren angelegten Stadterweiterung Köln-Buchforst (Mülheim). Der Blaue Hof bildet einen vierseitig geschlossenen, nur im Süden an einer Stelle geöffneten Hof ähnlich Karl Schneiders zentralem Block in der Hamburger Jarrestadt. Die Weiße Stadt dagegen ist eine strikt nach der Besonnung ausgerichtete Siedlung in Zeilenbauweise mit sägezahnförmigen Wohnzeilen an den äußeren, schräg zur Zeilenausrichtung verlaufenden Erschließungsstraßen. Das eingeschossige Konsumvereinsgebäude wurde nach 1945 durch ein Hochhaus ersetzt.

Lit.: Wasmuths Monatshefte für Baukunst und Städtebau 1928. S. 249ff.; Wolfram Hagspiel. Der Kölner Architekt Wilhelm Riphahn, Köln 1982; Werner Heinen, Anne-Marie Pfeffer. Köln: Siedlungen 1888–1938 (Stadtspuren Bd. 10.1), Köln 1988.

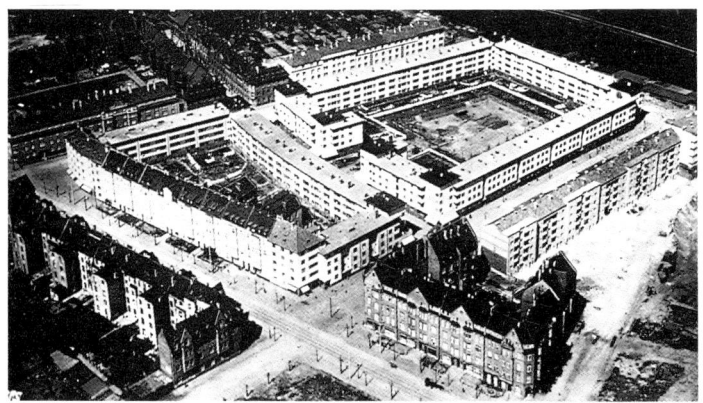

Köln
Messegelände
Messeplatz, Kennedyufer
1927–1928
Adolf Abel

Aus Anlaß der Internationalen Presseausstellung „Pressa" wurde das insgesamt 500.000 qm große Ausstellungs- und Messegelände auf dem rechten Rheinufer gegenüber der Altstadt nach Plänen des Stadtbaudirektors Abel neu geordnet. Die vorhandenen Messebauten wurden umgebaut und mit einem 85 m hohen Aussichtsturm akzentuiert. Das Gartenrondell ist an der Ostseite viertelkreisförmig mit dem sog. Staatenhaus umbaut, von dem nur noch die expressionistische Ziegelfassade erhalten ist. Temporäre Bauten wie die Stahlkirche Bartnings oder das Haus der Arbeiterpresse Hans Schumachers kontrastierten während der Ausstellungszeit mit der konservativen Architekturauffassung des der Stuttgarter Schule nahestehenden Stadtbaudirektors. Inzwischen mehrfach erweitert.

Lit.: Moderne Bauformen 1928, S. 377ff.; Deutsche Bauzeitung 1928, S. 653ff.; Winfried Nerdinger (Hrsg.), Süddeutsche Bautradition. München 1985.

Messegelände

Gegenüber:
Weiße Stadt und
Siedlung Blauer Hof

Köln
Siedlung Zollstock
Höningerweg, Zollstockgürtel
1927–1930
Wilhelm Riphahn, Caspar Maria Grod, Mewes, Theodor Merill u.a.
Die große Genossenschaftssiedlung mit 884 Wohnungen ist als geschlossene Blockrandbebauung von über 500 m Länge angelegt. Das festungsartige Erscheinungsbild mit überhöhten Ecktürmen und expressiven Klinkerteilen führte zur Bezeichnung „Karl-Marx-Hof von Köln". Im Inneren des Blocks befinden sich die modernen kubischen Wohnbauten von Riphahn und Grod.
Lit.: Klaus Novy u.a., Reformführer NRW: Soziale Bewegungen, Sozialreform und ihre Bauten, Köln und Wien 1991.

Köln
Dischhaus
Brückenstraße 19
1928–1930
Bruno Paul, Franz Weber
Das inmitten ursprünglich kleinteiliger Bebauung errichtete, viergeschossige Büro- und Geschäftshaus mit zurückgesetzten Staffelgeschossen wird durch Schaufenster, Schriftreihen, Fensterbänder und travertinverkleidete Brüstungen horizontal gegliedert. Dynamische, den Verkehrsfluß nachzeichnende Abrundung der Gebäudekante in Anlehnung an Mendelsohns Kaufhausbauten. Nach dem Krieg vereinfacht wiederaufgebaut, 1983–1984 mit geringen Abweichungen vom Vorkriegszustand rekonstruiert.

Lit.: Heribert Hall, Köln: Seine Bauten 1928–1988, Köln 1988; Alfred Ziffer (Hrsg.), Bruno Paul: Deutsche Raumkunst und Architektur zwischen Jugendstil und Moderne, München 1992.

Köln
Stadion und Familienbad
Aachener Straße
1928–1936
Adolf Abel mit Otto Bongartz u.a.
Stadtbaudirektor Adolf Abel errichtete mit seinen zumeist aus der Stuttgarter Schule stammenden Mitarbeitern im Köln Konrad Adenauers eine Vielzahl von Neubauten, die durch eine Mischung aus konservativ-repräsentativen und funktional-modernen Formen charakterisiert sind. So kennzeichnet das Stadion ein monumentaler ziegelverkleideter Pfeilerportikus; das anschließende Familienbad von Abels Mitarbeiter Bongartz ist dagegen eine leichte Stahlbetonkonstruktion mit Flachdach.
Lit.: Der Baumeister 1929, S.18ff.; Der Baumeister 1936, S.333ff.

Nordrhein-Westfalen

Siedlung Zollstock

Dischhaus

Familienbad

Nordrhein-Westfalen

Köln
St. Engelbert
Riehler Gürtel (Riehl)
1930
Dominikus Böhm

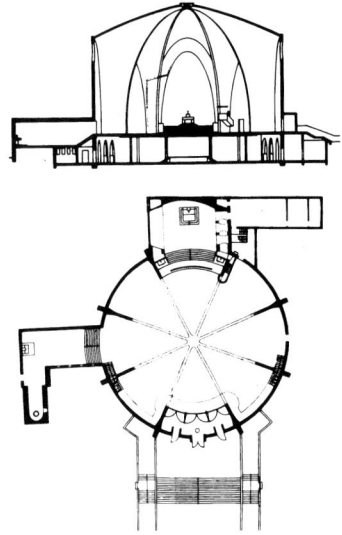

Der axial angelegte, vom Raumprogramm vorgeschriebene Zentralbau ist aus dem Straßenraum herausgehoben und wird über eine breite, vom Glockenturm flankierte Freitreppe erschlossen. Der Kirchenraum wird von acht im Querschnitt parabelförmigen Schalen aus Stahlbeton gebildet. Der Altarbereich befindet sich in einer aus dem Zentralraum ausgeschiedenen, durch ein seitliches Fenster gesondert belichteten Chornische. Die Außenwände sind mit Sichtziegeln verkleidet.
Lit.: August Hoff (Hrsg.), Dominikus Böhm, München 1962.

St. Engelbert, Schnitt, Grundriß und Ansicht

Köln
Haus Prof. Hussmann
Im Park 2 (Rodenkirchen)
1930–1931
Hans Schumacher

Das für einen Professor der Kölner Werkkunstschule auf schmalem Grundstück mit altem Baumbestand errichtete Wohnhaus gehört zu einer Gruppe moderner in Rheinnähe erbauter Villen. Mit Rücksicht auf die Lage im Hochwassergebiet und in Übereinstimmung mit Le Corbusiers „Fünf Punkten zur Architektur" enthält die Villa im Erdgeschoß nur Nebenräume, in den oberen Geschossen Wohnräume und auf dem Dach eine teilweise überdeckte Terrasse, die fehlende Freiflächen im Erdgeschoß kompensiert.

In unmittelbarer Umgebung, ebenfalls von Schumacher, das direkt als Pendant konzipierte Haus Loosen sowie Häuser von Theodor Merril (Uferstraße 11) und Josef op gen Oorth (Walter-Rathenau-Straße 27).

Lit.: Baumeister 1932, S. 200ff.; Moderne Bauformen 1932, S. 555ff.

Haus Prof. Hussmann,
Grundrisse und Ansicht

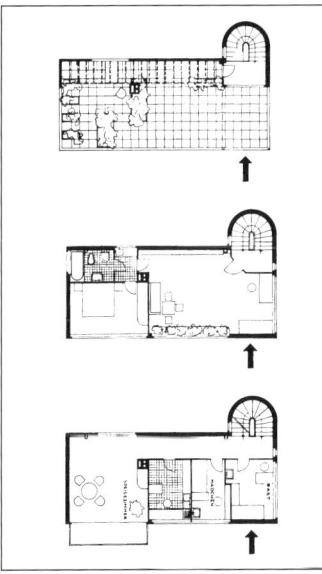

Köln
Bauten des Gerling-Konzerns
Christoph-Straße, Von-Werth-Straße,
Gereonshof, Im Klapperhof
1930–1966
Bruno Paul, Kurt Groote, Helmut Hentrich, Hans Heuser, Erich Hennes, Arno Breker u.a.

Für einen großen Versicherungskonzern entstand, beginnend mit zwei neoklassizistischen Bauten von Bruno Paul (1930–31 und 1937), in über 30 Jahren ein Bautenensemble von der Größe eines eigenen Stadtteils. Nach dem Zweiten Weltkrieg wurde die Anlage unter starker Beteiligung von Hans Gerling, dem Sohn des Firmengründers, um die Bauten am Gereonshof (1949–1958) und den Rundbau (1966) erweitert. Die Beauftragung von in der NS-Zeit stark beschäftigten Künstlern (Breker) und Architekten (Hentrich) wurde ebenso wie die monumentalklassizistische Formensprache und die Selbstdarstellung des Konzerns (Hochhaus am Gereonshof in unmittelbarer Nähe zu St. Gereon) zum Gegenstand vielfacher Kritik.
Lit.: Hiltrud Kier, Architektur der Fünfziger Jahre: Bauten des Gerling-Konzerns in Köln, Frankfurt/Main 1994.

Köln
Luther-Notkirche
Adamsstraße 49–51 (Mülheim)
1949
Otto Bartning, Otto Dörzbach

Im Auftrag des Hilfswerks der evangelischen Kirchen in Deutschland entwickelte Bartning nach dem Zweiten Weltkrieg vier Kirchentypen für 350–500 Sitzplätze, deren Dachtragwerke serienmäßig hergestellt und nach Anlieferung innerhalb von ein bis drei Wochen montiert werden konnten. Alle Typen waren Holzrahmenbauten mit gemauerten Wänden und Orgelempore an der Eingangsseite. Die größeren Typen wurden mit einem abtrennbaren Gemeindesaal und einer ausgeschiedenen Altarnische ausgeführt. Von der evangelischen Bauabteilung in Neckarsteinach wurden bis 1951 insgesamt 47 Notkirchen in allen vier Besatzungszonen errichtet. Die Kirche in Köln gehört zu dem Typ B mit Dreigelenkrahmen und polygonalem Altarraum.
Lit.: Jürgen Bredow, Helmut Lerch, Otto Bartning: Materialien zum Werk des Architekten, Darmstadt 1983.

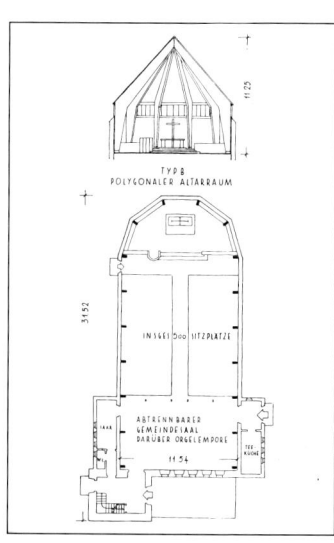

Nordrhein-Westfalen

Bauten des Gerling-
Konzerns

Luther-Notkirche, Ansicht

Gegenüber:
Schnitt und Grundriß

Köln
Wiederaufbau Gürzenich
Martinstraße, Gürzenichstraße
1949–1959
Rudolf Schwarz, Karl Band
Der im Zweiten Weltkrieg zerstörte gotische Festsaal der Stadt wurde verändert wiederaufgebaut und um ein zweigeschossiges Foyer mit großzügigen Treppenanlagen bis hin zur Ruine der ebenfalls kriegszerstörten Ruine St. Alban erweitert, deren Außenwände nun den Raumabschluß des Foyers bilden. Die Kirchenruine mit einer Figurengruppe von Käthe Kollwitz als Mahnmal bildet einen von Schwarz bewußt inszenierten Gegensatz zum Festsaal. Teilzerstörung durch Umbau derzeit von der Stadt Köln geplant.
Lit.: Rudolf Schwarz, Kirchenbau, Heidelberg 1960.

Wiederaufbau Gürzenich, Ansicht, Kirchenruine und Innenansicht

Nordrhein-Westfalen

Köln
Fabrikationsgebäude der Firma Mühlens
Venloerstraße 241 (Ehrenfeld)
1950
Wilhelm und Rudolf Koep

Die aus Betriebsgebäude, Labor und Lager bestehende Fertigungsanlage der Parfümeriefirma „4711" ist eine Stahlskelett-Konstruktion mit der ersten vorgehängten Stahl-Aluminium-Fassade nach amerikanischem Vorbild (Curtain Wall) in Köln. Auffallendster Bauteil ist der Rundbau des Lagergebäudes mit weit auskragendem Vordach.

Von denselben Architekten entstand für den selben Bauherrn in der Innenstadt (Domkloster 2) das Blau-Gold-Haus (1952), ein nachts farbig beleuchtetes Büro- und Geschäftshaus mit ornamentierter Stahl-Glas-Fassade, ein charakteristisches Beispiel für die Materialästhetik der fünfziger Jahre.

Lit.: Stadtspuren, Denkmäler in Köln Bd. 6, Köln 1986; Heribert Hall, Köln und seine Bauten 1928–1988, Köln 1991.

Fabrikationsgebäude der Firma Mühlens, Lagergebäude

Köln
Mehrfamilienhaus
Belvederestraße 61 (Müngersdorf)
1958–1959
Oswald Mathias Ungers

Das Wohnhaus des Architekten, ursprünglich mit zwei Einliegerwohnungen und Büro, schließt eine Reihenhauszeile ab, deren Dachform, Bauflucht und Traufhöhe übernommen wird. Aus dem so vorgegebenen Volumen greifen kubische Baukörper und ummauerte Terrassen in den umgebenden Freiraum aus. Bis hin zur Gartenmauer sind alle Außenwand-Oberflächen in Mauerwerk aus handgestrichenen Ziegeln ausgeführt. Der durch Rückgriff auf Gestaltungsprinzipien der De Stijl-Gruppe formulierte künstlerische Anspruch war zur Erbauungszeit noch völlig ungewöhnlich. 1991 wurde das Haus auf der Gartenseite um einen, formal der gewandelten Architekturauffassung des Architekten entsprechenden, rationalistischen Bibliotheksbau auf quadratischem Modul erweitert.

Lit.: Oswald Mathias Ungers, Architektur 1951–1990, Stuttgart 1990; Deutsche Bauzeitung 9/1992, S. 100f.

Köln
Wohn- und Geschäftshaus
Hansaring
1958–1959
Oswald Mathias Ungers

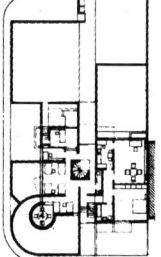 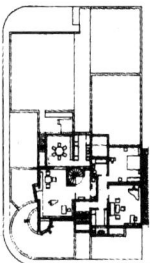 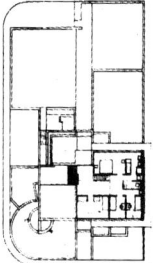

Mehrfamilienhaus, Grundrisse und Ansicht

Nordrhein-Westfalen

Konventionelle, ökonomisch geschnittene Drei- bis Vierzimmerwohnungen mit Wohn/Eßbereich auf der Straßenseite und Schlafräumen auf der Hofseite sind als Zweispänner über zwei Geschäftslokalen angeordnet. Die mehrschichtige, durch vorspringende Volumina aus Sichtbetonelementen und Ziegelmauerwerk gegliederte Straßenfassade ist primär bauplastisch konzipiert und nicht immer zwingend aus dem Grundriß entwickelt. Auf der Hofseite schließt die Fassade flach und ohne Balkone ab.

Lit.: Oswald Mathias Ungers, Architektur 1951–1990, Stuttgart 1990.

Wohn- und Geschäftshaus, typischer Wohngeschoßgrundriß und Straßenansicht

Nordrhein-Westfalen

Köln
Quartier um Groß St. Martin
Brigittengäßchen, Lintgasse
1970–1979
Joachim und Margot Schürmann
Eine dreiseitige, in Maßstab und Dachform der kleinteiligen Kölner Altstadt entsprechende Wohn- und Geschäftsbebauung, zusammengefaßt durch die Anwendung eines einheitlichen Fassadensystems, schließt den Platz um die nach Kriegszerstörungen wiederaufgebaute Kirche Groß St. Martin. Das eigene Wohn- und Bürohaus der Architekten mit Fassaden aus Betonwerksteinen und filigranen Stahlbalkonen bildet zusammen mit dem Pfarr- und Begegnungszentrum einen weiteren Platz vor der Kirche. Frühes Beispiel einer „Stadtreparatur" mit hohem Anteil an Wohnnutzung.
Lit.: Baumeister 1979, S. 983ff.; Architectural Review 1980, S. 334ff.

Köln
Media Park
Maybachstraße
1987–1997
Masterplan: Eberhard Zeidler
Auf dem Gelände des ehemaligen Güterbahnhofs St. Gereon entsteht als Ergebnis eines städtebaulichen Wettbewerbs an der Peripherie des Innenstadtbereichs ein neues Quartier mit Büros, Studios, Wohnungen, Freizeit- und Dienstleistungseinrichtungen. Die Architekten der um einen künstlichen See angelegten Baublöcke wurden in Einzelwettbewerben ermittelt. 1995 fertiggestellt sind ein aufwendig inszenierter Kinopalast mit 30 m hoher Eingangsrotunde (Architekt Zeidler), einige Wohn- und Gewerbebauten sowie, am entgegengesetzten Ende der Anlage, ein zur Techniksulptur stilisiertes Umspannwerk (Architekten: Kræmer, Sieverts und Partner).
Lit.: Stadtbauwelt 1990, H. 108; Bauwelt 1991, S. 358f, S. 1332; Baumeister 1991, H. 1, S. 40f.; Christian W. Thompson, Eberhard Zeidler, Berlin 1992.

Quartier um Groß St. Martin

Nordrhein-Westfalen

Media Park, Modellfoto
und Ansicht
Kinogebäude

Nordrhein-Westfalen

Köln
Galerie Gmurzynska
Goethestraße 65a (Marienburg)
1990–1991
Roger und Markus Diener

Die Galerie mit Sammlungen moderner Kunst in einem Villenvorort setzt sich aus zwei aneinandergeschobenen, leuchtend rot gestrichenen Baukörpern zusammen, deren Nahtstellen durch gegeneinander versetzte Deckenniveaus betont werden. Die Ausstellungsräume erhalten im Erdgeschoß Seiten-, im Obergeschoß weitgehend Oberlicht. Am Ende der Führungslinie steht der große Saal (16 × 6 × 6 m); Er nimmt das ganze Obergeschoß des höheren Bauteils ein. Das der suprematistischen Kunst von Malewitsch entlehnte rote Quadrat an der Stirnseite verweist auf die führende Rolle der Galerie bei der Sammlung sowjetischer Kunst.

Lit.: Werk, Bauen und Wohnen 7/8/1991, S.46ff.; Bauwelt 1991, S. 2392.

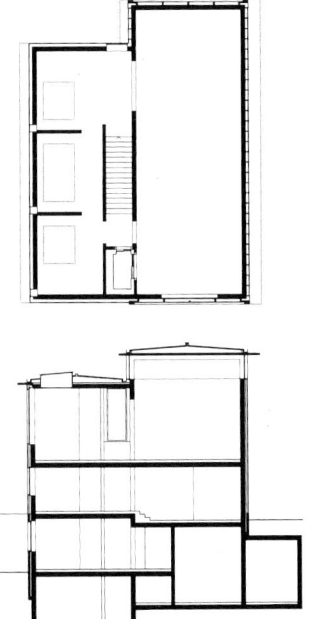

Galerie Gmurzynska, Grundriß, Schnitt und Ansicht

Krefeld
Wohn- und Geschäftshaus
Westwall 124
1899–1901
Karl Buschhüter
Süchteln/Kreis Viersen
Wohn- und Geschäftshaus
Hochstraße 57
1902
Karl Buschhüter

Karl Buschhüter (1872–1956) baute für einen Kreis privater Bauherrn, die wie er der Jugend- und Lebensreformbewegung nahestanden. Trotz einer mehr handwerklich-traditionellen Architekturauffassung gehört er zu den Pionieren der Stahlkonstruktion im Hochbau. Für das Haus seines Vaters in Krefeld wählte er aus Gründen der Flächenersparnis ein Stahlrahmenwerk mit Bimsplatten-Ausfachung, das nur im unteren Teil der Straßenfassade noch mit einer gotisierenden Hausteinfassade verkleidet ist. Im Zuge einer Translozierung wurde das Gebäude vereinfacht wiederaufgebaut.

Bei dem besser erhaltenen Haus in Süchteln ist das nach außen sichtbare Stahlrahmenwerk durch eine mit Keramik verkleidete Ziegelwand ausgefacht.

Lit.: Walfried Pohl, Der Architekt Karl Buschhüter, in: Krefelder Architekten, Krefeld 1987.

Links:
Wohn- und Geschäftshaus, Westwall 124

Wohn- und Geschäftshaus, Hochstraße 57

Krefeld
Haus Lange, Haus Esters
Wilhelmshofallee 91 und 97
1927–1930
Ludwig Mies van der Rohe

Die beiden für die Direktoren der Krefelder Vereinigten Seidenwebereien erbauten Villen sind Variationen eines L-förmigen Haustyps mit repräsentativen Gesellschaftsräumen und komfortablen Schlaftrakten im Obergeschoß. Die sorgfältig komponierten, mit Fensterbändern, Betonplatten und Regenfallrohren gegliederten Fassaden sind trotz scheinbar sachlicher Gestaltung nicht primär aus dem Grundriß, sondern nach volumetrischen und graphischen Gesichtspunkten entwickelt. Die beiden gut erhaltenen Villen sind heute Museen der Stadt Krefeld.

Lit.: Wolf Tegethoff. Mies van der Rohe. Die Villen und Landhäuser. Essen 1981.

Leverkusen
Gemeindezentrum St. Elisabeth
Neustadtstraße 6 (Opladen)
1949, 1956–1958
Emil Steffann

Kirche und Gemeindehaus nehmen als dreiseitig geschlossene Hofanlage die Blockrandbebauung der umgebenden Wohngebäude auf. Gegenüber dem Torbau mit Glockenturm steht die Kirche als massiver Sichtziegelbau mit Strebepfeilern und Pultdach, belichtet nur durch ein bis zum Boden reichendes, wandhohes Fenster an der Stirnseite. Ein auf wenige Formelemente beschränkter, bewußt „archaisch" einfacher Bau.

Lit.: Bauwelt 1979, S. 766ff.; Bauen und Wohnen 10/1980, S. 9ff.; Gisbert Hülsmann, Emil Steffann, Bonn 1984.

Gemeindezentrum St. Elisabeth

Lünen
Geschwister-Scholl-Gymnasium
Holtgrevenstraße 6
1956–1962
Hans Scharoun
Wie in allen Schulbauentwürfen Scharouns sind Klassenräume mit Garderobe, Gemeinschaftsbereich und Freisitz in Gruppen zusammengefaßt, deren Anordnung auf die Entwicklung und das Wachstum der Schüler abgestimmt und entsprechend den Altersgruppen abgewandelt wird. Durch naturwissenschaftliche Räume und Verwaltung von der Straße abgeschirmt, verbindet ein langgestreckter, vielfach um Aufenthaltsbereiche erweiterter Erschließungsflur Aula, Spielhof und die weit nach Süden vorgeschobenen eingeschossigen Unter- und Mittelstufenbereiche. Das Obergeschoß nimmt Werksäle und die Oberstufenklassen auf. Ein auf reformpädagogischen Prinzipien beruhender, architekturgeschichtlich höchst bedeutsamer Bau mit Nachwirkung bis hin zu den Schulbauten von Günter Behnisch.

Marl
Rathaus
Bergstraße 1
1958–1967
Hendrik van den Broek,
Jacob Berend Bakema
Die Industrie- und Bergbaustadt Marl (ca. 100.000 Einwohner) am nördlichen Rand des Ruhrgebiets ist neben Wulfen die einzige Stadt-Neugründung in der Bundesrepublik. Das als dominante Stadtkrone angelegte Rathaus besteht aus zwei Flachbauten (Stadtsaal als nachjustierbare Beton-Spannkonstruktion mit Falttragwerk; Stadtverwaltung) und zwei an den Verwaltungstrakt herangeschobene Dezernatstürmen in Hängekonstruktion. Weitere Bauabschnitte kamen nicht zur Ausführung. Neuer, u.a. von Egon Eiermann (Olivetti-Gebäude in Frankfurt/Main) wiederholter Typus des Verwaltungsbaus.
Lit.: Bauwelt 1968, S. 685.

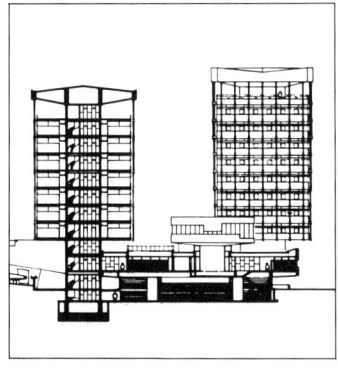

Nordrhein-Westfalen

Geschwister-Scholl-
Gymnasium, Lageplan,
Außen- und Innenansicht

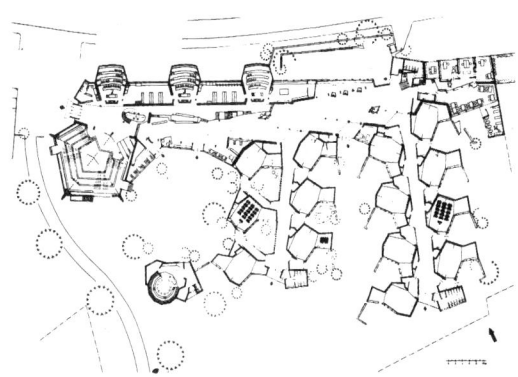

Gegenüber:
Rathaus, Ansicht und
Schnitt

Nordrhein-Westfalen

Mönchengladbach
**St. Kamillus,
Asthmakrankenhaus mit Kirche
und Kloster**
Kamillianerstraße
1926–1928
Dominikus Böhm

Eine mächtige Wandscheibe mit einer Rundbogenöffnung über die gesamte Höhe bildet die Eingangsfront der Kirche hinter der sich eine fünfgeschossige Krankenempore befindet, auf der die Kranken in ihren Betten am Gottesdienst teilnehmen können. Von hier fällt die Decke ab, die Wände verengen sich konisch, so daß der Altar im Brennpunkt einer Raumparabel steht. Die Stahlbetonkonstruktion mit Rundbögen und teilweiser Ziegelverblendung bestimmt die gesamte Anlage.
Lit.: August Hoff (Hrsg.), Dominikus Böhm, München 1962.

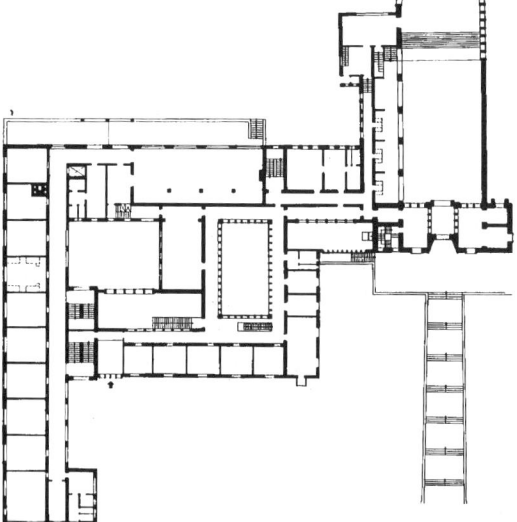

St. Kamillus,
Asthmakrankenhaus mit
Kirche und Kloster,
Ansicht der Kirche und
Grundriß des Komplexes

Mönchengladbach
Städtisches Museum
Abteiberg
1972–1982
Hans Hollein

Die über eine Fußgängerbrücke mit der Altstadt verbundene Anlage bildet eine Gruppe heterogener Bauten um eine Fußgänger-"Piazza", die sich zum gärtnerisch angelegten Südhang öffnet. Der Eingangs-Treppenpavillon führt zum unter der Piazza gelegenen Foyer, von dem aus Schauräume, Wechselausstellung und die Cafeteria erschlossen werden. Die Schauräume bestehen aus einer Gruppe quadratischer, im Obergeschoß von diagonal verlaufenden Sheds belichteten Sälen sowie individuell ausgeformten, auf ein bestimmtes Exponat hin konzipierten Raumsituationen. Eine als Collage komponierte postmoderne „Gebäude-Landschaft" mit ungewöhnlicher Vielfalt räumlicher Eindrücke und verwendeter Materialien.

Lit.: Wolfgang Pehnt. Das Hans-Hollein-Museum in Mönchengladbach. Frankfurt 1987.

Städtisches Museum, Lageplan und Ansicht

Münster
Gartenstadt Habichtshöhe
Grüner Grund, Althoff-Weg, Sentmaringer Weg, Inselbogen
1920
Clemens Brand: Bebauungsplan
1924–1931
Gustav Wolf (bis 1927), Eugen Lauffer
Die Siedlung mit ca. 650 Wohneinheiten wurde im Auftrag der Westfälischen Heimstätte in den traditionellen Formen des Heimatstils in Reihen-, Doppel- und Mehrfamilienhausbebauung nach standardisierten Grundrißtypen mit Wohnungsgrößen bis zu 140 qm errichtet. Als zentrale Freifläche durchläuft ein 400 m langer und bis zu 100 m breiter Grünzug die Siedlung der Länge nach von Norden nach Süden. 1978/1979 unter Beachtung denkmalpflegerischer Aspekte modernisiert.
Lit.: Martin Neitzke, Gustav Wolf: Bauen für das Leben, Tübingen 1993.

Münster
Stadttheater
Voßgasse/Neubrückenstraße
1952–1956
Harald Deilmann, Max von Hausen, Ortwin Rave, Werner Ruhnau
Mit Rücksicht auf die Ruine eines klassizistischen Hauses wurde die Hauptachse des Gebäudes schräg zur Grundstücksgrenze gelegt. Der Theaterraum mit Guckkastenbühne besteht aus einem steilansteigenden Parkett und drei Rängen (950 Sitzplätze). Das Foyer öffnet sich mit einer Glasfassade zu einem Innenhof mit der freigestellten, kulissenartig inszenierten Fassadenruine in der Mitte. 1971 erweitert um ein Studiotheater mit 250 Sitzplätzen. Erster wichtiger Theaterbau der Nachkriegsmoderne in Deutschland.
Lit.: Baukunst und Werkform 1956, S. 245ff.

Gartenstadt Habichtshöhe, Lageplan

Gegenüber: Ansicht

Nordrhein-Westfalen

Stadttheater, Grundriß und Ansicht (Foto 1956)

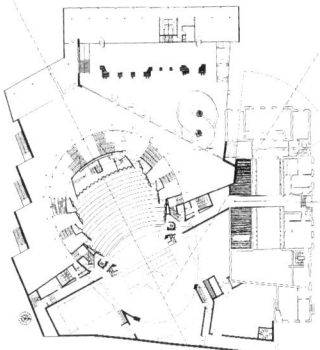

Münster
Stadtbibliothek
Alter Steinweg
1988–1993
Julia Bolles-Wilson, Peter Wilson

Lit.: Bauwelt 1994, S.102ff.; Architekturbüro Bolles-Wilson, Stadtbücherei Münster, Ausstellungskatalog Berlin 1990; Francisco Sanin, Münster City Library, London 1994.

Auf einem seit Kriegsende unbebauten innerstädtischen Grundstück entwickelt sich die neue Stadtbibliothek in zwei Baukörpern beiderseits einer neuen, auf den Chor der Lambertikirche ausgerichteten Gasse. Der nördliche Trakt mit Foyer, Cafeteria und Verwaltung ist über das durchgehende Untergeschoß und eine Brücke mit dem schiffsförmigen Freihand-Lesebereich verbunden. Im Inneren dominieren die beiden, zur Gasse schalenförmig geschlossenen, konstruktiv aufwendigen Erschließungshallen. Im Detail teils überfrachteter Bau, aber mit guter städtebaulicher Einbindung.

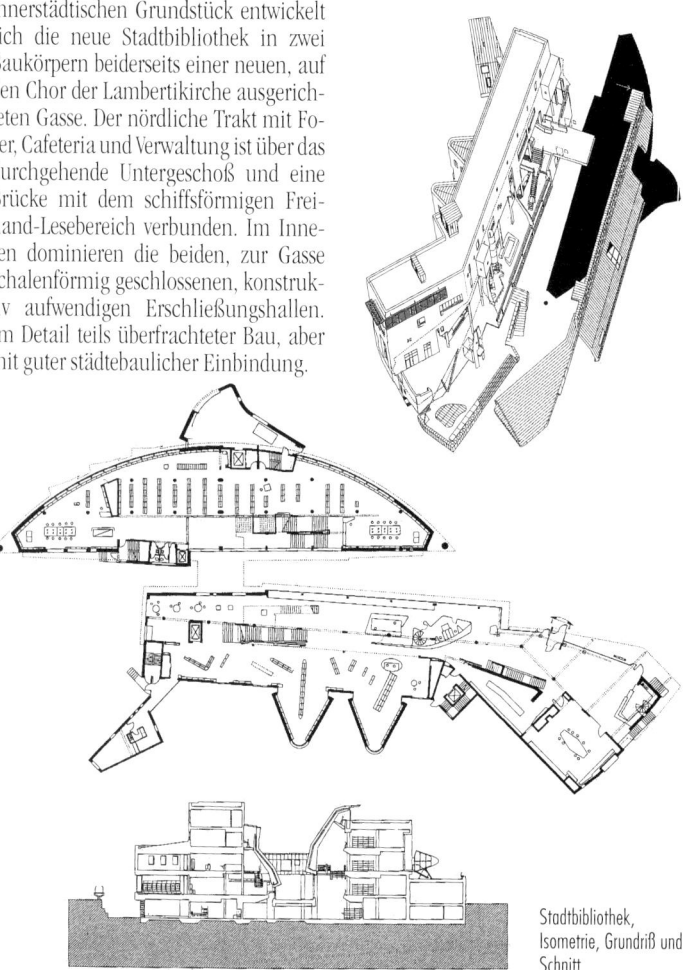

Stadtbibliothek, Isometrie, Grundriß und Schnitt

Oberhausen
Ehem. Hauptverwaltung der Gutehoffnungshütte
Essener Straße 62
1920–1925
Peter Behrens

Der frühere Hauptsitz der Gutehoffnungshütte besteht aus dem dreigeschossigen Verwaltungsgebäude mit starker Anlehnung an Frank Lloyd Wright (nach dem Zweiten Weltkrieg verändert wiederaufgebaut, heute frei vermietetes Bürogebäude), dem kubisch gegliederten, in den oberen Geschossen zurückgestaffelten Lagerhaus (heute teilweise vom Rheinischen Industriemuseum genutzt) sowie Nebengebäuden (Angestelltenhaus, Ölkelleranlage, Tankstelle, Pförtnerhaus). Stahlbeton-Skelettkonstruktion mit Ziegelausfachung.

Am gleichen Ort das Rathaus (Schwartzstraße 70, 1927–1930, Architekt Friedrich Pützer), ein stark gegliederter Gebäudekomplex mit expressionistischen Detailformen und formalen Anklängen an die Gutehoffnungshütte.

Lit.: Hans-Joachim Kadatz, Peter Behrens: Architekt, Maler, Grafiker und Formgestalter 1868–1940, Leipzig 1977; Alan Windsor, Peter Behrens: Architekt und Designer, Stuttgart 1985.

Ehem. Hauptverwaltung der Gutehoffnungshütte

Rathaus Oberhausen

Paderborn
Diözesanmuseum
Markt 17
1969–1971
Gottfried Böhm

Gegen starke Proteste aus der Bürgerschaft wurde mit dem Neubau des Diözesanmuseums die durch Kriegszerstörung erfolgte Freistellung des Domes zum Markt hin rückgängig gemacht. Um bestehende, in den Ausstellungsbereich miteinbezogene Gewölbe im Untergrund des Baugeländes nicht zu belasten, ist das Gebäude von einer Brückenkonstruktion auf vier Stahlbetonpfeilern abgehängt. Das in brutalistischer Materialästhetik mit Blei verkleidete Museum öffnet sich zum Markt mit einer verglasten Cafeteria, die Ausblicke auf den tieferliegenden Domplatz und auf die durch Terrassierung und eingehängte Galerien gegliederte Ausstellungshalle ermöglicht.

Lit.: Bauwelt 2/1976; Svetlozar Raev, Gottfried Böhm: Bauten und Projekte 1950–1980, Köln 1980; Bauwelt 1992, S. 1883.

Diözesanmuseum

Schleiden/Eifel
"Ordensburg Vogelsang"
1934–1939
Clemens Klotz

In zwei Bauabschnitten entstand an einem Nordhang eine nationalsozialistische Internats-Schulungsstätte als sog. Ordensburg, bestehend aus dem Gemeinschaftshaus an der oberen Hangkante, den am Hang gestaffelten Kameradschaftsräumen, einer Thingstätte und, am Fuß des Hanges, einer Sportanlage. Die Symmetrie der fächerförmig an die Topographie angepaßten Anlage wird durch seitlich erfolgende Erschließung und den exzentrisch angeordneten Glockenturm gebrochen. Die Assoziation mit historischen Wehranlagen wird weniger durch formale Anleihen als durch die Anwendung roh belassener, natürlicher Materialien erzeugt. Wird heute von der belgischen Armee genutzt.

Lit.: Ruth Schmitz-Ehmcke, Die Ordensburg Vogelsang: Architektur – Bauplastik – Ausstattung, in: Landeskonservator Rheinland, Arbeitsheft 41, Köln 1987.

"Ordensburg Vogelsang", Modellfoto und Ansicht

Nordrhein-Westfalen

Sennestadt bei Bielefeld
Stadtanlage Sennestadt
1956–1973
Hans Bernhard Reichow
Ursprünglich als „Schlafstadt" für das benachbarte Bielefeld geplant, dann als eigene Siedlung für 25.000 bis 30.000 Einwohner mit Versorgungseinrichtungen, Schulen und Gewerbe nach den Regeln des von Reichow entwickelten „organischen" Städtebaus angelegt. Die Siedlungsbereiche werden kreuzungsfrei nach einem Verästelungssystem mit rigider Trennung von Fußgänger-, Rad-, und Fahrverkehr erschlossen. Hierarchie von Wohn-, Erschließungs- und Sammelstraßen. In der Siedlung die Christuskirche von Dieter Oesterlen 1962–1963. 1973 wurde Sennestadt von Bielefeld eingemeindet.
Lit.: Bauwelt 1956, S. 505ff.

Solingen
August-Dicke-Schule
Schützenstraße 44
1927–1930
Alexander Klein
Die monumentale symmetrische Schulanlage wurde nach der Eröffnung als „schönste und bestausgestattete Volksschule Westdeutschlands" gefeiert. Zum Schulkomplex gehören zwei Turnhallen, deren Flachdächer als Luft- und Lichtbad für Freigymnastik genutzt wurden. Die mit Klinker verkleidete An-

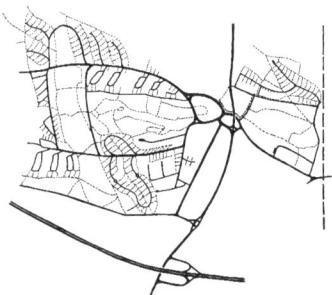

Stadtanlage Sennestadt, Lageplan

August-Dicke-Schule

Gegenüber:
Wallfahrtskirche Königin des Friedens: Lageplan, Ansicht mit Pilgerweg

lage war als Demonstration einer für alle Bevölkerungsgruppen freien Einheitsschule geplant, wurde aber schon ab 1932 als Gymnasium genutzt.
Lit.: Klaus Novy u.a., Reformführer NWR: Soziale Bewegungen, Sozialreform und ihre Bauten, Köln und Wien 1991, S. 108 ff.

Velbert/Neviges
Wallfahrtskirche Königin des Friedens
1963–1972
Gottfried Böhm
Die räumliche Beengtheit der alten Wallfahrtskirche führte zu einem Wettbewerb für einen Kirchenneubau, bei dem sich Böhms neoexpressionistischer Entwurf erst in der zweiten Stufe durchsetzen konnte. Ein durch Treppenanlagen und begleitende Bebauung gegliederter Pilgerweg führt zur Wallfahrtskirche auf dem höchsten Punkt des Geländes. Der 800 Sitzplätze fassende Kirchenbau, ein skulptural geformter Zentralraum mit seitlicher Empore und raumhohen Nischen, kontrastiert mit den Rundformen am Pilgerweg durch kristallin-scharfkantige Formgebung. Die ganze Anlage wurde in Sichtbeton ausgeführt.
Lit.: Veronika Darius, Der Architekt Gottfried Böhm: Bauten der sechziger Jahre, Düsseldorf 1980.

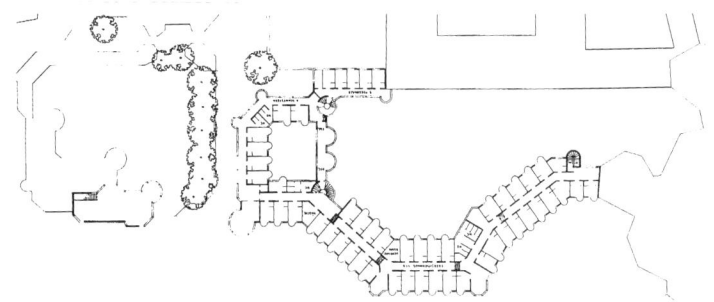

Nordrhein-Westfalen

Wildbergerhütte/Reichshof
Pfarrkirche St. Bonifatius
1974
Heinz Bienefeld

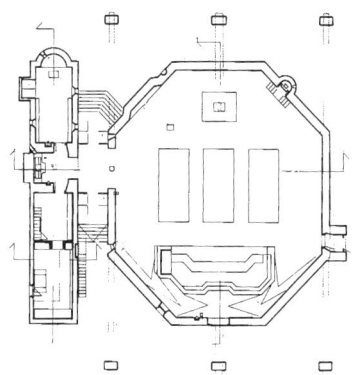

Kirche und Pfarrheim bilden eine durch das geplante Jugendheim noch zu vervollständigende Baugruppe an einer Straßenkreuzung. Der gegenüber dem Außenbereich um 1 m abgesenkte Kirchenraum bildet ein in der Längsachse leicht gestrecktes Oktogon, dessen Dach auf massiven, vor die Fassade gestellten Steinpfeilern ruht. Das nach Süden abgeschleppte Satteldach überdeckt einen Seitentrakt mit Nebenräumen und Glockenturm. Dominierendes Gestaltungsmerkmal ist innen und außen das bewußt an römische Bauten erinnernde Naturstein-Mauerwerk.
Lit.: Manfred Speidel, Sebastian Legge, Heinz Bienefeld: Bauten und Projekte, Köln 1991.

Pfarrkirche
St. Bonifatius, Grundriß
und Ansicht

Wuppertal
Schwebebahn
1897–1903
Eugen Langen, Otto Feldmann

Das Versagen des öffentlichen Nahverkehrs im engen Tal der Wupper zwischen Barmen und Elberfeld führte zur Überbauung des Flusses mit einer 13,3 km langen Schwebebahn und 20 Haltestationen. Die in drei Bauabschnitten errichtete Eisenkonstruktion ruht auf 472 an beiden Ufern abgestützten Pfeilerpaaren (Pendelpfeiler alle 20–30 m, steife Gruppenpfeiler alle 200–300 m). Die ohne vorige Erprobung gewählte Schwebebahn nach dem System Langen (ohne zusätzliche seitliche oder untere Führungsschiene) ist bis heute unverändert in Betrieb. Offen gezeigter konstruktiver Ingenieurbau; Stationen zum Teil in Jugendstilformen.

Lit.: Zentralblatt der Bauverwaltung 1900, S. 494ff., S. 506ff.; Der westdeutsche Impuls 1900–1914: Wuppertal, Essen 1984.

Hessen

Darmstadt
Künstlerkolonie, Ausstellungsgebäude und Hochzeitsturm
Olbrichweg/Mathildenhöhenweg/
Alexandraweg (Mathildenhöhe)
1900–1908
Joseph Maria Olbrich, Peter Behrens u.a.

Auf Veranlassung des kunstfördernden Großherzogs Ernst-Ludwig von Hessen-Darmstadt und unter der Leitung des Wiener Sezessionsarchitekten Olbrich entstand auf dem Gelände des ehemaligen großherzoglichen Lustparks unterhalb des historischen Platanenhains eine Künstlerkolonie, deren Häuser, zum großen Teil von Olbrich selbst entworfen, zugleich als Musterbauten moderner Wohnformen auf der Ausstellung „Ein Dokument Deutscher Kunst" (1901) öffentlich zugänglich waren. Die von Olbrich und Behrens entworfenen, überwiegend erhaltenen oder nach Kriegszerstörungen wiederaufgebauten Häuser waren bis hin zu den Gebrauchsgegenständen durchgestaltet. Mittelpunkt des Ausstellungsgeländes war zunächst das ebenfalls von Olbrich entworfene, durch seine Schmucklosigkeit im Außenbau provozierende Ernst-Ludwig-Haus. Anläßlich der Heirat des Großherzogs wurde als Geschenk der Stadt von Olbrich der sog. Hochzeit-

Künstlerkolonie, Ausstellungsgebäude und Hochzeitsturm

sturm, zusammen mit einem neuen Ausstellungsbau neben dem Platanenhain erbaut. Das auf U-förmigem Grundriß entwickelte Ausstellungsgebäude wurde im Inneren total verändert, der Hof zu einer weiteren Ausstellungshalle umgebaut. Durch die Berufung Olbrichs wurde Darmstadt zum deutschen Zentrum des Jugendstils.

Lit.: Ein Dokument deutscher Kunst: Darmstadt-Mathildenhöhe 1901–1976, Darmstadt 1977; Bernd Krimmel (Hrsg.), Joseph M. Olbrich 1867–1908, Darmstadt 1983; Alan Windsor, Peter Behrens: Architekt und Designer, Stuttgart 1985.

Künstlerkolonie, Häuser von Peter Behrens und Joseph Maria Olbrich

Darmstadt
Kunsthalle
Steubenplatz 1
1956, 1965
Theo Pabst

Die anstelle eines im Zweiten Weltkrieg zerstörten Vorgängerbaus mit geringen Mitteln errichtete Kunsthalle öffnet sich mit der verglasten Südfassade der Eingangsseite zum begrünten Vorplatz an der stark befahrenen Rheinstraße. Neben dem zentralen, von oben belichteten Hauptraum dienen auch die von Sonnenschutzlamellen beschattete Eingangshalle und ein Galerieraum im Obergeschoß für Ausstellungszwecke. Der Galerieraum und die Büros im Erdgeschoß (1965) bilden eine schon 1956 vorgesehene Erweiterung auf der Nordseite. Ein klar strukturierter, räumlich differenzierter Fünfziger-Jahre-Bau.

Lit.: Baukunst und Werkform 1958. S. 308f.

Kunsthalle

Darmstadt
Georg-Büchner-Gymnasium
Nieder-Ramstädter-Straße 120
1956–1960
Hans Schwippert

Dieser Direktauftrag war ein spätes Ergebnis der Darmstädter Gespräche „Mensch und Raum" im Jahr 1951, zu denen Schwippert zwei Entwürfe für ein Gymnasium vorgelegt hatte. Erschlossen von drei internen Schulstraßen, die den zweigeschossigen Fachklassen- und Verwaltungstrakt mit der Aula/Sporthalle verbinden, sind die eingeschossigen Klassentrakte den vorgelagerten Gartenhöfen direkt zugeordnet. Ähnlich Scharouns Gymnasium in Lünen folgt der Bau einem neuen, auf Gemeinschaftsbildung und Freiraumbezug abzielenden pädagogischen Konzept. In der flächig verdichteten Anordnung ist die Schule den zur selben Zeit errichteten Teppichsiedlungen vergleichbar.

Lit.: Charlotte M. E. Werhahn, Hans Schwippert, München 1987.

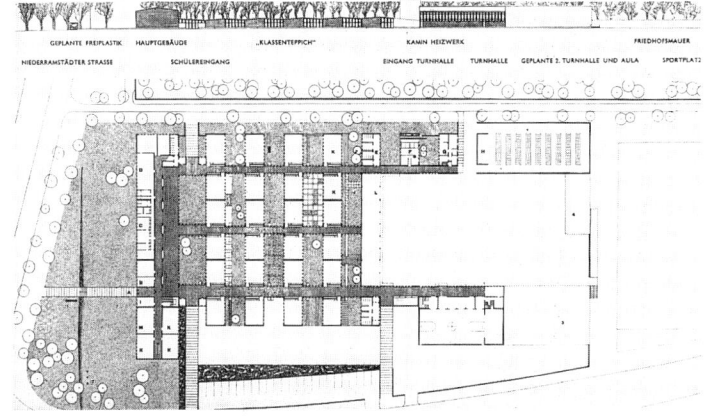

Georg-Büchner-Gymnasium, Fassadenansicht, Lageplan und Außenansicht

Frankfurt/Main
Fest- und Ausstellungshalle
Messegelände
1906–1909
Friedrich von Thiersch

Die Frankfurter Festhalle ist das Ergebnis eines von Thiersch in Zusammenarbeit mit zwei Stahlfirmen gewonnenen engeren Wettbewerbs. Von späthistoristisch-wilhelminischen Anbauten umgeben, ist der Hallenbau selbst ein wegweisendes Ingenieurbauwerk mit offen gezeigter Tragkonstruktion. Auf rechteckiger Grundfläche von 110 m Länge wird die Halle von Viergelenk-Stahlbogenträgern überspannt, die eine Flachkuppel mit Oberlichtern tragen. Von Thiersch selbst war sie als Teil einer größeren Anlage mit Maschinenhallen und Konzertsälen geplant, die zuerst wegen des Ersten Weltkriegs, dann wegen des Widerstandes der Frankfurter Architektenschaft nicht ausgeführt wurde.

Dem ständig wachsenden Messebereich wurden nach 1980 folgende Bauten hinzugefügt:

– Die Galleria, eine tonnenüberwölbte Glaspassage, mit dem sandsteinverkleideten Messehaus 9 (1980–1983, Oswald Mathias Ungers).

– Das auf einem Gleisdreieck zwischen westlichem und östlichem Ausstellungsbereich errichtete portalartige Hochhaus mit eingestelltem Glastrakt (1983/84, Oswald Mathias Ungers).

– Die Messehalle 1 (Ludwig-Erhard-Anlage 1, 1987–1989, Helmut Jahn).

– Der Messeturm, das mit 276 m Höhe derzeit höchste Bürogebäude Europas (1990–92, Helmut Jahn).

Lit.: Friedrich von Thiersch, Die Ausstellungs- und Festhalle der Stadt Frankfurt am Main, Frankfurt/Main 1909; Winfried Nerdinger, Friedrich von Thiersch, München 1987; Horst Karl Marschall, Friedrich von Thiersch: Ein Münchner Architekt des Späthistorismus, München 1982; Oswald Mathias Ungers, Architektur 1951–1990, Stuttgart 1991; Murphy/Jahn, Messeturm Frankfurt, München 1991.

Fest- und Ausstellungshalle

Hessen

Messegelände: Galleria, Hochhaus und Messeturm

Frankfurt/Main
Gaswerk Ost
Schielestraße 18–28
1910–1912
Peter Behrens

Die ehemalige Gasanstalt bildet einen sorgfältig geplanten Industriestandort, der beiderseits einer Gleisanlage im Norden, an der Schielestraße, die Wohnungs, Sozial- und Verwaltungsbauten, im Süden Werkhallen, Flüssigkeitsbehälter und Maschinenhaus aufnimmt. Die Betriebsgebäude sind Massivbauten mit gelben und roten Klinkern, die Produktionsgebäude haben ein Stahlskelett mit Ziegelausfachung. Von den ursprünglich vier Flüssigkeitsbehältern mit den charakteristischen, im Grund- und Aufriß leitmotivisch durchgeführten Rundformen (Sockel des Wasserturms, Verbindungsbrücken), sind nur noch zwei erhalten. Die Anlage, durch die Kokerei (1927–1930) von Adolf Meyer bedeutend erweitert, ist heute außer Betrieb.

Lit.: Fritz Hoeber, Peter Behrens, München 1913; Alan Windsor, Peter Behrens: Architekt und Designer, Stuttgart 1985; Annemarie Jaeggi, Adolf Meyer, Berlin 1994.

Frankfurt/Main
Hauptverwaltung der Farbwerke Hoechst
Brüningstraße 64 (Hoechst)
1920–1924
Peter Behrens

Durch die Brüningstraße von einem bereits bestehenden Bürohaus der Firma getrennt, sind zwei stumpfwinklig zueinander stehende, dem Straßenverlauf folgende Verwaltungstrakte an den dominierenden Mittelbau angegliedert. Neben dem Haupteingang steht der zum Firmensignet avancierte Uhrturm mit der parabelförmigen Verbindungsbrücke zum Altbau. Der Haupteingang führt zur zentralen, über alle Geschosse reichenden und von drei Glaskuppeln belichteten Pfeilerhalle aus farbigen, nach oben hin heller werdenden Ziegeln, mit fast sakralem Raumeindruck. Die Halle, ein Höhepunkt expressionistischer Architektur, wurde in den achtziger Jahren restauriert. Besichtigung nur nach Voranmeldung.

Lit.: Bernhard Buderath (Hrsg.), Umbautes Licht: Das Verwaltungsgebäude der Hoechst AG, München 1990.

Hessen

Gaswerk Ost, Kokerei

Gaswerk Ost,
Wasserturm und
Maschinenhaus

Hauptverwaltung der
Farbwerke Hoechst,
Ansicht

Gegenüber:
Innenansicht

Hessen

Ernst May und das Neue Frankfurt 1925–1930

Während der Amtszeit Ernst Mays als Leiter des Frankfurter Hochbauamtes wurden, neben zahlreichen öffentlichen Großbauten, über 15.000 Wohnungen von der Stadt Frankfurt selbst oder von Wohnungsbaugenossenschaften, zumeist in Trabantensiedlungen entlang dem Niddatal errichtet. Rationalisierung des Baubetriebs und Standardisierung der Wohnungsgrundrisse (Frankfurter Küche von Schütte-Lihotzky) ermöglichten die zügige Durchführung von Großbaustellen und eine wirtschaftlich vertretbare Senkung des Mietpreises. Weniger erfolgreich war die Anwendung präfabrizierter Großtafeln aus einer städtischen Plattenbaufabrik bei späteren Siedlungen. Die immer konsequentere Rationalisierung und der Zwang zum Sparen führten zu immer schematischeren Zeilenbau-Siedlungen (zum Beispiel Westhausen).

Lit.: Christoph Mohr, Michael Müller, Funktionalität und Moderne, Das Neue Frankfurt und seine Bauten 1925–1933. Frankfurt 1984.

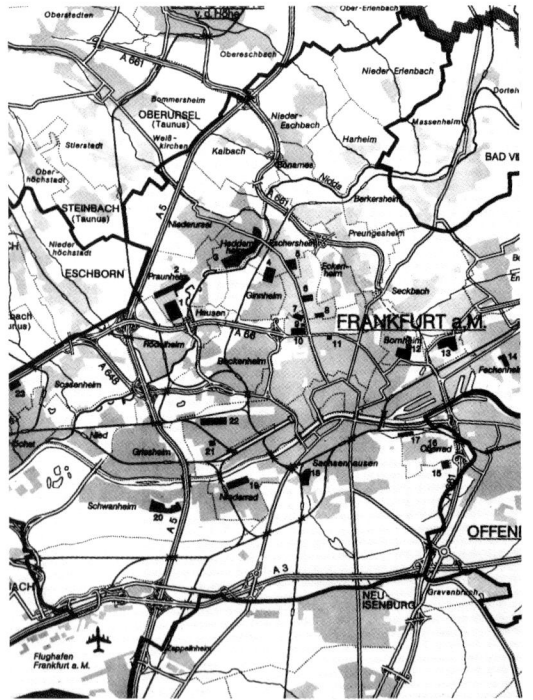

1 Sied. Westhausen
2 Sied. Praunheim
3 Sied. Römerstadt
4 Sied. Höhenblick
5 Sied. am Lindenbaum
6 Wohnhausgruppe an der Hügelstraße
7 Sied. Raimundstraße
8 Wohnhausgruppe am Marbachweg
9 Altersheim Hansaallee
10 Sied. Miquelallee
11 Wohnhausgruppe berufstätiger Frauen
12 Sied. Bornheimer Hang
13 Sied. Riederwald
14 Sied. Rütschlehen
15 Gärtnersied. Teller
16 Sied. Nonnenpfad
17 Gärtnersied. Strahlenberger Lehen
18 Heimatsied.
19 Sied. Bruchfeldstraße
20 Gartenstadt Goldstein
21 Sied. Tornow Gelände
22 Sied. Hellerhof
23 Sied. Engelsruhe

Gegenüber:
Siedlung Bruchfeldstraße
Siedlung Praunheim

Siedlung Bruchfeldstraße
1926–1927
E. May mit H. Boehm, C. H. Rudloff
Die Sägezahnform der Sechsfamilienhäuser im Kernbereich der Siedlung (deshalb im Volksmund „Zickzackhausen" genannt) resultiert aus der Forderung nach optimaler Besonnung und Belüftung der Einzelhäuser. Dach- und Siedlergärten bilden private Freibereiche. Die zentrale Achse wird im Norden durch ein Gemeinschaftshaus abgeschlossen.

Siedlung Praunheim
Ludwig-Landmann-Straße
1926–1929
*E. May mit H. Boehm,
E. Kauffmann, A. Brenner*
Bei dieser in drei Bauabschnitten errichteten Großsiedlung mit 1.440 Wohnungen kamen nur neun standardisierte Grundrißtypen zur Anwendung. Laubenganghäuser mit Kleinstwohnungen schirmen mit überbauten Tordurchfahrten die restliche Siedlung – vorwiegend Reihenhäuser mit Siedlergärten und Einliegerwohnungen im Dachgeschoß – gegen die Hauptverkehrsstraßen ab. Begünstigt durch die schematische Anlage auf ebenem Gelände kamen im 3. Bauabschnitt auch Bimsbetonplatten als vorgefertigte Großelemente zur Anwendung.

Hessen

Siedlung Römerstadt
1927–1928
E. May mit H. Boehm, W. Bangert, C.H. Rudloff, G. Schaupp, K. Blattner, F. Schuster

Auf dem Gelände einer antiken römischen Siedlung erstreckt sich die Trabantenstadt mit 1.220 Wohnungen über ca. 1,5 km Länge entlang einer Anhöhe über dem Niddatal. Die Bebauung, teils Reihenhäuser mit tiefen Nutzgärten (Gartenarchitekt Leberecht Migge), teils Geschoßwohnungsbauten, folgen in geschwungener Straßenführung dem Höhenverlauf. Zum Niddatal sind bastionsartig Aussichtspunkte vorgeschoben. Die einzigen ausgeführten Infrastruktur-Einrichtungen sind ein Ladenzentrum an der Hadriansstraße und eine Schule von Martin Elsässer (Im Burgfeld 1–13, 1928–1929, heute Geschwister-Scholl-Schule, erweitert 1992–1994 von Günter Behnisch).

Siedlung Hellerhof
Frankenallee 152–174a
1930–1932
Mart Stam

Die zwischen Frankenallee und Bahngleisen angelegte Siedlung mit 1.194 Wohnungen ist durch ein Straßenkreuz in vier Quadranten geteilt. Zweigeschossige Kopfbauten schirmen die ost-west-orientierten Zeilen gegen die Frankenallee ab. Am Kreuzungspunkt der Hauptstraßen befinden sich zentrale Gemeinschaftseinrichtungen und Läden. Der dritte, nördliche Bauabschnitt wurde nach Zerstörungen im Zweiten Weltkrieg verändert wiederaufgebaut.

Lit.: Das Neue Frankfurt, 1926–1933; Heike Risse, Frühe Moderne in Frankfurt am Main 1920–1933, Frankfurt/Main 1984; D. W. Dreysse, May-Siedlungen, Frankfurt/Main 1987; Ernst May und das Neue Frankfurt 1925–1930, Berlin 1986.

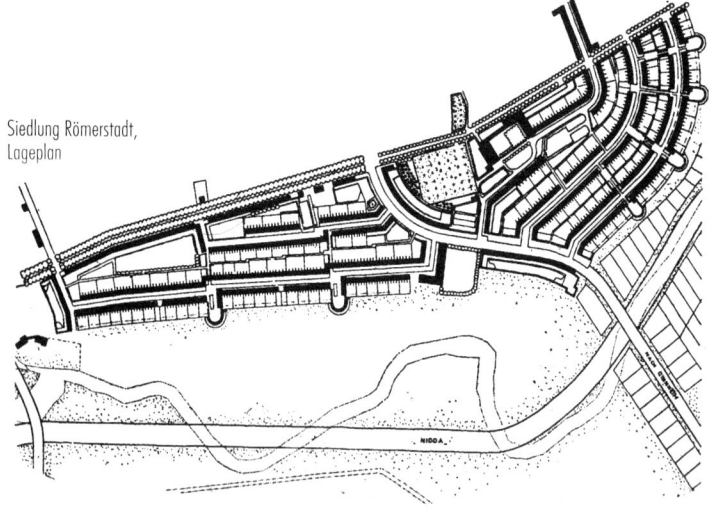

Siedlung Römerstadt, Lageplan

Hessen

Siedlung Hellerhof,
Lageplan und Ansicht

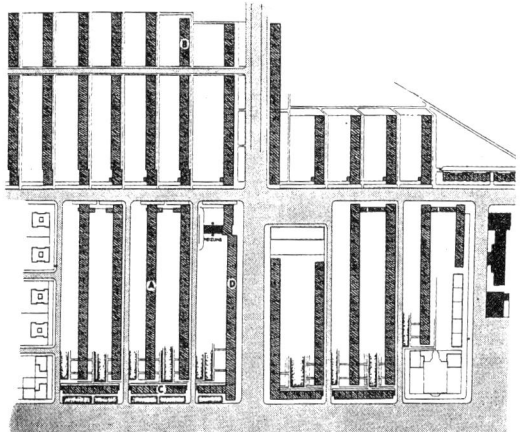

Siedlung Römerstadt,
Ansicht

Frankfurt/Main
Großmarkthalle
Rückertstraße 6
1927–1928
Martin Elsässer

Das von der Bahn und vom Hafen direkt belieferte, zugleich zentrumsnahe Bauwerk von 250 m Länge wird zwischen zwei aussteifenden Kopfbauten (Verwaltung, Kühlhaus) von 15 Schalengewölben mit 7,5 cm Stärke bei 50 m Spannweite stützenfrei überdeckt. Die als Stahlbetonskelett erbauten Außenwände sind an den Längsseiten der Halle verglast, an den Kopfbauten mit Ziegeln ausgefacht. Zeitgleich mit der Halle wurden weitere An- und Nebenbauten (Importhalle, Wohntrakt) errichtet. Zur Zeit ohne Nutzung.

Lit.: Martin Elsässer, Die neue Großmarkthalle in Frankfurt am Main, Frankfurt/Main 1928.

Großmarkthalle, Außen- und Innenansicht

Frankfurt/Main
Kath. Frauenfriedenskirche
Zeppelinallee 99–103 (Bockenheim)
1927–1929
Hans Herkommer

Die zum Gedächtnis der Kriegsopfer und als Mahnung zum Frieden im Auftrag von katholischen Frauenorganisationen erbaute Kirche bildete zusammen mit Kreuzgang, Gedächtnishof, Pfarr- und Gemeindehaus eine dem herkömmlichen Klosterschema nachgebildete Anlage. In ihrer kubisch-additiven Baukörperanordnung steht die Anlage sowohl in Beziehung zur zeitgenössischen Moderne als auch, verstärkt durch die Anwendung traditioneller Typologien und das leitmotivisch wiederkehrende Rundbogenmotiv, zur Baukunst der Romanik. Im monumentalen Westportal mit drei mächtigen Bogenöffnungen befindet sich eine 11 m hohe Marienplastik.

Lit.: Werner Hegemann, Hans Herkommer, Berlin/Leipzig/Wien 1929.

Kath. Frauenfriedenskirche

Frankfurt/Main
Städtisches Elektrizitätswerk
Gutleutstraße 280
1928–1929
Adolf Meyer
Auf 12.000 qm Grundfläche wurde das E-Werk über einem Raster von 6 m durchgehend in monolithischer Stahlbeton-Bauweise errichtet. Es umfaßte Verwaltungsbereich und Labors des technischen Prüfungsamtes an der Gutleutstraße, den Montagehof mit einer nur 5 cm starken, 26 m überspannenden Schalen-Überdachung sowie mit Tonnendächern überdeckte Kabellager- und Garagenhallen. Aufgrund souverän beherrschter Beton-Schalen- und Rahmenkonstruktionen und vielfältiger Anwendung von Glaswerkstoffen (Prismenglas, Glasbausteine) einer der technisch fortschrittlichsten Bauten der zwanziger Jahre in Deutschland.
Lit.: Zentralblatt der Bauverwaltung 1930 S. 249ff.; Annemarie Jaeggi, Adolf Meyer: Der zweite Mann: Ein Architekt im Schatten von Walter Gropius, Berlin 1994.

Frankfurt/Main
Verwaltungsgebäude der IG-Farben
Grüneburgplatz/Fürstenbergerstraße (Westend)
1928–1930
Hans Poelzig
Ein nach Süden konvex geschwungener Verwaltungstrakt verbindet sechs Querbauten, deren stützenfreie Konstruktion eine variable Einteilung für Großraum- und Einzelbüros ermöglicht. Die Symmetrieachse der 240 m breiten Anlage wird durch die Raumfolge des Eingangsbereichs und den über Außentreppen erschlossenen Kasinobau im Norden akzentuiert. Hauptgebäude und Kasino sind in Stahlskelett-Konstruktion errichtet und mit Travertin verkleidet. Trotz einzelner Formelemente des Neuen Bauens dominiert eine monumental-klassizistische Formensprache, die dem Architekten nachträglich den Vorwurf „präfaschistischen Bauens" eintrug. Nach dem Zweiten Weltkrieg Verwaltungssitz der US-Streitkräfte in Deutschland.
Lit.: Julius Posener, Hans Poelzig: Sein Leben, Sein Werk, Braunschweig/Wiesbaden 1994; Bauwelt 1994, S. 8f.

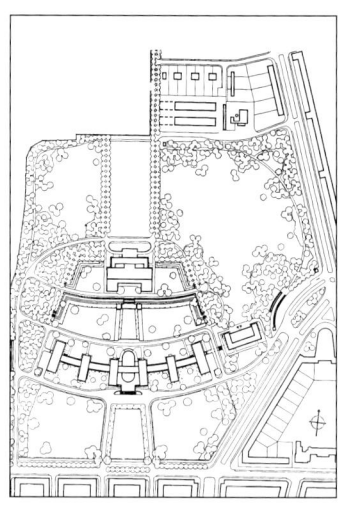

Hessen

Städtisches
Elektrizitätswerk,
Ansicht und Montagehof
(Foto 1929)

Verwaltungsgebäude der
IG-Farben, Ansicht

Gegenüber:
Lageplan

Hessen

Frankfurt/Main
Altersheim der Henry- und Emma-Budge-Stiftung
Edingerweg 9
1928–1930
Mart Stam, Werner Moser

Das Altersheim ist ein wegen des angestrebten Bezugs zum Garten nur zweigeschossiger, im Grundriß H-förmiger Bau mit Gemeinschafts- und Versorgungseinrichtungen im Mitteltrakt. Die Seitenflügel sind einbündige Trakte mit ausschließlich nach Süden ausgerichteten Zimmern. Vorbildlicher Bau der klassischen Moderne. Nach Kriegszerstörungen als Krankenhaus der US-Army wiederhergestellt, durch An- und Umbauten verändert.

Lit.: Simone Rümele, Mart Stam, Zürich 1987.

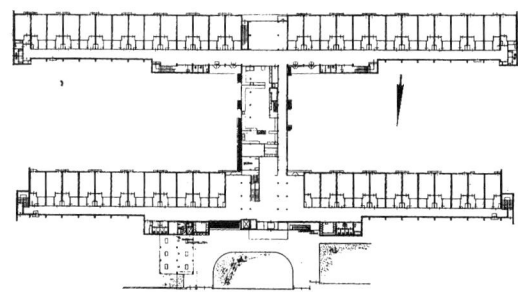

Altersheim der Henry- und Emma-Budge-Stiftung, Innenansicht, Grundriß und Außenansicht

Frankfurt/Main
Wohnhaus Erlenbach
Hans-Sachs-Straße 6 (Bockenheim)
1930
Ferdinand Kramer
Über fast quadratischer Grundfläche erhebt sich der würfelförmige weiße Baukörper mit Flachdach und harmonisch proportionierten Fensteröffnungen. Der Bau war zur Entstehungszeit heftig umstritten, sogar eine zeitweise behördliche Stillegung wurde wegen angeblicher Verschandlung des Villenviertels erwirkt.
Lit.: Claude Lichtenstein (Hrsg.), Ferdinand Kramer: Der Charme des Systematischen, Gießen 1991.

Frankfurt/Main
Paulskirche (Wiederaufbau)
Paulsplatz
1947–1948
Rudolf Schwarz, Eugen Blanck, Johannes Krahn, Gottlob Schaupp
Die Stadt Frankfurt ließ die Paulskirche, Tagungsort des ersten deutschen Parlaments, zur Jahrhundertfeier 1948 als Versammlungsort einer zukünftigen Nationalversammlung wiederherstellen. Unter Verzicht auf genaue Rekonstruktion wurde der bis auf die Außenmauern kriegszerstörte Bau flach eingedeckt, im Inneren verputzt und weiß gestrichen. Aus dem niedriger als zuvor angelegten Eingangsgeschoß erfolgt der Aufstieg in den hohen, nur durch die Rednertribüne akzentuierten Zentralbau, dessen Empore nicht wiederaufgebaut wurde. Exemplarischer Bau der „Nachkriegsbescheidenheit".
Lit.: Ingeborg Flagge, Wolfgang Jean Stock (Hrsg.), Architektur und Demokratie, Stuttgart 1992.

Wohnhaus Erlenbach

Unten:
Paulskirche
(Wiederaufbau)

Frankfurt/Main
**Konzertsaal
(Ehem. Plenarsaal des
Hessischen Rundfunks)**
Bertramstraße 8 (Dornbusch)
1949–1954
Gerhard Weber, Gustav Schäfer
Ursprünglich als Sitz des Bundestags geplant, wurde der an eine bestehende Pädagogische Akademie vom Ende der zwanziger Jahre angeschlossene Plenarsaal als Rundbau mit vier vorgelagerten Treppenhaustürmen in Anspielung auf die Form der Paulskirche erbaut. Nach der Entscheidung für Bonn als Hauptstadt und der Übernahme des Gebäudes durch den Hessischen Rundfunk entstand nach wieder von Weber gewonnenem Wettbewerb ein rechteckiger Konzertsaalbau, als dessen Foyer das Erdgeschoß des im Inneren total umgebauten Rundbaus dient. Die Fassade des Rundbaus wurde mit Sonnenschutzlamellen nachgerüstet.
Lit.: Baukunst und Werkform 1952, S.36 ff.

Generalbebauungsplan und Gebäude von Ferdinand Kramer für die Johann-Wolfgang-Goethe-Universität, Frankfurt/Main, 1952–1964

Senckenberganlage/Gräfstraße, Georg-Voigt-Straße/Bockenheimer Landstraße

Ferdinand Kramer, in den zwanziger Jahren Mitarbeiter von Ernst May, leitete seit seiner Berufung durch Max Horkheimer das Bauamt der im Zweiten Weltkrieg zu 85 % zerstörten Universität, für die er den Bebauungsplan und 23 Einzelgebäude entwarf. Geplant war eine Campus-Universität nach amerikanischem Muster. Platzmangel, Rücksicht auf bestehende Gebäude und die innerstädtische Lage führten aber zu starken Einschränkungen bei der Realisierung. Durch den teils schlechten Erhaltungszustand sind einige Bauten dieses bedeutenden Ensembles von gravierenden Eingriffen oder Abriß bedroht.

Lit.: Ferdinand Kramer, Architektur und Design, Berlin 1983; Claude Lichtenstein (Hrsg.), Ferdinand Kramer: Der Charme des Systematischen, Gießen 1991.

Institut für Pharmazie und Lebensmittelchemie

Georg-Voigt-Straße
1956–1958
Ferdinand Kramer und Universitätsbauamt

Aufgeständerter, über zwei Brücken erschlossener Institutsbau mit vorgelagertem Hörsaal. Starke Plastizität des Außenbaus durch die Betonrahmen des Hörsaals und die Sonnenschutzlamellen des in Stahlbeton-Skelettbauweise errichteten und mit gelben Klinkern ausgefachten Hauptbaus.

Institut für Pharmazie und Lebensmittelchemie

Gegenüber:
Konzertsaal (ehem. Plenarsaal des Hessischen Rundfunks), Innen- und Außenansicht

Hessen

Hörsaalgebäude 1
Mertonstraße/Gräfstraße
1956–1958
*Ferdinand Kramer und
Universitätsbauamt*
Die Anordnung der im Querschnitt keilförmig gegeneinander versetzten Hörsäle in einer geschlossenen, kastenförmigen Hülle ohne natürliche Belüftung und Belichtung stellt eine aus räumlicher und finanzieller Beschränkung erwachsene Extremlösung dar. Gemildert wird der nach außen abweisende Eindruck durch das transparente Fluchttreppenhaus an der Gebäudestirnseite.

Philosophisches Institut und Seminargebäude
Gräfstraße
1959–1960
*Ferdinand Kramer und
Universitätsbauamt*
Vor die Fassade gestellte Stützen mit Geschoßdecken ohne Zwischenauflager im Inneren ermöglichen die Ausführung des Gebäudes als Stahlkonstruktion ohne die üblicherweise aus Brandschutzgründen notwendige Ummantelung der Stützen und zugleich die flexible Nutzung der insgesamt nur 10 m tiefen Hochhausscheibe. Sanitär- und Erschließungselemente in zwei vorgelagerten Gebäudefestpunkten.

Universitäts- und Stadtbibliothek
Bockenheimer Landstraße/Zeppelinallee
1959–1964
*Ferdinand Kramer und
Universitätsbauamt*
Ein dreigeschossiger Verwaltungstrakt und ein kompaktes Magazingebäude sind durch die von oben belichtete Eingangshalle verbunden. Da ein Großteil der thematisch geordneten Bücher für den Benutzer direkt zugänglich ist, sind Arbeitsplätze und Bücherregale einander unmittelbar zugeordnet. Die vorgehängte Fassade des Magazingebäudes ist an den Gebäudekanten bis auf die Stahlbeton-Eckstützen eingezogen, so daß eine den IIT-Gebäuden Mies van der Rohes in Chicago ähnliche Ecklösung entsteht.

Hörsaalgebäude 1

Hessen

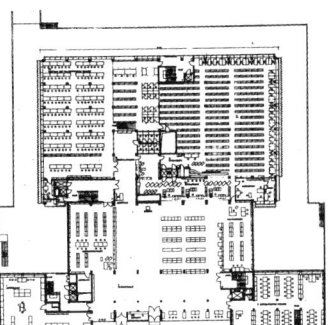

Universitäts- und Stadtbibliothek, Grundriß und Ansicht

Philosophisches Institut und Seminargebäude

Frankfurt/Main
St. Michael
Gellertstraße 39 (Bornheim)
1954, 1961
Rudolf Schwarz
Der Grundriß wird durch sich durchdringende Ellipsen gebildet, in deren Hauptschnittpunkt der Altar steht. Eingespannte Stahlbetonstützen mit abschließendem Ringanker ermöglichen die stark gekrümmte Raumform, die gewölbten Ziegelwände dienen nur zur Ausfachung. Den Turm errichtete Schwarz' Mitarbeiter Wimmenauer erst 1961. Die Raumwirkung wird durch die ausschließliche Belichtung über ein Glasbausteinband unter der Decke noch verstärkt.

Lit.: Rudolf Schwarz, Kirchenbau, Heidelberg 1960.

Frankfurt/Main
St. Wendel
Altes Schützenhüttengäßchen 6
1956–1957
Johannes Krahn
Die Baugruppe mit Hauptbau, Taufkapelle im freistehendem Turm und Werktagskapelle setzt sich aus geometrischen Primärformen (Zylinder, Halbzylinder und Quader) zusammen. Raumbegrenzende, von einem Betonstützensystem getragene Bruchstein-Mauerwerkscheiben sind voneinander, vom Dach und teilweise auch vom Boden durch Glasstreifen abgesetzt. Die schwebende Wirkung dieser Wandscheiben verfremdet die Wirkung traditioneller Kirchenelemente (Saalkirche, Apsis, Glockenturm).

Lit.: Deutsches Architekturmuseum Frankfurt/Main, Jahrbuch für Architektur 1991, Braunschweig 1991.

Frankfurt/Main
Versandhaus der Neckermann KG
Hanauer Landstraße 360–400
1958–1961
Egon Eiermann
In nur zwei Jahren wurde eine kompakte Anlage von ca. 400.000 cbm auf einer Fläche von 257×65 m erstellt. Durch Auslagerung aller Festpunkte (Treppenhäuser, Sanitäranlagen) vor die Fassade wurde die Grundrißaufteilung des Inneren von störenden Festlegungen befreit und die Rohbaukonstruktion vereinfacht. Fluchttreppen dienen als plastisches diagonales Element vor den filigranen Fluchtbalkonen. Das Kesselhaus ist in der Proportionierung der Fassaden und im Pathos formaler Reduktion dem Neuen Bauen der zwanziger Jahre verpflichtet. Durch spätere Neubauten auf dem Firmengelände ist die Wirkung der Anlage heute stark beeinträchtigt.

Lit.: Baukunst und Werkform 1961, S. 690ff.

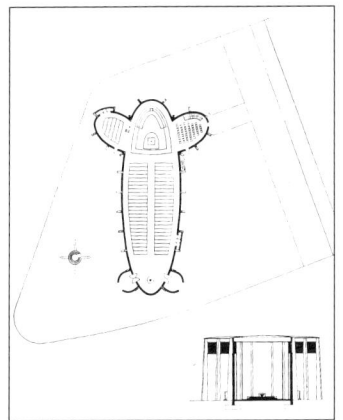

St. Michael, Lageplan und Ansicht

St. Wendel

Versandhaus der Neckermann KG, Grundriß und Ansicht

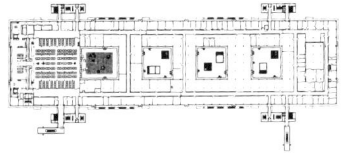

Frankfurt/Main
Nordweststadt
(Heddernheim)
1959–1968
*Walter Schwagenscheidt,
Tassilo Sittmann*
Nordweststadt-Zentrum
1962–1968
*Otto Apel, Hansgeorg Beckert,
Gilbert Becker*

Als locker bebaute, stark durchgrünte Trabantenstadt für ca. 25.000 Einwohner wurde die Nordweststadt an einem hierarchisch gegliederten Erschließungssystem mit zahlreichen Wohnfolgeeinrichtungen (Schulen, Kindergärten, Ladenzentren) angelegt. Exemplarische Anwendung des von Schwagenscheidt entwickelten Raumstadtkonzeptes durch raumbildende Gebäudegruppen. Das an der östlichen Peripherie gelegene Nordweststadt-Zentrum mit Laden-, Büro- und Wohnnutzungen versorgt noch drei weitere Siedlungsbereiche. Es wird in getrennten Ebenen von öffentlichem, privatem und Fußgängerverkehr erschlossen.

Lit.: Walter Schwagenscheidt, Die Nordweststadt: Idee und Gestaltung, Stuttgart 1964; Burghard Preusler, Walter Schwagenscheidt 1886–1968, Stuttgart 1985; Andrea Gleininger, Die Frankfurter Nordweststadt, Frankfurt/Main, New York 1995.

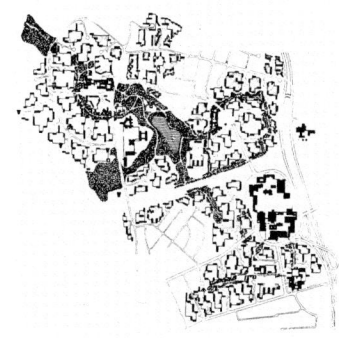

Frankfurt/Main
Festhalle der Farbwerke Hoechst AG
(Hoechst)
1960–1963
Friedrich Wilhelm Kraemer, Ulrich Finsterwalder (Statik)

Zum 100-jährigen Jubiläum der Farbwerke Hoechst erbaute Mehrzweckhalle für Sport- und kulturelle Veranstaltungen sowie Betriebsfeiern mit Platz für 1.200 bis 3.000 Besucher, je nach Aufbau und Bestuhlung. Über einem Sockelgeschoß mit Erschließungsflächen und Nebenräumen erhebt sich eine flache, nur 6 cm starke Betonkuppelschale von 87 m Spannweite, die durch Segmentbögen ihre Lasten an sechs Auflagerpunkte weitergibt. Ein 6 m hohe Glaswand schließt den Rand der Halle ab; Technik und Akustikelemente sind von der Kuppelschale abgehängt.

Lit.: Bauen und Wohnen 5/1962, 8/1963, S. 359ff.; Deutsche Bauzeitung 7/1990, S. 88f.

Nordweststadt, Lageplan

Hessen

Nordweststadt-Zentrum

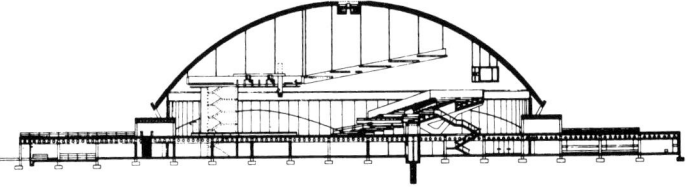

Festhalle der Farbwerke
Hoechst AG, Schnitt und
Ansicht

Frankfurt/Main
Olivetti Ausbildungs- und Verwaltungszentrum
Lyonerstraße 10 (Niederrad)
1968–1972
Egon Eiermann

Die einprägsame Silhouette der kelchförmigen, aus einer kompakten Flachbauanlage herauswachsenden Hochhäuser ist in rechtlichen Beschränkungen der überbaubaren Bodenfläche begründet. Beide Hochhäuser sind je einem Flachbau räumlich und funktional zugeordnet; diese liegen in einer Flucht und sind durch eine Brückenkonstruktion miteinander verbunden. Die Eingänge sind durch weit auskragende Stahlvordächer auf der Ostseite hervorgehoben. Hauptkennzeichen des Äußeren ist der Kontrast zwischen geschlossenen Volumina und der durch Wartungsgänge und Sonnensegel (auch nach Norden!) erzielten Transparenz und Zweischaligkeit der Fassaden.

Lit.: Deutsche Bauzeitung 1968, S. 427ff.; Bauwelt 1973, S. 513ff.

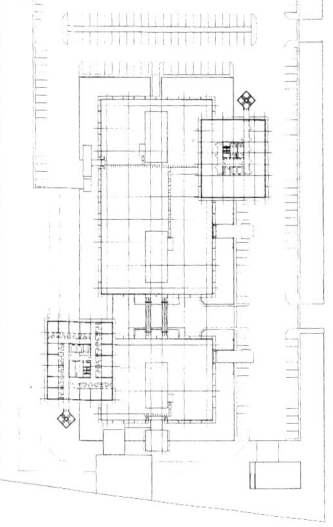

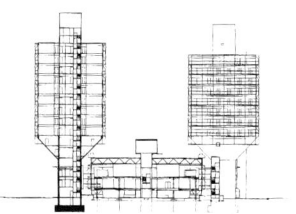

Olivetti Ausbildungs- und Verwaltungszentrum, Lageplan und Schnitt

Hessen

Olivetti Ausbildungs- und Verwaltungszentrum, Ansicht und Fassade

Hessen

Frankfurter Museumsbauten der achtziger Jahre

Allgemein wiedererwachtes Interesse an der Geschichte, die Bemühungen des Kulturdezernenten Hilmar Hoffmann um Demokratisierung der Kultur und der politische Wunsch, den Ruf des boomenden, aber als Stadtorganismus in Verruf geratenen Frankfurt zu heben, führten zum Neubau von 13 Museen, von denen sechs als „Museumsmeile" am Schaumainkai inmitten eines aus dem 19. Jahrhundert stammenden Villenviertels erbaut wurden. Thema dieser Neubauten ist daher auch der Umgang mit dem historischem Bestand.

Lit.: Deutsches Architekturmuseum (Hrsg.), Museumsarchitektur in Frankfurt, München 1990.

Museum für Kunsthandwerk
Schaumainkai 17
1979–1985
Richard Meier

Die klassizistische Villa Metzler ergänzt den L-förmigen Neubau zu einer annähernd quadratischen Anlage, an deren Ecken sich das Volumen der Villa dreimal wiederholt. Das so entstandene rechtwinklige System wird durch ein um drei Grad gedrehtes Wegekreuz überlagert, das den Vorplatz und den Innenhof des Neubaus miteinander verbindet und den westlich gelegenen Park erschließt. Dieses gedrehte Wegesystem überlagert auch räumlich das orthogonale Bausystem, wodurch sich neue Raumverschränkungen ergeben. Das Erdgeschoß enthält den Eingangsbereich, Verwaltung und Depots. Die Ausstellungsräume in den oberen Geschossen werden durch eine Rampe erschlossen. Die Fassadenstruktur der für die Gesamtanlage maßstabbildenden Villa wiederholt sich in abstrahierter Form in der Straßenansicht des Neubaus.

Lit.: Museum für Kunsthandwerk Frankfurt am Main, Berlin 1985.

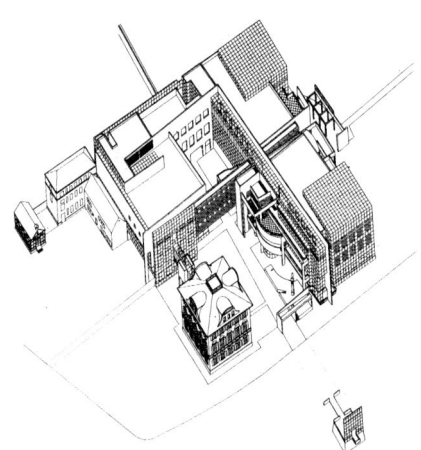

Museum für Kunsthandwerk, Isometrie

Hessen

Museum für Kunsthandwerk, Außen- und Innenansicht

Hessen

Museum für Vor- und Frühgeschichte
Alte Mainzer Gasse/Karmelitergasse
1980–1990
Josef Paul Kleihues

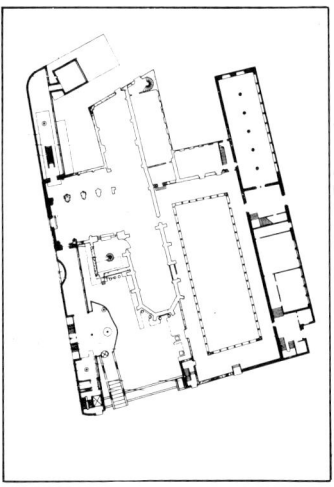

Der Neubau des Museums auf dem Gelände des ehemaligen Karmeliterklosters schließt die vorhandene Blockstruktur und stellt die Mainzer Gasse als Straßenraum wieder her. Öffnungen in der natursteinverkleideten Fassade schaffen Durchblicke zu den historischen Klosterbauten. Zum Ausstellungsbereich gehört auch die spätgotische Klosterkirche, deren Langhaus mit einem neuen, formal gotischen Spitzbögen angenäherten Dachtragwerk aus geschnittenen Stahlblechen überspannt wird.

Lit.: Museum für Vor- und Frühgeschichte Frankfurt/Main, Frankfurt 1990.

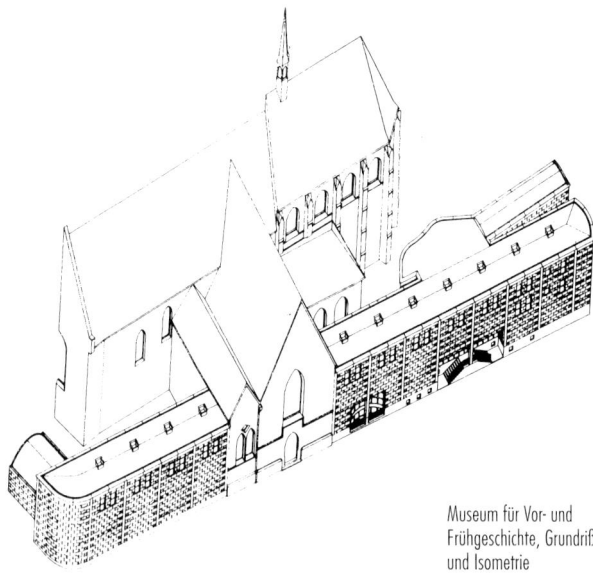

Museum für Vor- und Frühgeschichte, Grundriß und Isometrie

Deutsches Architektur-Museum
Schaumainkai 43
1981–1984
Oswald Mathias Ungers

Eine bis auf die Außenmauern völlig umgebaute neoklassizistische Villa beherbergt die um ein „Haus im Haus" angeordneten Ausstellungsräume, einen Vortragssaal im Untergeschoß sowie die Verwaltung im Dachgeschoß. Im Erdgeschoß umgibt ein eingeschossiger Flachbau auf quadratischem Modul mit Glasdach den Altbau. Er dient auf der Straßenseite als Eingangshalle und Foyer, auf der Rückseite schließt er mit (für künstlerische Gestaltung freigehaltenen) Boxen zur Grundstücksgrenze hin ab.

Lit.: Deutsches Architekturmuseum (Hrsg.), Museumsarchitektur in Frankfurt, München 1990.

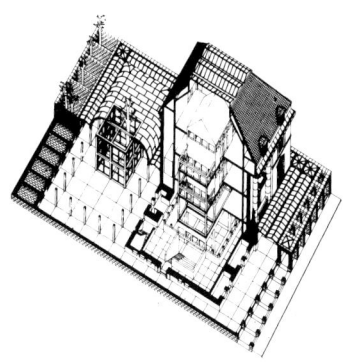

Deutsches Architektur-Museum, Schnittisometrie und Innenansicht

Hessen

Museum für moderne Kunst
Domstraße 10
1983–1991
Hans Hollein

Lit.: *Baumeister 12/1990, S. 50 ff.; Glasforum 4/1991, S. 13 ff.; Hans Hollein, Museum für Moderne Kunst Frankfurt am Main, Berlin 1992.*

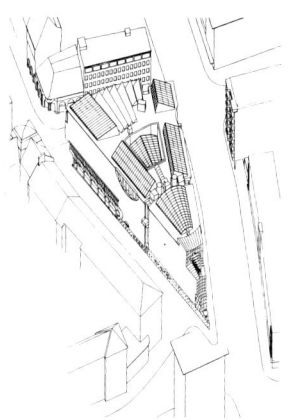

Das auf dreieckigem Grundstück von Straßen umgebene Museum ist axial um eine zentrale, von oben belichtete Halle angelegt. Die vom Eingang an der Südwestecke beginnende Haupterschließungsachse, vom Architekten „Bypass" genannt, bewirkt eine Störung der Symmetrie. Spielerisch eingesetzte Applikationen und die zeichenhafte Anwendung archaisierender Würdeformen sind Elemente einer postmodernen, in ihrem künstlerischen Anspruch mit den Exponaten konkurrierenden Rauminszenierung.

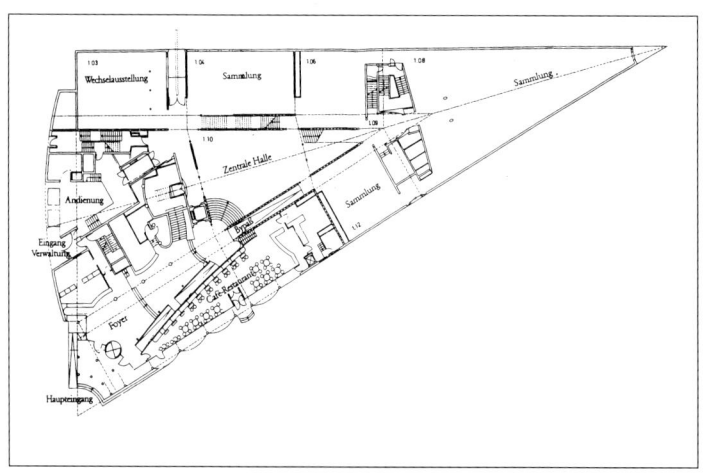

Museum für moderne Kunst, Isometrie und Grundriß

Deutsches Postmuseum

Schaumainkai 53
1984–1990
Günter Behnisch & Partner

Der von einer bestehenden Villa deutlich abgerückte, parallel zur seitlichen Grundstücksgrenze angelegte dreigeschossige Neubau enthält nur einen Teil der Exponate, deren Rest in zwei Ebenen unter dem Garten der Villa untergebracht ist. Beide Ausstellungsbereiche sind durch einen glasüberdachten Luftraum in Form eines schrägen Zylindersegments miteinander verbunden. Die Villa dient als Verwaltungsbereich.

Lit.: Günter Behnisch u.a., Das Deutsche Postmuseum, Heidelberg 1990.

Deutsches Postmuseum,
Innen- und Außenansicht

Hessen

Erweiterung des Städel-Museums
Holbeinstraße
1987–1990
Gustav Peichl

Der schmale, nach außen weitgehend geschlossene Erweiterungsbau des Städelmuseums erhält einen eigenen Eingang an der Holbeinstraße und ist über eine Brücke im 1. Obergeschoß mit dem bestehenden Gebäude verbunden (Städelschule und -museum 1874 von Oskar Sommer, 1950–1952 von Johannes Krahn wiederaufgebaut, Mensa der Städelschule von Peter Cook, 1992). Das zweigeschossige Foyer des Neubaus ist ein zentraler Verteiler, von dem aus der Vortragssaal im Untergeschoß, die mit Kunstlicht belichtete Wechselausstellung im Erdgeschoß und die ständige Ausstellung im Obergeschoß erschlossen werden. Leitmotivisch wiederkehrende Säulen und die differenzierte Anwendung von Oberlicht kennzeichnen den Neubau. Durch eine schmale Gasse getrennt, schließt sich in Fortsetzung der Baufluchten die Erweiterung der Städelschule nach Süden an.

Lit.: Baumeister 12/1990, S. 42ff.; Deutsche Bauzeitschrift 1/1991, S. 67ff.; Domus 1/1991, S. 1ff.; Bauwelt 1993, S. 268.

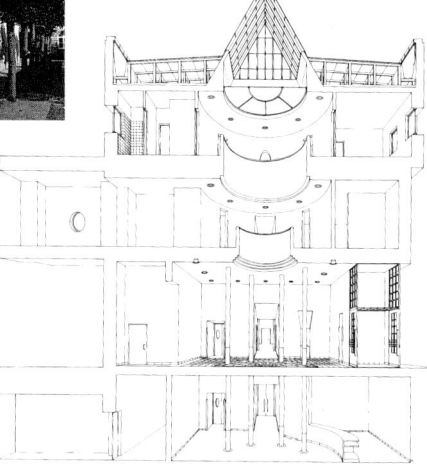

Erweiterung des Städel-Museums, Ansicht und Schnittperspektive

Kassel
Heinrich-Schütz-Schule
Freiherr-vom-Stein-Straße 11
1927–1930
Heinrich Tessenow

Das als Abschluß einer Parkanlage errichtete Gebäude ist von der im Norden und Westen vorbeiführenden Straße abgerückt und bildet einen geschlossenen Innenhof mit drei Klassentrakten und Pausenhalle auf der Südseite. Nach Westen und Südosten schließen Aula und Turnhalle als weit ausgreifende, die äußeren Freiflächen gliedernde Trakte an. Trotz Teilsymmetrien (Aula, Innenhof) ist die Anlage frei in rein kubischen Baukörpern mit flach geneigten Dächern und puristisch-strengen Fassaden angeordnet und zeigt den Traditionalisten Tessenow in deutlicher Nähe zu Tendenzen des Neuen Bauens.

Lit.: Gerda Wangerin, Gerhard Weiss, Heinrich Tessenow, Essen 1976.

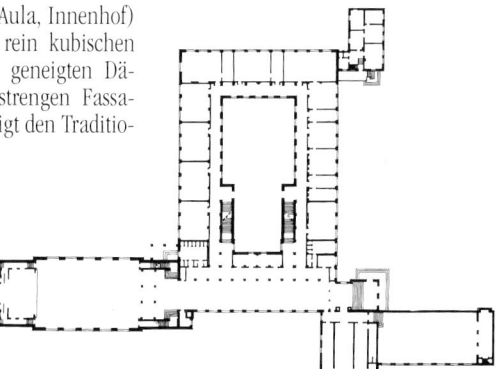

Heinrich-Schütz-Schule,
Grundriß und Ansicht

Kassel
Siedlung Rothenberg
Hersfelder/Gudensberger/Fritzlarer/Marburger Straße
1929–1931
Otto Haesler

Von einer ursprünglich geplanten Großsiedlung mit 2.500 Wohnungen wurde nur ein kleiner Teil mit ca. 300 Wohnungen realisiert. Die trotz bewegter Topographie in konseqentem, ost-west orientiertem Zeilenbau angelegte Siedlung wurde in Stahlskelett-Bauweise mit Ausfachung im Trockenbau errichtet. 1973–1975 in teilweise entstellender Form modernisiert.

Lit.: Deutsche Bauzeitung 1930, S. 49ff.; Baugilde 1930, S. 110ff.; Angela Schumacher, Otto Haesler und der Wohnungsbau in der Weimarer Republik, Marburg 1982; Liselotte Ungers, Die Suche nach einer neuen Wohnform: Siedlungen der 20er Jahre damals und heute, Stuttgart 1983.

Kassel
Marie-von-Bodan-Aschrott-Altersheim
Friedrich-Ebert-Straße 178
1930–1931
Otto Haesler mit Karl Völker

Zwei fünfgeschossige, parallel angeordnete Wohntrakte mit 107 Apartments sind durch einen zweigeschossigen Seitenflügel mit Gemeinschafts- und Versorgungseinrichtungen verbunden. Ein

Marie-von-Bodan-Aschrott-Altersheim

Siedlung Rothenberg

Personalwohnheim im Norden ergänzt die Anlage. Die konsequent aus der Besonnung und den Funktionsabläufen entwickelte, in der Reihung und Stapelung der Apartments schon fast schematische Grundrißanlage erweist den Bau als einen Höhepunkt in den Rationalisierungsbestrebungen des Neuen Bauens. Sorgfältige Detaillierung (zweischalige Glasfassade der Apartments mit Blumenfenster und Sonnenschutz-Markisen, nach Sanierung verändert).

Lit.: Zentralblatt der Bauverwaltung 1932, S. 97.

Kassel
Treppenstraße
1949–1958
Stadtplanungsamt Kassel/Werner Hasper

Nach der fast vollständigen Zerstörung der Innenstadt Kassels wurde eine Neubebauung geplant, deren Kernstück eine langgestreckte Straßen-Treppenanlage bildet. Als innerstädtische Fußwegeverbindung zwischen Hauptbahnhof und Friedrichsplatz ist die Treppenstraße flankiert von einer kammartigen Bebauung aus zweigeschossigen Ladenzeilen und querstehenden Wohn- und Geschäftshäusern. Ein Hochhaus wirkt als städtebauliche Dominante am Scheidemannplatz. Gut erhaltenes typisches Fünfziger-Jahre-Ensemble.

Lit.: Deutsches Nationalkomitee für Denkmalschutz (Hrsg.), Architektur und Städtebau der Fünfziger Jahre, Bonn 1987; Klaus von Beyme u.a., Neue Städte aus Ruinen: Deutscher Städtebau der Nachkriegszeit, München 1992.

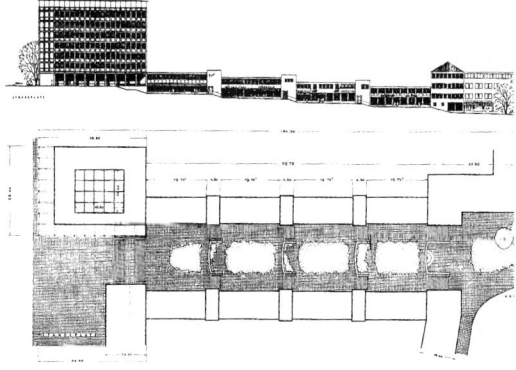

Treppenstraße, Ansicht, Fassadenansicht und Lageplan

Kassel
Documenta-Siedlung „Schöne Aussicht"
Heinrich-Schütz-Allee (Dönche)
1979–1982
Inken und Hinrich Baller, Herman Hertzberger, Heinz Hilmer und Christoph Sattler, Otto Steidle u.a.

Auf Anregung des Gründers der Documenta, Arnold Bode, und im Auftrag des gewerkschaftseigenen Bauträgers Neue Heimat entstand auf dem Gelände eines früheren Truppenübungsplatzes eine nach den Richtlinien des sozialen Wohnungsbaus geplante Demonstrativsiedlung für städtisches Wohnen („documenta urbana"). Sie besteht aus der sogenannten „Wohnschlange" und, jenseits der Hermann-Mattern-Straße, einer stark verdichteten „Clustersiedlung". Der Bebauungsplan der Wohnschlange wurde von den neun beteiligten Architekturbüros gemeinsam erstellt, die einzelnen Bauabschnitte anschließend getrennt bearbeitet. Der experimentelle Charakter der heterogen bebauten Siedlung führte zu Baukosten, die zwischen 12 und 45 % über den vergleichbaren Baukosten des sozialen Wohnungsbaus lagen. Die großzügig ausgewiesenen Gemeinschaftsflächen des ersten Bauabschnitts (137 Wohnun-

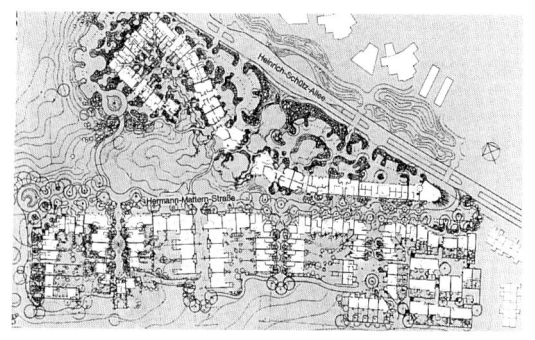

Documenta-Siedlung „Schöne Aussicht", Lageplan und Ansicht der Häuser von Herman Hertzberger und Otto Steidle

gen) wurden von den Bewohnern vielfach entweder nicht angenommen oder privat genutzt.
Lit.: Bauwelt 1982, S. 1574, 1985 S. 276 ff.; Baumeister 7/1983, S. 660ff.

Kassel
Überdachung Bahnhofsvorplatz
ICE-Bahnhof Kassel-Wilhelmshöhe
1990–1991
Andreas Brandt, Rudolph Böttcher
Die dem eigentlichen ICE-Bahnhof vorgelagerte offene Halle überdeckt die Bahnhofsvorfahrt für öffentlichen und privaten Personenverkehr. 60 in fünf Reihen, aber unterschiedlichen Abständen angeordnete eingespannte Stahlbeton-Rundstützen von 16 m Höhe tragen einen ca. 60 × 90 m großen, als Stahlfachwerk ausgebildeten Trägerrost. An den Stützenköpfen bleibt die sonst verkleidete Tragstruktur offen sichtbar. Lichtkuppeln überdecken an diesen Stellen den Trägerrost und bilden punktförmige Tageslichtquellen.
Lit.: Werk, Bauen und Wohnen 1991, S. 10ff.; Bauwelt 1990, S. 2256; Marco de Michelis, Andreas Brandt & Rudolph Böttcher, Berlin 1995.

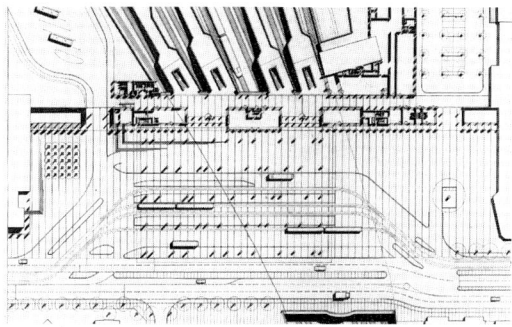

Überdachung Bahnhofsvorplatz, Lageplan und Ansicht

Kronberg/Taunus
Haus Ganz
1931
Peter Behrens
Obwohl in der Formensprache des Neuen Bauens als gestreckter und terrassierter Flachbau in der Art von Mies van der Rohes Haus Tugendhat angelegt, handelt es sich um eine traditionelle, massive Backsteinkonstruktion, deren Außenwände nicht weiß verputzt, sondern mit dünnen gelblichen Kalksteinplatten verkleidet sind. Die ursprünglich luxuriös ausgestattete Villa (mit Pergamentbespannung an den Wänden und Rosenholztäfelung im Speisezimmer) ist ein Beispiel für die Übertragung der Formen des Neuen Bauens in gediegene Eleganz. Mit Ausnahme der Ausstattung gut erhalten.
Lit.: Moderne Bauformen 1932, S.117ff.; J. Christoph Bürkle, Wohnhäuser der klassischen Moderne, Stuttgart 1994.

Marburg/Lahn
Naturwissenschaftliche Institute der Philipps-Universität
Lahnberge
1961–1972
Staatliches Universitätsbauamt Marburg (Kurt Schneider mit Helmut Spieker, Winfried Scholl)
Im Zuge zahlreicher Hochschul-Neubauten entstand die Erweiterung der Philipps-Universität als Stahlbeton-Skelettkonstruktion mit vorgefertigten Bauteilen außerhalb der Stadt. Über einem 60 cm-Raster sind alle Bauten nach einem tischartigen Bausystem (Marburger System, 7,20 × 7,20 m) erbaut, das Erweiterungen ohne Störungen des Rasters, flexible Nutzungen und gleichförmige Belastungen der Stützen ermöglicht. Konstruktions- und Ausbauraster sind getrennt. Wie die zeitgleich errichtete Ruhruniversität Bochum eine primär technokratisch-konstruktiv konzipierte Großstruktur.
Lit.: Bauwelt 1969, S. 1162ff.; Staatliches Hochbauamt Marburg (Hrsg.), Marburger Bausystem, Marburg 1972.

Melsungen
Werksanlage der Braun AG
auf den Pfieffewiesen
1986–1992
James Stirling, Michael Wilford mit Walter Nägeli
Die Werksanlagen einer Fabrik für medizinische Kunststoffprodukte umfassen auf einem Gelände von 27 ha den Verwaltungstrakt auf kegelförmigen Stützen, das Fabrikationsgebäude sowie eine Gruppe von Hallenbauten für Wareneingang, Lagerung und Kommissionierung. Diese Bereiche werden durch zwei rechtwinklig zueinander angeordnete Erschließungssysteme miteinander verbunden. Die nach Gesichtspunkten des Landschaftsbezugs (Löschwasserteich als Biotop) und natürlicher Alterung der Materialien entwickelte Anlage soll nach den geplanten Erweiterungen (u.a. Vergrößerung des Fabrikationsgebäudes auf das Fünffache) eine starke Verdichtung erfahren.
Lit.: Bauwelt 1992, S. 1154ff.; Walter Nägeli, Renzo Vallebuona, Eine Fabrik in Melsungen, Tübingen/Berlin 1993; Klaus Kinold, Architektur und Beton, München 1994.

Hessen

Haus Ganz

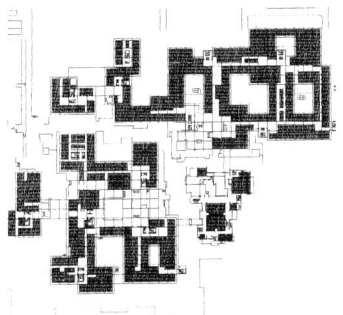

Naturwissenschaftliche
Institute der Philipps-
Universität, Ansicht und
Lageplan

Mitte rechts und unten:
Werksanlage der Braun
AG, Ansichten

Wiesbaden
Kurhaus
Friedrich-von-Thiersch-Weg/
Kurhaus-Platz/Paulinenstraße
1902–1907
Friedrich von Thiersch
Das auf 6.200 qm Grundfläche anstelle eines klassizistischen Vorgängerbaus errichtete Kurhaus mit 100.000 cbm umbautem Raum ist durch eine Wandelhalle in der Querachse erschlossen. Um die innenliegenden, vom zentralen Kuppelraum zugänglichen Konzertsäle gruppieren sich Restaurations- und Gesellschaftsräume. Der nach einem ergebnislosen Wettbewerbsverfahren direkt an Thiersch vergebene und von Wilhelm II. persönlich genehmigte neoklassizistische Kurhaus-Neubau mit Rückgriffen auf römische Thermenarchitektur, Prunkräumen in verschiedenen Stilen sowie der damals modernsten Gebäudetechnik ist ein Hauptwerk wilhelminischer Architektur. Das Innere sowie die Gartenfassade sind durch Kriegszerstörung und den groben Einbau einer Spielbank stark verändert.

Lit.: Winfried Nerdinger, Das Kurhaus Wiesbaden: Ein wilhelminisches Gesamtkunstwerk, in: Hans Joachim Jentsch (Hrsg.), Neues Bauen in Wiesbaden, Essen 1984.

Wiesbaden
Hessisches Landesmuseum
Friedrich-Ebert-Allee 2
1911–1920
Theodor Fischer
Nach unbefriedigendem Wettbewerbsergebnis und Direktbeauftragung Fischers entstand ein dreiteiliger Museumskomplex, der im Nordflügel das Naturhistorische Museum, im Südflügel das Landesmuseum und – in Verlängerung der Mittelachse – die Gemäldesammlung aufnahm. Aus der Flucht der Straßenfassade springt der Eingangsbereich mit Portikus zurück (im Zentrum die Goethe-Sitzfigur von Hermann Hahn). Mit Zitaten aus der frühen abendländischen Baugeschichte – Aachener Pfalzkapelle (Vestibül), Turm der Winde in Athen (Kuppel), Tempel der Fortuna Virilis in Rom (Portikus) – stellt Fischer den in den Exponaten des Landesmuseums greifbaren Bezug des Ortes zur Geschichte dar. Bauliche Maßnahmen zur städtebaulichen Einordnung des Museums (Ehrenhof) kamen nicht zur Ausführung.

Lit.: Hans Joachim Jentsch (Hrsg.), Neues Bauen in Wiesbaden 1900–1914, Essen 1984; Winfried Nerdinger, Theodor Fischer: Architekt und Städtebauer, Berlin 1988.

Hessen

Kurhaus

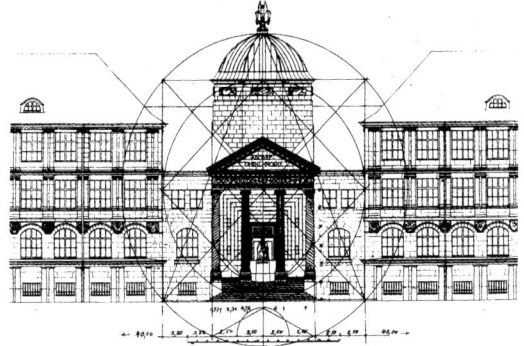

Hessisches
Landesmuseum,
Proportionsstudie des
Eingangsportikus

Hessisches
Landesmuseum,
Eingangsportikus

Wiesbaden
Opel-Bad
Müllerweg (Neroberg)
1933–1934
Franz Schuster und Edmund Fabry
Das von dem Industriellen Opel gestiftete Bad liegt auf einer Hügelkuppe mit Blick auf die Stadt. Zum Freibad gehört ein Restaurant, eine Stahlbetonkonstruktion mit umlaufenden Fensterbändern, Flachdach und Terrassen. Die weiß verputzte Anlage ist ein Musterbeispiel für die hohe Qualität auch der weniger bekannten modernen Architektur außerhalb der Zentren des Neuen Bauens, das teilweise noch in die Anfänge der NS-Zeit fortgesetzt werden konnte.
Lit.: Moderne Bauformen 1934, S. 525ff.

Wiesbaden
Haus Harnischmacher II
Schöne Aussicht 53
1953–1955
Marcel Breuer
Das eingeschossige Wohnhaus entstand als Ersatz für das im Krieg zerstörte Haus Harnischmacher I (1932, ebenfalls von Marcel Breuer, Schöne Aussicht 55). Die Raumaufteilung, die Wahl naturbelassener Materialien (Bruchstein, Holz, Schilf) und einige formale Elemente (Holzpergola) sind amerikanischen Vorbildern verpflichtet und zeigen exemplarisch die Weiterentwicklung der internationalen Moderne nach 1933 am Werk des in die USA emigrierten Bauhausmeisters. Einziger Bau Breuers in Deutschland.
Lit.: Kulturdenkmäler in Hessen: Wiesbaden II, Die Villengebiete, Braunschweig/Wiesbaden 1988; J. Christoph Bürkle, Wohnhäuser der klassischen Moderne, Stuttgart 1994; David Masello, Marcel Breuer und Herbert Beckhard: Die Landhäuser 1945–1984, Basel/Berlin/Boston 1996.

Hessen

Opel-Bad

Haus Harnischmacher I
(zerstört)

Haus Harnischmacher II

Thüringen

Apolda
Erweiterung und Umbau der Totalwerke
Auenstraße 6
1938–1939
Egon Eiermann

Lit.: *Moderne Bauformen 1939, S. 561ff., S. 598ff.; Wasmuths Monatshefte für Baukunst 1940, S. 37ff.; Bauwelt 1994, S. 2128.*

Erweiterung eines viergeschossigen Mauerwerksbaus in Stahlbeton-Skelettkonstruktion über einem bestehenden Sockelgeschoß. Um das bestehende Gebäude an die neue, im gleichen Achsenrhythmus fortgeführte Erweiterung anzupassen, wurden die Wandvorlagen des Altbaus verputzt und wie die Stahlbeton-Außenstützen weiß gestrichen. Das neue Betonskelett ist wie der Altbau mit Ziegeln ausgefacht. Über der Kantine im 3. Obergeschoß befindet sich eine Terrasse mit formalen Anklängen an Schiffsaufbauten. Beispiel moderner Industriearchitektur in der NS-Zeit. Durch Sanierungen geringfügig verändert, derzeit ohne Nutzung.

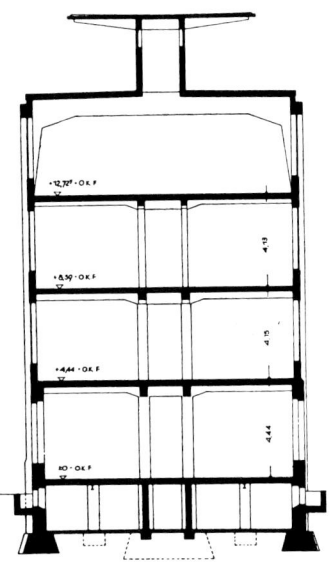

Buchenwald
Gedenkstätte
Blutstraße
1954–1958
L. Deiters, H. Grotewohl, H. Kutzat, K. Tausendschön, H. Namslauer

Zwischen 1937 und 1945 wurden im Konzentrationslager Buchenwald unweit Weimar 56.000 von 238.000 Häftlingen von den Nationalsozialisten ermordet. Von den Einrichtungen des Lagers sind wesentliche Teile erhalten, die zerstörten Holzbaracken sind durch schwarze Steinschüttungen im Bodenbelag nachgezeichnet. Nach der Befreiung 1945 wurden die Baracken von der sowjetischen Armee bis 1950 als „Speziallager" genutzt; dabei kamen nochmals 8.000 bis 13.000 Menschen ums Leben. In der Nähe des Lagers wurde die Mahn- und Gedenkstätte mit Stelenweg, Straße der Nationen, Feierplatz und Glockenturm in quasi profanen Kreuzweg-Stationen als pathetischer Ausdruck des offiziellen Antifaschismus der DDR angelegt. Die zentrale Figurengruppe vor dem Glockenturm schuf der Bildhauer Fritz Cremer.

Lit.: Werner Durth, Winfried Nerdinger, Architektur und Städtebau der 30er und 40er Jahre, Bonn 1993; Bau und Kunstdenkmäler der DDR, Bezirk Erfurt, Berlin o.J.; Bauwelt, Heft 39, 1995.

Gedenkstätte Buchenwald, mit der Skulptur von Fritz Cremer

Gegenüber:
Erweiterung und Umbau der Totalwerke, Schnitt und Ansicht

Thüringen

Erfurt
Wohnsiedlung
Eugen-Richter-Straße/Dortmunder Straße
1929–1931
Karl Schneider, Erich Sack
Im Auftrag der Deutschen Wohnungsbau-GmbH (DEWOG) entstand, von Hamburger Architekten geplant, die drei- bis viergeschossige Siedlung als Blockrandbebauung in Formen des Neuen Bauens mit typischen Elementen des Hamburger Wohnungsbaus der zwanziger Jahre (durchlaufende Balkone, Straßenüberbauung). Ebenfalls der Hamburger Tradition verpflichtet: Die Wohnanlage „Hamburger Block", Hamburger Straße 21–23 mit Laubengang-Erschließung; Wohnanlage Liebknecht-/Flensburger Straße 1–12 (1930, Architekt Otto Jacobsen). Alle Anlagen in der Substanz gut erhalten.
Lit.: Robert Koch, Eberhard Pook, Karl Schneider: Leben und Werk 1892–1945, Hamburg 1992.

Gera
Haus Schulenburg
Straße des Friedens 120
1913–1914
Henry van de Velde
Für den Kunstsammler Schulenburg errichtete van de Velde eine opulente und luxuriös ausgestattete Backstein-Villa mit Pförtnerhaus. Die bewegten, ineinander greifenden Innenräume zeichnen sich bereits am Außenbau durch große, zweigeschossige Erker ab. Auf dem großen Gartengelände errichtete Thilo Schoder 1919 Gewächshäuser und eine Gärtnerwohnung.
Lit.: Klaus-Jürgen Sembach, Henry van de Velde, Stuttgart 1989.

Bauten von Thilo Schoder in Gera

Thilo Schoder, Schüler und Assistent Henry van de Veldes in Weimar, war 1918–1932 in Gera als Kunstgewerbler, Innenraumgestalter sowie als Architekt von Industrie-, Wohnungs- und Verwaltungsbauten tätig. In dieser Zeit vollzog er den Übergang von einem plastisch-geometrischen Stil (in Anlehnung an seine Vorbilder Henry van de Velde und Frank Lloyd Wright) zum Neuen Bauen. Seine wichtigsten noch erhaltenen Bauten in Gera sind die Fabriken der Firmen Golde (Wiesestraße 2, 1919–1920, in der Dachzone verändert) und Schulenburg & Bessler (1925–1926), sowie die Wohnhäuser W. E. Meyer (Julius-Sturm-Straße 6, 1926) und Simmel (Vollersdorfer Straße 13, 1929).

Lit.: Heinrich de Fries, Junge Baukunst in Deutschland, Berlin 1926; Architektur der DDR 38/1989, S. 49ff.

Thilo Schoder:
Fabrik Schulenburg & Bessler
Haus Meyer und Fabrik Golde

Gegenüber oben:
Haus Schulenburg

Gegenüber unten:
Wohnsiedlung

Thüringen

Gotha
Siedlung „Am schmalen Rain"
1926–1928
Richard Neuland, Bruno Tamme
Im Auftrag einer Wohnungsbaugenossenschaft entstand die Siedlung mit 202 Wohnungen als annähernd symmetrische Anlage in geschlossener Bauweise mit zwei mehrfach überbauten Zufahrtsstraßen, einem zentralen Platz und rundem Abschluß nach Norden Richtung Eisenbahn. Die in der Formensprache konservative Gartenstadt-Anlage wurde in der Rezession Anfang der dreißiger Jahre umgebaut, die Zahl der Wohnungen durch Unterteilungen auf 269 erhöht.
Von Bruno Tamme stammt auch das moderne, stark an Mendelsohns Warenhausbauten orientierte Kaufhaus Conitzer von 1929 (heute Kaufhaus Joh, ebenfalls in Gotha).
Lit.: Architektur der DDR 35/1986, S. 758ff.

Jena
Volkshaus
Carl-Zeiss-Platz 5
1901–1903
Arwed Roßbach
Als Stiftung Ernst Abbes, des Mitbegründers der Zeiss-Werke, entstand das Volkshaus in den Formen der Thüringischen Renaissance.
Direkt benachbart, auf dem Carl-Zeiss-Platz, das Ernst-Abbe-Denkmal (1911, Architekt Henry van de Velde), ein überkuppelter Zentralbau mit Reliefs von Constantin Meunier und einer Marmorbüste Ernst Abbes von Max Klinger.
Lit.: Herbert Koch, Geschichte der Stadt Jena, Stuttgart 1966.

Thüringen

Volkshaus, Luftbild und
Innenansicht

Gegenüber:
Siedlung „Am schmalen
Rain"

Jena
Hauptgebäude der Friedrich-Schiller-Universität
Fürstengraben 1
1903–1908
Theodor Fischer

Mit der freien asymmetrischen Anordnung der Baukörper wurde ein komplexes Raumprogramm bewältigt (neben den Universitätsräumen auch einige getrennt zu erschließende Sammlungen) und eine differenzierte städtebauliche Einfügung ermöglicht. Zentrum der Anlage ist die zwischen zwei

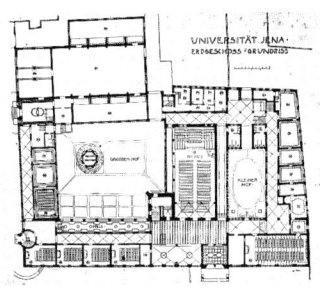

Hauptgebäude der Friedrich-Schiller-Universität, Grundriß und Ansicht

Gegenüber:
Ehem. Hauptwerk der Carl-Zeiss-Werke

Innenhöfen gelegene Aula mit Ferdinand Hodlers „Auszug der Jenenser Studenten" (heute durch Einzug einer Zwischendecke räumlich entstellt). Die Ausstattung ist nicht überall erhalten, die Sanierung 1992–1994 stellte nur teilweise den ursprünglichen Zustand wieder her. An der Ausführung beteiligt war Fischers damaliger Mitarbeiter Bruno Taut. Zahlreiche „Zitate" von Vorgängerbauten binden den Neubau in die Geschichte des Ortes ein und erinnern an stadt- und architekturgeschichtliche Zusammenhänge.

Lit.: Max Osborn, Die neue Universität in Jena, Jena 1908; Winfried Nerdinger, Theodor Fischer – Architekt und Städtebauer, Berlin 1988.

– Das zum Leutragraben heruntergestaffelte Hochhaus von 1915.
– Der zehngeschossige moderne Verwaltungsbau an der Schillerstraße von 1929 (Emil Fahrenkamp).
– Das Hochhaus von 1936 (Carl-Zeiss-Platz).
Nach 1989 wurde das Areal unter Zerstörung von teils wertvoller Bausubstanz auf zwei Drittel des Bestands reduziert und seitdem zu einem modernen Dienstleistungszentrum umgebaut. (Umbau des Hochhauses von 1958, Umwandlung der Goethestraße in eine Glaspassage).

Lit.: Bauwelt 1993, S. 1558f.; Bausubstanz 6/ 1994, S. 16ff.

Jena
Ehem. Hauptwerk der Carl-Zeiss-Werke
Carl-Zeiss-Straße/Krautgasse/Leutragraben/Goethestraße/Schillerstraße
1906–1936
Emil Fahrenkamp u.a.
Seit dem 19. Jahrhundert ständig umgebautes und erweitertes Produktionsgelände des führenden deutschen Optikunternehmens auf innerstädtischem Baublock westlich der Altstadt. Zu den wichtigsten der im 20. Jahrhundert errichteten Bauteile zählen:
– Die Anlagen B6/B7 von 1906/1907, die, nach dem Hennebique-Patent von der Firma Dyckerhoff & Widmann erbaut, zu den ersten deutschen Stahlbeton-Skelettbauten gehören (heute von der Fachhochschule genutzt).
– Das Observationsgebäude mit Sternwarte von 1910.

Jena
Zeiss-Planetarium
Am Planetarium (Botanischer Garten)
1925–1926
Hans Schreiter, Johannes Schlag

Das Planetarium wird von einer Halbkugelschale mit 24 m Durchmesser bei nur 6 cm Stärke überdeckt. Diese erste, von Walter Bauersfeld im Auftrag des Deutschen Museums entwickelte Zeiss-Dywidag-Rotationsschale besteht aus einem Stabnetzwerk mit Betonummantelung und Blecheindeckung. Zur Vermeidung akustischer Fokussierung sind auf der Innenseite der Kugelschale Akustikpaneele angebracht. Im Gegensatz zur zukunftsweisenden Schalenkonstruktion steht die konventionelle Gesamtanlage mit Säulenumgang und vorgelagertem Portikus. Die komplexe Präzisionsoptik in der Mitte des Raums wurde 1967 und 1985 erneuert.

Lit.: W. Villiger, Das Zeiss-Planetarium. Jena 1927.

Zeiss-Planetarium, Foto während der Montage der Kuppel und Ansicht

Jena
Haus Auerbach
Schaefferstraße 9
1927–1929
Walter Gropius
Das dreigeschossige, weiß verputzte großbürgerliche Wohnhaus eines Universitätsprofessors wurde an einem Berghang inmitten steilgedeckter Häuser erbaut und erregte wegen der radikal modernen, kubischen Baukörperanlage mit flachem Dach und begehbaren Dachterrassen zur Entstehungszeit starkes Aufsehen.

Ganz in der Nähe entstand einige Jahre später, ebenfalls nach Plänen von Gropius, das ähnlich kubisch aufgebaute Haus Zuckerkandl (Weinbergstraße 4a, 1927–1929) mit terrassierter, begehbarer Dachlandschaft und verglastem Wintergarten. Restaurierung 1995.

Lit.: Michael Siebenbrodt, Haus Zuckerkandl in Jena 1927–1929, in: Wiss. Zeitschrift der Hochschule für Architektur und Bauwesen Weimar, Weimar 1983; Winfried Nerdinger, Der Architekt Walter Gropius, Berlin 1985.

Haus Zuckerkandl, Ansicht

Haus Auerbach, Ansicht

Jena
Abbeanum
Helmholtzweg/Fröbelstieg
1929–1930
Ernst Neufert
Das nach dem Mitbegründer der Zeiss-Werke Ernst Abbe benannte Forschungsinstitut der Zeiss-Stiftung (heute ein Teil der Friedrich-Schiller-Universität) ist ein winkelförmiger Sichtziegelbau mit Labors und Hörsälen. In Ausnutzung des Straßenverlaufs am Fröbelstieg ist der große Hörsaal mit Umgang fächerförmig angelegt. Die westlichste Fensterachse der Südfassade, ursprünglich mit einer Spiegelanlage für Schmelztiegelversuche ausgestattet, wurde inzwischen entsprechend den benachbarten Fensterachsen verändert.
Zusammen mit Otto Bartning entwarf Neufert auch die Mensa am Philosophenweg 20, einen mit Ziegeln verkleideten, durch horizontale Fensterbänder gegliederten Stahlbeton-Skelettbau (1928–1930, 1954 erweitert).
Lit.: Wasmuths Monatshefte für Baukunst und Städtebau 1931, S. 516ff.

Jena
Universitätshochhaus
Leutragraben 1
1970–1973
Hermann Henselmann, Heinz Rauch, Ulrich Balke, Friedrich Rihl
Das in Stahlbeton-Gleitbauweise mit emaillierter Aluminium-Verkleidung mitten im Zentrum der Stadt errichtete Hochhaus sollte mit seiner zylindrischen Form und den ursprünglich geplanten Bullaugenfenstern als Forschungszentrum des VEB Zeiss Jena die dort hergestellten Produkte Fernrohr und Linse symbolisieren. Zusammen mit seinem Pendant, dem ebenfalls von Henselmann entworfenen Universitätshochhaus in Leipzig, gehört es zu einer Reihe zwischen 1968 und 1970 geplanter Stadtdominanten, die durch bildzeichenhafte Symbolik unverwechselbare Merkzeichen des jeweiligen Ortes werden sollten.
Lit.: Thomas Topfstedt, Städtebau in der DDR 1955–1971, Leipzig 1988.

Unterwellenborn
Ehem. Kulturhaus „Johannes R. Becher" des VEB Maxhütte
Kulturhaus 1
1951–1955
Hans Hopp u.a.

Ehem. Kulturhaus „Johannes R. Becher" des VEB Maxhütte

Thüringen

Die Kulturhäuser der DDR, in ihrer Funktion als kulturelle Zentren von Betrieben und Siedlungen mit den sowjetrussischen Arbeiterklubs vergleichbar, sind ohne Gegenstück in der westdeutschen Nachkriegsarchitektur. Die größte Anlage dieser Art, das Kulturhaus der stahlverarbeitenden thüringischen Maxhütte, ist eine neoklassizistische Dreiflügelanlage mit Portiken an den Stirnseiten des Mittelrisalits und der Seitenflügel. Der Mittelteil nimmt einen Saalbau (752 Plätze) mit Eingangshalle und Foyer auf, in den Seitentrakten befinden sich Clubräume und ein Restaurationsbetrieb.

Lit.: Deutsche Architektur 3/1954.

Universitätshochhaus

Abbeanum

Mensa

Thüringen

Weimar
Hochschule für Architektur und Bauwesen
(Ehem. Kunstschule und Kunstgewerbeschule)
Geschwister-Scholl-Platz/Marienstraße
1904–1911
Henry van de Velde

Die seit 1860 bestehende Großherzogliche Sächsische Kunstschule wurde 1902 in staatliche Verwaltung überführt. Damit verbunden war ein Umbau des Ge-

Giebelseite der Kunstgewerbeschule und Nordfassade der Kunstschule

bäudes in mehreren Bauabschnitten, der im Ergebnis einem Neubau gleichkam. Die Kunstschule entwickelt sich auf schmalem Grundstück als dreiteiliger Baukörper mit nur schwach ausgeprägtem Mittelrisalit. Die Nordfassade ist durch große, weit ins hohe Mansardengeschoß eingreifende Atelierfenster und zu breiten Pfeilern reduzierte Wände charakterisiert. Gegenüber liegt die um einen Gartenhof winkelförmig angeordnete Kunstgewerbeschule, deren (nicht ausgeführte) Erweiterung die Gesamtanlage zu einem Hof schließen sollte. Markanter Abschluß zur Straße ist eine Giebelfront in Hufeisenform über Stahlfenstern mit offen gezeigten Stahlstürzen. Beide Gebäude sind gut erhalten. Von 1919 bis zu seinem Umzug nach Dessau Anfang 1925 war hier das Bauhaus untergebracht.

Ebenfalls in Weimar: Das Nietzsche-Archiv (Humboldtstraße 36) mit der vollständig erhaltenen Jugendstil-Ausstattung van de Veldes (1903).

Lit.: Karl-Heinz Hüter, Henry van de Velde: Sein Werk bis zum Ende seiner Tätigkeit in Deutschland, Berlin 1967.

Weimar
„Tuskulum"
(Ehem. Haus Lessner)
Freiherr-vom-Stein-Allee 34
1922–1923
Thilo Schoder

Die auf einem Eckgrundstück symmetrisch zwischen beiden Straßenfluchten angelegte Villa wird in beiden Hauptgeschossen durch eine im Grundriß sechseckige Vorhalle erschlossen. Von dort aus konnten die fächerförmig zur Straße geöffneten Wohn- und Gesellschaftsräume alle direkt betreten werden. Grundrißanlage und plastische Gestaltung des Äußeren sind den Villenprojekten von Schoders Lehrer Henry van de Velde (in Weimar das ehem. Haus Henneberg, Gutenbergstraße, und van de Veldes eigenes Haus „Hohe Pappeln", Belvederer Allee 58) verpflichtet. Die Villa wurde nach dem Zweiten Weltkrieg zuerst als Café, seitdem als Ingenieurbüro genutzt. Geringfügig umgebaut, Innenausstattung teilweise erhalten.

Lit.: Heinrich de Fries, Junge Baukunst in Deutschland, Berlin 1926.

„Tuskulum" (ehem. Haus Lessner)

Weimar
Versuchshaus
Am Horn
1923
Georg Muche, Adolf Meyer

Lit.: Adolf Meyer, Ein Versuchshaus des Bauhauses in Weimar, München 1925; Klaus Jürgen Winkler, Die Architektur am Bauhaus in Weimar, Berlin 1993.

Das anläßlich der Bauhaus-Ausstellung 1923 erbaute und von den Bauhaus-Werkstätten ausgestattete Muster-Wohnhaus ist auf quadratischer Grundfläche von 12,70 m Seitenlänge eingeschossig um einen zentralen, von hochliegenden Seitenfenstern belichteten Wohnraum angelegt. Auf Kritik stießen die geringen Abmessungen und die weitgehend flurlose, teils über Durchgangsräume führende Erschließung der Schlafräume. Von der holländischen De Stijl-Gruppe beeinflußte kubisch-schmucklose Gestaltung. In den siebziger Jahren restauriert, weitgehend mit Originalausstattung erhalten.

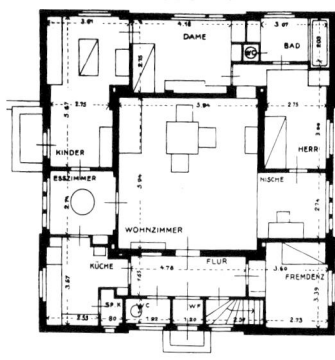

Versuchshaus

Weimar
Ehem. Gauforum
Carl-August-Allee
1936–1942
Hermann Giesler

Im Norden der Weimarer Altstadt entstand um einen zentralen Aufmarschplatz über einer Talaufschüttung das einzige von etwa 40 geplanten Gauforen. Das neoklassizistische Ensemble von Staats- und Parteibauten ist axial auf die freigespannte „Halle der Volksgemeinschaft" (heute in mehrere Geschosse unterteilt) an der Ostseite des Platzes ausgerichtet. Als Verbindung zum Stadtzentrum wurde 1938 nach Plänen von Wilhelm Bäumer die sog. Straße X (heute Freiligrath-Straße) „im Geist von Weimar" als biedermeierliche Idylle in bewußtem Kontrast zur staatlichen Machtdemonstration am Gauforum errichtet. Das Forum diente auch in der DDR als Aufmarschplatz, die umgebenden Bauten wurden zu Schul- und Verwaltungseinrichtungen umgebaut.

Lit.: Werner Durth, Winfried Nerdinger, Architektur und Städtebau der 30er und 40er Jahre, Bonn 1993.

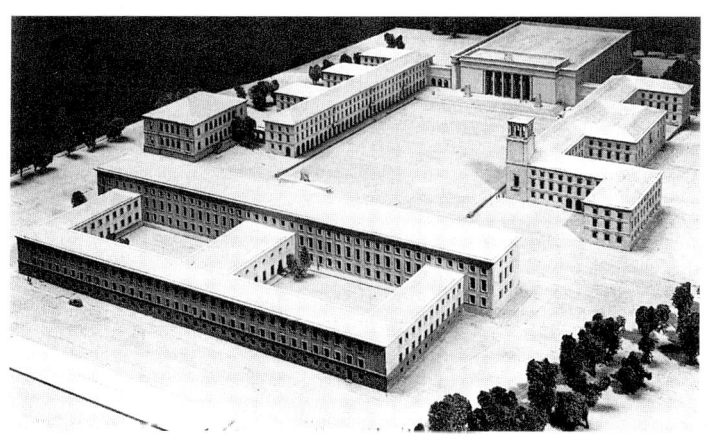

Ehem. Gauforum,
Ansicht und Modellfoto

Sachsen

Chemnitz
Villa Esche
Parkstraße 58
1902–1903, 1911
Henry van de Velde

Die für den Industriellen Herbert Esche errichtete Villa ist um eine zentrale Treppenhalle mit Glasoberlicht angeordnet, von der aus im Erdgeschoß alle Gesellschaftsräume direkt betreten werden können. Das auf der Gartenseite ursprünglich stark gegliederte Gebäude wurde durch eine Erweiterung 1911 (Architekt ebenfalls van de Velde) zu einem kompakten Baukörper geschlossen. Die Innenausstattung, nach dem Zweiten Weltkrieg zunächst verschollen, konnte von der Stadt Chemnitz zurückgekauft werden. Die in Chemnitz für einen Freund Esches erbaute Villa Körner ist nach Kriegszerstörungen nur noch im Erdgeschoß original erhalten.
Lit.: Georg Brühl, Jugendstil in Chemnitz – Die Villa Esche von Henry van de Velde, München 1991.

Chemnitz
Wohnhaus
Kesselgarten 3
1928
Max Feistel

Das eigene, konstruktiv und formal radikal moderne Wohnhaus des Architekten ist ein zweigeschossiger Stahlfachwerkbau mit Mauerwerksausfachung und Außenwandplatten. Kubische Baukörpergestaltung mit rundem, vergla-

Villa Esche, Ansichten
(unten Foto 1911)

Chemnitz
Kaufhof
(Ehem. Kaufhaus Schocken)
Brückenstraße
1928–1930
Erich Mendelsohn
Neungeschossiger Stahlbeton-Skelettbau auf dreieckigem Grundstück mit konvex geschwungener Straßenfront und zwei rückwärtigen Trakten. Treppenhäuser und Sockelgeschoß rahmen eine vorgehängte, dynamisch geschwungene Fassade in horizontaler Gliederung mit travertinverkleideten Brüstungsbändern. Die stufenweise zurückgesetzten Dachgeschosse werden von einer vorkragenden Dachplatte abgeschlossen. Neben dem Kaufhaus in Breslau das einzig erhaltene der in den zwanziger Jahren erbauten Warenhäuser Mendelsohns. Städtebauliche Situation durch neue Straßenführung und Zerstörung der Nachbarbauten völlig verändert.

Lit.: Regina Stephan, Studien zu Waren- und Geschäftshäusern Erich Mendelsohns in Deutschland (Diss.), München 1992.

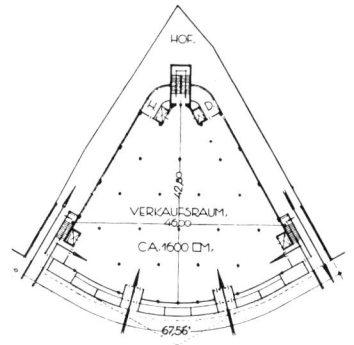

Wohnhaus

Kaufhof (ehem. Kaufhaus Schocken), Grundriß und Ansicht

Chemnitz
Stadtbad
Mühlen-Straße
1928–1935
Fred Otto, Fritz Weber
Das aufgrund schwerer hygienischer Probleme der Stadt Chemnitz (Wassermangel, starke Emissionsbelastung durch die Industrie) erbaute Stadtbad konnte infolge der Wirtschaftskrise erst in der NS-Zeit fertiggestellt werden. Die in der Formensprache des Neuen Bauens auf dreieckigem Grundriß kubisch angelegte Baugruppe umfaßt die axial erschlossene große Schwimmhalle mit zweischaliger Glasdachkonstruktion, eine kleinere Halle sowie Warm- und Einzelbäder. Eine dritte Halle kam nicht zur Ausführung. Die Anlage wurde 1981–1983 umgebaut und saniert (Fritz Rößner, Karl-Heinz Barth). Dabei wurde der ursprünglich offene Brunnenhof zum Restaurant umgebaut. Die große Schwimmhalle ist noch original erhalten.
Lit.: Architektur der DDR 2/1984; Bauwelt 1991, S. 1170f.

Dresden
Ehem. Ständehaus
Brühlsche Terrasse
1901–1906
Paul Wallot
Der vom Architekten des Berliner Reichstags entworfene neobarocke Vierflügelbau nahm beiderseits eines zentralen Innenhofs die beiden Kammern des sächsischen Landtags auf. Die asymmetrische Stellung des Turms akzentuiert das westliche Ende der Brühlschen Terrasse und den Austritt der Freitreppe. Der 1945 ausgebrannte Bau wurde nur teilweise wiederhergestellt.
Lit.: Zentralblatt der Bauverwaltung 1906.

Stadtbad

Dresden
Christuskirche
An der Christuskirche (Strehlen)
1902–1905
Rudolph Schilling, Julius Gräbner

Die Pfarrkirche der nach starkem Bevölkerungswachstum neu eingerichteten Gemeinde Strehlen wurde nach einem Wettbewerb als Mischform aus Zentralbau (Flachkuppel) und Saalkirche mit Orgelempore erbaut. Ähnlich der Ulmer Garnisonkirche von Theodor Fischer flankiert das über einer Terrasse errichtete Turmpaar nicht den Eingang, sondern die Kirchenapsis. Monumentaler Jugendstilbau mit Sandsteinfassaden (plastische Gestaltung von Karl Groß) in städtebaulich prominenter Lage. Die reiche innere Ausstattung (Otto Gussmann) wurde im Zweiten Weltkrieg zerstört.

Lit.: Deutsche Bauzeitung 1907, S. 205ff.

Christuskirche

Ehem. Ständehaus

Sachsen

Dresden
Gasometer
Gasanstaltstraße 8 (Reick)
1907–1908
Hans Jacob Erlwein

Hans Erlwein, Stadtbaurat von Dresden 1905–1914, zählt als Architekt des nach ihm benannten Speichers (ehem. städtischer Packhof, vorgesehen als Standort der Sächsischen Landesbibliothek, Ostra-Ufer) und des Gasometers zu den Pionieren des Eisenbetonbaus in Deutschland. Von der 80 m hohen Konstruktion mit 60 m Durchmesser blieb nur die 40 cm starke äußere Betonhülle mit den fünf zur Aussteifung notwendigen Treppenhäusern und das eiserne Dachtragwerk der Laterne erhalten. Seit der Stillegung 1961 ist der Bau ohne Nutzung.

Weitere Bauten Erlweins in Dresden u.a. der ehem. Schlachthof und das sog. „Italienische Dörfchen".

Lit.: Walter Müller-Wulckow, Architektur der zwanziger Jahre in Deutschland (Nachdruck der Blauen Bücher von 1925–1932), Königstein im Taunus 1975; Bauwelt 1993, S. 534, S. 2248.

Dresden
Gartenstadt Hellerau
1907–1913
Richard Riemerschmid (Gesamtplanung), Theodor Fischer, Hermann Muthesius u.a.

Die Ansiedlung der Deutschen Werkstätten in Hellerau bildete den Ausgangspunkt für die Anlage der ersten deutschen Gartenstadt nach englischem Muster. Unter Ausschluß von Bodenspekulation wurden auf einem Grundstück von ca. 130 ha neben dem neuen Fabrikgebäude Arbeiterwohnhäuser, bürgerliche Villen und Gemeinschaftseinrichtungen gebaut. Dem Bebauungsplan Riemerschmids folgend, entstanden bis 1914 336 Wohnungen für 2.000 Bewohner nach Plänen von Muthesius, Fischer, Riemerschmid und anderen. Der nach funktionalen Gesichtspunkten frei angelegte, in der Formensprache romantisierende Fabrikneubau Riemerschmids wurde von Zeitgenossen als künstlerischer Gegenpol zu Behrens' AEG-Turbinenhalle angesehen.

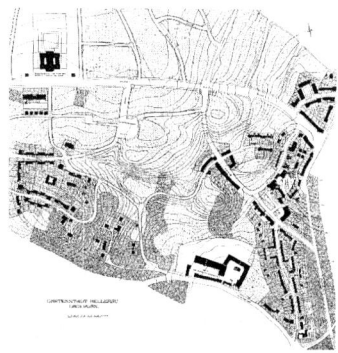

Lit.: Kristiana Hartmann, Deutsche
Gartenstadtbewegung: Kulturpolitik und
Gesellschaftsreform, München 1976; Winfried
Nerdinger, Richard Riemerschmid: Vom
Jugendstil zum Werkbund, München 1982;
Bauwelt 1990, S. 2286; Bauwelt 1992,
S. 2328; Klaus-Peter Arnold, Vom Sofakissen
zum Städtebau: Die Geschichte der Deutschen
Werkstätten und der Gartenstadt Hellerau,
Dresden 1993.

Gartenstadt Hellerau,
Fabrik und
Einfamilienhaus
(Tessenow)

Gegenüber rechts:
Lageplan

Gegenüber links:
Gasometer

Sachsen

Dresden
Krematorium Johannisfriedhof
Wehlener Straße 15 (Tolkewitz)
1908–1912
Fritz Schumacher
Monumental-feierlicher Bau in symmetrischer Gesamtanlage mit Jugendstilelementen, monolithischer Betonkuppel (in formaler Anlehnung an das Grabmal des Theoderich in Ravenna) und Sandsteinfassaden. Die elbseitigen Pylone nahmen ursprünglich die Schornsteine der unterirdischen Verbrennungsanlage auf. Prototypische Anlage einer zum Erbauungszeitpunkt aus religiösen Gründen noch umstrittenen Bauaufgabe.
Lit.: Moderne Bauformen 3/1905, S. 25ff.; Fritz Schumacher, Die Feuerbestattung, Leipzig 1939; Hartmut Frank (Hrsg.), Fritz Schumacher – Reformkultur und Moderne, Hamburg 1994.

Dresden
Festgebäude (Dalcroze-Institut)
Am Festspielhaus (Hellerau)
1910–1911
Heinrich Tessenow
Die Bildungsanstalt des Genfer Musikpädagogen Emile-Jacques Dalcroze am nordwestlichen Rand von Hellerau wurde als symmetrische Gebäudegruppe mit Festspielhaus, Wohnhäusern und Freianlagen erbaut. Mittelpunkt des Festspielhauses ist der von Wandelhallen umgebene Große Saal, ein kastenförmiger Raum ohne Trennung von Zuschauerraum und Bühne, der durch Einbauten flexibel eingerichtet werden konnte. Mit der klassizistischen Haltung seines Entwurfs geriet Tessenow in deutlichen Gegensatz zur von Riemerschmid dominierten Gestaltungskommission der Gartenstadt, der Bau wurde deshalb an den Rand der Siedlung geschoben. Durch die Veranstaltungen im Festspielhaus gewann das kulturelle Leben Hellerau für einige Jahre internationales Renommee, bis der Erste Weltkrieg diese Entwicklung unterbrach. Nach 1945 im Besitz der Sowjetarmee, seit 1992 leerstehend.
Lit.: Gerda Wangerin, Gerhard Weiss, Heinrich Tessenow, Essen 1976; Marco de Michelis, Heinrich Tessenow: Das architektonische Gesamtwerk, Stuttgart 1991.

Sachsen

Festgebäude (Dalcroze-Institut), Grundriß und Ansicht

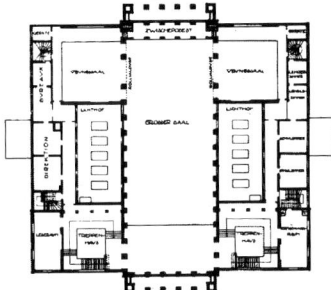

Krematorium Johannisfriedhof

Dresden
Beyerbau der Technischen Universität Dresden
George-Bähr-Straße 1
1910–1913
Martin Dülfer

Die ursprünglich nach dem Architekten (und Professor an der Technischen Hochschule) „Dülferbau" benannte Anlage sollte durch einen spiegelbildlichen Bau an der Bergstraße ergänzt werden. Dieser Trakt kam ebensowenig zur Ausführung wie ein beide Trakte verbindender Mittelbau mit Kuppel und großem Hörsaal am Fritz-Foerstner-Platz. Der bestehende, mit Ziegeln verkleidete Bau mit Jugendstilelementen wird vom Turm des Observatoriums dominiert, dessen oberer Teil nach dem Zweiten Weltkrieg vereinfacht wiederaufgebaut wurde.

Lit.: R. Luther, Der Neubau der Königlich Sächsischen Technischen Hochschule Dresden, Berlin 1914; Dieter Klein, Martin Dülfer: Wegbereiter der deutschen Jugendstilarchitektur, München 1981.

Dresden
Zigarettenfabrik Yenidze
Weißeritzstraße 3
1912
Martin Hammitzsch

Die als Eisenbeton-Skelett mit Mauerwerksausfachung erbaute Zigarettenfabrik, benannt nach einer türkischen, für ihren Tabakanbau bekannten Stadt, wird von einer im Umriß ägyptischen Mameluckengräbern nachgebildeten Kuppel aus farbigem Glas bekrönt (nachts erleuchtet). Der Schornstein

Zigarettenfabrik Yenidze

Beyerbau der Technischen Universität Dresden

des Maschinenhauses erhielt die Form eines Minaretts. Seinerzeit in bezug auf die Arbeitsverhältnisse (Ruheräume in der Kuppel) vorbildlicher Industriebau in werbewirksamer Stimmungsarchitektur. Die im Zweiten Weltkrieg nur leicht beschädigte Anlage wurde inzwischen für eine Büronutzung umgebaut.
Lit.: Stefan Koppelkamm. Der imaginäre Orient: Exotische Bauten des 18. und 19. Jahrhunderts in Europa. Berlin 1987.

Dresden
Ehem. Sächsische Landesschule
Königsbrücker Landstraße (Klotzsche)
1925–1927
Heinrich Tessenow
Die Landesschule, ursprünglich ein an G. A. Wynekens Konzept der Freien Schulgemeinde orientiertes Internat für 250 Schüler, ist als symmetrische Anlage um einen Gartenhof von 165 m Länge angelegt, mit Aula, Wirtschaftsgebäude und Unterrichtshaus an den Enden der Hauptachse. Sechs Wohnhäuser für je zwei Schülergruppen und zwei Lehrer sind über offene Wandelgänge mit der Aula verbunden. Sie bilden je eine Einheit oder „Familie" mit eigenen Gemeinschaftsräumen und Gartenhof. Die ursprünglich freistehende Anlage ist heute umbaut und teilweise zerstört. Wiederaufbau als Schulungsstätte geplant.
Lit.: Gerda Wangerin, Gerhard Weiss. Heinrich Tessenow. Essen 1976; Marco de Michelis. Heinrich Tessenow: Das architektonische Gesamtwerk. Stuttgart 1991.

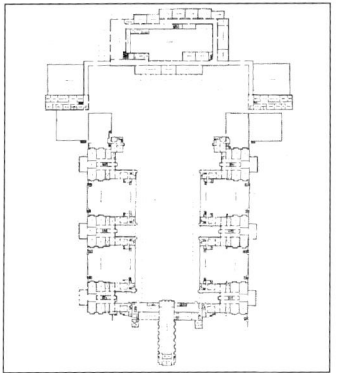

Ehem. Sächsische Landesschule, Grundriß und Ansicht (Foto 1927)

Sachsen

Dresden
Wohnsiedlung Trachau
Carl-Zeiss-/Fraunhofer-/Kopernikus-
straße
1927–1928
Hans Richter
Dreigeschossige Reihenhaussiedlung mit Blockrand- und Zeilenbauten. Die Flachdächer wurden im Sinne der Licht-Luft-Ideale des Neuen Bauens teilweise als Terrassen ausgebildet. Zur einzigen bedeutenden Siedlung des Neuen Bauens in Dresden gehört die am Siedlungsrand situierte Apostelkirche von O. Hempel.

Lit.: Architekturführer DDR Bezirk Dresden, Berlin 1979.

Dresden
Deutsches Hygienemuseum
Lingnerplatz 1
1928–1930
Wilhelm Kreis
Das von dem Industriellen Karl August Lingner schon vor dem Ersten Weltkrieg initiierte Projekt eines Hygienemuseums mit angeschlossenen Forschungseinrichtungen wurde erst durch einen Direktauftrag an Wilhelm Kreis, den Architekten der Düsseldorfer GesoLei-Bauten

Wohnsiedlung Trachau, Ansichten

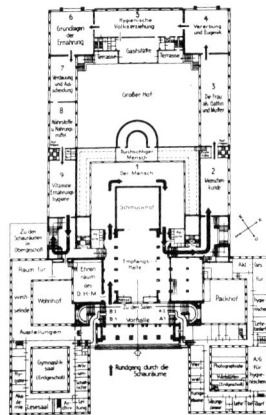

("Ausstellung für Gesundheit, soziale Fürsorge und Leibesübungen 1926"), realisiert. Mit fast sakralem Anspruch steht der weiße "Hygienetempel" am Ende der Achse des Großen Gartens als symmetrische Anlage mit Ehrenhof, fünf Innenhöfen und zentraler, fast 30 m hoher Ausstellungshalle. Elemente des Neuen Bauens (Fensterbänder, Bullaugen) verbinden sich mit traditionellen Würdeformeln (Portikus) zu einem strengen Monumentalstil.

Lit.: Winfried Nerdinger, Ekkehard Mai (Hrsg.), Wilhelm Kreis: Architekt zwischen Kaiserreich und Demokratie 1873–1955. München 1994.

Deutsches Hygienemuseum, Grundriß und Ansicht

Sachsen

Dresden
J.-A.-Hülße-Gymnasium (Ehem. Klement-Gottwald-Schule)
Hülßestraße 16 (Reick)
1929
Paul Wolf

Die mit naturwissenschaftlichen Räumen, Filmsaal, Sozial- und Sporteinrichtungen ausgestattete Volksschule bildete das neue Zentrum eines seit der Jahrhundertwende stark gewachsenen Stadtteils. Zwei symmetrisch gegliederte Klassentrakte und die in zwei Geschossen übereinander angeordneten Sporthallen bilden eine nach Osten offene Dreiflügelanlage. Sechs vor die Südwestfassade gestellte Loggien für den Freiluftunterricht sind inzwischen durch Ausmauerung und Fenster geschlossen. Sonst gut erhaltener, monumental gestalteter Schulbau des Neuen Bauens.

Lit.: Wasmuths Monatshefte für Baukunst und Städtebau 1/1930, S. 1ff.

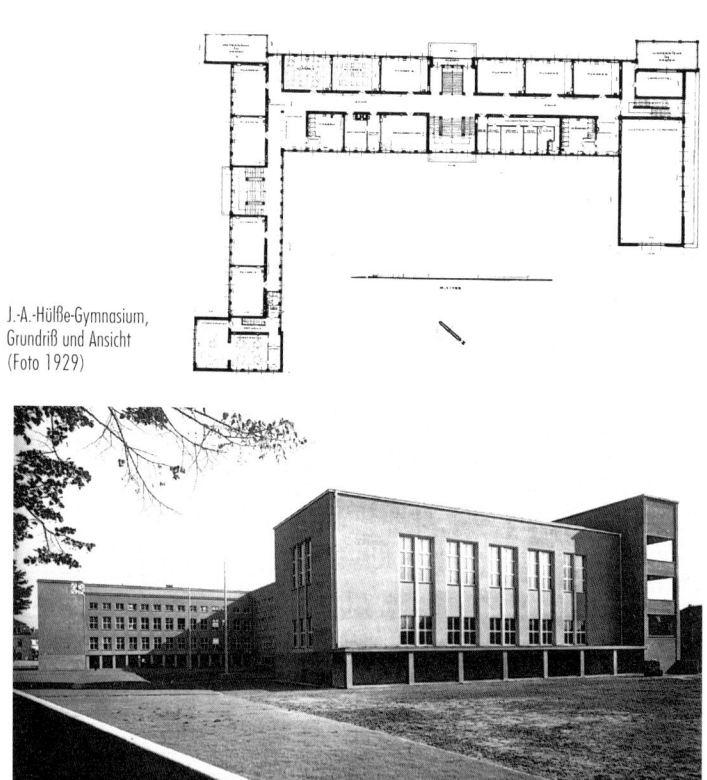

J.-A.-Hülße-Gymnasium, Grundriß und Ansicht (Foto 1929)

Dresden
Wohn- und Geschäftsbebauung
Altmarkt
1953–1958
*Herbert Schneider, Kurt Röthig,
Hans Konrad (Ostseite), Gerd Guder,
Gerhard Müller (Westseite)*

Lit.: Deutsche Architektur 3/1954, 10/12/ 1955, 1/1957; Architektur und Städtebau in der Deutschen Demokratischen Republik, Berlin 1959; Klaus von Beyme u.a., Neue Städte aus Ruinen: Deutscher Städtebau der Nachkriegszeit. München 1992.

Unter völliger Veränderung des städtebaulichen Maßstabs wurde der Altmarkt beim Nachkriegs-Wiederaufbau als Zentraler Platz von 1,3 ha auf 3,4 ha vergrößert und an der West- und Ostseite mit siebengeschossigen Wohn- und Geschäftshauszeilen bebaut. Durch die Vergrößerung rückte die Kreuzkirche an den Altmarkt und damit in einen ihren Dimensionen nicht entsprechenden städtebaulichen Rahmen. Im Rückgriff auf die von politischer Seite vorgeschriebenen „Nationalen Bautraditionen", in diesem Fall das Dresdener Barock, entstand die Randbebauung in historisierenden Formen mit der ortsüblichen Sandsteinverkleidung. Ein geplantes Turmhaus an der Nordseite des Platzes kam nicht zur Ausführung.

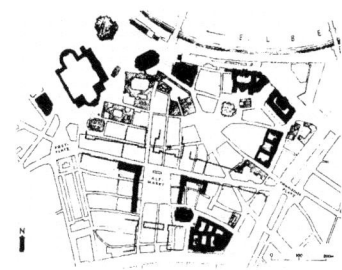

Plan Wiederaufbau Innenstadt

Wohn- und Geschäftsbebauung am Altmarkt

Dresden
Prager Straße
1963–1970
*Peter Sniegon, Kurt Röthig,
Hans Konrad*

Die Prager Straße, Verbindung der Innenstadt mit dem Hauptbahnhof, wurde gegenüber dem Vorkriegszustand von 14 auf 68 und bis 85 m verbreitert und als Fußgängerzone mit modernen Hochhauszeilen bebaut. Die Bebauung folgt auf der Ostseite parallel dem Straßenverlauf, auf der Westseite sind Wohnhochhäuser kammartig aufgereiht und durch zweigeschossige Ladenzeilen verbunden. Ein- bis zweigeschossige Ladenzeilen „möblieren" auch die breite Fußgängerzone. Diese westlichen Vorbildern (Lijnbaan in Rotterdam) verpflichtete Anlage ist ein signifikantes Beispiel für die Wende der DDR-Architektur nach 1955 zu Industrialisierung und Massenwohnungsbau in den Formen einer trivialisierten Nachkriegsmoderne.

Lit.: Klaus von Beyme u.a., Neue Städte aus Ruinen: Deutscher Städtebau der Nachkriegszeit, München 1992.

Dresden
Sächsischer Landtag
Elbpromenade
1991–1994
Peter Kulka

Der neue sächsische Landtag ergänzt das 1928–31 erbaute ehem. Landesfinanzamt zur Vierflügelanlage. Die Stahl-Glas-Konstruktion ist in ihrer Transparenz und Leichtigkeit dem Bundestag in Bonn, in der konstruktiven Ausbildung des Tragwerks über dem Plenarsaal hingegen der Nationalgalerie in Berlin verpflichtet.

Lit.: Bauwelt 1994, S. 112ff.

Prager Straße

Sachsen

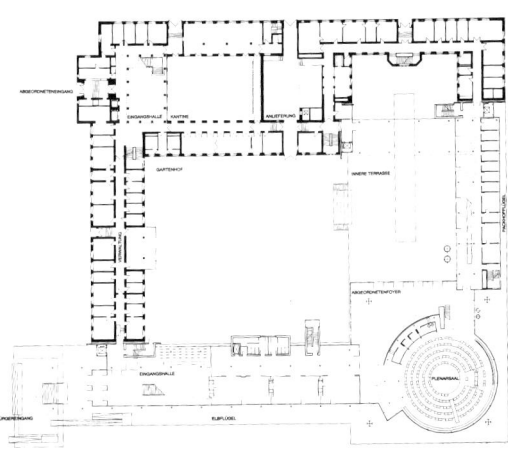

Sächsischer Landtag,
Grundriß, Innen- und
Außenansicht

Sachsen

Görlitz
Kaufhaus Karstadt (Ehem. Warenhaus „Zum Strauß")
An der Frauenkirche 5–7/Demianiplatz
1912–1913
Carl Schmanns
Mit dem großen Lichthof und der weit aufgeglasten, vertikal gegliederten Fassade wurde das Warenhaus Wertheim in Berlin (1896–1900, 1904, im Krieg zerstört) von Alfred Messel zum Prototyp einer neuen Kaufhausarchitektur in Deutschland. Von den zahlreichen Nachfolgebauten blieb das durch Galerien und Brücken im Inneren aufwendig inszenierte Jugendstil-Warenhaus in Görlitz als einziges ganz erhalten. Mit den im Erdgeschoß vorgelagerten Arkaden wird das für die Textilstadt Görlitz typische Motiv der Tuchlaubengänge wiederaufgenommen.
Lit.: Bau- und Kunstdenkmale der DDR: Bezirk Dresden, Berlin; Monumente 3/4, 1994.

Klingenberg
Talsperre
1909–1914
Hans Poelzig
Die Talsperre über die Wilde Weißeritz hat an der Krone eine Länge von 312 m. Die Beteiligung des Architekten beschränkte sich weitgehend auf die Gestaltung der bis zu 46 m hohen Sperrmauer, deren Mitte durch eine erhöhte Plattform über expressiv aus der Mauer herauswachsenden Strebepfeilern betont wird.
Lit.: Julius Posener, Hans Poelzig: Sein Leben – Sein Werk, Braunschweig und Wiesbaden 1994.

Leipzig
Völkerschlacht-Denkmal
Straße des 18. Oktober
1898–1913
Bruno Schmitz, Clemens Thieme
Das als Symbol nationaler Einheit aus Anlaß der 100-Jahr-Feier der Schlacht von Leipzig (1813) erbaute Denkmal erhebt sich über einem breit angelegten Sockel am Ende einer axialen, heute von Messebauten flankierten Gartenanlage. Das Innere nimmt eine Gedenkstätte mit einer kuppelüberdeckten Rotunde auf. Architektur und Plastik (Franz Metzner) bilden bei diesem bedeutendsten, unter Verwendung modernster Betontechnik entstandenen, wilhelminischen Denkmalbau eine unauflösbare Einheit. Das Denkmal bildet den Endpunkt einer am Bayerischen Platz beginnenden, vom Deutschen Platz und dem Messegelände unterbrochenen Achse (Straße des 18. Oktober).
Lit.: Zentralblatt der Bauverwaltung 1913, S. 553; Hans Schliepmann, Bruno Schmitz, Berlin 1913; Peter Huttner, „Die feinste Barbarei" – das Völkerschlachtdenkmal bei Leipzig, Mainz 1990.

Sachsen

Kaufhaus Karstadt
(ehem. Warenhaus
„Zum Strauß")

Talsperre Klingenberg

Völkerschlacht-Denkmal

Leipzig
Neues Rathaus, Stadthaus
Burgplatz/Martin-Luther-Ring
1899–1905/1908–1912
Hugo Licht

Der durch Bevölkerungszunahme und Eingemeindungen erforderliche Rathausneubau entstand als geschlossene neobarocke Blockbebauung auf dem Gelände der mittelalterlichen Pleißenburg, deren noch bestehender Hauptturm in die Anlage miteinbezogen wurde. Repräsentative Raumfolge mit Wandelhalle, Haupttreppe – die nur ins 1. Obergeschoß führt – sowie Rats- und Festsaal. Die Säle wurden nach Kriegszerstörungen 1968 bzw. 1974 verändert wiederaufgebaut. Erweiterung durch das im gleichen Stil, aber schlichter gehaltene Stadthaus mit zweigeschossiger Verbindungsbrücke zum Rathaus.

Zu diesem bedeutenden späthistoristischen Ensemble gehört auch das ehem. Gebäude der Deutschen Bank, Martin-Luther-Ring 2, 1898–1901, von Arwed Roßbach.

Lit.: Zentralblatt der Bauverwaltung 1905, S. 502ff.; Deutsche Bauzeitung 1913, S. 53 ff.

Neues Rathaus

Leipzig
Hauptbahnhof
Platz der Republik
1902–1915
William Lossow, Max Kühne

Der 298 m lange größte Kopf- und Personenbahnhof Europas ersetzte zwei frühere Bahnhöfe und benötigte, da je zur Hälfte preußisch bzw. sächsisch verwaltet, zwei Eingangs- und zwei Wartehallen. Beide Anlagen werden in einer großen Querbahnsteighalle zusammengefaßt, an der 26 Gleise enden. Empfangsgebäude und Querbahnsteig sind in Stahlbeton, die Gleisüberdachungen in Stahl-Rahmenkonstruktion ausgeführt. Konstruktiv fortschrittlicher, teilweise historisierend verkleideter Ingenieurbau. Nach Teilzerstörung im Zweiten Weltkrieg 1955–1965 abschnittsweise wiederaufgebaut.

Lit.: Zentralblatt der Bauverwaltung 1907, S. 357ff, 1912, S. 229f; Manfred Berger, Hauptbahnhof Leipzig: Geschichte, Architektur, Technik, Berlin 1990; Bauwelt 1994, S. 1800, S. 1921; Deutsche Bauzeitung 5/1995, S. 32f.

Sachsen

Leipzig
Messehaus Specks Hof
Reichsstraße 4–6
1908–1909
Emil Franz Hänsel
Messehaus Mädlerpassage
Grimmaische Straße 4–6
1912–1914
Theodor Kösser

Der Übergang von der Waren- zur Mustermesse und der damit verbundene Neubau von Messehäusern (ab 1893) anstelle der barocken Kaufmannshöfe bewirkte einen tiefgreifenden Wandel der ursprünglich kleinteiligen Innenstadtstruktur Leipzigs. Die Anlage der Ausstellungskojen an einem Wegesystem aus Passagen und Innenhöfen ermöglichte die Gleichwertigkeit der Ausstellungsstandorte. Die im Historismus begonnene Bautätigkeit an den Messepalästen (Städtisches Kaufhaus, 1893, verändert wiederaufgebaut) fand ihren Höhepunkt in der Zeit vor dem Ersten Weltkrieg und wurde durch moderne Erweiterungen (Specks Hof 1928/29) bzw. Neubauten (Petershof 1927/29) abgeschlossen. Der über alle Stiländerungen gleichbleibende Typus des über einem Stahl- oder Beton-Rahmensystem erbauten innerstädtischen Messepalasts blieb auf Leipzig beschränkt.
Lit.: Wolfgang Hocquél, Die Architektur der Leipziger Messe, Leipzig 1994.

Leipzig
Deutsche Bücherei
Deutscher Platz
1914–1916
Oscar Pusch

Die Deutsche Bücherei, Nachfolgerin der 1849 in Frankfurt gegründeten Reichsbibliothek, sammelt seit 1913 das gesamte in deutscher Sprache erscheinende Schrifttum (bisher über 9 Millionen Bände). Der 120 m lange, konkav geschwungene und durch zwei Runderker gegliederte Monumentalbau an der Ostseite des Deutschen Platzes war von Beginn an auf Erweiterungen angelegt, mit denen der weit nach Osten vorgeschobene große Lesesaal allmählich ins Zentrum der Anlage rückte (Erweiterungen und Modernisierungen 1934, 1959–1965).
Lit.: Zentralblatt der Bauverwaltung 1915, S. 285ff.

Messehaus Specks Hof

Sachsen

Deutsche Bücherei

Messehaus
Mädlerpassage

Hubert Ritter – Bauten für Leipzig 1924–1930

Ähnlich wie bei Schumacher in Hamburg oder Taut in Magdeburg, umfaßte die Tätigkeit Ritters als Stadtbaurat in Leipzig Stadtplanung (Generalbebauungsplan 1929), Siedlungsbau und die Planung öffentlicher Hochbauten. Die formal eher gemäßigt modernen Bauten Ritters (darunter Schulen, Krankenhäuser, das Grassimuseum und das im Zweiten Weltkrieg zerstörte Planetarium) zeichnen sich vor allem durch typologische Klarheit und die Anwendung fortschrittlicher Bautechnik (Großmarkthalle) aus.

Lit.: Hubert Ritter, Leipzig, Berlin/Leipzig/Wien 1927; Freistaat Sachsen (Hrsg.), Hubert Ritter und die Baukunst der zwanziger Jahre in Leipzig, Dresden 1993.

Neues Grassimuseum
Johannisplatz
1925–1927
Hubert Ritter mit Carl William Zweck und Hans Voigt

Das um vier Innenhöfe angelegte Museum wurde mit Rücksicht auf die barocke Johanniskirche (im Zweiten Weltkrieg zerstört, an der Stelle des heutigen Johannisplatzes) nur zwei- bis dreigeschossig ausgeführt und axial auf die Kirche bezogen. Die Unterbringung von vier getrennten Sammlungen (darunter Völkerkunde-, Kunsthandwerk- und Musikinstrumentenmuseum) erforderte eine zentrale Erschließung: Haupteingang, Wechselausstellung und Vortragssaal befinden sich im Haupttrakt zwischen dem 1. und 2. Hof. Das in Einzelformen expressionistisch gestaltete Museum wurde nach Teilzerstörung im Zweiten Weltkrieg 1957 in den Details vereinfacht rekonstruiert.

Lit.: Deutsche Bauzeitung 1930, S.145ff.

Neues Grassimuseum, Luftbild und Ansicht (Fotos 1930)

Großmarkthalle

Zwickauerstraße 40
1927–1932
Hubert Ritter, Franz Dischinger

Dieser zur Erbauungszeit größte Massivkuppelbau, von Stadtbaurat Hubert Ritter zusammen mit dem Ingenieur Franz Dischinger entwickelt, sollte ursprünglich drei Kuppeln und ein Hochhaus umfassen. Zwei Flachkuppeln, ausgeführt als Stahlbetonschalen von nur 9 cm Stärke mit dreifach abgestuftem Oberlicht und 75 m Spannweite, ruhen auf je acht Stützen und Bögen von 30 cm Querschnitt und überdachen eine Fläche von je 6.000 qm. Die wegen der relativ geringen Höhe von außen eher unspektakuläre Anlage ist damit weitaus größer, leichter und wirtschaftlicher als die Kuppeln von Thiersch und Berg in Frankfurt und Breslau. Bei der seit 1982 erfolgten Sanierung wurde die ursprüngliche Kupferdeckung durch Aluminium ersetzt.

Lit.: Wasmuths Monatshefte für Baukunst und Städtebau 1932; Bauwelt 1993, S. 1458ff.

Großmarkthalle, Ansichten

Sachsen

Ehem. Max-Klinger-Schule
Karl-Heine-Str. 22b (Lindenau)
1928
Hubert Ritter, Fritz Baumeister

Die am Rande eines Parks und am Ufer der Luppe gelegene Schule besteht aus einem Kopfbau mit Fachklassen und Verwaltung, drei kammartig angeordneten Klassentrakten mit Mittelflurerschließung und der Sporthalle. Die zeilenförmigen Trakte sind über einen im Erdgeschoß offenen, im Obergeschoß geschlossenen Flurbau miteinander verbunden, der bei schlechtem Wetter als Pausenfläche dient. Die Schule bildet einen nach Norden offenen Hof, der ursprünglich durch einen spiegelbildlichen Bauabschnitt zu einer geschlossenen Hofanlage ergänzt werden sollte.

In Lindenau befindet sich auch das in einen Häuserblock integrierte Westbad (Marktstraße 2–6, 1925/1926, Architekten Hubert Ritter, Fritz Baumeister), ein Hallenbad mit zwei übereinanderliegenden Schwimmbecken. Stahlbetonkonstruktion mit Ziegelfassaden.

Ehem. Max-Klinger-Schule, Modellfoto und Ansicht

Wohnanlage Rundling
Siegfriedplatz, Nibelungenring
(Lößnig)
1929–1930
Hubert Ritter

Die in drei konzentrischen Ringen um einen zentralen kreisförmigen Platz angelegte Siedlung, mit ca. 600 Wohnungen, einziger ausgeführter Teil einer geplanten Großsiedlung, ist eine in ihrer städtebaulichen Signifikanz mit der Hufeisen-Siedlung in Berlin-Britz von Taut und Wagner vergleichbare Großform. Trotz scheinbar rein formalistisch-geometrischer Anlage sind die Wohnungen (13 Grundrißtypen) funktional an Himmelsrichtung und Besonnung orientiert. Zwar in schlechtem baulichen Zustand, aber eine der bedeutendsten Wohnanlagen der Weimarer Republik.

Lit.: Wasmuths Monatshefte für Baukunst und Städtebau 1930, S. 338f.; Bauwelt 1992, S. 2183.

Wohnanlage Rundling, Luftbild und Ansicht

Leipzig
Versöhnungskirche
Jonny-Schehr-Straße 16 (Gohlis)
1928–1932
Hans-Heinrich Grotjahn
Das starke Anwachsen des Stadtteils Gohlis machte die Einrichtung einer zweiten Kirchengemeinde (mit 21.000 Mitgliedern) und einen Kirchenneubau erforderlich. Trotz avancierter Betontechnologie und Formelementen der Moderne (Flachdach, kubische Gestaltung) steht die formalistisch-ornamentale Gestaltung (Kreuzfenster in der Fassade) in deutlichem Gegensatz zu den Bestrebungen des Neuen Bauens. Illusionistische Anordnung des Glockenturms, der von bestimmten Blickwinkeln aus wie eine Doppelturmanlage erscheint. Gut erhalten, 1989 restauriert.
Lit.: Bauwelt 14/1931, 52/1931, 14/1932.

Leipzig
Konsumzentrale Plagwitz
Industriestraße 85–96 (Plagwitz)
1929–1932
Fritz Höger
Das um einen Innenhof angelegte Verwaltungs- und Lagergebäude einer Konsumgenossenschaft, Ergebnis eines engeren Wettbewerbs, ist ein Stahlbeton-Skelettbau mit Ziegelverkleidung im Außenbau. Abgerundete Ecken und im Ziegelverband hervorgehobene Fensterbänder mit Buckelglasscheiben zeigen die Formensprache des Neuen Bauens mit traditionellen Materialien. Das bis heute in der ursprünglichen Funktion genutzte Gebäude ist auch im Inneren weitgehend im Originalzustand erhalten. Hervorzuheben ist besonders das mit keramischen Fliesen ausgestattete Haupttreppenhaus.
Lit.: Piergiacomo Bucciarelli, Fritz Höger: Hanseatischer Baumeister, Berlin 1992; Bauwelt 1993, S. 1453.

Leipzig
Universität Leipzig/Fakultät für Sportwissenschaften
Jahn-Allee (Lindenau)
1951–1962
Hans Hopp, Kunz Nierade
Die monumentale Anlage entstand als zentrale Ausbildungsstätte für den Leistungssport der DDR. Das Sportforum und die nur teilweise ausgeführte Sporthochschule beiderseits der ehemaligen Stalin-Allee (heute Jahn-Allee) sind axial aufeinander bezogen. Beide Anlagen werden im Westen begrenzt durch die tiefergelegenen Elsterauen, zu denen hin die Hochschule mit einer monumentalen Fassade abschließt. Formal folgen die Bauten einer dem Klassizismus Schinkels verpflichteten „Nationalen Bautradition", an der hier, lange über die kulturpolitische Wende Mitte der fünfziger Jahre hinaus, festgehalten wurde.
Lit.: Deutsche Architektur 2/3/1954, 8/1966; Architektur und Städtebau in der Deutschen Demokratischen Republik, Berlin 1959; Bauwelt 1993, S. 1568ff.

Sachsen

Konsumzentrale
Plagwitz, Ansichten

Versöhnungskirche

Universität Leipzig,
Fakultät für
Sportwissenschaften

Leipzig
Ringbebauung
Roßplatz 1–13
1953–1955
Kollektiv Rohrer
Universitätshochhaus
1968–1975
Hermann Henselmann
Gewandhaus
Augustusplatz
1977–1981
Kollektiv Seipel

Als ein erster Beitrag zur baulichen Wiederherstellung des historischen Promenadenrings entstand die sieben- bis neungeschossige Ringbebauung mit 197 Wohnungen, Gemeinschaftseinrichtungen und zweigeschossigem Ringcafé im Stil der „Nationalen Bautradition". Die Ringbebauung schließt an das Europa-Hochhaus P. Burghardts an, einen mit Muschelkalk verkleideten, in den Straßenraum vortretenden Stahlskelettbau von 1929, der heute den südöstlichen Abschluß des Augustusplatzes bildet. Dieser vor dem Zweiten Weltkrieg durch Opernhaus und Museum der Bildenden Künste als Platzraum innerhalb des Promenadenrings ausgewiesene Bereich wurde (nach dem Verzicht auf den Wiederaufbau des Museums und der alten Universitätsbauten) auf der Westseite zunächst durch das Universitätshochhaus, später durch das neue Gewandhaus neu gefaßt. Das 142 m hohe, als Stahlbeton-Skelettbau mit Gleitschalung ausgeführte Hochhaus markiert die Richtungsänderung des Promenadenrings und avancierte aufgrund seiner (die Verlagstraditionen Leipzigs symbolisierenden) Buch-Form zum neuen Wahrzeichen der Stadt.

Lit.: Thomas Topfstedt, Städtebau in der DDR 1955–1971, Leipzig 1988; Bauwelt 1994, S. 1858f.

Ringbebauung

Universitätshochhaus und Gewandhaus

Löbau
Haus Schmincke
Kirschallee 1b
1932–1933
Hans Scharoun

Für ein Industriellen-Ehepaar mit Kindern entstand in unmittelbarer Nähe zum Firmengelände ein stark aufgeglaster Stahlskelettbau mit weit ins Freie ausgreifenden Vordächern und Terrassen. Zweigeschossige Halle, Studio, Wohnraum, Sommerraum und Wintergarten bilden ein räumliches Kontinuum mit vielfältigen, optisch genau kalkulierten Bezügen zum Außenraum. Bekannt wurde das Haus vor allem durch die vielpublizierte Ostseite mit zahlreichen, dem Schiffsbau entlehnten Details. Möblierung und farbige Innengestaltung sind nicht mehr erhalten. Nach dem Zweiten Weltkrieg Kreis-Pionierheim, heute Sitz eines kulturellen Vereins.

Lit.: Peter Blundell Jones, Hans Scharoun: Eine Monographie, Stuttgart 1979; Bauwelt 1995, S. 879.

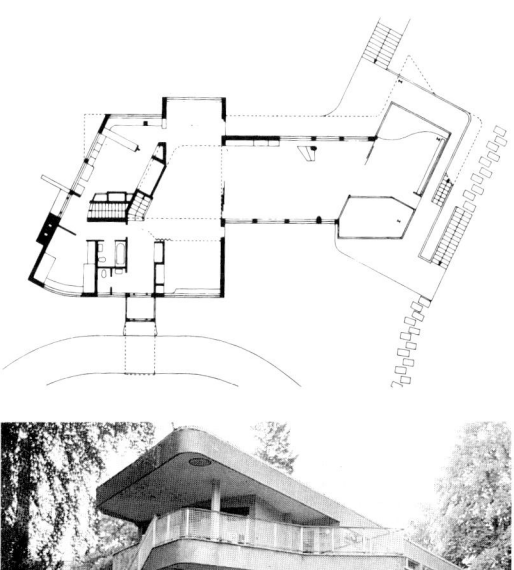

Haus Schmincke, Grundriß und Ansicht

Ottendorf-Okrilla
Jugenderholungsheim Endlerkuppe
1928–1929
Kurt Bärbig

Das Erholungsheim für je 80 Knaben und Mädchen bildet eine nach Süden geöffnete Dreiflügelanlage mit den Schlaf- und Aufenthaltsräumen, an die sich in der Hauptachse der große Speise- und Feiersaal anschließt. In der funktional gruppierten Anlage mit starkem Landschaftsbezug sind moderne (Wasserturm) und traditionelle Bauweisen (die an Tessenow erinnernde Hofanlage) kombiniert. Hauptwerk eines sozial engagierten, formal gemäßigt modernen und weitgehend unbekannten Architekten.

Von Kurt Bärbig auch die nur teilweise ausgeführte Betriebszentrale Konsumverein in Dresden, Fabrikstraße 13 (1927–1930).

Lit.: Gesellschaft sächsischer Jugenderholungsheime (Hrsg.), Jugenderholungsheim Ottendorf, Dresden 1929; Martin Richard Möbius, Kurt Bärbig, Berlin/Leipzig/Wien 1930; Architektur der DDR 1989, S. 52ff.

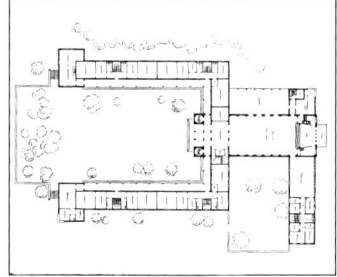

Betriebszentrale Konsumverein

Jugenderholungsheim Endlerkuppe, Grundriß und Zeichnung

Zwenkau
Wohnhaus Rabe
Friedrich-Ebert-Straße 26
1929–1930
Adolf Rading

Das vom Breslauer Architekten Rading für einen Arzt und Kunstliebhaber erbaute würfelförmige Wohnhaus enthält eine Arztpraxis im Erdgeschoß und darüber, separat erschlossen, zwei Wohngeschosse. Eine zentrale, teils über beide Geschosse reichende Wohnhalle erstreckt sich über die ganze Tiefe des Gebäudes. Die künstlerische Ausstattung des Hauses stammt von dem zu dieser Zeit in Breslau lehrenden früheren Bauhausmeister Oskar Schlemmer. Mit Ausstattung unverändert erhalten.

Lit.: Beate Szymanski, Der Architekt Adolf Rading 1888–1957: Arbeiten in Deutschland bis 1933, München 1992; Bauwelt 1994, S. 441.

Wohnhaus Rabe, Außen- und Innenansicht

Saarland

Saarbrücken
Wiederaufbauplanung Saarbrücken
Georges-Henri Pingusson
1945-1950
Neben den Hamburger Grindelhäusern und der (nicht realisierten) Planung von Marcel Lods für Mainz ist der Entwurf von Pingusson für ein neues Saarbrücken eine der wenigen radikal-modernen Wiederaufbauplanungen im zerstörten Nachkriegsdeutschland. Im Auftrag der französischen Militärregierung als „vertikale Gartenstadt" für 200.000 Einwohner geplant (Einwohnerzahl des im Zentrum zu 90 % zerstörten Saarbrücken 1955: 120.000; 1939: 135.000), sahen die Planungen Pingussons einen zentralen Verwaltungsbereich und eine östliche Wohnstadt vor, beide in nord-süd-belichteter Hochhaus-Zeilenbauweise. Der einzige realisierte Großbau dieser stark an den urbanistischen Prinzipien Le Corbusiers orientierten Planung ist die ehemalige französische Botschaft, heute saarländisches Kultusministerium.
Lit.: Klaus von Beyme u.a. (Hrsg.), Neue Städte aus Ruinen: Deutscher Städtebau der Nachkriegszeit, München 1992.

Saarbrücken
Kirche Maria Königin
1955-1957
Rudolf Schwarz
Zwei sich kreuzende Ellipsen mit dem Altar im Zentrum bilden den Grundriß, den Schwarz, der seinen Kirchenbauten symbolische „Urformen" zu Grunde legte, als „Kelch" bezeichnete. Die Stahlbetonkonstruktion ist mit Natursteinmauerwerk ausgefacht und mit einer flachen, fast schwebenden Holzdecke überdeckt. Die Grundrißform wird durch parabelförmige Schwünge an der Fassade fortgesetzt.
Lit.: Rudolf Schwarz, Kirchenbau, Heidelberg 1960, S. 276 ff.; Deutsche Bauzeitung 3/1990, S. 92f.

Saarbrücken
Bürohaus der Siemens AG
Martin-Luther-Straße 25
1961-1966
Peter C. von Seidlein
Als Verwaltungsstandort für 800 Personen entstanden ein sechsgeschossiges Bürogebäude, ein eingeschossiger, durch Mauern abgeschirmter Kasinobau und ein in den Hang eingegrabenes, 84 m langes Werkstattgebäude. Das im Grundriß quadratische Bürohaus von 42 x 42 m Grundfläche über einem Stützenraster von 14 m ist um einen aussteifenden zentralen Erschließungskern angelegt. Grundriß und Proportionierung sind ebenso wie die bis in die Fugenteilung des Bodenbelags ablesbare modulare Ordnung und die perfekten konstruktiven Details (Ecklösung der Vorhangfassade) dem Vorbild Mies van der Rohes verpflichtet.
Lit.: Bauen und Wohnen 1/1967, S. 14ff.

Saarland

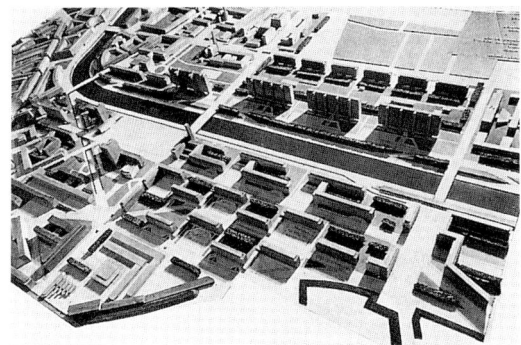

Wiederaufbauplanung Saarbrücken, Modellfoto

Ehemalige französische Botschaft

Kirche Maria Königin

Bürohaus der Siemens AG, Ansicht und Grundriß

Saarland

Saarbrücken
Studentenhaus der Universität Saarbrücken
Stuhlsatzenhausweg
1964-1970
Walter Schrempf, O. H. Hajek
In enger Zusammenarbeit zwischen Künstler (Hajek) und Architekt wurde der auf einem strengen Raster von 12 x 12 m aufgebaute prämierte Wettbewerbsentwurf bauplastisch überformt. Das Studentenhaus ist als reine Sichtbetonkonstruktion ausgeführt und nimmt Mensa (1.200 Sitzplätze), Cafeteria, Clubräume und studentische Verwaltung auf. Bei der Gestaltung der Fassaden und des Speisesaals gehen konstruktive Elemente und künstlerische Motive ineinander über. Im Inneren wird die plastische Form durch geometrische Gliederungen („Farbwege") in den Primärfarben rot, gelb und blau überlagert. Eines der wenigen Beispiele für produktive Zusammenarbeit zwischen Künstler und Architekt in der Nachkriegszeit.
Lit.: O. H. Hajek, Farbwege 1952-1974, Stuttgart 1974.

Saarbrücken
Umbau Schloß
Schloßplatz
1981-1990
Gottfried Böhm
Das im Barock erbaute, 1793 teilzerstörte, in Historismus und NS-Zeit umgebaute Schloß nimmt heute den saarländischen Landtag sowie Verwaltungs- und Ausstellungsbereiche auf. Nach Abbruch des historischen Mittelrisalits entstand ein als Stahlskelett erbauter, in der Mansarddachform mit dem ursprünglichen Bestand korrespondierender Glasbau, der den Kleinen Plenarsaal im 1. Obergeschoß sowie den nach Böhms Entwurf ausgemalten Festsaal im Dachgeschoß aufnimmt. Eine Erweiterung der Anlage auf der Südseite ist geplant.
Lit.: Baumeister 1990, S. 24ff.

St. Ingbert
Sudhaus der Bierbrauerei Becker
Kaiserstraße
1927-1931
Hans Herkommer
Das Sudhaus bildet den 1. Bauabschnitt einer bis 1931 schrittweise erweiterten, von Herkommer zusammen mit einem Brauereifachmann entwickelten Anlage. Es ist noch heute in Betrieb und nimmt im Erdgeschoß die fünf großen, durch große Glasfenster auch von außen sichtbaren Sudpfannen auf. Das 43 m hohe, auf Fernwirkung geplante Gebäude ist trotz kubischer Gestaltung und horizontaler Fensterbänder im Gesamteindruck sowie zahlreichen Detailformen (Fensterfront im Erdgeschoß) stärker dem Expressionismus als dem Neuen Bauen verpflichtet.
Lit.: Wasmuths Monatshefte für Baukunst und Städtebau 1929, S. 185; Baumeister 1933, S. 85ff.

Saarland

Studentenhaus der
Universität Saarbrücken,
Außen- und Innenansicht

Umbau Schloß,
Mittelrisalit

Sudhaus der
Bierbrauerei Becker

Rheinland-Pfalz

Kaiserslautern
Trennwandfabrik Mechel Elemente
Von-Miller-Straße 15 (Einsiedlerhof)
1972–1973
Ekkehard Fahr, Ulrich Budning, Otto Klappert

Die 350 m lange und 65 m breite Halle wurde in nur sieben Monaten Bauzeit über einem Stützenraster von 10,80 × 21,60 m errichtet. Die Hauptträger liegen in der Dachebene zwischen den beidseitig verglasten Sheddach-Oberlichtern, deren Verstrebungen die Spannweite der Querpfetten auf 5,40 m halbiert. Die frei unterteilbare Halle nimmt neben den Produktionsbereichen Lagerräume an den Gebäudeköpfen und ein eingestelltes Deck für Betriebs- und Sozialräume auf. Farbsystem in Gelb-, Blau- und Grüntönen und abgestuftes Ausbauraster (Vielfache von 30 cm). Vorgelagert die Energiezentrale mit vom Bauherrn selbst ausgeführten Fassadenelementen.

Lit.: Deutsche Bauzeitung 10/1976, S. 33ff.; Baumeister 10/1976, S. 867ff.

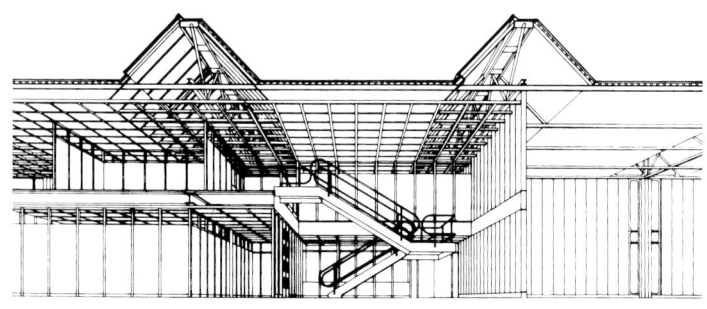

Ludwigshafen
Friedrich-Ebert-Halle
Friedrich-Ebert-Park
1960–1965
Roland Rainer

Die 60 x 60 m große Halle wird von einer Stahlbeton-Rippendecke in Form eines hyperbolischen Paraboloids überdeckt, dessen Zugkräfte auf die Wandträger der Tribünenkonstruktion übertragen werden. Die Druckkräfte der Dachschale werden in zwei Fußpunkte eingeleitet, deren Horizontalschub von einem Zugband unter dem Hallenboden aufgenommen wird. Um den Kräfteverlauf optisch ablesbar zu machen, wurde das umgebende Gelände soweit abgesenkt, daß das Zugglied unter der Halle sichtbar bleibt. Im Gegensatz zur wenige Jahre früher errichteten Kongreßhalle in Berlin statisch stimmige, vielfach nachgeahmte Konstruktion.

Lit.: Peter Kann, Roland Rainer – Bauten, Schriften und Projekte, Tübingen 1965.

Gegenüber:
Trennwandfabrik Mechel
Elemente, Schnittperspektive und
Energiezentrale

Friedrich-Ebert-Halle,
Schnitt und Ansicht

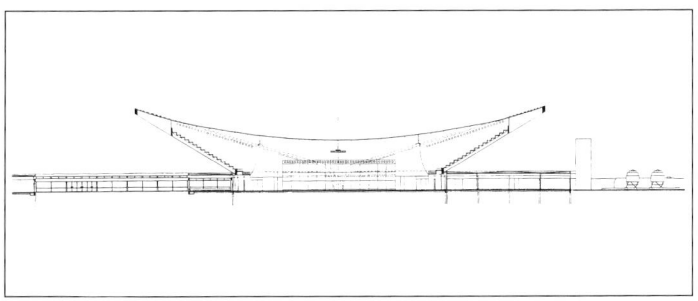

Mainz
Christkönigskirche
(Bischofsheim)
1926
Dominikus Böhm

Die im Querschnitt parabelförmige Kirche erhält Licht über stichkappenförmig in den Hauptraum einschneidende, ebenfalls parabelförmige Nischen, sowie von einem raumhohen Spitzbogen-Fenster in der Symmetrieachse über dem Haupteingang. In der Fassade kontrastiert dieses Fenster mit dem gedrungenen, asymmetrisch gestellten Glockenturm. Die außen mit Ziegeln verkleidete Kirche zeigt im Innenraum die schalungsrauhen Betonoberflächen. Expressionistischer Kirchenbau in massiver Betonkonstruktion mit gotisierenden Motiven.

Lit.: August Hoff (Hrsg.), Dominikus Böhm, München 1962.

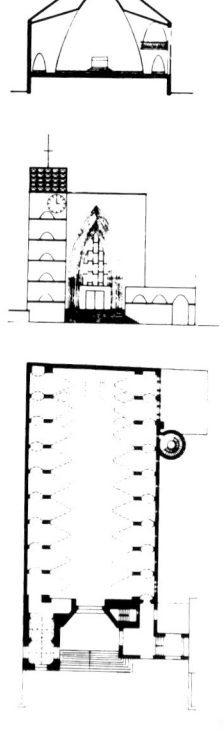

Christkönigskirche, Schnitt, Fassadenansicht, Grundriß und Ansicht

Rheinland-Pfalz

Mainz
Rathaus
Rathausplatz
1970–1973
*Arne Jacobsen, Otto Weitling,
ab 1972: Otto Weitling und Hans
Dissing*

In Abkehr von Gestaltungsprinzipien der Moderne (Ablesbarkeit der Konstruktion, Transparenz) bildet das Rathaus einen weitgehend geschlossenen, natursteinverkleideten Block, dessen Fensterflächen durch kräftige Sonnenschutzgitter verhängt sind. Die dem Gebäude vorgelagerte, aus dem Straßenraum herausgehobene Plaza zeigt ebenso wie die auf geometrischen Grundformen basierende Formensprache Einflüsse der Architektur Louis Kahns. Die Möblierung der Plaza stammt, wie auch die Ausstattung des Gebäudes, ebenfalls aus dem Büro des während der Ausführung (1971) verstorbenen dänischen Architekten.

Lit.: Felix Solaguren-Beascoa de Corral, Arne Jacobsen, Barcelona 1989.

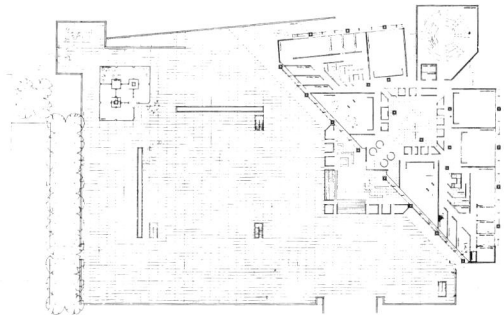

Rathaus, Grundriß und Ansicht

Baden-Württemberg

Bad Buchau
Federsee-Museum
August-Gröber-Platz
1965–1967
Manfred Lehmbruck

Über einem künstlichen See schwebt auf Betonpfeilern ein rechteckiger, eingeschossiger Atriumbau aus Holz und Glas mit 400 qm Ausstellungsfläche. Ähnlich wie die frühgeschichtlichen Pfahlbauten, die sich ehemals in dieser Gegend befanden, wird das Museum für Natur- und Kulturgeschichte nur über einen Steg erreicht. Durch den Wechsel von geschlossenen Wänden und großen Fensteröffnungen sowie durch die Wahl der Materialien wird geschickt zwischen den Exponaten und der Natur, aus der die Exponate stammen, vermittelt.

Lit.: Mathias Schreiber, Urzeit und Moderne, in: ders., Deutsche Architektur nach 1945, Stuttgart 1986; Deutsche Bauzeitung 1/1990, S. 98f.

Federsee-Museum,
Außen- und Innenansicht

Baden-Baden
Wohnhaus Eiermann
Krippenhof 16–18
1959–1962
Egon Eiermann

Wohnhaus und Studio des Architekten sind Stahlbeton-Schottenbauten mit Glasfassaden auf der Gartenseite. Geschlossene Fassadenteile, wie Stirn- und Treppenhauswände sind mit Sichtziegeln verkleidet. Brüstungs- und Terrassenmauern aus demselben Material binden die Häuser in das bewegte Gelände ein. An den Längsfassaden bieten Vordächer, Balkone und Schiebegitter Sonnen- und Witterungsschutz. Im Inneren des Wohngebäudes räumliche Differenzierung durch Split-Level-Anordnung der Wohn- und Schlafbereiche. Vorbildlich detaillierter Bau des berühmtesten Architekturlehrers der Nachkriegszeit. (Nicht öffentlich zugänglich.)

Lit.: Architektur und Wohnwelt 1963, H.7, S.291ff.

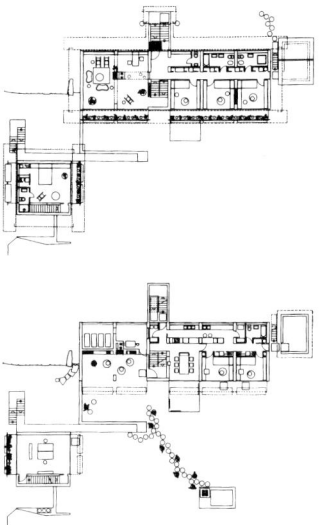

Wohnhaus Eiermann, Grundrisse und Ansicht

Bad Wurzach-Seilbranz/Talacker
Kartäuserkloster Marienau
1961–1964
Emil Steffann
Die ausgedehnte, nur ein- bis zweigeschossige Anlage besteht aus den Wirtschafts- und Wohnhöfen der Fratres, einem zentralen Bereich mit Kirche, Bibliothek und Kapitelsälen sowie den Einzelzellen der Kartäuser, die als Winkelhäuser an einem Kreuzgang um den Friedhof aufgereiht sind. Traditionelle Typologien (Kreuzgang, Kartause) und handwerkliche Bauweisen (verputztes Mauerwerk, Holzdachstühle und Biberschwanz-Eindeckung) sind zu einem neuen, „schlichten" Raumeindruck verarbeitet.

Lit.: Bauwelt 1979 S. 766ff.; Bauen und Wohnen 10/1980 S. 9ff.; Gisbert Hülsmann, Emil Steffann, Bonn 1984.

Biberach an der Riß
Wohnhäuser Guido und Werner Schmitz
Mettenberger Weg 15–17
1949–1952
Hugo Häring
Die beiden nebeneinander an einem Westhang liegenden Häuser (in Härings Heimatstadt für den Fabrikanten Guido Schmitz und seinen Bruder erbaut) sind die beiden einzigen nach dem Zweiten Weltkrieg ausgeführten Bauten des Architekten. Es sind flach gedeckte, zweigeschossige Holz-Leichtbauten auf einer Stahlbeton-Unterkonstruktion mit einem durch geschickte „Sägezahn"-Grundrißorganisation erzieltem hohen Südlicht-Anteil für die Wohn- und Schlafräume. Die Nebenräume liegen auf der Nordseite und im Sockelbereich.

Lit.: Sabine Krämer, Hugo Häring Wohnungsbau: Theorie und Praxis, Stuttgart 1984.

Blumberg/Schwarzwald
Weberei Lauffenmühle
Winklerstraße
1949–1951
Egon Eiermann, Robert Hilgers
Eingangsgebäude, Weberei, und Kesselhaus mit überdachter Kohlenhalde bilden eine Gruppe eigenständiger Bauten in rechtwinkliger Anordnung. Unter diesen dominiert das Produktionsgebäude, eine zwischen zwei Treppenhäuser eingeschobene zweigeschossige Halle. Die statische Trennung von umhüllender Stahlkonstruktion und Stahlbe-

Kartäuserkloster Marienau

Baden-Württemberg

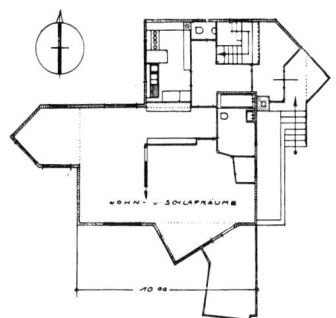

tonskelett (Stützenraster 5 × 5 m) im Innenbereich des Erdgeschosses ermöglichte die äußere Darstellung des Gebäudes als Leichtbau mit außenliegenden Stützen, filigranen Fensterbändern sowie Wellasbestzementverkleidung. Wegweisender Fabrikbau der ersten Nachkriegszeit.

Lit.: Baukunst und Werkform 1951, H.4, S. 23ff., H.10, S. 13ff.

Wohnhäuser Guido und
Werner Schmitz,
Grundriß und Ansicht

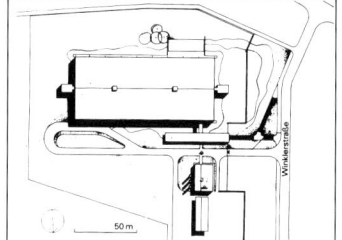

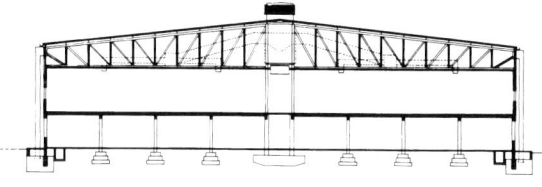

Weberei Lauffenmühle,
Lageplan, Schnitt und
Ansicht

Fellbach bei Stuttgart
Rathaus
Cannstädter-/Kirchhofstraße
1979–1986
Ernst Gisel

Der durch die Eingemeindung von Schmiden und Oeffingen dringlich gewordene Rathaus-Neubau bildet eine von zwei Längstrakten begrenzte, die Ortsmitte gliedernde Blockstruktur, deren Innenhof vom Rundbau des Ratssaales als Zentrum der Anlage dominiert wird. In den Rathauskomplex integrierte Geschäfte und Restaurationsbetriebe sollen – in Verbindung mit Durchgängen und Wegeverbindungen – den Verwaltungsbau ins Stadtleben einbinden. Das Gebäude ist als Stahlbeton-Skelettbau mit gelben Klinkerfassaden ausgeführt, einzelne Bauteile sind durch Granitverkleidung hervorgehoben.

Lit.: Deutsche Bauzeitung 3/1987; Werner Oechslin u.a., Ernst Gisel Architekt, Zürich 1993.

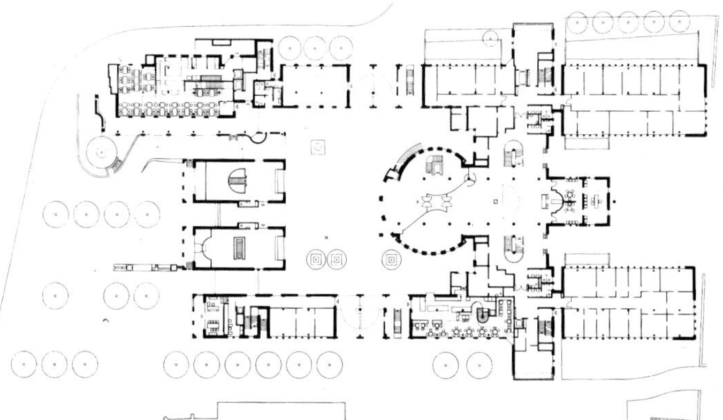

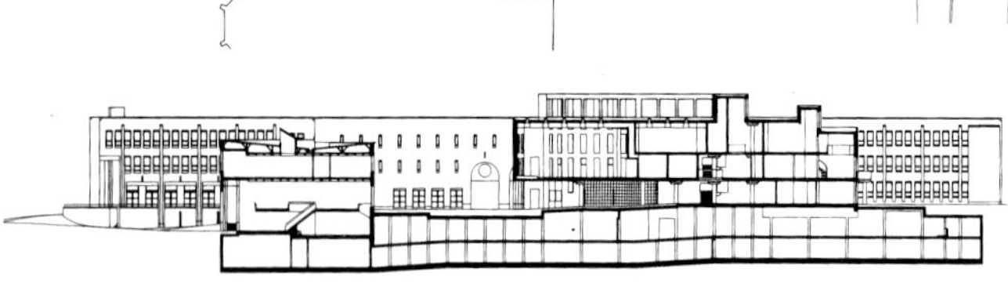

Freiburg im Breisgau
Kollegiengebäude I der Universität Freiburg
Werthmannplatz 1
1907–1911
Hermann Billing
Kollegiengebäude II
1955–1961
Otto Ernst Schweizer

Das Kollegiengebäude I besteht aus dem kompakten, um einen Innenhof angelegten Hörsaaltrakt mit Eingang an der Rempartstraße, sowie dem stark gegliederten, in einem Turmbau kulminierenden Verwaltungstrakt. Als zentraler Verteiler dient die Wandelhalle; von hier aus wird auch die im Grundriß elliptische Aula erschlossen, deren konvex geschwungene Außenwand den Mittelrisalit der Fassade am Werthmannplatz bildet. Die Fassaden sind mit lokalem rötlichem Sandstein verkleidet. Die Baugruppe vermittelt einen reduziert neobarocken Eindruck. Direkt benachbart, vom Werthmannplatz zurückgesetzt, befindet sich das Kollegiengebäude II, ein im Grundriß H-förmig angelegter Stahlbeton-Skelettbau mit Sandsteinverkleidung.

Lit.: Moderne Bauformen 1912, S.349ff.; Otto Ernst Schweizer, Die architektonische Großform, Karlsruhe 1957; Deutsche Bauzeitung 9/1991, S. 118f.

Kollegiengebäude I und II der Universität Freiburg

Gegenüber:
Rathaus Fellbach, Ansicht, Grundriß und Schnitt

Baden-Württemberg

Freudenstadt
Wiederaufbau der Innenstadt
1949–1954
Ludwig Schweizer
Die 1597 gegründete, von Heinrich Schickhardt in konzentrischen Häuserzeilen um den quadratischen Marktplatz angelegte Renaissancestadt wurde nach schweren Kriegszerstörungen unter Beibehaltung der vorhandenen Bebauungsstruktur wiederaufgebaut. Im Gegensatz zur zerstörten Anlage sind die stilistisch den Vorgängerbauten nachempfundenen Häuser am Marktplatz trauf-, nicht giebelständig angeordnet. Ein seltenes Beispiel für eine an der Heimatschutzbewegung orientierte freie Stadtrekonstruktion.
Lit.: Hans Günther Burkhardt, Stadtgestalt und Heimatgefühl: Der Wiederaufbau von Freudenstadt 1945–1954. Hamburg 1988.

Giengen an der Brenz
Fabrikgebäude der Margarete Steiff GmbH
Alleenstraße 2
1903 (Ostbau)
Richard Steiff, Eisenwerk München
Das als Stahlskelettbau mit Trockendecken-Konstruktion erbaute Produktionsgebäude wird nach außen durch eine zweischalige Glasfassade mit 25 cm Luftzwischenraum abgeschlossen. Trotz verschiedener Umbauten, bei denen die Oberlichter und eine über alle Geschosse reichende Rampe (für die an den Rollstuhl gefesselte Firmengründerin Margarete Steiff) entfernt wurden, ist das Gebäude gut erhalten. Die Anlage wurde 1904 und 1908 in gleicher Bauart erweitert (Süd- und Nordbau). Der zur Enstehungszeit einzigartige Ingenieurbau mit der ersten Curtain-Wall-Fassade Deutschlands, acht Jahre vor Gropius' Faguswerken entstanden, wird bis heute von derselben Firma genutzt. Der Ostbau ist heute Museum.
Lit.: Bauwelt 1992, S. 2520f.

Baden-Württemberg

Wiederaufbau der
Innenstadt, Luftbild

Gegenüber:
Ansicht

Fabrikgebäude der
Margarete Steiff GmbH
(Foto 1910)

Gmindersdorf bei Reutlingen
Siedlung Gmindersdorf
Heppstraße/Theodor-Fischer-Straße
1903–1915
Theodor Fischer
Die im Auftrag des sozial engagierten Textilfabrikanten Ulrich Gminder errichtete Werkssiedlung wurde auf Wunsch des Bauherrn mit Einzelhäusern auf einem leicht nach Süden abfallenden Gelände erbaut. Nur am zentralen Marktplatz weicht das angestrebte dörfliche Bild einer geschlosseneren Bebauung mit Läden und Kinderhort. Das 1913 dem Ensemble hinzugefügte Altenheim nahe dem Marktplatz ist am höchsten Punkt der Anlage halbkreisförmig um eine Senke angeordnet, möglicherweise ein Vorbild für die spätere Hufeisensiedlung von Fischers damaligem Mitarbeiter Bruno Taut. Nach Überführung in Privateigentum teilweise entstellende Umbauten.
Lit.: Winfried Nerdinger, Theodor Fischer: Architekt und Städtebauer, Berlin 1988.

Heidelberg
Hauptgebäude der Universität
Universitätsplatz
1928–1934
Karl Gruber
Nach mehrfach geänderter Planung bildet das in mehreren Abschnitten errichtete Gebäude in der Endfassung drei Seiten eines innerstädtischen Baublocks. Der Haupttrakt am Universitätsplatz nimmt in den zwei oberen Geschossen die durch vertikale Fensterbänder in der Fassade charakterisierte Aula auf. Der von Gruber bewußt als „Kathedrale der Wissenschaft" viergeschossig aus der Heidelberger Altstadt herausgehobene Bau wurde wegen seiner (gemäßigt) modernen Formensprache Ziel heftiger Angriffe der Nationalsozialisten. Im Zweiten Weltkrieg teilweise zerstört, wurde er vom Architekten fast unverändert wiederaufgebaut.
Lit.: Andreas Romero, Baugeschichte als Auftrag: Karl Gruber – Architekt, Lehrer, Zeichner, Braunschweig 1990

Hundersingen bei Herbertingen
Heuneburgmuseum
1988–1991
*Johannes Manderscheid,
Heinz Bienefeld*
Eine ehemalige Zehntscheuer aus dem 18. Jahrhundert wurde im Zuge der Umgestaltung zu einem Heimatmuseum von späteren Ein- und Umbauten befreit und dabei der ursprüngliche Einheitsraum wiederhergestellt. Zwei umlaufende, von der Außenwand abgerückte Ausstellungsemporen in Höhe von 3,01 m und 5,25 m ruhen auf vier Stahlbetonscheiben in der Mitte des Raumes sowie auf einzelnen Auflagerpunkten in der Außenwand. Beispielhafte Umnutzungsmaßnahme in klarer Unterscheidung der Neubauteile vom historischen Bestand.
Lit.: Baumeister 4/1991, S. 22ff.

Baden-Württemberg

Hauptgebäude der
Universität Heidelberg

Heuneburgmuseum,
Innenansichten

Siedlung Gmindersdorf,
Luftbild und Ansicht

Baden-Württemberg

Karlsruhe
Wohnsiedlung Dammerstock
1928–1930
Walter Gropius, Otto Haesler u.a.
Nach einem Wettbewerb, in dem Wohnungsgrößen und Bauweise schon festgelegt waren, entstand auf der Grundlage eines Bebauungsplans von Gropius und Haesler in der Zusammenarbeit mehrerer Preisträger eine Demonstrativsiedlung in exemplarisch vorgeführter Zeilenbauweise mit Reihen-, Mehrfamilien- und Laubenganghäusern. Bis Ende 1929 wurden von den geplanten 750 Wohnungen 228 mit 23 verschiedenen Grundrißtypen gebaut. Schon während der Bauzeit kam Kritik an dem rigorosen Schematismus der durchweg ost-west-orientierten Hauszeilen auf. Auch die Gemeinschafts- und Versorgungseinrichtungen (Heizkraftwerk, Waschhaus etc.) sind noch erhalten, teilweise aber in ihrer Nutzung verändert. Exemplarische Zeilenbau-Siedlung, die auf Grund ihres Schematismus schon in den zwanziger Jahren heftig umstritten war.

Lit.: Die Form 1930, S.163ff., S. 189ff.; Winfried Nerdinger, Der Architekt Walter Gropius, Berlin 1985; Brigitte Franzen, Die Siedlung Dammerstock in Karlsruhe, Marburg 1993.

Karlsruhe
Hochschulstadion
Engesserstraße
1929–1931
Hermann Alker
Die Tribünenanlage des Stadions besitzt eine 11 m frei auskragende Stahlbetondecke, die von Bindern getragen wird, die mit den Treppen eine konstruktive Einheit bilden. Unter der Treppenanlage befinden sich die Nebenräume. Konstruktiv interessantes Projekt des konservativen Karlsruher Architekturlehrers, der kurze Zeit (1937/1938) für Hitler den Ausbau Münchens zur sog. Führerstadt plante.
Wasmuths Monatshefte für Baukunst und Städtebau 1929, S. 415ff., 1931, S. 499f.

Wohnsiedlung Dammerstock (Foto 1930)

Baden-Württemberg

Hochschulstadion, Ansichten

Wohnsiedlung Dammerstock, Lageplan und Ansichten

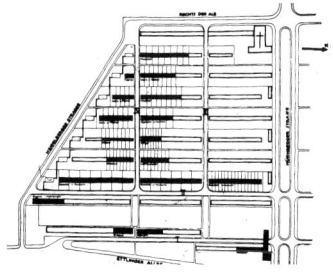

Baden-Württemberg

Karlsruhe
Schwarzwaldhalle
Festplatz/Stadtpark
1952–1953
Erich Schelling, Ulrich Finsterwalder (Konstruktion)
Die 36 Stahlbeton-Außenstützen des 73 m langen und 48 m breiten Saalbaus tragen einen als Randgesims ausgebildeten Druckring, der die Zugkräfte des zweiachsig gekrümmten Hängedachs aus vorgespanntem Stahlbeton aufnimmt (Schalendicke 6 cm). Mit Ausnahme von fünf Feldern an der westlichen Stirnseite hinter der Bühne sind die 5,40 m breiten Zwischenräume zwischen den Stützen voll verglast. Die Sichtbeton-Deckenunterseite ist aus akustischen Gründen mit ungehobelten Brettern geschalt. Erstes Hängedach dieser Größenordnung in Deutschland, inzwischen mehrfach erweitert.
Lit.: Bauwelt 1954, S. 26ff.; Zement 1/2 1955; Erich Schelling: Architekt 1904–1986, München 1994.

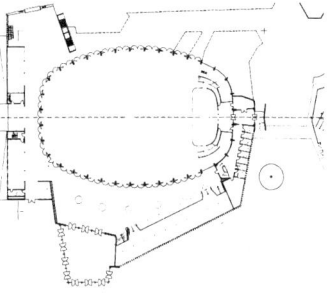

Konstanz
Universität Konstanz
Universitätsstraße 10
1964, 1969–1983
Staatliches Hochbau- und Universitätsbauamt, Eugen Schneble, Dietrich Müller-Hauser u.a.
Auf einem Hügel zwischen der Stadt und der Insel Mainau wurde eine komplette neue Universität errichtet, die im Gegensatz zu anderen Hochschul-Neugründungen in der Bundesrepublik, etwa der monströsen Lernmaschine in Bochum, vergleichsweise kleinteilig und menschlich wirkt. Diese Intimität wurde durch eine verwinkelte, manch-

mal fast verwirrende, innere und äußere Wegeführung bewußt gestaltet. Das Hangprofil wurde durch niedere Bauten unten und hohe an der Spitze noch gesteigert.

Lit.: Deutsche Bauzeitung 3/1978; Adolf Max Vogt, Kunst-Burg für die Wissenschaft, in: Mathias Schreiber (Hrsg.), Deutsche Architektur nach 1945, Stuttgart 1986.

Kornwestheim
Rathaus
Jakob-Siegle-Platz
1933–1935
Paul Bonatz, Friedrich Scholer
Die Anlage besteht aus dem dominierenden Rathausturm, der in den unteren Geschossen Verwaltungsfunktionen, im oberen Teil ein Wasserreservoir aufnimmt, sowie einem dreigeschossigen Flachbau mit Walmdach und großem Sitzungssaal im 2. Obergeschoß. In monumentaler Form sind hier traditionelle Formen (Walmdach, Bogenfenster) und moderne Konstruktionselemente (offen gezeigtes Betonskelett, horizontale Fensterbänder) kombiniert.

Lit.: Moderne Bauformen 1936, S. 77f; Friedrich Tamms, Paul Bonatz, Stuttgart 1937.

Gegenüber:
Rathaus, Kornwestheim
Schwarzwaldhalle, Karlsruhe, Grundriß
Universität Konstanz, Ansicht

Schwarzwaldhalle, Karlsruhe, Ansicht

Universität Konstanz, Ansicht

Lorch
Schul- und Sportzentrum
Auf dem Schäfersfeld
1971–1982
Günter Behnisch & Partner

Lit.: Bauwelt 1974, S. 568ff.; Bauwelt 1984, S. 238ff.; Deutsche Bauzeitung 4/1994, S. 118f.

Das ursprünglich auch für Wohnbebauung vorgesehene Schäfersfeld oberhalb der Stadt Lorch ist Standort eines über mehrere Bauabschnitte entwickelten und erweiterten Schulzentrums. Das zuerst entstandene Progymnasium gruppiert sich mit den Stammklassen um eine zentrale, von oben belichtete Treppenhalle. Zwei Flachbauten (Fachklassen, Verwaltung) greifen aus dem Baukörper aus. Die dort entwickelten Prinzipien (lockere, von geometrischen Zwängen freie Anordnung, zentrale Freiräume, Landschaftsbezug) wurden bei der im Außenbau stärker konturierten Hauptschule wiederholt. Die Dreifach-Sporthalle ist weitgehend in den Hang eingegraben und ordnet sich trotz des großen Volumens den anderen Baukörpern unter. Richtungweisender Schulbau, der wichtige Anstöße zur menschlichen Dimensionierung der neuen Schulzentren gab.

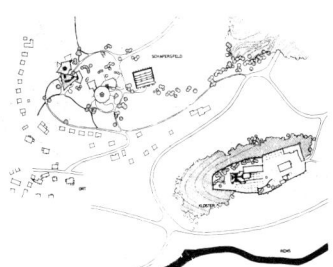

Mannheim
Kunsthalle
Moltkestraße 9
1906–1907
Hermann Billing

Lit.: Moderne Bauformen 1907, S. 216ff.; Heinrich Klotz, Waltraud Krause, Neue Museumsbauten in der Bundesrepublik Deutschland, Frankfurt/Main 1985; Bauwelt 1991, S. 2195.

Um den 1884–1886 erbauten Wasserturm wurde nach Plänen von Bruno Schmitz ein symmetrisch auf die Heidelbergstraße bezogener Park angelegt, flankiert von Schmitz' in barockisierendem Jugendstil erbauter Festhalle Rosengarten (1899–1903, im Inneren verändert) und Billings zur 300-Jahrfeier der Stadt errichteter Kunsthalle. Die um eine zentrale Treppenhalle angelegte symmetrische Kunsthalle galt zur Entstehungszeit als Hauptwerk eines Historismus und Jugendstil gleichermaßen überwindenden neuen Monumentalstils. In Verlängerung der Hauptachse 1983 nach Entwurf von Mitzlaff, Lange & Partner erweitert.
Ebenfalls von Hermann Billing: Kunsthalle Baden-Baden (Kurpark, 1908/1909, 1990 umgebaut).

Kunsthalle, Mannheim, Außen- und Innenansicht

Gegenüber:
Schul- und
Sportzentrum Lorch,
Lageplan und
Ansichten

Mannheim
Nationaltheater
Goetheplatz
1954–1957
Gerhard Weber

Bekannter als das realisierte Projekt wurde der Wettbewerbsbeitrag Mies van der Rohes, der einen an Stahl-Fachwerkträgern abgehängten Glasbaukörper vorsah. Der ausgeführte Bau (Weber nahm nicht am Wettbewerb teil) bildet einen 133 m langen, nach Süden konisch verjüngten Baukörper mit vorgelagerter Kassenhalle und verglaster Halle im Erdgeschoß, von der aus die beiden Säle (1.200 bzw. 600 Sitzplätze) im Obergeschoß erschlossen werden. Die Auslagerung der Werkstätten ermöglichte eine Reduzierung der Kubatur und damit die Anlage eines breiten Theatervorplatzes.

Lit.: Claus Helmut Drese (Hrsg.), Das Neue Nationaltheater Mannheim, Mannheim 1957.

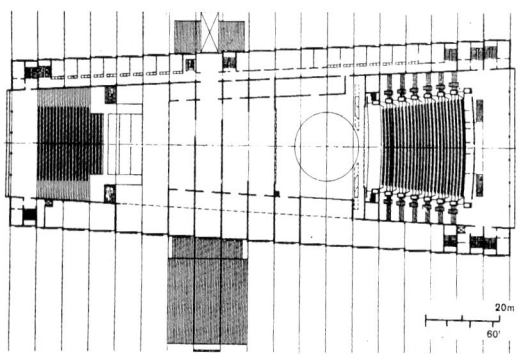

Nationaltheater, Grundriß und Ansicht

Baden-Württemberg

Mannheim
Multihalle
Herzogenriedpark
1974–1976
Carlfried Mutschler mit Frei Otto (Statik)

Die aus Anlaß der Bundesgartenschau 1975 errichtete und auf zwei Ebenen angeordnete Ausstellungs- und Kommunikationsfläche ist mit einer bis zu 85 m frei überspannenden Holz-Gitterschale überdeckt, deren Oberfläche in Fortsetzung der umgebenden natürlichen Topographie Hügel und Senken in freier Anordnung bildet. Die exakte Form der nur auf Druck beanspruchten, von Biegemomenten freien Gitterschale wurde anhand eines Hängenetz-Modells ermittelt. Nur 5 cm starke Latten auf quadratischem Raster von 50 cm Seitenlänge tragen eine 2 cm starke, transparente Dachhaut. Das in dieser Form größte leichte Flächentragwerk der Welt.

Lit.: Bertbold Burkhardt u.a., Multihalle Mannheim, Stuttgart 1978.

Multihalle, Luftbild und Innenansicht

Baden-Württemberg

Mannheim
Landesmuseum für Technik und Arbeit
Museumsstraße 1
1982–1990
Ingeborg Kuhler

Das Museum für 200 Jahre Technikgeschichte in Südwestdeutschland ist als komplexes Raumkontinuum angelegt, das wechselnde Ausstellungskonzeptionen zuläßt. Entlang einer im Grundriß keilförmigen Rampenanlage, die als Rückgrat das ganze Museum durchzieht, werden die Besucher von der (über Aufzüge erreichbaren) obersten von sechs Ausstellungsebenen in einer „Raum-Zeit-Spirale" zum Eingang zurückgeführt. Die weiß gestrichene Stahlverbundkonstruktion mit zum Teil grob belassenen Details verleiht dem Gebäude selbst den Charakter einer Industriehalle. An der Südwestseite ist in ähnlicher Gestaltung das Landesstudio des Süddeutschen Rundfunks vorgelagert.

Lit.: Baumeister 1/1991, S. 52ff.; Deutsche Bauzeitung 3/1991, S. 120ff.; Werk, Bauen und Wohnen 4/1991, S. 14ff.; Deutsche Bauzeitschrift 7/1991, S. 965ff.

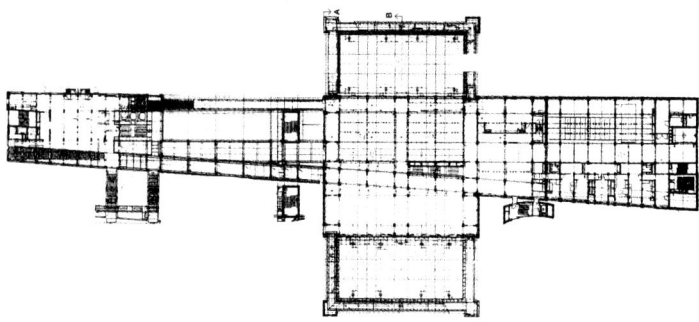

Baden-Württemberg

Maulbronn
Kinderkrankenhaus
Knittlinger Steige 205
1927–1929
Richard Döcker
Die terrassierte langgestreckte Anlage ermöglicht einen direkten Ausgang von jedem Zimmer auf einen Sonnenbalkon. Die Stahlbetonkonstruktion ist mit dem rötlichen Sandstein der Umgebung verkleidet. Ein zweiter Bauteil als symmetrischer Anschluß an die Anlage kam nicht mehr zur Ausführung.
Lit.: Der Baumeister 1931, S. 366ff.

Gegenüber:
Landesmuseum für
Technik und Arbeit,
Grundriß und Ansicht

Kinderkrankenhaus,
Entwurfsskizze und
Ansicht

Baden-Württemberg

Maulburg/Schwarzwald
Aussegnungshalle
Am Rebrain 1
1987–1991
Günter Pfeifer & Assoziierte
Günter Pfeifer, Roland Mayer
Die Erweiterung eines bestehenden Friedhofs grenzt sich durch die Reduktion auf kubische und lineare Formelemente und wenige Oberflächenmaterialien (Sichtbeton, weißer Putz, Glas) von der umgebenden Alltagsarchitektur ab. Die Aussegnungshalle liegt am Ende eines ansteigenden Weges zwischen dem von Platanen bestandenen „Hof der Lebenden" und dem meditativen, durch einen Wasserlauf als symbolischer Schwelle abgegrenzten „Hof der Toten". Mystischer Raumeindruck der als Haus im Haus angelegten Kapelle durch indirekte Belichtung.
Lit.: Bauwelt 1993. S. 1730ff.

Neckar
Bauten der Neckarregulierung
1926–1936
Neckarbaudirektion, Paul Bonatz
Die im Zuge der Flußregulierung und Schiffbarmachung des oberen Neckarlaufs erstellten baulichen Anlagen wurden von Paul Bonatz als künstlerischem Berater der Neckarbaudirektion künstlerisch überformt. Mit technisch-sachlicher Formgebung, Flachdach, Sichtbetonoberflächen etc. näherte sich Bonatz, einer der Hauptvertreter der konservativen „Stuttgarter Schule", formal stark den Industriebauten des Neuen Bauens an. Die wichtigsten von Bonatz mitgestalteten Anlagen sind die Staustufen in Oberesslingen, Bad Cannstadt, Horkheim bei Heilbronn, Ladenburg bei Mannheim und Heidelberg (letztere mit Rücksicht auf die historische Umgebung traditioneller gestaltet und mit dem ortsüblichen Sandstein verkleidet).
Lit.: Wasmuths Monatshefte für Baukunst und Städtebau 1/1928. S. 1ff.; Friedrich Tamms. Paul Bonatz: Arbeiten aus den Jahren 1907–1937. Stuttgart 1937.

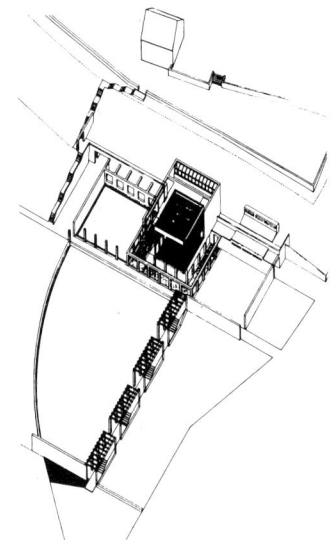

Pfullingen
Pfullinger Hallen
Klosterstraße 110
1904–1907
Theodor Fischer

Das auf freiem Gelände in einem Tal der Schwäbischen Alb gelegene Volkshaus, erbaut auf Kosten des Papierfabrikanten Louis Laiblin für Pfullinger Vereine, besteht aus einer mit Betonbindern überspannten Turnhalle und dem mit einer Holzkonstruktion überdachten Festsaal. Beide Säle werden von einer Vorhalle erschlossen und können bei Bedarf zusammengeschaltet werden. Schüler Adolf Hölzels statteten den von Fischer als räumliches Gesamtkunstwerk konzipierten Festsaal mit Jugendstil-Malereien aus. Die bewegte Dachlandschaft korrespondiert mit der Landschaft, die Fassaden und Räume sind wie immer bei Fischer genau proportioniert. 1986–1988 saniert und um einen Kantinentrakt erweitert.

Lit.: Max Bächer, 75 Jahre Pfullinger Hallen, Pfullingen 1982; Winfried Nerdinger, Theodor Fischer: Architekt und Städtebauer, Berlin 1988.

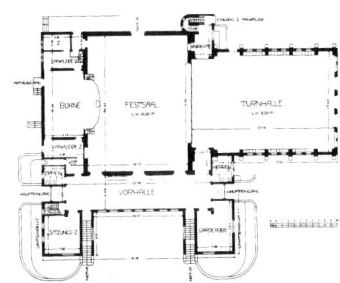

Bauten der Neckarregulierung in Bad Cannstadt

Pfullinger Hallen, Grundriß und Ansicht

Gegenüber:
Isometrie Erweiterung Friedhof Maulburg, Aussegnungshalle, Innenansicht

Baden-Württemberg

Schwäbisch Hall
Modehaus am Milchmarkt
Neue Straße 2
1985–1991
Mahler, Gumpp, Schuster Architekten, Klaus J. Mahler, Rainer Gumpp, Rolf Schuster, Hartmut Fuchs, Armin Günster

Modehaus am Milchmarkt, Schwäbisch Hall

Weishaupt Forum, Schwendi, Ansichten

Der anstelle eines abgerissenen Gebäudes aus den fünfziger Jahren inmitten der historischen Altstadt von Schwäbisch Hall errichtete Neubau besteht aus einer filigranen, von Stahlprofilen getragenen Hülle sowie einem aus Brandschutz- und Aussteifungsgründen gewählten Stahlbeton-Kernbau auf sechs Pilzstützen. Trotz der traditionellen Dachform und Dacheindeckung bildet das Modehaus aufgrund seiner technizistischen, weitgehend verglasten Fassade einen starken Kontrast zur umgebenden Bebauung. Einige Jahre zuvor entstand am gleichen Ort, ebenfalls nach Plänen von Mahler, Gumpp, Schuster, die Blendstatthalle (1985–1988), die neben einer Mehrzweckhalle auch Ratssaal und Fraktionsräume des Gemeinderates aufnimmt.

Lit.: Bauwelt 1989, S. 1517ff.; Detail 4/1993; Glasforum 1/1994, S. 13ff.

396

Schwendi
Weishaupt Forum
Max-Weishaupt-Straße 14
1990–1992
Richard Meier
Auf dem Werksgelände einer Fabrik für feuerungstechnische Anlagen entstand eine zweigeschossige U-förmige Gebäudegruppe für Schulungs-, Sozial- und Ausstellungsräume des Unternehmens. Die Stahlbeton-Skelettkonstruktion ist mit weißen Alumium-Paneelen verkleidet. Die besonders im Erdgeschoß aufgeglasten Räume öffnen sich zu den begrünten Höfen, die den Aufbau der Anlage bestimmen.
Lit.: Werner Blaser, Weishaupt Forum – Richard Meier, Basel/Berlin/Boston 1993.

Stuttgart
Heusteigschule
Heusteigstraße 97
1905–1906
Theodor Fischer
Auf schmalem Grundstück entstand die Realschule als weitgehend symmetrische Anlage mit viergeschossigem Haupttrakt zwischen zwei turmartigen Risaliten und Nebentrakten an den Stirnseiten. Eine Flurzone, die im Erdgeschoß zwischen den Risaliten als Pausen- und Eingangshalle dient, bildet in allen Geschossen das Rückgrat der einbündigen Anlage. Westlich des Flurs liegen in den Risaliten die Treppenhäuser, östlich die einheitlich aufgereihten Klassenzimmer. Der Typus der Schule wurde vielfach nachgeahmt. Sie ist nahezu unverändert erhalten und wurde 1985–1991 renoviert.
Lit.: Der Baumeister 1907, S. 37ff.; Winfried Nerdinger, Theodor Fischer: Architekt und Städtebauer, Berlin 1988.

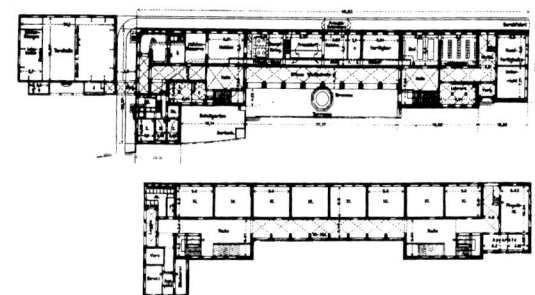

Heusteigschule, Ansicht und Grundrisse

Baden-Württemberg

Stuttgart
Württembergisches Staatstheater (Großes und Kleines Haus)
Oberer Schloßgarten 6
1907–1912
Max Littmann

Beide Häuser wurden mit Eingängen zum Schloßgarten entlang der heutigen Adenauerstraße in zurückhaltendem Neoklassizismus erbaut. Das große Haus, ein konventionelles Hoftheater, folgt mit seiner gebogenen, die Rundung des Zuschauerraums nachzeichnenden Eingangsfassade dem Vorbild der Dresdener Semperoper. Nach Zerstörungen im Zweiten Weltkrieg wurde das kleine Haus als sechseckiger Theaterraum ohne Ränge, umgeben von einem oktogonalen Foyer, wiederaufgebaut (Architekten Hans Volkart, Bert Perlia, Kurt Pläcking). Das große Haus, im Inneren zeitweilig verändert, inzwischen nach Plänen Littmanns rekonstruiert, wurde 1983–1984 um einen Theaterpavillon erweitert (Entwurf und Innenausstattung Gottfried Böhm).

Lit.: Dorothea Weiß-Vossenkuhl, Das Opernhaus in Stuttgart von Max Littmann 1910–1912, Stuttgart 1983; Die Oper in Stuttgart: 75 Jahre Littmann-Bau, Stuttgart 1987.

Stuttgart
Kunstgebäude
Schloßplatz 2
1909–1913, 1956–1961
Theodor Fischer, veränderter Wiederaufbau Paul Bonatz/Gerhard Wilhelm

Dem Ausstellungsgebäude des Kunstvereins ist ein Arkadengang vorgelagert, den Fischer als „Vorbereitung und Hinleitung auf das Neue Schloß" verstand. Er ist zugleich Reminiszenz an die umlaufende Säulenhalle des 1844 durch einen Umbau weitgehend zerstörten herzoglichen Lustgebäudes (1580–1593, Architekt Georg Beer). Höhepunkt der hinter den Arkaden beginnenden Raumfolge ist der Kuppelsaal, eine im Querschnitt kegelförmige Betonkonstruktion, die bei einem Minimum an Belichtungsfläche ein Optimum an Ausleuchtung bietet.

Württembergisches Staatstheater

Nach der Zerstörung 1944 wurde das Gebäude mit zum Teil gravierenden Änderungen und Vergrößerungen (Arkaden) wiederaufgebaut.
Lit.: Winfried Nerdinger, Theodor Fischer: Architekt und Städtebauer, Berlin 1988; Deutsche Bauzeitung 4/1988 S. 103f.; Matthias Freytag, Theodor Fischers Stuttgarter Kunstgebäude am Schloßplatz, Stuttgart 1989.

Stuttgart
Markthalle
Dorotheenstraße 4
1911–1914
Martin Elsässer
Die Markthalle ersetzte einen früheren Gemüsemarkt in Eisen-Glaskonstruktion sowie das Stadtdirektionsgebäude und mußte daher auch im Neubau städtische Ämter und Marktnutzung verbinden. Eisenbetonbinder mit Firstoberlicht überspannen die 54 m lange Halle über eine Breite von 23 m stützenfrei. Die im Inneren technisch-moderne Anlage wurde nach außen durch historisierend-kleinteilige Fassaden in die (inzwischen stark veränderte) Umgebung eingefügt. Die zeitweilig vom Abriß bedrohte Marktanlage ist unverändert in Benutzung.
Lit.: Zentralblatt der Bauverwaltung 1914, S. 211ff.

Kunstgebäude

Markthalle

Baden-Württemberg

Stuttgart
Hauptbahnhof
Arnulf-Klett-Platz 2
1911–1928
Paul Bonatz

Da der neue Bahnhof einen Vorgängerbau am Schloßplatz in zwei Bauabschnitten ersetzte, wurden die Bahnsteige mit Einzeldächern statt, wie üblich, mit einer großen Bahnsteighalle überdacht. Zwei große Treppen- und Schalterhallen vermitteln zwischen dem Bahnhofs-Vorplatz und der höher gelegenen Empfangshalle, die die Besucherströme am Kopf der Gleisanlagen zusammenfaßt und die im Osten von dem weithin als Blickpunkt wirkenden Bahnhofsturm abgeschlossen wird. Die Fassaden sind mit Kalkbossenmauerwerk, die Hallen mit Sichtziegeln und verschiedenen Natursteinen verkleidet. Der Stuttgarter Bahnhof, Hauptwerk eines neuen Monumentalstils, wurde nach Zerstörungen im Zweiten Weltkrieg außen originalgetreu, im Inneren verändert wiederaufgebaut. Eine nochmalige Verlegung des Bahnhofs nach Norden und eine Umnutzung des bestehenden Bahnhofsgebäudes werden diskutiert.

Lit.: Matthias Roser, Der Stuttgarter Hauptbahnhof, Stuttgart 1987; Manfred Berger, Historische Bahnhofsbauten III, Berlin 1988; Bauwelt 1994, S. 1762f.

Stuttgart
Tagblatt-Turm
Eberhardstraße 61
1924–1928
Ernst Otto Oßwald

Tagblatt-Turm

Hauptbahnhof

Der 18-geschossige, 61 m hohe Sichtbetonturm ist eines der wenigen gebauten Ergebnisse der seit 1920 in Deutschland lebhaft geführten Hochhausdebatte, in deren Verlauf u.a. Richard Döcker und Hugo Keuerleber Vorschläge für ein ganz Stuttgart überziehendes Netz von neuen Stadtdominanten vorlegten. Das Hauptwerk Oßwalds, Ergebnis eines engeren Wettbewerbs, bildete mit dem 1960 abgerissenen Kaufhaus Schocken von Erich Mendelsohn ein Ensemble des Neuen Bauens an zentraler Stelle. Das ehemalige Zeitungsgebäude wurde im Inneren mehrfach umgebaut und nimmt heute ein Theater, Ausstellungsräume und Behörden auf.

Lit.: Harold Hammer-Schenk, Das Tagblatt-Turmhaus, in: Kritische Berichte 1989, H. 1, S. 47ff.

Stuttgart
Haus Roser
Feuerbacher Weg 9
1925–1926
Paul Schmitthenner

Das kubisch geschlossene Wohnhaus mit hohem Walmdach zeigt in seiner axialen Grundrißanlage mit repräsentativen Raumfolgen und der gediegenen Ausführung (geschlämmtes Ziegelmauerwerk über Natursteinsockel, Biberschwanz-Dachdeckung, handwerkliche Fenster- und Geländerdetails) die traditionell-konservative Architekturauffassung Schmitthenners. Die Strenge der Fassaden wird durch leichte Störungen der Symmetrie (Nordfassade) gemildert.

In der Nähe entstand für die gleiche Bauherrenfamilie schon 1921 die Villa Roser (Am Bismarckturm 58) von Paul Bonatz sowie Bonatz' eigenes Haus (1922) in derselben Straße (Nr. 45), die nach einem der zahlreichen, von W. Kreis in ganz Deutschland errichteten Bismarckdenkmäler benannt ist.

Lit.: Wasmuths Monatshefte für Baukunst und Städtebau 1928, S. 13.

Haus Roser
(Foto 1926)

Baden-Württemberg

Stuttgart
Weißenhofsiedlung
1925–1927
Ludwig Mies van der Rohe; Peter Behrens, Victor Bourgeois, Le Corbusier, Richard Döcker, Josef Frank, Walter Gropius, Ludwig Hilberseimer, J. J. P. Oud, Hans Poelzig, Adolf Rading, Hans Scharoun, Adolf G. Schneck, Mart Stam, Bruno und Max Taut

Die Mustersiedlung am Weißenhof war der wichtigste Teil der Ausstellung des Deutschen Werkbundes „Die Wohnung" (1927). Austellungskonzept, Auswahl der Architekten und Anlage der Siedlung verantwortete Mies van der Rohe, dessen viergeschossiges Mehrfamilienhaus, auf dem höchsten Punkt des Geländes gelegen, als „Stadtkrone" das Rückgrat der Siedlung bildet. Anhand von Geschoßwohnungsbauten, Reihen-, Doppel- und Einfamilienhäusern wurde der Stand der Technik in Grundriß- und Baurationalisierung dargestellt. Einzig verbindliches Formelement war das Flachdach. In Fachwelt und Öffentlichkeit stark beachtet, wurde die Siedlung von konservativen Architekten und Kritikern heftig bekämpft. Im Dritten Reich war sie vom Abriß bedroht, in den fünfziger Jahren wurde sie unter Denkmalschutz gestellt und in den achtziger Jahren sorgfältig restauriert. Einige Häuser wurden im Krieg zerstört, andere durch Umbauten stark beeinträchtigt.

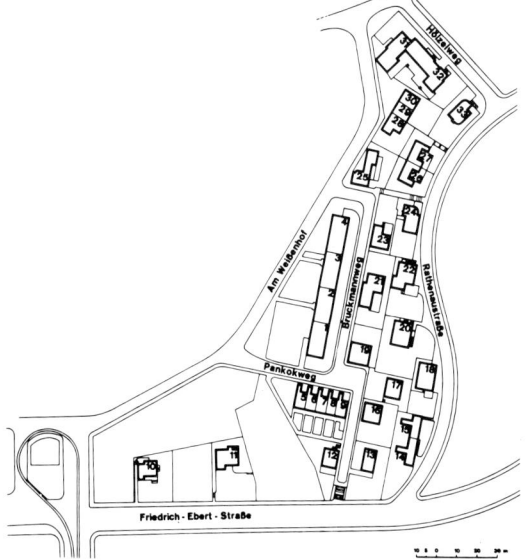

Weißenhofsiedlung, Lageplan
1–4 Ludwig Mies van der Rohe
5–9 J. J. P. Oud
10 Victor Bourgeois
11–12 Adolf G. Schneck
13–15 Le Corbusier mit Pierre Jeanneret
16–17 Walter Gropius
18 Ludwig Hilberseimer
19 Bruno Taut
20 Hans Poelzig
21–22 Richard Döcker
23–24 Max Taut
25 Adolf Rading
26–27 Josef Frank
28–30 Mart Stam
31–32 Peter Behrens
33 Hans Scharoun

Baden-Württemberg

Die zwei Häuser Le Corbusiers sind Demonstrationen seiner „Fünf Punkte zur Architektur". Sie zeigen die Möglichkeiten des freien Grundrisses und der freien Fassadengestaltung über einem Stahl- oder Stahlbetonskelett, bereichert um Dachgärten, zweigeschossigen Wohnraum (Einzelhaus) und während des Tages verändert nutzbaren Wohnraum (Doppelhaus). J.J.P. Ouds in Gußbeton errichtete Reihenhausgruppe ist bei äußerst minimierten Verkehrsflächen primär von den hauswirtschaftlichen Bewegungsabläufen her konzipiert. Mies' Geschoßwohnungsbau ist ein durch Bimsbetonsteine ausgefachter Stahlskelettbau mit flexibel unterteilbaren Wohnungen. Die Häuser von Gropius, die aus präfabrizierten Groß-

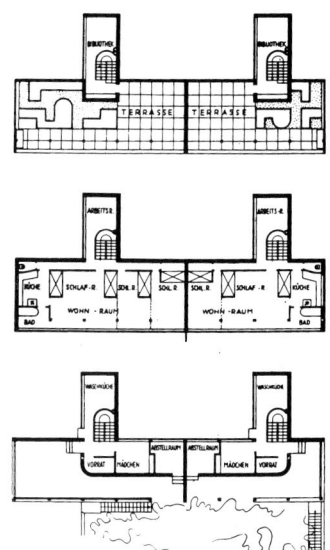

Weißenhofsiedlung, Doppel- und Einzelhaus von Le Corbusier

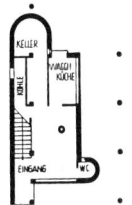 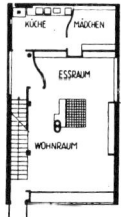 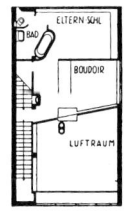 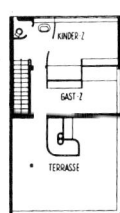

tafeln auf der Baustelle trocken montiert wurden, sind zerstört. In Mart Stams Reihenhausgruppe sind durch ein System von Schiebetüren wechselnde Zuschaltungen von Einzelräumen möglich. Durch Ausnutzung der Hanglage und Erhöhung des Erdgeschosses konnte auf der Gartenseite ein drittes Geschoß gewonnen werden. Behrens' Terrassen-Geschoßwohnbau, dessen Dachflächen den oberen Geschossen als Freiflächen dienen, und Scharouns plastisch durchmodelliertes Einfamilienhaus bilden den östlichen Abschluß der Siedlung.

Als von der konservativen Presse stark unterstützte Gegenausstellung entstand 1933–34 unter der Leitung von Paul Schmitthenner in unmittelbarer Nähe am Kochenhof eine traditionelle Wohnsiedlung mit Steildächern in Holzbauweise (Am Kochenhof/Otto Reiniger-Straße/Hermann-Pleuer-Straße).

Lit.: Deutscher Werkbund (Hrsg.), Bau und Wohnung, Stuttgart 1927; Karin Kirsch, Die Weißenhof-Siedlung, Stuttgart 1987; Vittorio Magnago Lampugnani, Vom Block zur Kochenhofsiedlung, in: Reform und Tradition, Stuttgart 1992.

Weißenhofsiedlung, Häuser von J. J. P. Oud

Baden-Württemberg

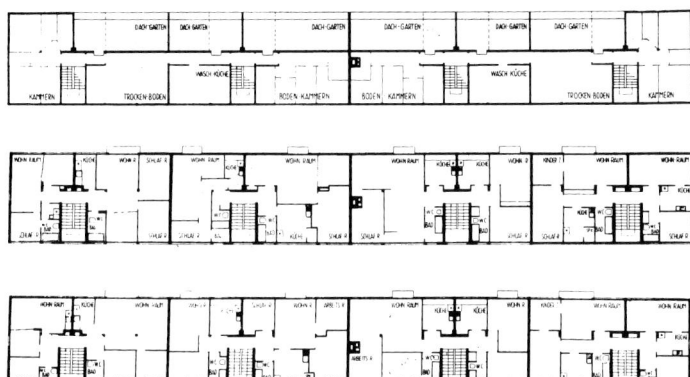

Weißenhofsiedlung,
Haus von Ludwig Mies
van der Rohe

Stuttgart
Haus Vetter
Birkenwaldstraße 169
1927–1928
Richard Döcker
Döcker, profiliertester Vertreter der Avantgarde in Stuttgart und Mitglied der progressiven Berliner Architektenvereinigung „Der Ring", war in Theorie und Praxis ein Verfechter des Terrassenbaus. Seine wichtigsten Bauten sind die Terrassen-Krankenhäuser in Waiblingen (zerstört) und Maulbronn (Knittlingersteige 205, 1927–1929, verändert). Das Haus Vetter, an einem Südhang gelegen, staffelt sich über vier Ebenen bis zum höhergelegenen Garten. Jedes Niveau dient dem nächst höheren als begehbare Fläche; Außentreppen verbinden die Terrassen. Ein Niveausprung im Obergeschoß bewirkt eine räumliche Differenzierung der Nutzungsbereiche in den beiden Hauptgeschossen.
Direktes Pendant zum Haus Vetter ist das Haus Klipper (Pischekestraße 72), das Döcker 1927–28 ebenfalls einem Südhang terrassiert anpaßte. Der Außenraum wird als Bestandteil des Wohnens mit eingeplant (Dachgarten).
Lit.: Moderne Bauformen 1929, S. 217ff.

Stuttgart
Stadtbad
Mörikestraße 62 (Heslach)
1927–1929
Hochbauamt Stuttgart (Franz Cloos, Friedrich Fischle)
An einen viergeschossigen, von der Südostecke erschlossenen Ziegel-Kopfbau mit Verwaltung und Garderoben schließt die 58 × 20 m große Schwimmhalle mit 50-m-Becken an (bei der Eröffnung größtes und modernstes Bad Deutschlands). Neun parabelförmige Stahlbeton-Bögen tragen ein treppenförmig abgestuftes Dach mit horizontalen Lichtbändern. Der Randbereich beiderseits des Schwimmbeckens ist tribünenartig terrassiert (bis zu 1.600 Zuschauer). Mächtiger, ausschließlich aus der Konstruktion entwickelter Raumeindruck.
Lit.: Zentralblatt der Bauverwaltung 1929, S. 530ff.

Baden-Württemberg

Haus Vetter, Isometrie und Ansicht

Stadtbad

Stuttgart
Wallmer-Siedlung
Fiechtner-/Sattel-/Wallmerstraße
1929–1930
Richard Döcker

Der von der Stadt Stuttgart an den Landesbezirk des BDA vergebene Auftrag wurde von Richard Döcker federführend bearbeitet. Vier benachbarte, schon bestehende Wohnhauszeilen gaben die Struktur der kleinen Siedlung weitgehend vor. Durch Verschwenkung der neuen Zeilen nach Südwesten wurden im Grenzbereich zwischen Alt und Neu Flächen für Gemeinschaftseinrichtungen frei. Die als Zweispänner angelegten dreigeschossigen Häuser mit Trockenboden als Halbgeschoß unter dem Dach waren ursprünglich ohne Bad ausgestattet und sind durch die notwendige Anpassung an heutige Standards stark verändert worden.
Lit.: Friederike Mehlau-Wiebking, Richard Döcker, Braunschweig und Wiesbaden 1989.

Stuttgart
**Robert-Bosch-Schule
(Ehem. Hohensteinschule)**
Hohensteinstraße 25 (Zuffenhausen)
1929–1930
Paul Schmitthenner

Die im Grundriß Z-förmige, als Sammelbau für fünf Schulen (mit gemeinsamen Spezialklassen und Sporthalle/Aula) errichtete Anlage ist ein Sichtziegel-Massivbau mit Eisenbetondecken. Betonfertigteile, die zugleich als Deckenschalung wie als Fensterstürze dienen, bilden in der Fassade wandbündige horizontale Bänder. In Materialwahl, Konstruktion (Betonrippendecke der Sporthalle) und kubischer Gliederung (flachgeneigtes Dach mit Blecheindeckung) Schmitthenners am stärksten der zeitgenössischen Avantgarde angenäherter Bau.
Lit.: Wasmuths Monatshefte für Baukunst und Städtebau 1931, S. 347ff.; Winfried Nerdinger, Süddeutsche Bautradition, München 1985.

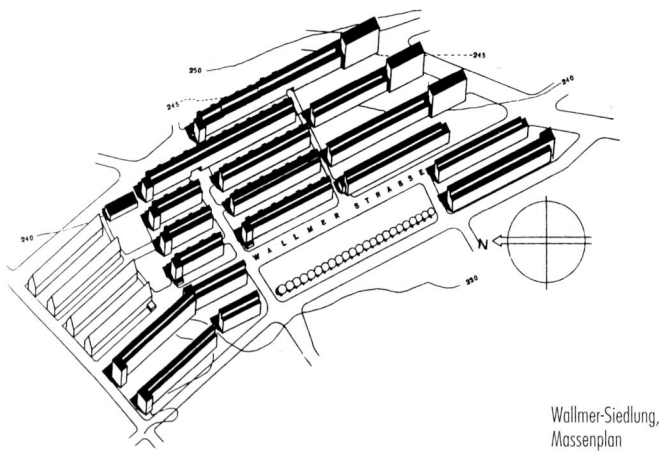

Wallmer-Siedlung, Massenplan

Baden-Württemberg

Robert-Bosch-Schule
(ehem. Hohenstein-
schule)

Wallmer-Siedlung,
Ansichten

Stuttgart
Königin-Olga-Bau (Dresdner Bank)
Königstraße 9
1950–1954
Paul Schmitthenner

Anstelle eines im Krieg zerstörten gründerzeitlichen Vorgängerbaus errichteter Stahlbetonskelettbau mit Naturstein- und Sichtziegelfassaden in städtebaulich prominenter Lage. Die historisierende Gestaltung des Außenbaus mit zweigeschossigen Arkaden an der Königstraße und Hauptportal am Schloßplatz zeigt demonstrativ Schmitthenners konservative Haltung in der nach dem Zweiten Weltkrieg in Stuttgart wieder neu geführten Debatte zwischen Modernen und Traditionalisten.

Im deutlichem Gegensatz dazu das beinahe zeitgleich errichtete Haus der Holzberufsgenossenschaft (Charlottenstraße 29–31, 1949–1950) von Rolf Gutbrod mit der ersten Vorhangfassade in Stuttgart (inzwischen durch Umbauten teilweise verändert).

Lit.: Baumeister 1954, S. 772 ff.

Königin-Olga-Bau
(Dresdner Bank)

Gegenüber:
Fernsehturm, Schnitte
und Ansicht

Stuttgart
Fernsehturm
Jahnstraße 120 (Degerloch)
1953–1956
Fritz Leonhardt, Erwin Heinle

Dieser älteste Stahlbeton-Fernsehturm, Prototyp für mehrere hundert Nachfolgebauten in der ganzen Welt, erhebt sich über einem Kugelschalen-Ringfundament von 27 m Durchmesser mit einem ca. 150 m hohen, sich von 10,80 m auf 5,04 m verjüngenden Schaft. Der aluminiumverkleidete, nach oben sich geringfügig verbreiternde Kopfbau nimmt ein Technikgeschoß, eine Küchenetage und zwei Restaurantebenen sowie zwei Aussichtsplattformen auf. Die Stahlgitterantenne erreicht eine Höhe von 217 m.

Lit.: Fritz Leonhardt, Der Stuttgarter Fernsehturm, Berlin 1956; Fritz Leonhardt, Baumeister in einer umwälzenden Zeit: Erinnerungen, Stuttgart 1984; Deutsche Bauzeitung 4/1988, S. 62f.

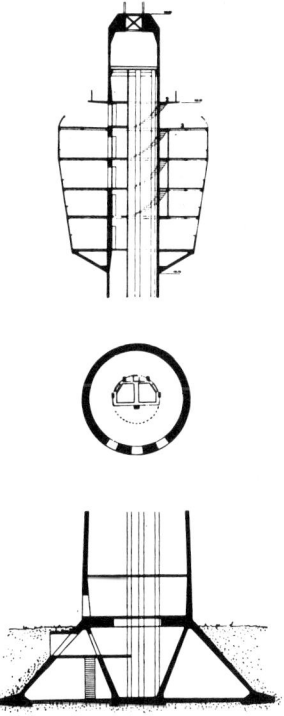

Baden-Württemberg

Stuttgart
Wohnhochhäuser Romeo und Julia
Schozacherstraße 40, Schwabbacherstraße 15 (Zuffenhausen)
1954–1959
Hans Scharoun mit Wilhelm Frank

Ein fünf- bis elfgeschossiges Laubenganghaus („Julia") mit Dreizimmer-Eigentumswohnungen und das 17-geschossige Wohnhochhaus („Romeo") bilden ein ungleiches, durch keilförmig vorkragende Balkone und organhafte Baukörpergliederung aber verwandtes Hochhauspaar zwischen einer vielbefahrenen Straße im Süden und konventionellen Zeilenbauten. Der wirtschaftliche Erfolg der Wohnanlage führte zu einem Nachfolgebau („Salute", Stuttgart-Fasanenhof, Sautterweg 5), bei dem zwei über kurze Laubengänge erschlossene Wohntrakte durch ein gemeinsames Treppenhaus miteinander verbunden sind. Herausragender Wohnungsbau der fünfziger Jahre mit zum Lauf der Sonne aufgefächerten Wohnräumen und hoher Wohnqualität.
Lit.: Peter Pfankuch (Hrsg.), Hans Scharoun, Berlin 1993.

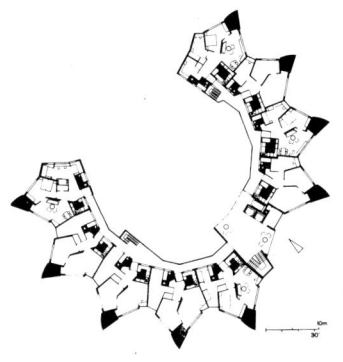

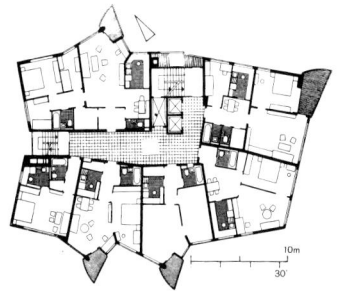

Gegenüber:
Kultur- und Kongreßzentrum (Liederhalle), Grundriß, Innen- und Außenansicht

Wohnhochhäuser Romeo und Julia, Grundrisse und Ansicht

Stuttgart
Kultur- und Kongreßzentrum (Liederhalle)
Berliner Platz 1
1955–1956
Adolf Abel, Rolf Gutbrod

Eine Freitreppenanlage führt zum weitläufigen, zweigeschossigen Foyer, das zwei im Außenbau klar ablesbare Konzertsäle (2.000 bzw. 750 Sitze) erschließt. Aufgrund der dynamisch-asymmetrischen Innenraumgestaltung – in beiden Sälen sind Parkett und Empore fließend miteinander verbunden –, der Anwendung vielfältiger Materialien (Holz, Keramik, Sichtbeton) und der Einbeziehung künstlerischer Gestaltung (Blasius Spreng) ist die Liederhalle ein exemplarischer Bau der fünfziger Jahre. Sie wurde durch einen unterirdisch mit dem Bestand verbundenen Neubau um zwei Säle und weitere Veranstaltungsräume nach Plänen von Wolfgang Henning erweitert. Im Zuge der Erweiterung zu Beginn der neunziger Jahre saniert, dabei teilweise verändert.

Lit.: Adolf Abel, Rolf Gutbrod, Konzerthaus Stuttgarter Liederhalle, Stuttgart 1956; Deutsche Bauzeitung 5/1989, S. 102f.

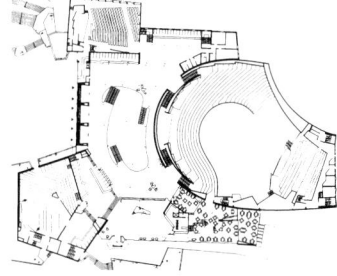

Stuttgart
Gemeindezentrum Sonnenberg
Fleckenäckerstraße 2
1964–1966
Ernst Gisel
Die aus Gemeindesaal mit Foyer, zwei Kindergärten und Verwaltung bestehende Gebäudegruppe ist um einen Innenhof angelegt. Der Zugang zum Hof liegt neben dem Saaleingang und wird durch den Glockenturm akzentuiert. Die gebogene Chorwand, das konvex geschwungene Hängedach (Statik: Frei Otto) und die indirekte Lichtführung der plastisch durchgeformten Bauanlage zeigen die Auseinandersetzung Gisels mit Le Corbusiers Spätwerk (insbesondere Ronchamp und La Tourette). Die Fassaden sind in teils schalungsrauhem, teils gestocktem Sichtbeton ausgeführt.
Lit.: Werner Oechslin u.a., Ernst Gisel Architekt, Zürich 1993.

Stuttgart
Hauptverwaltung der IBM Deutschland
Pascalstraße 100 (Vaihingen)
1967–1972
Egon Eiermann
Nach dem Konzept seiner Bauten für die Weltausstellung in Brüssel 1958 entwarf Eiermann drei verschieden hohe, quadratische Pavillons mit Innenhöfen sowie ein niedriges Cafeteria-Gebäude, die alle durch verglaste Brücken miteinander verbunden sind. Der Stahlskelettkonstruktion ist die für Eiermann typische zweite Haut mit Umgängen und Sonnenschutz-Lamellen vorgelegt. Ein östlich anschließener Pavillon war bereits vorgesehen, wurde aber erst 1983–1984 von Kammerer und Belz ausgeführt.
Lit.: Wulf Schirmer (Hrsg.), Egon Eiermann, Stuttgart 1984.

Baden-Württemberg

Gemeindezentrum
Sonnenberg, Ansicht,
Lageplan und Schnitte

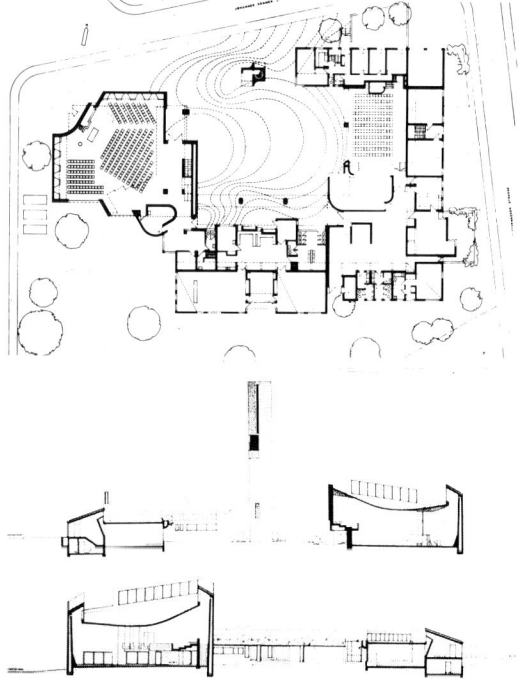

Gegenüber:
Hauptverwaltung der
IBM Deutschland

Universitätsbauten der TU Stuttgart in Stuttgart-Vaihingen am Pfaffenwald

Seit der Auslagerung großer Teile der TU aus dem Innenstadtbereich (1957) entstanden auf dem Hochschulgelände in lockerer Bebauung neben Forschungs- und Ausbildungsbereichen auch Gemeinschaftseinrichtungen und (teils im Selbstbau) Studentenwohnanlagen.

Institut für leichte Flächentragwerke der Universität Stuttgart

Pfaffenwaldring 14
1967–1968
Frei Otto

Ursprünglich als Versuchsbau für den deutschen Pavillon der Expo 1967 in Montreal errichtet, wurde die bis zu 17 m hohe, im Grundriß elliptische Zeltdach-Konstruktion transloziert, durch frei eingestellte Stahldecks ausgebaut und um einen Werkstatt-Trakt erweitert. Ein an zwölf Fußpunkten im Boden verankertes und von einem einzelnen Pylon abgespanntes Seilnetz aus verzinkten Stahlseilen trägt eine Dachhaut aus Holzschalung, Glaswolle-Dämmschicht, und Eternit-Schindeln. Belichtet wird der ca. 450 qm große Innenraum durch ein im Sockelbereich umlaufendes Fensterband und eine transluzente Acrylglasfläche in der Dachhaut.

Lit.: Ludwig Glaeser, The Work of Frei Otto and his Teams 1955–1976, Stuttgart 1978.

Studentenwohnheim Pfaffenhof

Pfaffenwaldring 42–48
1972–1974
Atelier 5

Die Wohnanlage für 610 Studenten besteht aus zwei, zu Hofanlagen gruppierten drei- und fünfgeschossigen Haustypen mit je sechs Zimmern pro Geschoß und zu den Höfen orientierten Freibereichen. Die in Sichtbeton ausgeführte, inzwischen stark eingegrünte Hausgruppe ist durch Staffelung und Niveauversprünge differenziert und in das parkartige Gelände eingebunden. Jenseits des Pfaffenwaldrings und mit den Studentenhäusern über eine Brücke verbunden, steht die ebenfalls in Sichtbeton vom Atelier 5 errichtete Mensa. Der von der Größe einer Eßtischeinheit abgeleitete enge Stützenraster von 3,20 x 3,20 m bewirkt die Kleinteiligkeit des durch Deckenaussparungen, Durchblicke und Oberlichter räumlich differenzierten Speisesaals (1.200 Plätze). Eine geplante Wohnanlage für verheiratete Studenten zwischen Wohnheim und Mensa wurde bisher nicht realisiert.

Lit.: Baumeister 5/1976; Werk. Bauen + Wohnen 1/2 1980.

Baden-Württemberg

Studentenwohnheim Pfaffenhof, Grundriß und Ansicht

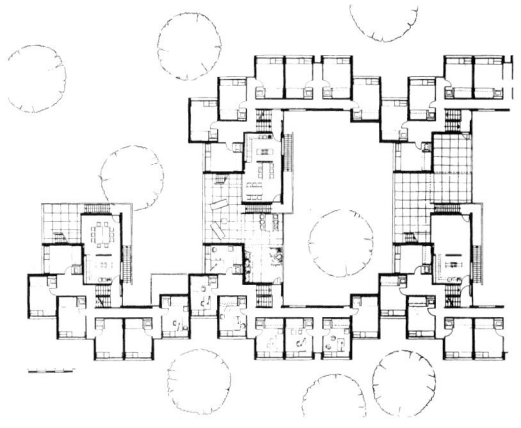

Institut für leichte Flächentragwerke der Universität Stuttgart

Hysolar Forschungs- und Institutsgebäude

Allmandring 19
1986–1987
Günter Behnisch & Partner

Ein bescheidenes Raumprogramm – Labors und Büros einer deutsch-saudiarabischen Forschungseinrichtung – bot den Freiraum für ein formales Experiment auf dem durch bauliche Solitäre gekennzeichneten Universitätsgelände. Zwei Reihen schräg zueinander angeordneter Container an einer zentralen Halle sind zu einer Collage fertiger Industrieprodukte mit handwerklichen Ergänzungen vereint, die mit unkonventionellen Details den Eindruck des Nicht-Fertigen, Improvisierten evoziert. Spielerisch inszeniertes Werk in der damals neuen dekonstruktivistischen Manier.

Lit.: Glasforum 4/1988, S. 15ff.; Architettura cronache e storia 4/1988, S. 274ff.

Hysolar Forschungs- und Institutsgebäude, Außen- und Innenansicht

Stuttgart
Wohnanlage Schnitz
Ibisweg 19 (Neugereut)
1971–1974
*Peter Faller, Hermann Schröder
mit Claus Schmidt*

Als Weiterentwicklung des von denselben Architekten geplanten „Wohnhügels" in Marl (Brüderstraße, 1965–1967) entstand eine terrassierte Eigentums-Wohnanlage mit 21 Wohnungen, Tiefgarage und Gemeinschaftseinrichtungen. Innerhalb standardisierter Grundrisse und Bauteile (Installationsschächte, Treppen, Fensterelemente) wurden die Ausbauleistungen unter Beteiligung der Bauherren und Nutzer individuell festgelegt. Trotz der Vorteile dieser Bauweise (kompakter Baukörper, geringe Verschattung der Nachbarbauten) fand das in Planung und Ausführung aufwendige Wohnhügelkonzept wenig Nachahmung.

Lit.: Baumeister 12/1977, S. 1149ff.; Deutsche Bauzeitung 1/1988, S. 35f.

Wohnanlage Schnitz, Ansichten

Baden-Württemberg

Stuttgart
Saalbau der freien Waldorf-Schule Uhlandshöhe
Haußmannstraße 44
1975–1977
Johannes Billing, Jens Peters, Nikolaus Ruff

Als Erweiterung einer seit 1919 in mehreren Bauabschnitten gewachsenen Anlage anthroposophischer Bauten wurde der Saalbau an die Rückseite zur Felswand eines aufgelassenen Steinbruchs (der sog. „Roten Wand") angebaut. Höhepunkt der durch weitläufige Treppenanlagen inszenierten, stark farbigen Raumfolge ist die flexibel als Konzert-, Theater- oder Festsaal nutzbare Aula mit bis zu 700 Sitzplätzen. 1978 wurde die Anlage von denselben Architekten um einen ebenfalls an die Rote Wand angelehnten Ganztagesbereich erweitert.

Lit.: *Deutsche Bauzeitung 2/1978; R. Raab, Die Waldorf-Schule baut, Stuttgart 1982; Hans Jürgen Schleicher, Architektur als Welterfahrung: Rudolf Steiners organischer Baustil und die Architektur der Waldorfschulen, Frankfurt/Main 1987.*

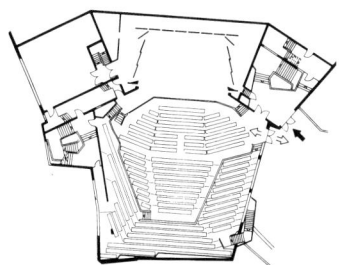

Saalbau der freien Waldorf-Schule Uhlandshöhe, Grundriß und Innenansicht

Neue Staatsgalerie und Musikhochschule, Modellfoto

Stuttgart
Neue Staatsgalerie mit Kammertheater der Württembergischen Staatstheater
Konrad-Adenauer-Straße 30–32
1977–1982
James Stirling, Michael Wilford

Die Erweiterung der Staatsgalerie – Ergebnis eines internationalen Wettbewerbs – nimmt in der Eingangsebene Wechselausstellung, Foyer, Kammertheater und Nebenfunktionen auf und bildet im Obergeschoß eine U-förmige Anlage axial gereihter Oberlichtsäle. Zentrum des Gebäudes ist eine offene Rotunde – Paraphrase auf Schinkels Altes Museum in Berlin -, die sowohl als Skulpturenhof wie als Durchgangsraum für einen den Museumsbereich selbst nicht berührenden, Konrad-Adenauer- und Urbanstraße miteinander verbindenden Fußweg dient. Zahlreiche verfremdete Motive aus der Baugeschichte (Weinbrenner-Säule im Hof, Le Corbusiers Weißenhof-Villa als Verwaltungstrakt etc.), witzig-ironische Architektureinfälle, Natursteinverkleidung, spielerisch eingesetzte pseudo-konstruktivistische Stahl-Glas-Konstruktionen sowie kräftige Pop-Farben bestimmen das Äußere dieses exemplarischen Baus der Postmoderne.

Durch den Bau der Musikhochschule, (ebenfalls nach Entwurf von Stirling, Wilford & Associates, 1992–1996) wird die Anlage zur „Kulturmeile" erweitert.

Lit.: James Stirling. Die neue Staatsgalerie Stuttgart, Stuttgart 1984.

Neue Staatsgalerie, Eingangsbereich und offene Rotunde

Baden-Württemberg

Stuttgart
Hauptverwaltung der Züblin AG
Albstadtweg 3 (Möhringen)
1982–1985
Gottfried Böhm

Die Abteilungen der Firma Züblin, zuvor auf verschiedene Stellen in Stuttgart verteilt, wurden hier in einem zentralen, später erweiterbaren Standort zusammengefaßt. Zwei parallele Bürotrakte sind in einer 30 m hohen und 60 m langen Glashalle mit zentralem Vertikal-Erschließungsbereich durch Brücken miteinander verbunden. Die tragende Konstruktion besteht zum größten Teil aus Betonfertigteilen, ebenso wie die selbsttragende Fassade, deren Fertigteile mit Eisenoxyd eingefärbt sind. Die nicht beheizte Glashalle, als verbindender Kommunikationsraum auch für Veranstaltungen geeignet, dient als Wärmepuffer: Sie stellt daher keinen energietechnischen Luxus dar.
Lit.: Ed. Züblin AG (Hrsg.), Züblin-Haus, Stuttgart 1985.

Stuttgart
Kindergarten Luginsland
Lotharstraße
1989–1990
Günter Behnisch & Partner

Der in Holzskelettkonstruktion mit Holzverkleidung ausgeführte Bau stellt mit Bullaugenfenstern, Gangway, Masten, schrägen Wänden und gewelltem Blechdach ein vor Anker gegangenes Schiff dar. Die in den zwanziger Jahren bei Le Corbusier und Scharoun Technik und rationalisierten Komfort assoziierende Schiffsmetapher dient hier der Anregung kindlicher Phantasie und Spielfreude.
Lit.: Deutsche Bauzeitung 4/1991, S. 511ff.

Kindergarten Luginsland, Ansichten

Baden-Württemberg

Hauptverwaltung der Züblin AG, Außenansicht und Glashalle

Ulm
**Pauluskirche
(Ehem. Evangelische
Garnisonkirche)**
Frauenstraße
1906–1910
Theodor Fischer

Nach Fischers preisgekröntem Entwurf entstand ein 2.000 Personen fassender Saalraum mit kastenförmigem Querschnitt in offen gezeigter Stahlbetonkonstruktion, der erste in Sichtbeton erbaute Kirchenbau Deutschlands. In Umkehrung herkömmlicher Typologie sind Vorhalle und Orgelempore im Westen als überkuppelte Apsis, die Zweiturmfassade im Osten als „Westwerk" ausgebildet. Die reiche Ausstattung des Inneren (darunter auch das Altarbild von Adolf Hölzel) wird durch leitmotivische Anwendung des Kleeblattbogens zusammengefaßt und vereinheitlicht. Fischers neuartige Interpretation des protestantischen Kirchenbaus führte während der Entstehungszeit zu heftigen Kontroversen.

Lit.: Evangelische Kirchengemeinde Ulm (Hrsg.), Die Pauluskirche in Ulm, Ulm 1982; Winfried Nerdinger, Theodor Fischer: Architekt und Städtebauer, Berlin 1988.

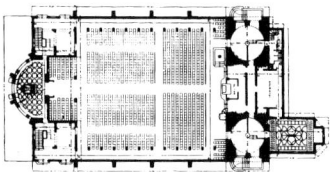

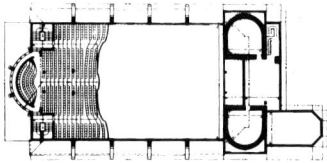

Pauluskirche,
Grundrisse, Außen- und
Innenansicht

Ulm
Hochschule für Gestaltung (HfG)
Am Hochsträß
1950–1955
Max Bill

Die von Otl Aicher und Inge Scholl ins Leben gerufene, von Max Bill entworfene und geleitete HfG wurde mit amerikanischen Geldern und Spenden finanziert und war ursprünglich als Nachfolgeinstitution für das Dessauer Bauhaus konzipiert. Die auf einem Raster von 6 × 6 m aufgebaute Anlage aus kubischen, frei gruppierten Baukörpern mit Gemeinschaftseinrichtungen, Werkstätten, Ateliers und Wohnungen staffelt sich auf dem Gelände eines ehemaligen Festungsglacis bis zur Kuppe des Kuhberges hinauf. Als Material dominiert Sichtbeton. Von den Studentenhäusern wurden nur je eine Reihenhauszeile und ein Turmhaus gebaut, die Dozentenhäuser stammen aus den sechziger Jahren. Die trotz internationalem Ansehen umstrittene Institution wurde nach internen Differenzen und der Streichung öffentlicher Zuschüsse 1968 geschlossen. Die Gebäude werden heute von der Universität Ulm genutzt.

Lit.: Herbert Lindinger (Hrsg.), Hochschule für Gestaltung Ulm: Die Moral der Gegenstände, Berlin 1987; Hans Frei, Konkrete Architektur? Über Max Bill als Architekt, Baden/CH 1991.

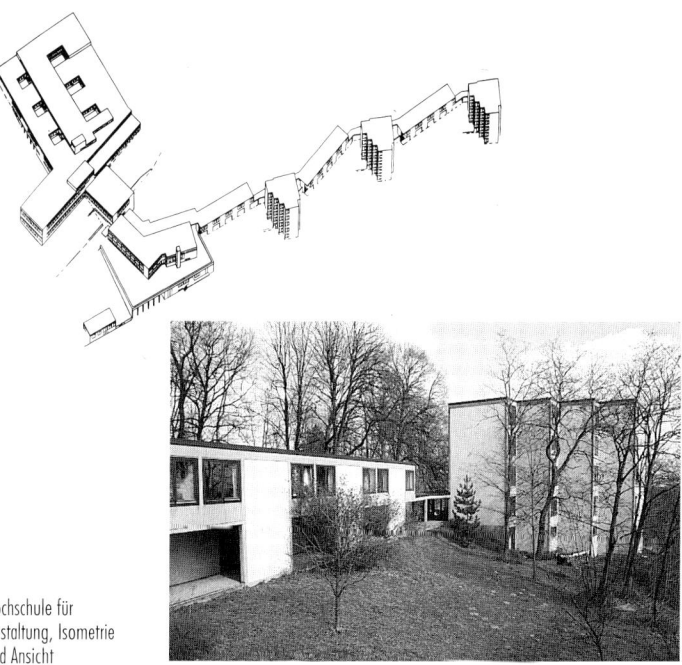

Hochschule für Gestaltung, Isometrie und Ansicht

Ulm
Fachhochschule Ulm
Prittwitzstraße 10
1958–1963
Günter Behnisch & Partner
Zwei parallele, versetzt zueinander angeordnete Seminargebäude stehen als fünfgeschossige Stahlbeton-Skelettbauten an einem Südhang, verbunden durch einen ein- bis zweigeschossigen Flachbau mit Labors und Vortragssälen. Die konzeptionelle Strenge der Anlage wird durch großzügige Raumgestaltung in den zum Teil offenen zwei Sokkelgeschossen der Seminargebäude ausgeglichen. Die für den Raumbedarf bald zu eng gewordene Ingenieurschule (später FH) wurde mehrfach erweitert, u.a. durch den teilweise ins Erdreich eingegrabenen, mit einem Glasdach überdeckten Bibliotheks-Neubau und die nach Süden hangabwärts gelegene Mensa.
Lit.: Günter Behnisch & Partner, Bauten und Entwürfe, Stuttgart 1975; Deutsche Bauzeitung 2/1992, S. 103f.

Ulm
Stadthaus
Münsterplatz
1986–1993
Richard Meier
Erst der siebte Architektenwettbewerb zur Neubebauung des Platzes vor dem (durch Abriß des Barfüßerklosters 1871) freigestellten Münster führte nach heftigen Diskussionen und einer Bürgerbefragung zur Realisierung eines offenen Bürgerhauses mit Café, Ausstellungsflächen, Vortragssaal und Kulturamt. Der Neubau stellt eine historische Gasse wieder her und leitet die Bewegung aus der Fußgängerzone über einen runden Kopfbau zum verkleinerten Münsterplatz über. Kern des Gebäudes ist ein von drei Giebeln überdeckter, granitverkleideter Kubus. Aus dem gleichen Material besteht der neue Belag des Münsterplatzes, dessen Raster aus der Struktur des Kirchengrundrisses gewonnen ist.
Lit.: Bauwelt 1994, S. 96; Richard Meier Architect 1985–1991, New York 1991; Richard Meier, Stadthaus Ulm, Niederstotzingen 1993.

Baden-Württemberg

Stadthaus und
Domplatzgestaltung

Gegenüber:
Fachhochschule Ulm,
Innen- und Außenansicht

Ulm
Universität Ulm, Fachbereich Ingenieurwissenschaften
Oberer Eselsberg
1988–1992
Otto Steidle & Partner

Das Rückgrat des Neubaus der elektrotechnischen Institute bildet eine viergeschossige, 300 m lange Gebäudezeile mit Seminarräumen, Rechenzentrum und studentischen Arbeitsplätzen, an die zwei Hörsaal-Rundbauten und kammartige Instituts- und Laborflügel angeschlossen sind. Die in Holzskelett-Bauweise erbaute und nach einem Konzept von Erich Wiesner farbig gestaltete „Wissenschafts-Stadt" steht in lebhaftem Kontrast zu dem direkt benachbarten, mit weißen Paneelen verkleideten Daimler-Benz-Forschungszentrum von Richard Meier.

Lit.: Baumeister 1/1991, S. 15f.; Bauwelt 1992, S. 2384, 1995, S. 1092ff.

Urach
Haus auf der Alb
Hanner Steige
1929–1930
Adolf G. Schneck

Mit diesem einzigen Neubau unter den 40 Häusern (Stand von 1930) der Deutschen Gesellschaft für Kaufmanns-Erholungsheime wurden programmatisch die Forderungen des Neuen Bauens nach „Licht, Luft, Sonne" umgesetzt. Die auf einem Südhang außerhalb von Urach erbaute Anlage besteht aus unterschiedlich charakterisierten Baukörpern (Bettentrakt mit reiner Südlage, aufgeständerter Gesellschaftsbereich, kompakter Wirtschaftstrakt) um einen als Gelenk ausgebildeten Treppenhausturm. Nach jahrzehntelangem Verfall wurde die Anlage als Landeszentrale für politische Bildung restauriert und den Erfordernissen der veränderten Nutzung angepaßt. Die originale Einrichtung ist zum Teil erhalten.

Lit.: Baumeister 1930, S. 378ff.; Deutsche Bauzeitung 12/1992 S. 84f.; Glasforum 5/1992, S. 31ff.; Dietrich W. Schmidt, Das Haus auf der Alb, in: architectura 2/1993.

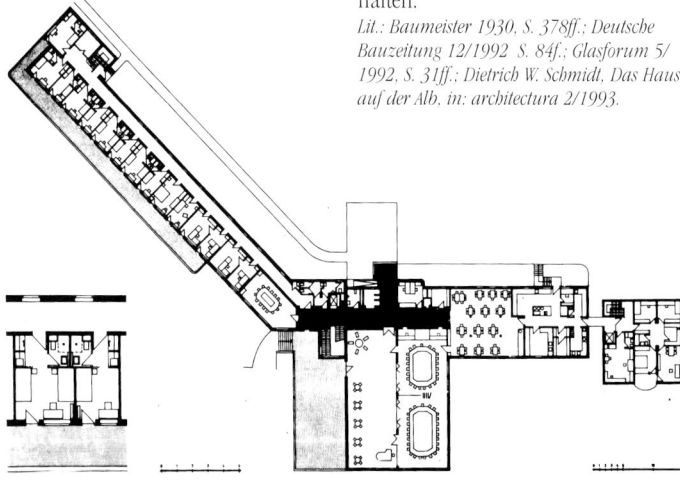

Baden-Württemberg

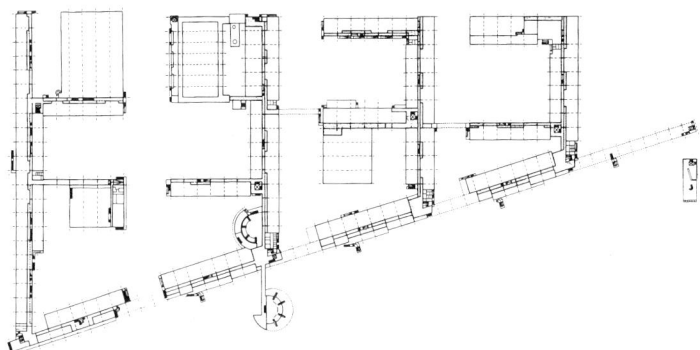

Universität Ulm, Fachbereich Ingenieurwissenschaften, Grundriß und Ansicht

Haus auf der Alb, Ansicht

Gegenüber: Grundriß Gesamtkomplex und Grundrißausschnitt Bettentrakt

Baden-Württemberg

Die Vitra-Werksanlagen in Weil am Rhein
Charles-Eames-Straße 1
1981–1994
Nicholas Grimshaw, Frank Gehry, Tadao Ando, Zaha Hadid, Alvaro Siza

Nach einem Großbrand, der mehr als die Hälfte der bestehenden Werksanlage zerstörte, wurde das Gelände der Design- und Möbelfirma Vitra zunächst nach einem Masterplan von Nicholas Grimshaw neu bebaut. Auf Veranlassung des Geschäftsführers Rolf Fehlbaum wurde dann das Leitbild einer formal einheitlichen High-Tech-Bebauung zugunsten eines Ensembles heterogener, individuell charakterisierter Einzelbauten aufgegeben.

Vitra Design Museum
1987–1989
Frank Gehry

Das Museum (mit einer umfangreichen Sammlung von Sitzmöbeln dieses Jahrhunderts) ist eine weiß verputzte, mit Titanzink gedeckte, begehbare Großplastik ineinander verschachtelter und verschnittener Baukörper. Die an den Seiten hermetisch geschlossene Anlage wird durch skulptural geformte Oberlichtschächte effektvoll belichtet. Auf der Freifläche neben dem Museum die Plastik „Balancing Tools" von Claes Oldenburg und Coosje van Bruggen (1984).

Lit.: Oliver Boissière, Vitra Design Museum, Stuttgart 1990

Feuerwehrhaus
1991–1993
Zaha Hadid

Das Feuerwehrgebäude, das erste größere gebaute Objekt von Zaha Hadid überhaupt, liegt als point de vue am Ende der Haupterschließungsstraße des Werksgeländes. Das aus schrägen, spitzwinklig zulaufenden Flächen entwickelte Gebäude greift mit der expressiven Geste des Vordachs weit in den umgebenden Außenraum aus. Beeindruckende Detaillierung des vorwiegend in Sichtbeton und Glas ausgeführten Gebäudes.

Lit.: Baumeister 9/1993, S. 44ff.

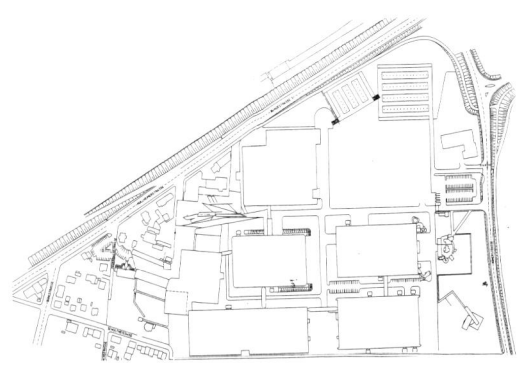

Vitra-Werksanlagen, Lageplan

Baden-Württemberg

Vitra Design Museum,
Außen- und
Innenansichten

Feuerwehrhaus

Baden-Württemberg

Konferenzzentrum
1991–1993
Tadao Ando

Das von Kirschbäumen umstandene Konferenz- und Trainingszentrum wird entlang einer Betonwand durch einen schmalen Zugang erschlossen und öffnet sich mit einem zentralen, zwei kubische Baukörper verbindenden Treppenhaus zweigeschossig zu einem abgesenkten Innenhof. Innen- und Außenwände bestehen aus exakt gearbeitetem Sichtbeton mit einer japanischen Tatami-Matten entsprechenden Schaltafelgröße (91 x 182 cm). Auch in der durch die Erschließung noch hervorgehobenen Introvertiertheit der in Form und Ausstattung kargen Anlage spiegeln sich die Einflüsse traditioneller japanischer Ästhetik wider.

Lit.: The Japan Architect 1/1991; Baumeister 9/1993, S. 40ff.

Produktionshalle
1991–1994
Alvaro Siza

Ähnlich wie die Werkshallen von Grimshaw (1981/1982/1987) bildet der kastenförmige, mit einer vorgehängten Sichtziegelschale verkleidete Bau von Siza einen zurückhaltenden Gegenpol zu den expressiven Bauten von Gehry und Hadid. Um den Blick auf das Feuerwehrhaus nicht zu verstellen, wird das ebenfalls von Siza entworfene Verbindungsdach zur benachbarten Halle von Grimshaw nur bei Regen als Wetterschutz heruntergefahren.

Lit.: Bauwelt 1994, S. 1300f.

Baden-Württemberg

Konferenzzentrum,
Außen- und Innenansicht

Produktionshalle (Siza),
Verbindungsdach

Gegenüber:
Produktionshalle
(Grimshaw)

Bayern

Amberg
Thomas-Glaswerke der Rosenthal AG
Rosenthalstraße 12
1967–1970
Walter Gropius mit The Architects Collaborative (TAC) und Alexander Cvijanovič
Die beim Produktionsprozeß auftretende Hitze und die dabei benötigte Zu- und Abluft führten zur Konstruktion einer 20 m hohen, im Querschnitt dreieckigen Halle, bei der die von den seitlichen Gartenhöfen einströmende Luft aufgrund der Kaminwirkung nach oben und ohne mechanische Anlagen ins Freie geführt wird. Die Halle ist mit Stahlbetonrahmen im Abstand von 9 m überspannt, Betonlamellen bilden abwechselnd mit Glasbändern die Dachhaut. Flachbauten mit Verwaltung und Nebenräumen sind durch Glasgänge zwischen den Innenhöfen mit der Halle verbunden. Durch äußere Anböschungen des Geländes bleiben sie weitgehend unsichtbar.
Von denselben Architekten, aber architektonisch weniger bedeutsam: Porzellanfabrik der Philip-Rosenthal AG in Selb (Geheimrat-Rosenthal-Straße 71, 1964–1967).
Lit.: Architectural Record 9/1969, S. 130ff.; Deutsche Bauzeitung 6/1988, S. 90f.

Alzenau
Verwaltungsgebäude der Leybold AG
Siemensstr. 100
1985–1988
Günter Behnisch & Partner
An eine viergeschossige Erschließungsachse sind westlich fünf halbkreisförmige Bürobereiche (jeweils auf sechs Stützen aufgeständert) und östlich die um begrünte Innenhöfe angeordneten Werkshallen angelagert. Um die für die Staubfreiheit der hier produzierten Maschinen notwendigen glatten Oberflächen im Inneren zu erreichen, wurden die Installationen und das Tragsystem nach außen verlegt. Der technizistischen Ästhetik der Produktionshallen stehen die poetischen Qualitäten der zu einem künstlich angelegten Teich orientierten Gemeinschaftsbereiche gegenüber. Eine Erweiterung entlang der Erschließungsachse ist vorgesehen.
Lit.: Baumeister 1988, S. 20ff.

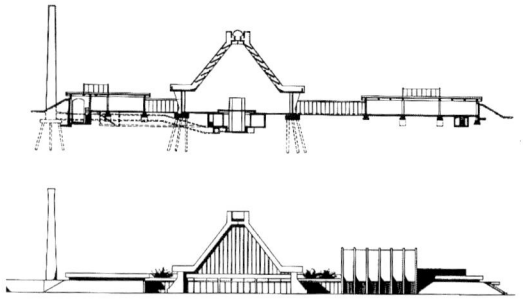

Thomas-Glaswerke der Rosenthal AG, Schnitt und Fassadenansicht

Gegenüber: Ansicht

Bayern

Verwaltungsgebäude der
Leybold AG, Ansicht
Bürobereiche und
Grundriß

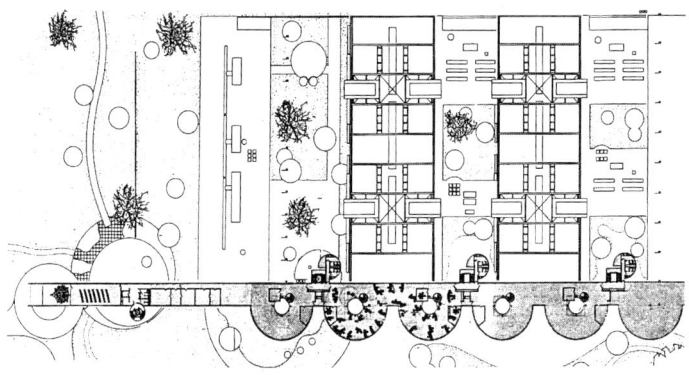

Augsburg/Pfersee
Herz-Jesu-Kirche
Augsburgerstraße
1905–1909
Michael Kurz

Lit.: Georg Lill, Michael Kurz, Berlin/Leipzig/Wien 1929; Hugo Schnell, Herz-Jesu Augsburg, München 1937.

Die in einem Industrie- und Arbeiterviertel erbaute Kirche ist als Basilika auf kreuzförmigem Grundriß mit breitem Hauptschiff und schmalen, weit zum Hauptraum geöffneten Seitenschiffen angelegt. Die an den Jugendstilelementen ebenso wie am freien Umgang mit romanischen Formen erkennbare Abkehr von einem strengen Historismus wurde wegweisend für den modernen Kirchenbau. Die reiche plastische und malerische Ausgestaltung ist erhalten. Ebenfalls von Michael Kurz: St. Anton, ein gotisierend-expressionistischer Kirchenbau von 1924–1927 (Imhofstraße, Augsburg).

St. Anton

Herz-Jesu-Kirche

Gegenüber:
Synagoge, Innen- und Außenansicht

Augsburg
Synagoge
Halderstr. 6–8
1913–1917
Fritz Landauer, Heinrich Lömpel

Die von zwei Gemeindebauten flankierte und über eine Vorhalle erschlossene Baugruppe staffelt sich zu dem dominierenden kuppelbekrönten Zentralbau des Tempelraums empor, in dem sich die Hauptachse rechtwinklig mit der Achse des nach Osten ausgerichteten Tempelraums schneidet. Die genau auf die Anforderungen des Kultus abgestimmte Anlage ist die bedeutendste deutsche Jugendstilsynagoge. In der baulichen Substanz erhalten; Ausstattung (Orgel) während der sog. „Reichskristallnacht" 1938 zerstört. Nach Sanierung 1985 Wiedereröffnung der Anlage als Synagoge und Jüdisches Kulturmuseum.

Lit.: Hans-Uwe Rump, Jüdisches Kulturmuseum Augsburg, München 1987.

Augsburg
Schuberthof
(1927/28)
Lessinghof
(1930/31)
Schletterer-/Rosenau-/Röslestraße
Thomas Wechs
Im Auftrag der Wohnungsbau Gesellschaft Augsburg erbaut, bildet der Schuberthof eine geschlossene Blockbebauung mit 186 Zwei- bis Vier-Zimmerwohnungen in Zweispänneranordnung und eingeschossigen Versorgungseinrichtungen. Zu Versuchszwecken wurden vier verschiedene, durch Sanierungen mittlerweile ersetzte Flachdach-Abdichtungssysteme erprobt. Der nördlich der Schlettererstraße anschließende Lessinghof mit Eckfenstern und Rundbalkonen ist der einzige ausgeführte Teil einer größeren Siedlungsplanung in Zeilenbauweise.

Eine der wenigen kompromißlos modernen Anlagen der zwanziger Jahre im konservativen Süddeutschland, zu denen auch die in der Nähe (Stadtjägerstraße) befindliche Kraftwagenhalle der Post von Georg Werner von 1930 zählt.

Lit.: Die Form 1931, S. 225ff.; Moderne Bauformen 1932, S. 188ff.; Detail 1/1992, S. 10ff.

Bad Kissingen
Kuranlagen
Am Kurgarten 4 und 10; Ludwigstraße 2
1910–1913
Max Littmann
Die Kuranlagen entstanden seit den dreißiger Jahren des 19. Jahrhunderts. Sie bilden ein durch Arkadengänge miteinander verbundenes Ensemble auf einem durch Straßen und die Saale begrenzten Grundstück. Im Gegensatz zum Kursaal von Friedrich von Gärtner im Rundbogenstil (1833–1938) zeigt die Wandelhalle mit Beton-Bogenbindern und Glasoberlichtern einen primär konstruktiv bestimmten „Reduktionsstil".

Littmann baute in Kissingen auch das Theater (1904/05) und das Kurhausbad (1926/27).

Lit.: Georg Jacob Wolf, Max Littmann 1862–1931, München 1931.

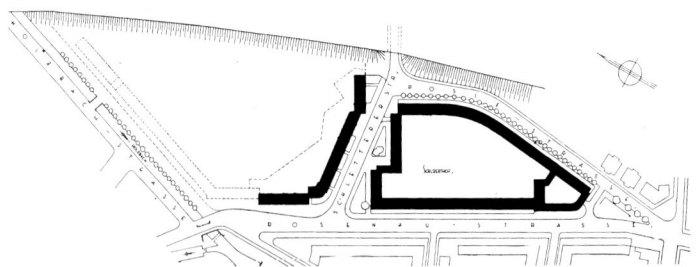

Bayern

Kuranlagen, Bad
Kissingen, Innenansicht
und Lageplan

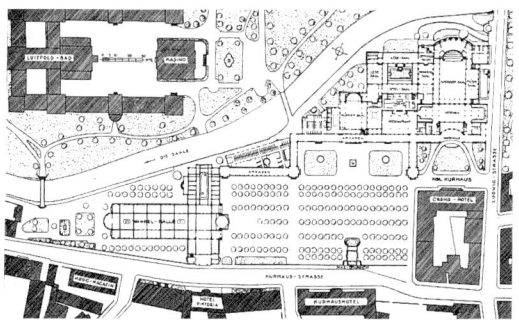

Lessinghof (Foto 1930)

Gegenüber:
Lageplan Lessinghof und
Schuberthof

Dachau
Evangelische Versöhnungskirche in der KZ-Gedenkstätte Dachau
Alte Römerstraße
1964–1967
Helmut Striffler

Auf dem Gelände des ehemaligen Konzentrationslagers wurden 1960–1968 eine katholische, eine evangelische und eine israelitische Gedenkstätte sowie, direkt an das Lagergelände grenzend, ein Karmeliterinnen-Kloster (Josef Wiedemann mit Rudolf Ehrmann, 1961–1964) erbaut. Aus einer weiten Kiesfläche führt eine trichterförmige Treppenanlage zur unterirdischen, durch eine Glasfassade zum abgesenkten Lichthof geöffneten Versöhnungskapelle. Die in das Gelände mit seiner bedrückenden Vergangenheit eingegrabene, in Sichtbeton ausgeführte Kapelle bildet einen zurückhaltenden Ort für die Auseinandersetzung mit den Greueln der NS-Zeit. Die gewinkelte Wegeführung und der geknickte Grundriß sind demonstrativ und bewußt vom Architekten gegen Achse und Monumentalität der NS-Zeit gesetzt.

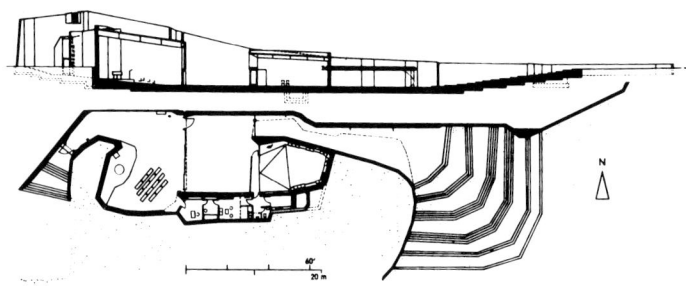

Evangelische Versöhnungskirche, Schnitt, Grundriß und Ansicht

Lit.: Helmut Striffler, Licht Raum, Kunst, Stuttgart 1987; Deutsche Bauzeitung 11/ 1993, S. 122f.

Karljosef Schattner und Eichstätt

In der vom Barock geprägten, ehemals fürstbischöflichen Residenzstadt leitete Schattner 1957–1990 das Diözesan- und Universitätsbauamt, mit dem er vor allem für die 1959 gegründete Pädagogische Hochschule (seit 1980 katholische Universität) Neu- und Umbauten durchführte. Bekannt wurde er durch sensible Umbauten historischer Gebäude unter Bewahrung alter Substanz mit deutlich gezeigter Gegenüberstellung von Alt und Neu sowie durch seine bis ins letzte Detail durchgehaltene Perfektion. Schattner holte auch andere Architekten, wie G. Behnisch (Bibliotheksbau) nach Eichstätt.

Lit.: Ulrich Conrads und Manfred Sack, Karljosef Schattner, Berlin/Braunschweig 1983; Wolfgang Pehnt, Karljosef Schattner – Ein Architekt aus Eichstätt, Stuttgart 1988; Bauwelt 1992, S. 886ff.; Baumeister 8/1994; Casabella Nr. 614.

Universitätsbauten an der Sommerresidenz
Ostenstraße 24
1960–1965; Erweiterung 1979–1980
Karljosef Schattner

Eine Gruppe kubischer Stahlbeton-Skelettbauten um einen Innenhof, ausgefacht durch Bruchstein-Mauerwerk aus in der Gegend gewonnenem Jurakalk, wurde später um einen Mensabau erweitert. Auf der Westseite des Innenhofes liegt ein barocken Heckentheatern nachempfundener Theaterhof mit Betonkulissen.

Universitätsbauten an der Sommerresidenz

Bayern

Bürogebäude der Katholischen Universität
Ostenstraße 18
1978–1980
Karljosef Schattner

Zwei in Maßstab und Dachneigung an der Nachbarbebauung orientierte Häuser sind durch einen prismenförmigen Eingangs- und Erschließungsbereich miteinander verbunden. Erker und Erschließungssituation sind Zitate spezifisch Eichstätter Architekturelemente.

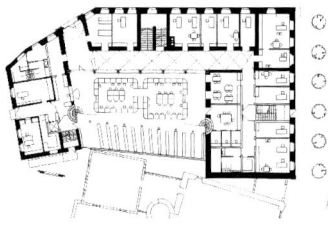

Fachbereichs-Bibliothek Theologie der Katholischen Universität
Pater-Philipp-Jeningen-Platz 6
1978–1980
Karljosef Schattner

Der Ulmer Hof, eine barocke Dreiflügelanlage, wird durch das zum überdachten Innenhof offene dreigeschossige

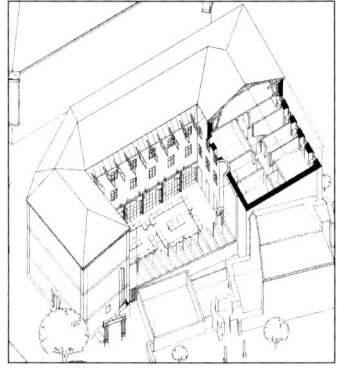

Fachbereichs-Bibliothek Theologie der Katholischen Universität, Grundriß, Isometrie und Ansicht

Magazin zu einer Rechteckform geschlossen. Die Hofüberdachung (Fachwerkbinder mit Trapezblech) läßt ringsum einen Glasstreifen zum Altbau frei. Ein Arkadengang ist aus Brandschutzgründen vom Innenhof durch eine Stahl-Glas-Konstruktion abgetrennt. Die dezidiert technische Gestaltung der Neueinbauten kontrastiert mit der sorgfältigen, aber leicht ironisch verfremdeten Präsentation der historischen Fassadenbefunde im Innenhof.

Diözesanmuseum
Residenzplatz 5
1979–1982
Karljosef Schattner
Der Umbau eines ehemaligen Kornspeichers führte aufgrund feuerpolizeilicher Auflagen zur Entlastung eines historischen Dachstuhls durch ein modernes Stahlfachwerk und zum Einbau eines neuen Treppenhauses. Das analytische Trennen und Verbinden alter und neuer Bauteile (z.B. das Ablösen der Treppenläufe von den umgebenden Wänden) wird zum Hauptgestaltungsmotiv.

Diözesanmuseum, Innentreppe

Institut für Psychologie der Katholischen Universität
Ostenstraße
1985–1988
Karljosef Schattner

Für die Umnutzung des schon im Barock aus zwei Häusern zusammengefaßten ehemaligen Waisenhauses wurde der Innenhof verglast und durch den Einbau einer Stahltreppe zur neuen Hauptschließung gestaltet. Die Bereiche der ehemaligen Treppenhäuser nahmen die notwendigen Installationen und Nebenräume auf. Eine freigestellte Wandscheibe parallel zur Nordfassade dient als Auflager für das sanierte Dach. In der Zwischenzone sind Fluchttreppen untergebracht.

Lehrstuhl für Journalistik
Ostenstraße 20
1985–1987
Karljosef Schattner

Ein zentraler, von der Straße nicht sichtbarer Neubau mit Eingangshalle und Studios bildet mit zwei bestehenden Trakten einen nach Osten offenen Eingangshof. Der Straßentrakt wird duch einen Neubau bis hin zum älteren Bürogebäude (s.o.) ergänzt. Wieder sind Neu- und Altbauten, hier durch Zäsuren und Glaspassagen, deutlich voneinander abgesetzt.

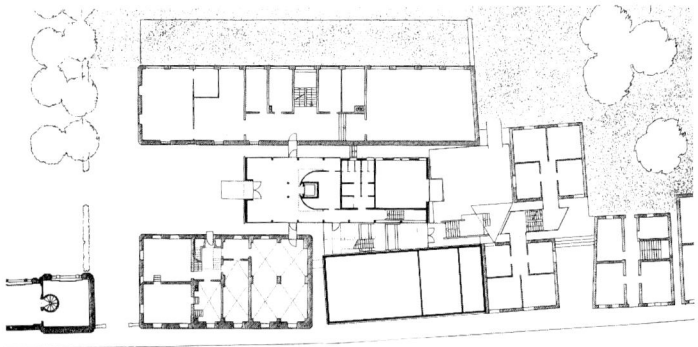

Bayern

Gegenüber:
Lehrstuhl für Journalistik,
Glaspassage und
Lageplan   Lehrstuhl für Journalistik   Institut für Psychologie

Bayern

Exerzitienhaus der Diözese Eichstätt

Schloß Hirschberg bei Beilngries
1987–1992
Karljosef Schattner

Die auf einem Bergvorsprung gelegene langgestreckte Barockanlage, ursprünglich Jagdschloß und Sommerresidenz der Fürstbischöfe von Eichstätt, wurde am Südhang zuerst durch eine Kapelle (Architekt Alexander Freiherr von Branca), dann durch einen Mensabau erweitert. Der auf Stahlbetonscheiben aufgeständerte Bau ist mit dem Erdgeschoß des Schlosses über eine Glaspassage verbunden. Auch die Umgestaltung des Altbaus stammt von Schattner.

Diözesanarchiv

Luitpoldstraße 1
1992–1994
Karljosef Schattner

An ein barockes Domherrenpalais ist, abgesetzt durch ein aufgeglastes Treppenhaus, das Magazingebäude angeschlossen, dessen Schauseite die Fensterteilung des Barockbaus aufnimmt und doch radikal modern transformiert.

Exerzitienhaus der Diözese Eichstätt, Außen- und Innenansicht

Gundelfingen
Konstruktionsbüro der Firma Gartner
Gartnerstraße 20
1990–1992
Kurt Ackermann & Partner

Das aus zwei Pavillons bestehende Großraumbüro für je 75 Mitarbeiter wird von zwei Reihen Y-förmiger Stahlrahmen getragen, die an der Außenseite mit Fassadenpfosten abgespannt sind und in der Raummitte ein unterspanntes Glasdach tragen. Mit Dreifach-Wärmeschutzverglasung, transparenten Sonnenschutzlamellen an den Längsfassaden, Kühldecken und Wärmeabsaugung der Computer in den Installations-Doppelböden dient das Gebäude zugleich der Erprobung neuer Technologien. Die Computersteuerung der Heizungs-, Lüftungs- und Sonnenschutz-Elemente kann teilweise individuell verändert werden.

Lit.: Detail 1992, H. 6, S. 587ff.; Paulhans Peters, Konstruktionsbüro Gartner, Stuttgart o.J.

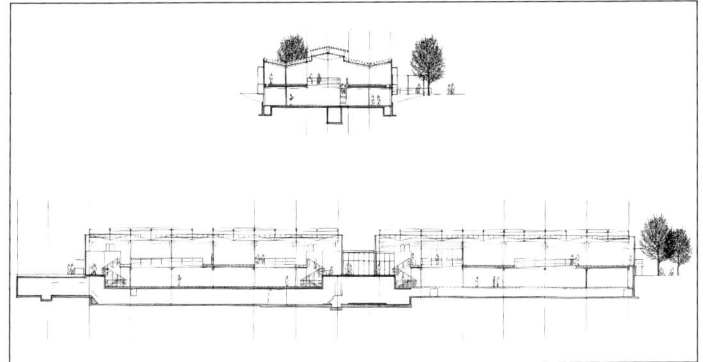

Konstruktionsbüro der Firma Gartner, Schnitte und Ansicht

Hindelang/Bad Oberdorf
Terrassenhotel am Oberjoch
1935–1937
Lois Welzenbacher
Ein bestehendes Bauernhaus wurde so erweitert, daß in der Eingangsebene die Gesellschaftsräume und die Rezeption des Hotels untergebracht werden konnten. Unter Ausnutzung des Südhanges sind unterhalb davon zwei Terrassengeschosse mit Gästezimmern angefügt. Im Außenbau ist das Hotel eine Mischung traditioneller und moderner Formelemente. Mit der gekurvten Fassade der Terrassengeschosse knüpft Welzenbacher an seine dynamisch geschwungenen alpinen Wohnhäuser aus den zwanziger Jahren an. Im Außenbau weitgehend unverändert erhalten.
Lit.: August Sarnitz, Lois Welzenbacher, Salzburg, Wien 1989.

Ingolstadt
Stadttheater
Schloßlände 1
1959–1966
Hardt-Waltherr Hämer
Als unregelmäßiger, plastisch durchgeformter Baukörper liegt das Theater an prominenter und dominierender Stelle zwischen Stadtmauer und Donau unweit von „Herzogskasten" und herzöglichem Schloß. Konzertsaal und Theater (1.350 bzw. 700 Plätze) werden vom gemeinsamen Foyer erschlossen, das sich zur Altstadt über große Glasflächen öffnet. Auf der Donauseite liegen Garderoben, Restaurant und Verwaltung. Der Bau kulminiert in dem aus der Baumasse des Theaters aufsteigenden Bühnenturm. Die inneren und äußeren Wandoberflächen sind in Sichtbeton ausgeführt. Frühes Beispiel des „Brutalismus" in Deutschland.
Lit.: Baumeister 8/1966, S. 901; Bauen und Wohnen 11/1966, S. 10f.

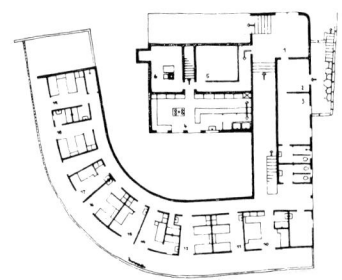

Terrassenhotel am Oberjoch, Grundriß und Ansicht (Foto 1938)

Bayern

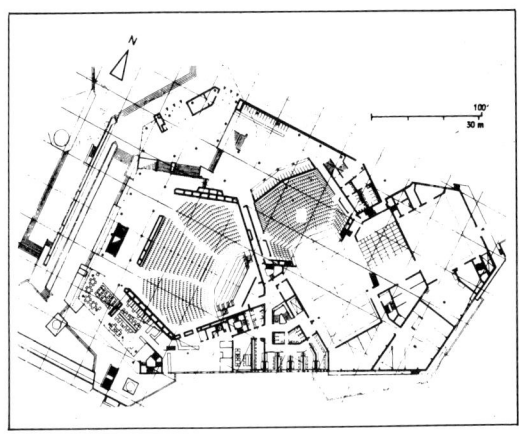

Stadttheater Ingolstadt, Grundriß, Außen- und Innenansicht

Lindau
Segler-Club
Hafenpromenade
1991–1993
Schaudt Architekten: Herbert Schaudt mit Martin Münzenmaier

Lit.: Deutsche Bauzeitung 12/1993, S. 38ff.; Glasforum 4/1994, S. 14ff.; Deutsche Bauzeitung 9/1995, S. 95ff.

Eine zierliche, innen und außen offen gezeigte Stahlkonstruktion, leichte Ausbaumaterialien (Holzverschalung, Sonnensegel) und Transparenz (großzügige Fensterflächen, verglaster Dachfirst) prägen das Erscheinungsbild des zweigeschossigen Clubhauses. Auch ohne Entlehnungen aus dem Vokabular des Schiffsbaus entsteht eine scheinbar spielerisch-improvisierte, dem Freizeitcharakter der Nutzung angemessene Architektur. Weitere Bauten des in Konstanz ansässigen und dort auch vorwiegend tätigen Büros: Buchhandlung Gess, Kanzleistraße 5; Wertstoffhof, Fritz-Arnold-Straße; Kindergarten, Gustav-Schwab-Straße 10B, alle in Konstanz.

Segler-Club

Buchhandlung Gess

München
Müllersches Volksbad
Rosenheimer Str. 1
1896–1901
Karl Hocheder

Aus Mitteln einer privaten Stiftung finanziert, bildete das Bad ursprünglich einen philanthropischen Beitrag zur Verbesserung der Volkshygiene. Die aus funktionalen Erwägungen asymmetrische Anlage mit Schwimmhalle, Römischem Dampfbad, Wannen- und Brausebädern bildet im Außenbau eine malerisch inszenierte Baugruppe, die in dem als städtebaulichem Blickpunkt konzipierten Wasserturm kulminiert. Die gut erhaltenen Innenräume zeigen Anklänge an die Architektur römischer Badeanlagen (Thermenfenster, Gewölbe) sowie in der Dekoration Elemente des Jugendstils. 1978–1984 restauriert.

Lit.: Barbara Hartmann, Das Müllersche Volksbad in München, München 1987.

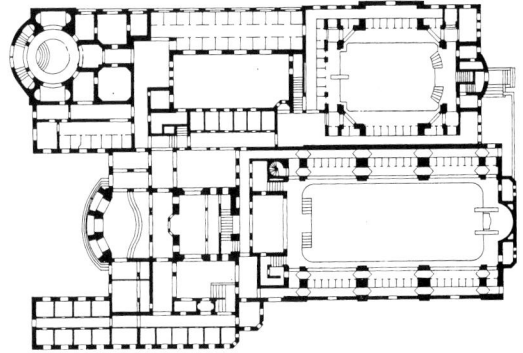

Müllersches Volksbad, Grundriß und Ansicht

München
Kammerspiele
Maximilianstraße 26
1900–1901
Richard Riemerschmid

Das unter dem Namen „Schauspielhaus" errichtete Sprechtheater ist ein durch zwei Durchgänge im Vorderhaus erreichbarer Hofeinbau. Es wurde von dem Theaterspezialisten Max Littmann als Rangtheater mit nur wenigen Logen für ein bürgerlich-fortschrittliches Publikum erbaut. Die Innenräume sind von Richard Riemerschmid mit stark farbigem, die Raumkanten verschleifenden Jugendstildekor unter völligem Verzicht auf historisierende Formen ausgestattet. 1926 zog hier Otto Falckenberg mit den Kammerspielen ein. Das Innere des Theaters verkam nach schweren Eingriffen in den dreißiger Jahren und wurde erst zur Olympiade 1972 von Reinhard Riemerschmid weitgehend original restauriert. Einziges vollständig erhaltenes Jugendstiltheater in Deutschland.

Lit.: Winfried Nerdinger (Hrsg.), Richard Riemerschmid: Vom Jugendstil zum Werkbund, München 1982.

München
Anatomische Anstalt der Universität München
Pettenkoferstraße 11
1902–1908
Max Littmann

An den Mitteltrakt der Anlage ist auf der Südseite ein Hörsaal, auf der Nordseite der kuppelüberdeckte, um fünf Nischen mit Oberlichtern erweiterte Präpariersaal angelagert. Diese Anordnung ermöglichte eine optimale Belichtung der in den Nischen arbeitenden Studentengruppen sowie eine zentrale Übersicht der Lehrkräfte. Das aus dem Sakralbau übernommene Kuppelmotiv des „Wissenschaftstempels" wurde in eine moderne Stahlbeton-Schalenkonstruktion übersetzt (erster ausschließlich in Stahlbeton ausgeführter Repräsentationsbau Süddeutschlands). Im Bereich des Präpariersaals sind die Außenwände auf ein schmuckloses Betonskelett reduziert.

Lit.: Norbert Götz, Clementine Schack-Simitzis (Hrsg.), Die Prinzregentenzeit, München 1988.

Kammerspiele, Oberes Foyer

Bayern

Anatomische Anstalt der
Universität München,
Grundriß und Ansicht

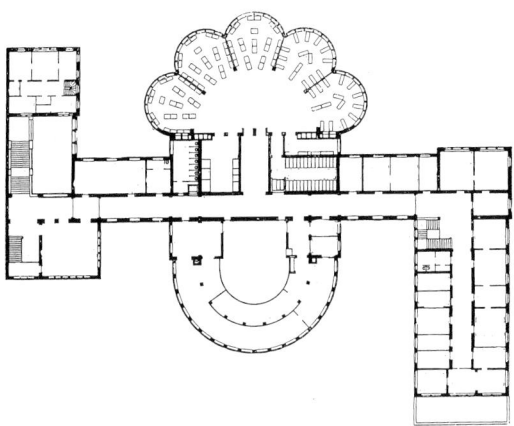

Kammerspiele, Saal

München
Erweiterung der Ludwig-Maximilians-Universität
Geschwister-Scholl-Platz 1
1906–1909
German Bestelmeyer

Als Erweiterung der 1835–1840 an der Ludwigstraße erbauten Universität entstand an der Amalienstraße eine Dreiflügelanlage. Als Verbindung mit dem bestehenden Haupttreppenhaus dient ein zentraler Trakt mit Lichthof und Auditorium Maximum, flankiert von Verwaltungsräumen und Hörsälen. Der mit einer verglasten Flachkuppel überdeckte, monumentale Lichthof verbindet römische Motive mit dem Reduktionsstil der spätwilhelminischen Epoche. 1942 führten hier die Geschwister Scholl eine Flugblattaktion gegen das NS-Regime durch.

Lit.: Der Profanbau 1910, S. 135ff.; Bayerisches Landesamt für Denkmalpflege, Arbeitsheft 7: Bauen in München 1890–1950, München 1980.

München
Kleinwohnungssiedlung Alte Heide
Echinger Straße/Alte-Heide-Straße
1918–1930
Theodor Fischer

Als Arbeitersiedlung für den Münchener Norden entstand auf 6,6 ha eine Kleinwohnungsanlage mit 786 Wohnungen, Läden, Gaststätten, einer Schule und Konsumgebäude. Mit standardisierten, ökonomischen Grundrissen und konsequenter Zeilenbauweise rechtwinklig zu den Erschließungsstraßen nahm Fischer Erkenntnisse des Neuen Bauens um Jahre voraus (Ende des 1. Bauabschnitts 1924). Im Gegensatz zu späteren schematischen Zeilenbauten werden hier jedoch durch gegeneinander versetzte Zeilen und die Anlage von Gemeinschaftsbauten in den Blickachsen geschlossene Raumbildungen geschaffen. Mit kleinen Veränderungen (Schließung der Loggien) gut erhaltene, eingegrünte Anlage.

Lit.: Winfried Nerdinger, Theodor Fischer, Architekt und Städtebauer, Berlin 1988.

Erweiterung der Ludwig-Maximilians-Universität, Lichthof

München
Ledigenheim
Bergmannstr. 35
1925–1927
Theodor Fischer

Mit staatlicher Unterstützung konnte das (von einem privaten Verein getragene) Ledigenheim auf einem innerstädtischen Grundstück von 81 x 34 m erbaut werden. Das um zwei Innenhöfe angelegte Gebäude staffelt sich zur Mitte bis zu sieben Geschossen empor und bildet eine Kombination von Blockrand- und Hochhausbebauung. Durch die Schmucklosigkeit der Ziegelfassaden (ausgenommen das Ziegelschnittrelief von Karl Knappe) mit Sichtbetonbalken sowie durch die kubische Anlage ist das Ledigenheim Fischers am stärksten dem Neuen Bauen angenäherter Bau. Im Zuge einer Sanierung wurden die paarweise zusammengelegten Einzelzimmer mit Bädern und Heizung ausgestattet.

Lit.: Stein, Holz, Eisen 1927, S. 575ff.; Die Bauzeitung 1927, S. 225ff.; Winfried Nerdinger, Theodor Fischer, Architekt und Städtebauer, Berlin 1988.

Ledigenheim   Kleinwohnungssiedlung Alte Heide

Robert Vorhoelzer und die Bauten der Oberpostdirektion in München

Vorhoelzer leitete von 1920–1934 die Hochbauabteilung der Oberpostdirektion in München und bildete eine Schule junger, der Avantgarde verpflichteter Architekten aus, die in ganz Bayern für die Reichspost bauten. Die Bautätigkeit der Oberpostdirektion war nicht der Genehmigung durch die zumeist konservativen lokalen Baubehörden unterworfen. Eine eigene Bauabteilung der Post bestand in Bayern nur bis 1934.

Lit.: Walter Schmidt, Amtsbauten, Ravensburg 1949; Florian Aicher, Uwe Drepper (Hrsg.), Robert Vorhoelzer: Ein Architektenleben, München 1990.

Ehem. Paketzustellamt

Arnulfstraße 22
1925–1926
Vorhoelzer und Walther Schmidt
Hinter einer noch konventionell gestalteten Randbebauung befindet sich eine runde, von acht Stützen getragene Halle mit verglastem Tambour über der Zentralverteilungsanlage für Pakete. Der Verteiler wurde in den achtziger Jahren entfernt, das Gebäude ist heute Bibliothek. Nicht öffentlich zugänglich.

Versuchssiedlung des Bayerischen Post- und Telegraphenverbandes

Arnulfstraße
1928–1929
Vorhoelzer und Walther Schmidt
Da die Baubehörden der Stadt München eine Blockrandbebauung verlangten, konnten die Architekten nur im Blockinneren Zeilenbauten errichten. In der von der Reichsforschungsgesellschaft für Wirtschaftlichkeit im Bau- und Wohnungswesen geförderten Siedlung wurden nur zwei Grundrißtypen mit 57 und 70 qm – mit der sog. Münchner Küche (halboffene Küche zum Wohnraum) von Hanna Löv – erprobt. Einzige Siedlung der zwanziger Jahre nach den Prinzipien des Neuen Bauens in München.

Postamt

Am Harras
1928–1929
Vorhoelzer und R. Schnetzer
Zusammen mit der umgebenden fünfgeschossigen Wohnbebauung errichtet, schließt das zweigeschossige, als Betonskelettbau errichtete Postamt den Harras nach Süden ab. Das verglaste, halbkreisförmig vorschwingende „stumme" Postamt akzentuiert die Einmündung der Plinganserstraße.

Bayern

Ehem. Paketzustellamt,
Schnitt und Ansicht

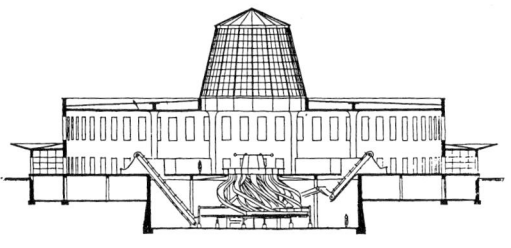

Postamt, Harras,
Lageplan und Ansicht

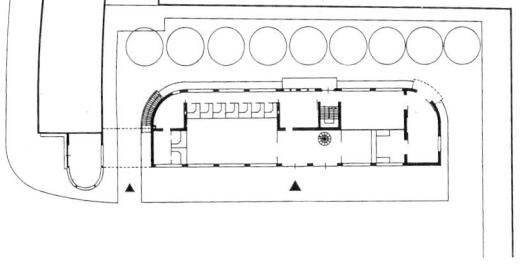

Postamt

Tegernseer Landstraße
1928–1929
Vorhoelzer und Walther Schmidt
Der streng kubische, symmetrische Gebäudeblock mit vorgelagertem, verglastem Café bildet durch das Zurückweichen von der Baufluchtlinie einer ehemals geschlossenen historistischen Bebauung einen zentralen Platz für München-Giesing. Das zerstörte „stumme" Postamt wurde in den achtziger Jahren rekonstruiert.

Postamt

Goetheplatz
1931–1932
Vorhoelzer und Walther Schmidt
Die geschwungene Fassade des Postamtes nimmt die Bewegung des Platzraumes auf und leitet gleichzeitig zu den Seitenstraßen über. In den zwei unteren, als Stahlbetonskelett ausgeführten Etagen befinden sich die Schalterhalle und Büros der Post. Darüber liegen durch ein eigenes Treppenhaus erschlossene Wohnungen. Im Inneren verändert.

München
Haus der Kunst

Prinzregentenstraße 1
1933–1937
Paul Ludwig Troost, Leonhard Gall
Als Nachfolgebau des 1931 abgebrannten Ausstellungsgebäudes (Glaspalast) am Alten Botanischen Garten wurde das Haus der Kunst als erster Repräsentationsbau des Nationalsozialismus realisiert. Hinter der monumentalen Pfeilerhalle liegen die von Glasoberlichtern belichteten Ausstellungssäle. Sie werden über eine in der Querachse liegenden Eingangshalle erschlossen. Die in Stahl und Stahlbeton ausgeführte Primärkonstruktion wurde mit Naturstein verkleidet. Der von Troost vertretene Monumentalklassizismus mit vergröberten Elementen der Architektur Schinkels und Klenzes wurde für die folgenden Repräsentationsbauten der NS-Zeit verbindlich.

Lit.: Zentralblatt der Bauverwaltung 1938, S. 277–283; Winfried Nerdinger (Hrsg.), Bauen im Nationalsozialismus: Bayern 1933–1945, München 1993.

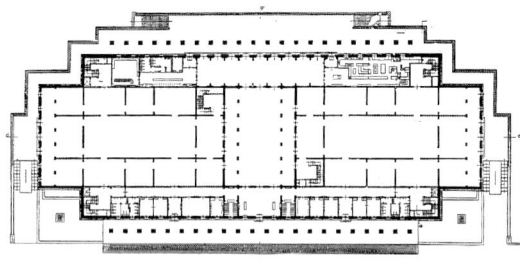

Haus der Kunst, Grundriß

Bayern

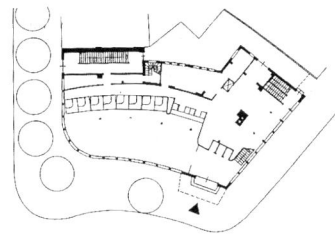

Postamt, Goetheplatz,
Lageplan und Ansicht

Postamt, Tegernseer
Landstraße

Haus der Kunst, Ansicht

München
Musikhochschule, Zentralinstitut für Kunstgeschichte
Arcisstraße 12, Meiserstraße 10
1934–1939
Paul Ludwig Troost, Leonhard Gall
Im Zuge der Umgestaltung des Königsplatzes zu einem Parteiforum wurde die Ostseite des Platzes mit zwei Ehrentempeln (1947 gesprengt) und zwei im Äußeren annähernd gleichen Parteibauten abgeschlossen. Im Inneren ist der sog. Führerbau (Arcisstraße 12) durch zwei große Treppenhäuser repräsentativer inszeniert als sein Pendant. Die aufwendige und fortschrittliche Gebäudetechnik wurde entweder versteckt oder ausgelagert (Fernheizwerk). Im Inneren für neue Nutzungen verändert, sonst gut erhalten.

Lit.: Baugilde 1934, S. 271–276, Moderne Bauformen 1938, S. 401–409; Iris Lauterbach, Piero Steinle, Julian Rosefeldt (Hrsg.), Bürokratie und Kult: Das Parteizentrum der NSDAP am Königsplatz in München, München, Berlin 1995.

Königsplatz, Luftbild (Foto 1939)
Musikhochschule

München
Wiederaufbau Alte Pinakothek
Barerstraße 27
1952–1957
Hans Döllgast

Lit.: Technische Universität München (Hrsg.), Hans Döllgast 1891–1974, München 1987; Deutsche Bauzeitung 4/1992, S. 98f.

Nach dem Zweiten Weltkrieg wurde ein Abriß des in seinem Mittelteil zerstörten Museums von Leo von Klenze (erbaut 1826–1836) ernsthaft diskutiert. Die zunächst nur zur Sicherung der Ruine durchgeführten Maßnahmen führten schließlich zu einem extrem billigen Wiederaufbau, bei dem durch Verzicht auf vollständige Rekonstruktion sowie durch Wechsel des Materials die Spuren der Zerstörung sichtbar blieben. Der Bombentrichter ist an den beiden Hauptfassaden direkt ablesbar. Der Haupteingang des ursprünglich von der östlichen Schmalseite erschlossenen Museums liegt nun in der Mitte der Nordseite. Eine großzügige Treppenanlage anstelle der alten Loggia auf der Südseite ersetzt die frühere Haupttreppe im Südostflügel. Überragendes Beispiel einer „schöpferischen Wiederherstellung" mit Bewahrung der Geschichtsspuren.

Wiederaufbau Alte Pinakothek, Ansichten

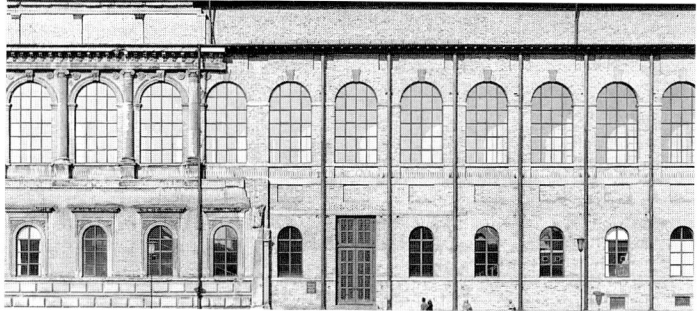

München
Maxburg
Pacellistraße
1952–1957
Theo Pabst, Sep Ruf
An Stelle einer im Krieg zerstörten Renaissance-Bebauung, die auch der neuen Anlage den Namen gab, entstanden um Höfe gruppierte Büro- und Geschäftsbauten in Stahlbeton-Skelettbauweise mit Durchgängen im Erdgeschoß und verglasten Brücken in den oberen Geschossen. Der eingeschossige, rundum verglaste BMW-Pavillon (heute verändert) schließt die Anlage zum Lenbachplatz hin ab. Die gemäßigt moderne, filigran detaillierte Baugruppe zeigt exemplarisch das Streben der fünfziger Jahre nach Leichtigkeit und Transparenz. Teile der früheren Bebauung (Karmeliterkirche, Turm der Maxburg) sind in die Anlage mit einbezogen. Die Proportion der Fassaden wurde aus den Maßverhältnissen des alten Maxburg-Turms entwickelt, alt und neu sind dadurch aufeinander bezogen.
Lit.: Baukunst und Werkform 1958, S. 193f.; Winfried Nerdinger, Aufbauzeit: Bauen und Planen in München 1945–1950, München 1984.

München/Garching
Forschungsreaktor der TU München
Boltzmannstraße
1956–1957
Gerhard Weber
Der erste deutsche Forschungs- und Versuchsreaktor für Atomenergie wird von einer im Querschnitt parabelförmigen, 10 bis 12 cm starken, 30 m hohen und ebenso breiten Stahlbeton-Kuppelschale überdeckt. Die Anlage ist ringförmig von Nebengebäuden aus Sichtziegelmauerwerk umgeben. Die rotationselliptische Kuppelschale („Atom-Ei") wurde zum Prototyp und zur Symbolform für weitere Reaktorbauten. Als die ursprünglich geforderten Sicherheitsabstände um den Reaktor aufgehoben wurden, entstanden weitere Forschungsbauten der TU in Garching.
Lit.: Baukunst und Werkform 1958, S. 639ff.

Bayern

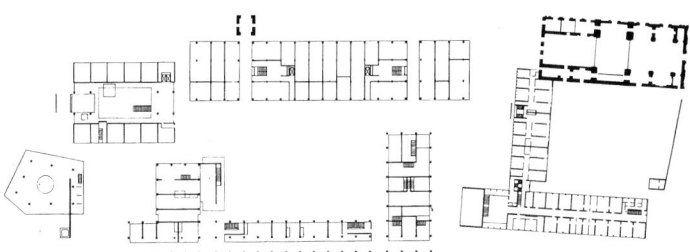

Maxburg, Lageplan und Ansicht

Forschungsreaktor der TU München

München
Hauptsportstätten im Olympiapark
1967–1972
Günter Behnisch, Fritz Auer, Winfried Büxel, Erhard Tränkner, Karlheinz Weber, Jürgen Joedicke, Frei Otto

Unter Ausnutzung des bestehenden Trümmerbergs wurde eine bewegte Anlage mit See und Mulden für Stadion, Sport- und Schwimmhalle geschaffen. Die Sportstätten sind mit einem durchgehenden Zeltdach aus transparenten Acrylglas-Elementen überdeckt, die auf einem vorgespannten, über Stahlseile an Pylonen aufgehängten und im Boden verankerten Seilnetz aufliegen. Prototyp dieser bis auf die Pylone ausschließlich zugbeanspruchten Konstruktion war der von Frei Otto entwickelte Pavillon der Expo in Montreal 1967. Das Olympiastadion ist die erste großmaßstäbliche Anwendung dieser Technologie. Der Ausdruck einer leichten, offenen Architektur wurde als Zeichen eines neuen, demokratischen Deutschland im Gegensatz zu den olympischen Spielen 1936 besonders inszeniert.

Olympiapark, Lageplan und Zeltdach

Lit.: Johann Karl Schmidt (Hrsg.), Behnisch & Partner: Bauten 1952–1992, Stuttgart 1992.

München
Wiederaufbau Glyptothek
Königsplatz
1967–1972
Josef Wiedemann
Das quadratisch um einen Innenhof angelegte, nach Kriegszerstörungen im äußeren Erscheinungsbild auf drei Seiten schon wiederhergestellte Museum für antike Skulpturen (Leo von Klenze, 1816–1830) wurde im Inneren unter Verzicht auf ursprünglichen Putz sowie die reiche Dekoration und Malerei als reiner Ziegelbau wiederhergestellt. Die Belichtung wurde durch Erweiterung der Lünetten in bis zum Boden reichende Fenster verbessert. Zugleich ist dadurch der Bau stärker auf den gegenüber dem früheren Zustand um 80 cm angehobenen Innenhof orientiert. Beispiel einer typischen puristischen Haltung beim Wiederaufbau bei gleichzeitiger Ästhetisierung des Materials.
Lit.: Rudolf Ehrmann (Hrsg.), Josef Wiedemann, Bauten und Projekte, München 1981.

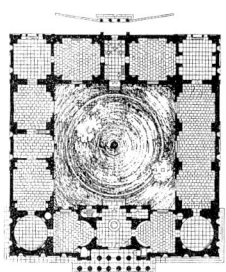

Wiederaufbau Glyptothek, Grundriß und Innenansicht

München
Wohnanlage
Genterstraße 13 (Schwabing)
1968–1972
Otto Steidle, Doris und Ralph Thut
Innerstädtische Wohnanlage in Splitlevel-Anordnung über einem Stützenraster von 7,20 × 4,80 m. Die gerüstartige Primärkonstruktion aus Stahlbeton-Fertigteilen läßt die flexible Einteilung der Grundrisse ebenso zu wie den Aus- und Umbau durch die Bewohner in Eigenleistung. Die angebotenen Möglichkeiten zur Veränderung konventioneller Wohnformen durch Zusammenlegung von Küchen, Wohn- und Kinderzimmern zu gemeinschaftlich genutzten Bereichen wurden allerdings in der Praxis kaum genutzt. Ähnlich konzipierte Wohnanlagen von Steidle auch auf der „Elementa" (Bertolt-Brecht-Straße/Nürnberg-Langwasser 1972–1974) und auf der „documenta urbana" (Heinrich-Schütz-Allee/Kassel-Dönche, 1979–1982).
Lit.: Bauwelt 1972, S. 17ff.; Baumeister 1972, S. 528ff.; Deutsche Bauzeitung 2/1993 S. 104f.

München
Verwaltungsgebäude und Museum der Bayerischen Motorenwerke AG
Petuelring 130 (Milbertshofen)
1970–1972
Karl Schwanzer
Vom Kopf eines zentralen vierteiligen Installations- und Erschließungskerns sind über Kragarme und Hängesäulen die Bürotrakte des 100 m hohen Hochhaus-"Vierzylinders" abgehängt. Sie können als Großraum- oder Einzelbüros mit zentralem Gemeinschaftsbereich flexibel genutzt werden. Die im Sandgußverfahren plastisch geformten Aluminiumfassaden sind nach innen geneigt, um eine Schallfokussierung im Mittelpunkt der Zylinder zu verhindern. Das Automuseum bildet nach außen eine flachgedecke Halbkugelschale. Frei hineingestellt sind die von der Außenwand abgerückten und durch geschwungene Rampen miteinander verbundenen Ausstellungsplattformen.
Lit.: Karl Schwanzer, Architektur aus Leidenschaft, Wien, München 1973.

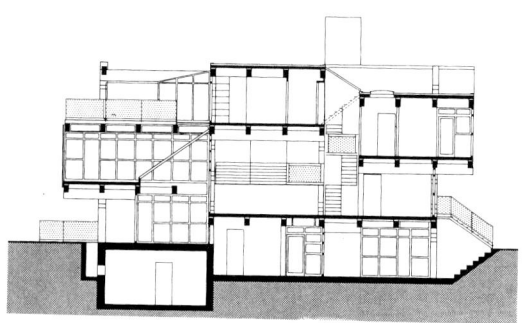

Wohnanlage, Schnitt

Bayern

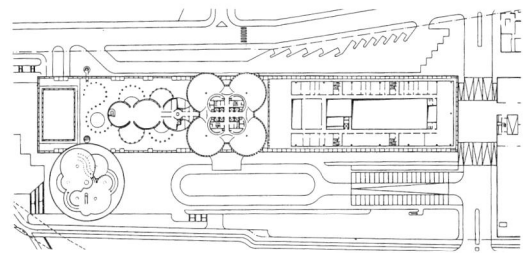

Verwaltungsgebäude und Museum der Bayerischen Motorenwerke AG, Lageplan und Ansicht

Wohnanlage, Ansicht

München
Verwaltungsgebäude der Bayerischen Rückversicherungs AG
Sederanger 4–6
1970–1976
Uwe Kiessler

Die Anlage am Rande des Englischen Gartens besteht aus dem von einem zentralen Kern abgehängten runden Kasinobau und dem Verwaltungsgebäude, dessen drei zylinderförmige Bürotrakte kleeblattförmig einen Installations- und Erschließungskern umgeben. Die von einem radialen Trägerrost auf sechs Stützen getragenen Zylinderflächen des Verwaltungsbaus können flexibel unterteilt und möbliert werden. Durch umlaufende Reinigungs- und Wartungsbalkone sind die vollverglasten Fassaden vor direkter Sonneneinstrahlung geschützt. Der Kasinobau wurde durch eine Aufstockung um drei Geschosse (1990–1991, Uwe Kiessler) erheblich beeinträchtigt.

Lit.: Bauwelt 1977, S. 120f.; Bauen und Wohnen 2/3/1977, S. 64ff.; Domus 4/1977, S. 18ff.; Baumeister 9/1991, S. 34.

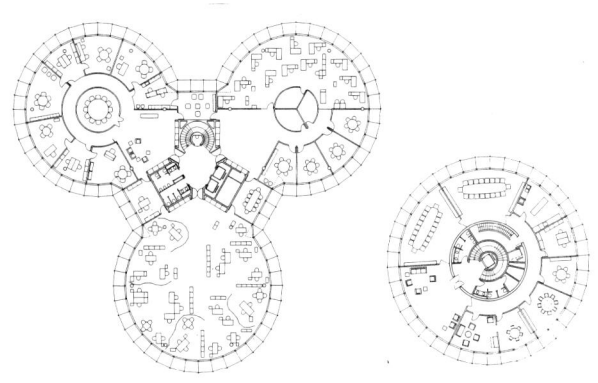

Verwaltungsgebäude der Bayerischen Rückversicherungs AG, Grundrisse und Ansicht

München
Wohnhausanlage
Neubibergerstraße 28–30 (Neuperlach)
1975–1978
Doris und Ralph Thut

Zusammen mit den Bauherren entwickelten die Architekten die Grundrisse der über einem einheitlichen Konstruktionsraster erbauten Wohnungen in einer nord-süd-orientierten Hauszeile. Nur das tragende Holzskelett wurde von einem Bauunternehmen erstellt. Der komplette Ausbau erfolgte im Selbstbau mit im Baumarkt erhältlichen Materialien. Ein auf der Südseite vorgelagertes Gewächshaus dient als Kommunikations- und Erschließungszone, zugleich ist es Teil des Energiekonzepts, das auch aktive und passive Nutzung der Solarenergie umfaßt. Der qm-Preis lag 40 % unter den üblichen Baukosten.

Lit.: Baumeister 2/1980, S. 126; Bauwelt 1980, S. 85.

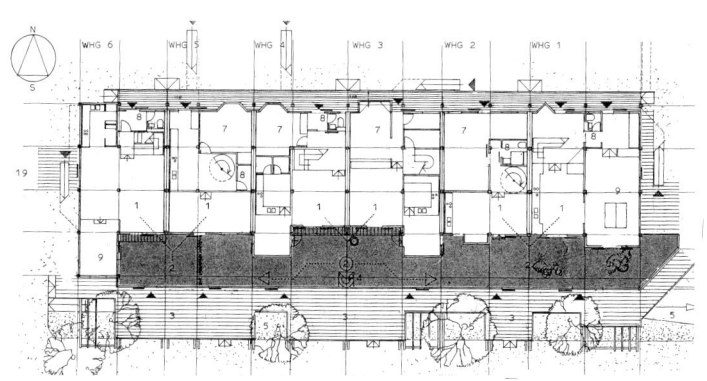

Wohnanlage, Grundriß und Ansicht

München/Garching
Max-Planck-Institut für Astrophysik
Karl-Schwarzschild-Straße
1975–1980
Hermann Fehling, Daniel Gogel

Das als Stahlbeton-Skelettbau erichtete, einen bestehenden Winkelbau erweiternde Gebäude umgibt einen runden Innenhof mit einer dreigeschossigen, in der Differenzierung der Raumniveaus an Scharoun erinnernden Treppenhalle. Daran angelagert sind in den äußeren Freiraum konkav ausschwingende Bürotrakte, die auf der Eingangsseite einen Vorhof bilden. Im Außenbau bleiben die Betonflächen unbehandelt, im Inneren sind sie gespachtelt und farbig gestrichen.

Lit.: München und seine Bauten nach 1912, München 1984; Manfred Sack (Hrsg.), Fehling + Gogel, Braunschweig 1981.

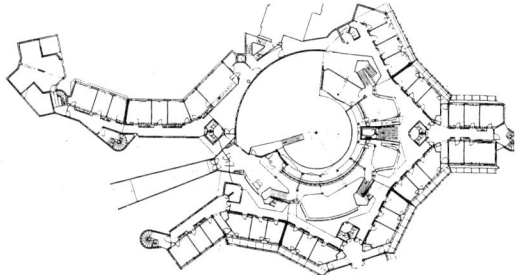

Max-Planck-Institut für Astrophysik, Ansichten und Grundriß

Gegenüber:
Klärwerk München II

Hauptquartier des ESO

München
Klärwerk München II
Gut Marienhof (Dietersheim)
1975–1989
Kurt Ackermann & Partner
Die aus Einrichtungen zur mechanischen und biologischen Reinigung, zur Aufbereitung des Klärschlamms sowie aus Betriebseinrichtungen und Maschinenhaus bestehende Anlage wird gestalterisch durch einheitliche Materialwahl (Aluminiumverkleidung) und wiederkehrende Bauelemente zusammengefaßt. Die Funktionen sind in prägnante geometrische Primärformen (Quader, Zylinder, Kegelstumpf) umgesetzt. In der Höhenentwicklung dominieren die drei kegelförmigen Faulschlammeindicker, die über Brücken mit einem zentralen Aufzugs- und Treppenturm verbunden sind. Statt der von den Architekten gewünschten Blickbeziehungen zur umgebenden Landschaft wurde von den Behörden die vollständige Eingrünung des Areals durchgesetzt.

Lit.: Baumeister 1/1989; Deutsche Bauzeitung 10/1989, S. 10f., S. 31ff.; Domus 12/1989, S. 33ff.; Deutsche Bauzeitschrift 6/1990, S. 805ff.

München/Garching
Hauptquartier des European Southern Observatory ESO
Karl-Schwarzschild-Straße
1976–1980
Hermann Fehling, Daniel Gogel
Die wie beim Max-Planck-Institut konkav geschwungenen Bürotrakte flankieren einen durch Niveausprünge, Durchblicke und Oberlichter virtuos inszenierten Treppenraum. Bei beiden Institutsbauten wird der zentrale Erschließungsraum zum Begegnungsbereich für die sonst weitgehend in Einzelzimmern arbeitenden Wissenschaftler. Die Symmetrie der Hauptbewegungsachse ist vielfach gebrochen und im Außenraum kaum noch wahrnehmbar. Die Fassaden, ursprünglich in Sichtbeton ausgeführt, wurden nachträglich gedämmt und mit Blech verkleidet.

Lit.: Manfred Sack (Hrsg.), Fehling + Gogel, Braunschweig 1981.

München-Erding
Flughafen
1976–1991
Hans Busso von Busse & Partner
In fast 20-jähriger Planungs- und Ausführungszeit entstand auf ca. 12 qkm Fläche ein Großflughafen für ca. 15 Millionen Passagiere im Jahr und 10.000 Beschäftigte. Vier an einer bandartigen Erschließungsachse aufgereihte Terminals können mit PKWs direkt angefahren oder über einen zentralen Verteiler am S-Bahnhof erreicht werden. Wie der in Weiß gehaltene Flughafen selbst sind auch die beiderseits der zentralen Zufahrtachse angelegten Großbauten nach einer einheitlichen Gestaltungsrichtlinie (Aluminiumblech-Fassaden) erbaut. Öffentlich zugänglich ist auch das von Behnisch & Partner entworfene, von Fritz Auer und Carlo Weber weiter betreute Flughafen-Verwaltungsgebäude in zweibündiger Kammstruktur an einer zentralen Erschließungshalle. Graphische Einheitlichkeit schafft die von Otl Aicher entworfene Farb- und Zeichengestaltung.

Lit.: Baumeister 7/1991, S. 24ff.; Flughafen München GmbH (Hrsg.), Flughafen München, München 1992.

München
Druckereigebäude des Süddeutschen Verlags
Zamdorfer Straße (Steinhausen)
1979–1985
Peter C. von Seidlein
Zwei parallele, in Konstruktion und Fassadengestaltung gleiche Baukörper nehmen – von Süden nach Norden – Papieranlieferung und -lager, Flächen zur Weiterverarbeitung sowie die Anlieferung der zwei Zeitungen des Süddeutschen Verlags auf. Eine Zwischenzone mit Fluchttreppenhäusern verbindet beide Trakte. Schräge Oberlichtfenster an den Dachlaternen demonstrieren die Trennung von Primärkonstruktion (Stahl) und vorgehängter Fassade (Aluminium). Die Vordächer an beiden Längsseiten sind von den geschoßhohen Fachwerkträgern der Dachkonstruktion abgehängt.
Lit.: Werk, Bauen und Wohnen 1985, H. 10, S. 4 f.

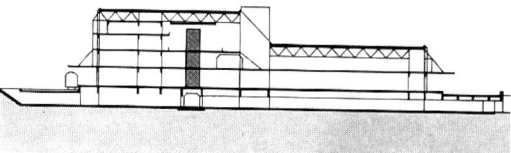

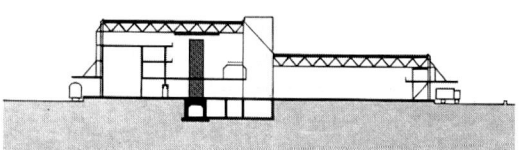

Bayern

Gegenüber und oben:
Druckereigebäude des
Süddeutschen Verlags,
Schnitte und Ansicht

Mitte und unten:
Flughafen München-
Erding, Modellfoto und
Verwaltungsgebäude

München
Wohnanlage Richter
Wilhelm-Raabe-Str. 7 (Milbertshofen)
1981–1982
Thomas Herzog, Bernhard Schilling

Wie zuvor schon beim Haus Burghardt in Regensburg (Am Mühlbach 4, 1976–1979) wurde für die Wohnanlage ein nach Süden unter 45 Grad geneigter, keilförmiger Querschnitt gewählt. Die Wintergärten im Erdgeschoß und das parallel zur Dachhaut angebrachte Glasdach auf der Südseite wirken als Wärmefalle, Fotozellen dienen der aktiven Energiegewinnung. Die 11 m hohe Nordwand ist gegen Wärmeverluste stark gedämmt. Das in ökologischer Hinsicht wegweisende Experimentalhaus bietet aufgrund der konstruktiven Vorgaben (3 m Achsmaß, Dachneigung) im Vergleich zum Rauminhalt relativ wenig nutzbaren Wohnraum.

Lit.: Thomas Herzog, Bauten 1978–1992, Stuttgart 1992.

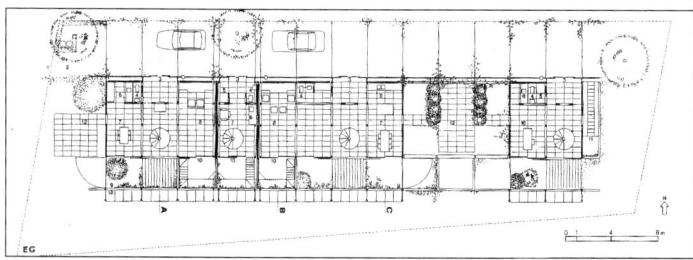

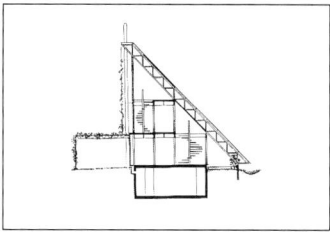

Wohnanlage Richter, Grundriß, Schnitt und Ansicht

München
Überdachung der Freieisfläche im Olympiapark
Spiridon-Louis-Ring
1981–1983
Kurt Ackermann & Partner

Die den olympischen Sportstätten direkt benachbarte, zehn Jahre später entstandene Überdachung der Kunsteisbahn besteht aus einem Seilnetz, das an einem 97 m langen Fachwerk-Druckbogen hängt und diesen zugleich gegen seitliche Kräfte aussteift. Den Dachaufbau bilden ein Holzlattenrost über dem Seilnetz und eine hochreißfeste Kunststoff-Folie.
Lit.: Detail 2/1985, S. 133ff.

Überdachung der Freieisfläche im Olympiapark, Innen- und Außenansicht

Bayern

München
Haus für eine zeitgenössische Kunstsammlung
Oberföhringerstraße 101
1991–1992
Jacques Herzog, Pierre de Meuron

Der schlichte, quaderförmige Bau für eine private Kunstgalerie mit wechselnden Ausstellungen besteht aus zwei 5,50 m hohen, durch hochliegende Fensterbänder belichteten Geschossen. Das untere Geschoß ist so weit in die Erde eingegraben, daß das Fensterband außen bis zum Boden reicht und zwei eingeschobene Stahlbeton-"Container", das Foyer und ein Technikraum, erdgeschossig von außen betreten werden können. Das mattierte Glas der Oberlichter und die zum umgebenden Baumbestand passenden Birkenholz-Paneele bilden die äußere Hülle der Stahlbetonkonstruktion. Beispiel für die Tendenz zu formaler Reduktion in der zeitgenössischen Schweizer Architekturszene. Besichtigung nur nach Anmeldung, Tel. (089) 957 81 23.

Lit.: Wilfried Wang, Herzog & de Meuron, Zürich 1992.

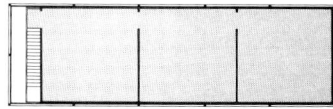
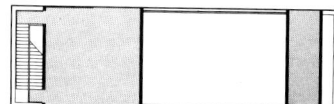

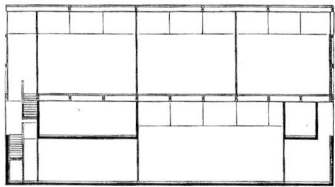

Haus für eine zeitgenössische Kunstsammlung, Grundrisse, Schnitt und Ansicht

Neuburg an der Donau
Stadtbücherei
Sèter Platz 1
1987–1991
Michael Gaenßler

Im Binnenbereich eines innerstädtischen Areals mit Blockrandbebauung wurde über einer bestehenden Tiefgarage ein leichter graziler Rundbau als Stahlbeton-Skelettkonstruktion errichtet. Die rundum aufgeglaste Bibliothek grenzt sich zwar sowohl formal als auch durch überdachte Gänge von der Umgebung ab, bildet aber gleichzeitig einen neuen Mittelpunkt, der ein ganzes Netz von Fußgängerwegen aufnimmt. Durch ein System zur Tageslichtumlenkung wird natürliches Licht ins Zentrum geführt.

Lit.: Michael Gaenßler, Stadtbücherei Neuburg an der Donau, Neuburg/Donau 1991.

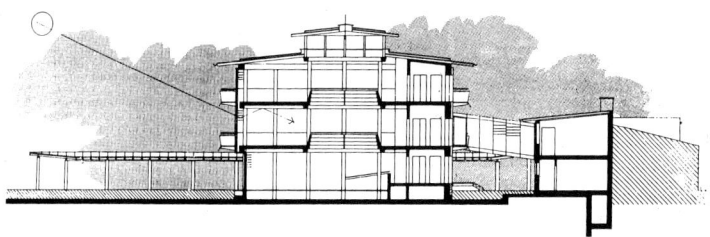

Stadtbücherei, Schnitt und Ansicht

Bayern

Neu-Ulm
St. Johann Baptist
1915–1918, 1922–1927
Dominikus Böhm

Lit.: August Hoff (Hrsg.), Dominikus Böhm, München 1962; Schnell-Kunstführer St. Johann Baptist in Neu-Ulm, München, Zürich 1986.

Nach (aus Geldmangel aufgegebenen) Planungen für einen kompletten Neubau wurde die bestehende katholische Pfarr- und Garnisonkirche von Neu-Ulm als Kriegergedächtniskirche in gotisierend-expressionistischen Formen umgebaut und durch einen vorgelagerten Kopfbau mit Orgelempore sowie zwei seitliche Kapellen erweitert. Das Motiv der kulissenartig schräggestellten Außenwände zwischen schmalen Glasschlitzen zur indirekten Belichtung kehrt in Rotationsform bei der Auferstehungskapelle (von Böhm „Lichtturbine" genannt) wieder. Bei der Wiederherstellung nach Kriegszerstörungen 1945 durch denselben Architekten wurden die Fensterflächen auf Wunsch der Gemeinde erheblich vergrößert.

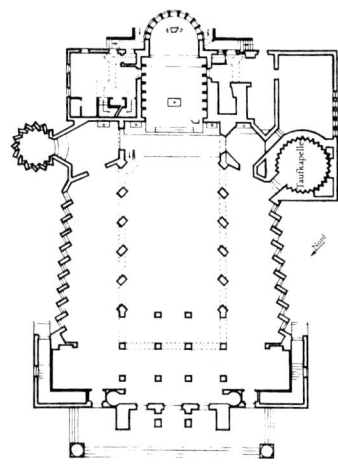

St. Johann Baptist, Grundriß (1950) und Ansicht (Foto 1927)

Nürnberg
Wohn- und Dienstgebäude der Oberpostdirektion Nürnberg
Allersbergerstraße (Lichtenhof)
1926–1931
Georg Kohl

Post- und Telegraphenamt, Verwaltungs- und Garagenhof bilden zusammen mit der Paketposthalle und neun Wohnzeilen für Postbedienstete ein Ensemble gemäßigt moderner Sichtziegelbauten, die nach Zerstörungen im Zweiten Weltkrieg weitgehend unverändert wiederaufgebaut wurden. Eine herausragende Ingenieurleistung bildet die weitgespannte, im Querschnitt Y-förmige Betonschalen-Dachkonstruktion der Paketposthalle, die durch parallel zu den Schalen verlaufende Satteldach-Oberlichtstreifen belichtet wird.

Lit.: Baumeister 1933, S. 185ff.; Klaus Jürgen Sembach (Hrsg.), Architektur in Nürnberg 1900–1994, Stuttgart 1994.

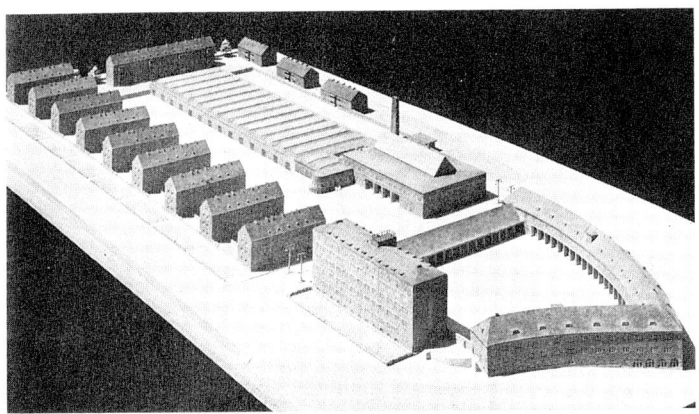

Wohn- und Dienstgebäude der Oberpostdirektion Nürnberg, Modellfoto und Paketposthalle

Nürnberg
Milchhof
Kressengartenstraße 1 (St. Peter)
1930
Otto Ernst Schweizer
Der aus Kraftwagenhalle, Heizwerk, Betriebs- und Verwaltungsgebäude bestehende städtische Milchhof wurde als Stahlbeton-Rahmenkonstruktion in Sichtbeton ausgeführt. Die Skelettstruktur wird am Außenbau durch vorstehende Pfeiler und Deckenplatten exemplarisch vorgeführt. Sie bleibt auch im Inneren des um zwei überdachte Innenhöfe angelegten Verwaltungsgebäudes erkennbar.

Während Otto Ernst Schweizers Amtszeit als Oberbaurat in Nürnberg (1925–1930) entstanden neben dem Milchhof auch das Arbeitsamt (1925/26, Karl-Grillenbergerstraße 3), das Stadion (1926–28, Hans-Kalb-Straße, durch Umbauten völlig verändert) und das Planetarium (1926, 1934 abgerissen).
Lit.: Otto Ernst Schweizer, Die architektonische Großform, Karlsruhe 1957.

Nürnberg
Reichsparteitagsgelände
Volksfestplatz/Große Straße/Zeppelinstraße
1934–1939
Albert Speer
Für die bis 1938 jährlich abgehaltenen Reichsparteitage wurde als größtes realisiertes NS-Ensemble ein Gelände von 3,5 × 7 km südöstlich der Nürnberger Altstadt ausgebaut. Ständig erweiterte Planungen sahen die Anlage von Kundgebungs- und Feierstätten entlang einer auf die Kaiserburg ausgerichteten, 60 m breiten Aufmarschstraße vor, die ihren Abschluß in dem 700 × 900 m großen Märzfeld finden sollte. Von den geplanten Bauten waren bei der kriegsbedingten Einstellung der Arbeiten die Luitpoldarena (Umbau einer schon bestehenden Anlage), die SS-Kaserne und das Zeppelinfeld mit Platz für 250.000 Personen fertiggestellt, der Bau der Kongreßhalle (Architekt Ludwig Ruff) war weit fortgeschritten, vom sog. Deutschen Sta-

Milchhof

dion für 400.000 Zuschauer war die Baugrube ausgehoben. Die Kolonnaden der dem Pergamonaltar nachempfundenen Tribüne des Zeppelinfeldes wurden 1967 gesprengt, das Märzfeld mit der Siedlung Langwasser überbaut. Der Rest der Anlage ist erhalten.

Lit.: Centrum Industriekultur (Hrsg.), Kulissen der Gewalt: Das Reichsparteitagsgelände in Nürnberg, München 1992; Winfried Nerdinger (Hrsg.), Bauen im Nationalsozialismus: Bayern 1933–1945, München 1993.

Reichsparteitagsgelände, Modellfoto (1940)

Kongreßhalle und Zeppelinfeld (Foto 1938)

Nürnberg
Akademie der Bildenden Künste
Bingstraße 60
1952–1954
Sep Ruf
Die eingeschossige Anlage wurde als Ergebnis eines Wettbewerbs auf freiem, locker mit Kiefern bestandenem Gelände als Stahlskelettbau mit Beton-Hohlkörperdecken errichtet. An einem überdachten offenen Erschließungsgang sind Hofanlagen mit Ateliers und Seminarräume aufgereiht. Exemplarischer Bau der frühen fünfziger Jahre mit filigraner Dimensionierung der Stützen, Dächer und Fassaden. Das Pavillonsystem mit offenem Landschaftsbezug griff Ruf beim Weltausstellungspavillon in Brüssel (1958, zusammen mit Egon Eiermann) wieder auf.
Lit.: Hans Wichmann, Sep Ruf, Stuttgart 1986.

Nürnberg
Germanisches Nationalmuseum
Kornmarkt 1/Kartäusergasse
(St. Lorenz)
1953–1978
Sep Ruf, Harald Roth
Das von German Bestelmeyer auf dem Gelände des mittelalterlichen Kartäuserklosters unter Einbeziehung alter Bausubstanz erweiterte und im Zweiten Weltkrieg stark zerstörte Museum wurde bis 1978 in 14 Bauabschnitten durch vorwiegend in Stahlbetonskelett errichtete, kubische Solitäre in modernen Formen ergänzt und erweitert. Historische Überreste wurden mitverbaut, die Struktur einer gewachsenen Anlage um geschlossene Innenhöfe beibehalten. Eine Erweiterung in den neunziger Jahren brachte neben einer Vergrößerung der Ausstellungsfläche um 5.000 qm eine Verlegung des Haupteingangs vom

Bayern

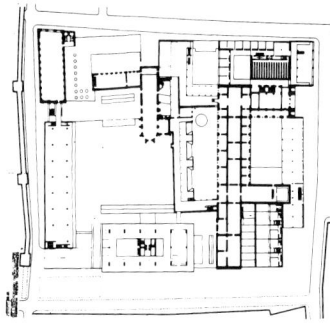

Kornmarkt in die Kartäusergasse, die durch die Erweiterung des Museumsgeländes nach Westen zu einer museumsinternen Passage wird (Architekten: me-di-um Jentz, Popp, Wiesner).

Lit.: Lothar Henning, Das Germanische Nationalmuseum, Nürnberg 1977; Hans Wichmann, Sep Ruf, Stuttgart 1986; Bauwelt 1993, S. 1824f.

Gegenüber:
Akademie der Bildenden Künste

Germanisches Nationalmuseum, Lageplan (1980), „Weg der Menschenrechte" von Dani Karavan (1993) und Erweiterungsbau (1994), Eingang von Bestelmeyer

Nürnberg
Gießereigebäude des Alcan Aluminiumwerks
Nopitschstraße (Gibitzenhof)
1979–1980
Ekkehard Fahr, Dieter Schaich
Die in drei Bauabschnitten errichtete, nach zwei Richtungen erweiterbare und flexibel unterteilte Anlage besteht aus zwei, durch einen 1,80 m hohen Doppelboden getrennten Geschossen von je 7,20 m Höhe. Die westliche und östliche Randzone nehmen in vier Geschossen Treppenhäuser, Büros und Nebenräume auf. Die Dreiecksform der zweiseitig belichteten Sheddächer setzt sich in den verglasten Kanzeln an der West- und Ostseite fort. Das ganze Gebäude folgt bis hin zur Treppensteigung (18 × 27 cm) einem abgestuften Rastersystem. Technisch, konstruktiv und formal herausragender Industriebau.
Lit.: Baumeister 2/1982, S. 135ff.; Detail 2/1983.

Passau
Wohnanlage
Johann-Rieder-Straße/Anton-Sickenberger-Straße (Neustift)
1987–1989
Hermann Schröder, Sampo Widmann
Als Beitrag zum flächen- und energiesparenden Bauen sind die nord-süd-orientierten Reihenhäuser auf der schmalen Grundfläche von 13,90 × 3,90 m um ein innenliegendes, von oben belichtetes Treppenhaus angelegt. Glaserker auf der Südseite wirken als Wärmefallen zur passiven Nutzung von Solarenergie. Gemeinsame Freifläche und ein Gemeinschaftshaus dienen als Ausgleich für die geringe Fläche der privaten Gärten. Als 2. Bauabschnitt entstand 1991 eine Doppelzeile von 14 ost-west-orientierten Reihenhäuser, die von einer zentralen, als Wärmepuffer wirkenden Glashalle erschlossen werden.
Lit.: Wohnmodelle Bayern 1984–1990, München 1990.

Gießereigebäude des Alcan Aluminiumwerks

Bayern

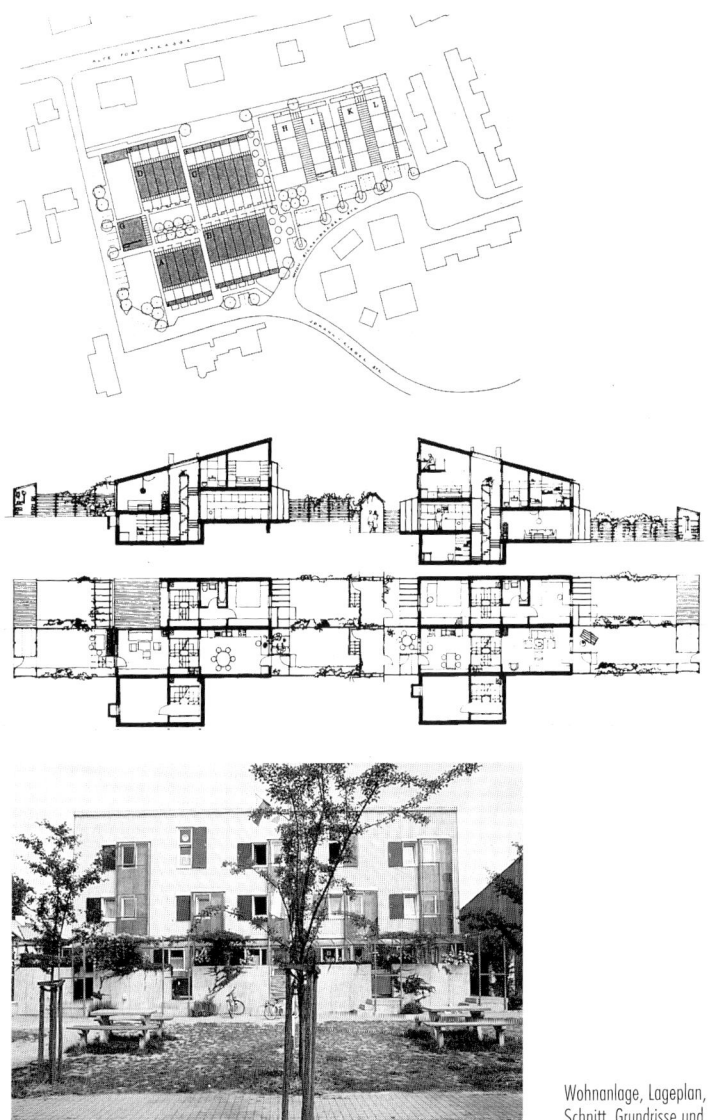

Wohnanlage, Lageplan, Schnitt, Grundrisse und Ansicht

Pentling, Autobahn A93, bei Regensburg
Rasthaus
1989–1991
Fritz Auer, Carlo Weber mit Christof Hilzinger
Zwei parallele, gegeneinander versetzte Kalksteinwände bilden das Rückgrat der an einen Osthang gelehnten und dort hangseitig aufgeständerten Raststätte. Auf der von der Autobahn abgewandten Ostseite öffnet eine Glasfassade den Blick aus dem in zwei Stufen angelegten Restaurationsbereich auf den Wald. Das Dach ruht auf filigranen Stahl-Fachwerkträgern. Leichtigkeit und Transparenz zeigen auch die freistehenden Tankstellen-Überdachungen und die als freie Glaskuben in die nördliche Wandscheibe eingestellten Telefonzellen.
Lit.: Baumeister 8/1991, S. 40ff.

Sonthofen
„Ordensburg"
Hofenerstr. 16
1934–1942
Hermann Giesler
Die sog. Ordensburgen des Nationalsozialismus dienten der Ausbildung jugendlicher Führungskräfte in Staat und Partei. Die auf einem Hochplateau über dem Illertal gelegene, ca. 750 m lange Anlage bei Sonthofen umfaßte Schulungs-, Wohn- und Sportbauten für 1.100 „Ordensjunker" sowie Sport- und Appellplätze. Entsprechend dem Namen und Programm der Ordensburgen erwecken die in Holz und Naturstein (über Stahlbetonstruktur) ausgeführten Anlagen Assoziationen an mittelalterliche Wehranlagen. Mit Ausnahme der Dacheindeckung (ursprünglich

Bayern

Schindeln, jetzt Ziegel) im Äußeren original erhalten, im Inneren stark verändert. Heute Bundeswehrkaserne, Besichtigung nur nach Vereinbarung.
Lit.: Bauwelt 1934, S. 1207; Moderne Bauformen 1938, S. 191; Winfried Nerdinger (Hrsg.), Bauen im Nationalsozialismus: Bayern 1933–1945. München 1993.

Gegenüber: "Ordensburg"
Rasthaus Pentling   Sonthofen, Luftbild und Ansicht

Wasserburg am Inn
Arzneimittelwerk der Dr. Madaus KG
Herderstr. 2
1969
Peter C. von Seidlein
Über einem quadratischen Raster von 12 m Seitenlänge wurde der eingeschossige, in einem Parkgelände errichtete Stahlskelettbau ursprünglich als Halbleiter-Montagewerk erbaut. Pendelstützen und gerichtete Deckenträger sind über Windverbände ausgesteift. Dachaufbauten nehmen die Lüftungstechnik auf. Statt der im Entwurf vorgesehenen Erweiterung aller Gebäudezonen nach Norden entstand 1982/83 ein zweigeschossiger Lager- und Produktionsbau im Westen. In der Nachfolge Mies van der Rohes bis hin zur Gestaltung der Außenanlagen perfekt detaillierter Stahlbau.
Lit.: Bauen und Wohnen 8/1969, S. 301ff.

Windberg
Jugendbildungsstätte, Gästehaus
1987–1991
Thomas Herzog
Der an einem Südhang freistehende Baukörper ist in einen südlichen Massivbauteil mit Gästezimmern und einen stark gedämmten nördlichen Holzskelettbauteil mit Sanitär- und Erschließungsbereichen unterteilt. Durch aktive und passive Nutzung von Solarenergie wird trotz großer Außenwandflächen eine wirtschaftliche Energiebilanz erzielt. Der Nordbereich wird über Warmluftheizung mit Wärmerückgewinnung, der Südbereich durch Radiatoren und die als Wärmefalle dienende Südfassade beheizt. Röhrenkollektoren auf dem südlichen Pultdach sorgen während der warmen Monate für die Warmwasserbereitung.
Lit.: Thomas Herzog, Bauten 1978–1992, Stuttgart 1992.

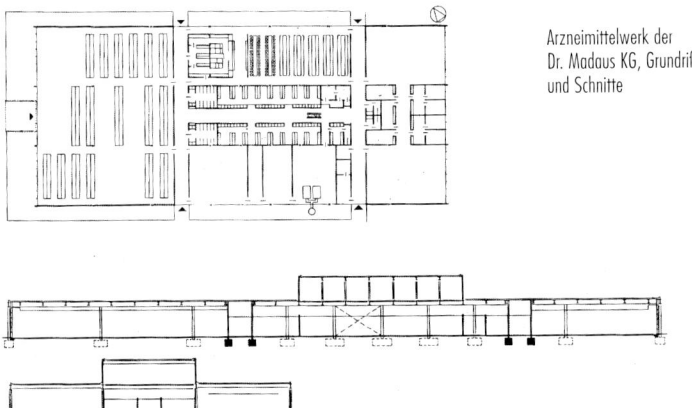

Arzneimittelwerk der Dr. Madaus KG, Grundriß und Schnitte

Bayern

Jugendbildungsstätte, Gästehaus, Grundrisse und Ansicht

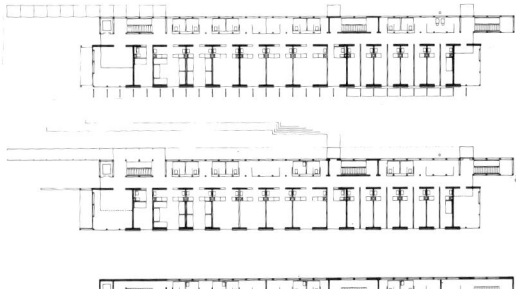

Arzneimittelwerk der Dr. Madaus KG, Ansichten

Verzeichnis der Architekten und ihrer Bauten

A

Aalto, Alvar
Gemeindezentrum und Kirchenzentrum, Wolfsburg 78
Großsiedlung Neue Vahr, Bremen 16
Interbau, Berlin 148
Kulturzentrum, Wolfsburg 78
Stadttheater, Essen 228

Aalto, Elissa
Stadttheater, Essen 228

Abel, Adolf
Kultur- und Kongreßzentrum, Stuttgart 413
Messegelände, Köln 241
Stadion und Familienbad, Köln 242

Kurt Ackermann & Partner
Klärwerk München II, München 471
Konstruktionsbüro der Firma Gartner, Gundelfingen 447
Überdachung der Freieisfläche im Olympiapark, München 475

Adolphi, Georg
Fachhochschule, Bremen 20

Agiplan
S-Bahnhaltestelle „Ruhruniversität", Bochum 201

Ahola, Rentti
Finnische Seemannskirche, Hamburg 48

Ahrends, Bruno
Weiße Stadt, Berlin 119

Albinmüller
„Pferdetor", Magdeburg 94

Alker, Hermann
Hochschulstadion, Karlsruhe 384

Alsop, William, John Lyall
Fährterminal, Hamburg 50

Ando, Tadao
Vitra Konferenzzentrum, Weil am Rhein 432

Apel, Otto
Generalkonsulat der USA, Bremen 12
Nordweststadt, Frankfurt/Main 296
Wohnbauten für Beamte des Generalkonsulats der USA, Bremen 14

Atelier 5
Mensa, TU Stuttgart 416
Studentenwohnheim Pfaffenhof 416

Auer, Fritz
Flughafen, Verwaltungsgebäude, München 472
Hauptsportstätten im Olympiapark, München 464
Rasthaus, Pentling, Autobahn A93, bei Regensburg 486

B

Bakema, Jacob Berend
Interbau, Berlin 148
Rathaus, Marl 258

Balke, Ulrich
Universitäts-Hochhaus, Jena 328

Baller, Hinrich und Inken
Documenta-Siedlung „Schöne Aussicht", Kassel 310
Kreuzberg/Luisenstadt, Berlin 164/65
Wohnbebauung, Berlin 168

Band, Karl
Wiederaufbau Gürzenich, Köln 248

Bangert, W.
Siedlung Römerstadt, Frankfurt/Main 282

Bärbig, Kurt
Betriebszentrale Konsumverein, Dresden 364
Jugendherholungsheim Endlerkuppe, Ottendorf-Okrilla 364

Barth, Karl-Heinz
Stadtbad, Chemnitz 336

Bartning, Otto
Auferstehungskirche (Rundkirche), Essen 226
Gustav-Adolf-Kirche, Berlin 137
Interbau, Berlin 148
Kleist-Theater, Frankfurt/Oder 186
Luther-Notkirche, Köln 246
Mensa, Jena 328
Siemensstadt („Ringsiedlung"), Berlin 118
Stahlkirche, Messegelände, Köln 241

Bauersfeld, Walter
  Zeiss-Dywidag-Rotationsschale, Jena 326

Baumeister, Fritz
  Ehem. Max-Klinger-Schule, Leipzig 358
  Westbad, Leipzig 358

Bäumer, Wilhelm
  Straße X, Weimar 333

Baumgarten, Paul G. R.
  Interbau, Berlin 148
  Ehem. Müllverlade-Bahnhof, Berlin 140
  Studiotheater, Berlin 144
  Konzertsaal der Hochschule für Musik, Berlin 144

Becker, Gilbert
  Nordweststadt, Frankfurt/Main 296

Beckert, Hansgeorg
  Nordweststadt, Frankfurt/Main 296

Behnisch, Günter & Partner
  Bundeshaus, Bonn 202
  Deutsches Postmuseum, Frankfurt/Main 305
  Fachhochschule Ulm, Ulm 426
  Flughafen, Verwaltungsgebäude, München 472
  Geschwister-Scholl-Schule, Siedlung Römerstadt, Frankfurt/Main 282
  Hauptsportstätten im Olympiapark, München 464
  Hysolar Forschungs- und Institutsgebäude, Stuttgart 418
  Kindergarten Luginsland, Stuttgart 422
  Schul- und Sportzentrum, Lorch 388
  Verwaltungsgebäude der Leybold AG, Alzenau 434

Behrens & Neumark
  Warenhaus Karstadt, Bremen 12

Behrens, Peter
  AEG-Turbinenhalle, Berlin 102
  Bootshaus, Berlin 106
  Gartenstadt Hohenhagen, Hagen 234
  Gaswerk Ost, Frankfurt/Main 278
  Hauptverwaltung der Farbwerke Hoechst, Frankfurt/Main 278
  Ehem. Hauptverwaltung der Gutehoffnungshütte, Oberhausen 265
  Hauptverwaltung der Mannesmann AG, Düsseldorf 212
  Haus Dr. Wiegand, Berlin 104
  Haus Ganz, Kronberg/Taunus 312
  Haus Lewin, Berlin 130
  Hochspannungs- und Kleinmotorenfabrik, Montagehalle, Berlin 102
  Industrieanlage, Berlin 106
  Krematorium Delstern, Hagen 233
  Künstlerkolonie, Darmstadt 272
  Reihenhausanlage, Berlin 106
  Villa Cuno, Hagen 234
  Weißenhofsiedlung, Stuttgart 402

Bensel, Kamps und Amsinck
  Polo-Club, Hamburg 38

Berg, Willi
  Wohnanlage Bismarckstraße, Bremen 11
  Wohnblock Habichtstraße, Hamburg 28

Berringer, G. W.
  Kurhaus, Warnemünde bei Rostock 54

Bestelmeyer, German
  Erweiterung der Ludwig-Maximilians-Universität, München 454
  Germanisches Nationalmuseum, Nürnberg 482

Bienefeld, Heinz
  Haus Bähre, Algermissen 56
  Heuneburgmuseum, Hundersingen bei Herbertingen 382
  Pfarrkirche St. Bonifatius, Wildbergerhütte/Reichshof 270

Bill, Max
  Hochschule für Gestaltung (HfG), Ulm 425

Billing, Hermann
  Kollegiengebäude Universität Freiburg, Freiburg im Breisgau 379
  Kunsthalle Baden-Baden 389
  Kunsthalle, Mannheim 389
  Rathaus, Kiel 4

Billing, Johannes
  Saalbau der freien Waldorf-Schule Uhlandshöhe, Stuttgart 420

Blanck, Eugen
  Paulskirche (Wiederaufbau), Frankfurt/Main 289

Blattner, K.
  Siedlung Römerstadt, Frankfurt/Main 282

Boehm, H.
  Siedlung Bruchfeldstraße, Frankfurt/Main 281
  Siedlung Praunheim, Frankfurt/Main 281
  Siedlung Römerstadt, Frankfurt/Main 282

Bogatzky, Hans-Erich
  Ehem. Staatsratsgebäude der DDR, Berlin 156

Böhm, Dominikus
  Christkönigskirche, Mainz 372
  Katholische Kirche, Norderney 74
  St. Engelbert, Köln 244
  St. Johann Baptist, Neu-Ulm 478
  St. Kamillus, Mönchengladbach 260

Böhm, Gottfried
Diözesanmuseum, Paderborn 266
Fachhochschule, Bremen 20
Hauptverwaltung der Züblin AG, Stuttgart 422
Rathaus Bensberg, Bergisch-Gladbach/Bensberg 199
Umbau Schloß, Saarbrücken 368
Wallfahrtskirche Königin des Friedens, Velbert-Neviges 269
Württembergisches Staatstheater, Großes Haus, Theaterpavillon, Stuttgart 398

Bohnsack
Deutsches Schiffahrtsmuseum, Bremen 18

Bolles-Wilson, Julia
Stadtbibliothek, Münster 264

Bonatz, Paul
Bauten der Neckarregulierung, Neckar 394
Hauptbahnhof, Stuttgart 400
Haus Bonatz, Stuttgart 401
Kunstgebäude, Stuttgart 398
Ehem. Ministerialgebäude, Ehem. Landtag, Oldenburg 75
Rathaus, Kornwestheim 387
Stadthalle, Hannover 66
Stahl-Hochhaus, Düsseldorf 214
Villa Roser, Stuttgart 401

Bongartz, Otto
Stadion und Familienbad, Köln 242

Bossard, Johann Michael
Atelier und Kunsttempel, Jesteburg 73

Böttcher, Rudolph
Überdachung Bahnhofsvorplatz, Kassel 311

Bourgeois, Victor
Weißenhofsiedlung, Stuttgart 402

Branca, Alexander Freiherr von
Kapelle, Schloß Hirschberg bei Beilngries 446

Brand, Clemens
Gartenstadt Habichtshöhe, Münster 262

Brandt, Andreas
Überdachung Bahnhofsvorplatz, Kassel 311

Breker, Arno
Bauten des Gerling-Konzerns, Köln 246

Brenner, A.
Siedlung Praunheim, Frankfurt/Main 281

Breuer, Marcel
Haus Harnischmacher II, Wiesbaden 316

Budning, Ulrich
Trennwandfabrik Mechel Elemente, Kaiserslautern 370

Büning, Wilhelm
Weiße Stadt, Berlin 119

Burchartz, Max
Hans-Sachs-Haus, Gelsenkirchen 229

Burghardt, P.
Europa-Hochhaus, Leipzig 362

Burmester und Ostermann
Wohnquartier Steilshoop, Hamburg 44/45

Buschhüter, Karl
Wohn- und Geschäftshaus, Krefeld 255
Wohn- und Geschäftshaus, Süchteln/Kreis Viersen 255

Busso von Busse, Hans & Partner
Flughafen, München 472

Büxel, Winfried
Hauptsportstätten im Olympiapark, München 464

C

Candilis, Josic, Woods
Wohnquartier Steilshoop, Hamburg 45

Cook, Peter
Städelschule, Mensa, Frankfurt/Main 306

Cramer, Johannes
Ernst-Reuter-Allee, Magdeburg 96

Cremer & Wolfenstein
Mosse-Haus, Berlin 107

Curjel, Robert
Petruskirche, Kiel 4

Cvijanovič, Alexander
Thomas-Glaswerke der Rosenthal AG, Amberg 434
Porzellanfabrik der Philip-Rosenthal AG, Selb 434

D

Deilmann, Harald
Stadttheater, Essen 228
Stadttheater, Münster 262

Deiters, L.
Gedenkstätte, Buchenwald 319

de Meuron, Pierre
Haus für eine zeitgenössische Kunstsammlung, München 476

Diener, Roger und Markus
Galerie Gmurzynska, Köln 254

Dischinger, Franz
Großmarkthalle, Leipzig 357

Dissing, Hans
Kunstsammlung Nordrhein-Westfalen, Düsseldorf 222
Rathaus, Mainz 373

Distel & Grubitz
Vorlesungsgebäude der Universität, Hamburg 23

Döcker, Richard
Kinderkrankenhaus, Maulbronn 393
Haus Klipper, Stuttgart 406
Haus Vetter, Stuttgart 406
Krankenhaus Maulbronn 406
Wallmer-Siedlung, Stuttgart 408
Weißenhofsiedlung, Stuttgart 402

Döllgast, Hans
Wiederaufbau Alte Pinakothek, München 461

Dommer, Wolfgang
Gropiusstadt, Berlin 157

Döring, Wolfgang
Haus Mayer-Kuckuk, Bad Honnef 196
Haus Wabbel, Düsseldorf 197

Dörzbach, Otto
Luther-Notkirche, Köln 246

Dülfer, Martin
Beyerbau der TU Dresden, Dresden 342
Stadttheater, Lübeck 8

Düttmann, Werner
Akademie der Künste, Interbau, Berlin 148
Märkisches Viertel, Berlin 156

E

Ebert, Wils
Gropiusstadt, Berlin 157

Ehrmann, Rudolf
Karmeliterinnen-Kloster, Dachau 440

Eiermann, Egon
Abgeordneten-Hochhaus des Deutschen Bundestages, Bonn 204
Erweiterung und Umbau der Totalwerke, Apolda 318
Hauptverwaltung der IBM Deutschland, Stuttgart 414
Kaiser-Wilhelm-Gedächtniskirche, Berlin 151
Landhaus Matthies, Potsdam 192
Olivetti Ausbildungs- und Verwaltungszentrum, Frankfurt/Main 298
Versandhaus der Neckermann KG, Frankfurt/Main 294
Weberei Lauffenmühle, Blumberg/Schwarzwald 376
Wohnhaus Eiermann, Baden-Baden 375
Wohnhaus, Kleinmachnow 192

Eisenman, Peter
IBA Kreuzberg/Südliche Friedrichstadt, Berlin 164/65

Elingius, Jürgen
Falkenstein Golfclubhaus, Hamburg 38
Großmarkthalle, Hamburg 43

Elkart, Karl
De-Haen-Platz, Hannover 68

Elsässer, Martin
Geschwister-Scholl-Schule, Siedlung Römerstadt, Frankfurt/Main 282
Friedrich-Ebert-Siedlung, Berlin 121
Großmarkthalle, Frankfurt/Main 284
Markthalle, Stuttgart 399
Villa und Verwaltungsgebäude Reemtsma, Hamburg 38

Emmerich, Paul
Reichsforschungssiedlung, Berlin 117
Wohnsiedlung, Berlin 110
Engelmann, Ernst
Wohnanlage, Berlin 112

Erbe, Albert
Erweiterungsbau der Kunsthalle, Hamburg 24

Erlwein, Hans Jacob
Gasometer, Dresden 338
„Italienisches Dörfchen", Dresden 338
Ehem. Schlachthof, Dresden 338
Ehem. Städtischer Packhof, Dresden 338
Ermisch, Richard
Messehallen, Berlin 134
Strandbad Wannsee, Berlin 132

Ernst, Klaus
Gropiusstadt, Berlin 157

Esselmann, Heinz
Wohnhaus Neumann, Hamburg 32

Eyck, Aldo van
Galerie Schmela, Düsseldorf 221

F

Fabry, Edmund
Opel-Bad, Wiesbaden 316

Fahr, Ekkehard
Gießereigebäude des Alcan Aluminiumwerks, Nürnberg 484
Trennwandfabrik Mechel Elemente, Kaiserslautern 370

Fahrenkamp, Emil
Ehem. Hauptwerk der Carl-Zeiss-Werke, Jena 325
Ehem. Shell-Haus, Berlin 134

Falke, Adolf
Liststadt, Defreggerstraße, Hannover 68

Faller, Peter
Wohnanlage Schnitz, Stuttgart 419
„Wohnhügel", Marl 419

Fangmeyer, Emil
Wohnanlage, Berlin 112

Fehling, Hermann
Institut für Hygiene und medizinische Mikrobiologie der FU

494

Berlin 158
Interbau, Berlin 148
Max-Planck-Institut für Astrophysik, München 471
Max-Planck-Institut für Bildungsforschung, Berlin 158

Feistel, Max
Wohnhaus, Chemnitz 334

Feldmann, Otto
Schwebebahn, Wuppertal 271

Finsterwalder, Ulrich
Festhalle der Farbwerke Hoechst AG, Frankfurt/Main 296
Schwarzwaldhalle, Karlsruhe 386

Fischer, Alfred
Hans-Sachs-Haus, Gelsenkirchen 224, 229
Verwaltungsgebäude des Siedlungsverbands Ruhrkohlenbezirk, Essen 224
Volkshaus Rotthausen, Gelsenkirchen 224, 229
Zeche Königsborn, Unna 224
Zeche Recklinghausen Süd 224

Fischer, Oskar
Farbkonzept Stadtgestaltung Magdeburg 91

Fischer, Theodor
Gartenstadt Hellerau, Dresden 338
Hauptgebäude der Friedrich-Schiller-Universität, Jena 324
Hessisches Landesmuseum, Wiesbaden 314
Heusteigschule, Stuttgart 397
Kleinwohnungssiedlung Alte Heide, München 454
Kunstgebäude, Stuttgart 398
Ledigenheim, München 455
Pauluskirche, Ulm 424
Pfullinger Hallen, Pfullingen 395
Siedlung Gmindersdorf, Gmindersdorf bei Reutlingen 382

Forbat, Fred
Reichsforschungssiedlung, Berlin 117
Siemensstadt ("Ringsiedlung"), Berlin 118

Förster, Friedrich
Musterhäuser, Eberswalde-Finow 180

Foster, Norman
"Eurogate", Duisburg 210
Haus der Wirtschaftsförderung, Duisburg 210
Schachtanlage, Gelsenkirchen 230
Technologiezentrum III, Duisburg 210

Frank, Josef
Weißenhofsiedlung, Stuttgart 402

Frank, Paul A. R.
Dulsberg-Siedlung, Hamburg 27
Jarrestadt, Hamburg 28

Frank, Wilhelm
Wohnhochhäuser Romeo und Julia, Stuttgart 412

Franke, Harald
Messehallen, Berlin 134

G

Gaenßler, Michael
Stadtbücherei, Neuburg an der Donau 477

Gall, Leonhard
Haus der Kunst, München 458
Musikhochschule, Zentralinstitut für Kunstgeschichte, München 460

Garten und Kahl
Wohnquartier Steilshoop, Hamburg 44/45

Gauger, G.
Hermann-Beims-Siedlung, Magdeburg 92

Gehry, Frank
Energie-Forum-Innovation, Bad Oeynhausen 198
Vitra Design Museum, Weil am Rhein 430

Gellhorn, Alfred
Ehem. Forsterhof, Halle 88

Gerard, Karl
Karl-Ernst-Osthaus-Museum, Hagen 232

Gerntke, Max
Wohnhaus Neumann, Hamburg 32

Gerson, Hans und Oscar
Sprinkenhof, Hamburg 38

Gesing, Josef
Franz-Mehring-Oberschule (ehem. August-Bebel-Oberschule), Frankfurt/Oder 184
Krematorium, Frankfurt/Oder 184
Ehem. Mädchenschule, Frankfurt/Oder 184
Wohnbebauung, Frankfurt/Oder 184

Giesler, Hermann
Ehem. Gauforum, Weimar 333
"Ordensburg", Sonthofen 486

Gisel, Ernst
Gemeindezentrum Sonnenberg, Stuttgart 414
Rathaus, Fellbach bei Stuttgart 378

Göderitz, Johannes
Stadthalle, Magdeburg 94

Gogel, Daniel
Hauptquartier des European Southern Observatory ESO, München 471
Institut für Hygiene und medizinische Mikrobiologie der FU Berlin 158
Max-Planck-Institut für Bildungsforschung, Berlin 158

Max-Planck-Institut für Astrophysik, München/Garching 470

Gräbner, Julius
Christuskirche, Dresden 337

Graf, Stadtbaumeister
Oberschule und Aula/Stadttheater, Luckenwalde 187

Graffunder, Heinz
Palast der Republik, Berlin 160

Grassi, Giorgio
Potsdamer Platz, ABB-Gebäude, Berlin 172
Stadtvillen, Berlin 166

Grenander, Alfred
Großsiedlung „Onkel Toms Hütte", Berlin 116

Grimshaw, Nicholas & Partners
Vitra-Werksanlagen, Halle, Weil am Rhein 432
Ludwig-Erhard-Haus, Berlin 174

Grod, Caspar Maria
Blauer Hof, Weiße Stadt, Köln 240
Siedlung Zollstock, Köln 242

Groote, Kurt
Bauten des Gerling-Konzerns, Köln 246

Gropius, Walter
Ehem. Arbeitsamt, Dessau 86
Haus Auerbach, Jena 327
Bauhaus, Dessau 82
Faguswerke, Alfeld/Leine 56
Interbau, Berlin 148
Meisterhäuser, Dessau 83
Porzellanfabrik der Philip-Rosenthal AG, Selb 434
Reichsforschungssiedlung, Berlin 117
Siedlung Dessau-Törten, Dessau 84
Siemensstadt („Ringsiedlung"), Berlin 118
Thomas-Glaswerke der Rosenthal AG, Amberg 434
Weißenhofsiedlung, Stuttgart 402
Wohnsiedlung, Bad Dürrenberg 80
Wohnsiedlung Dammerstock, Karlsruhe 384
Haus Zuckerkandl, Jena 327

Großheim, Karl von
Hauptgebäude der Hochschule für Musik, Berlin 144

Großmann, Peter
Haus Perls, Berlin 104

Grotewohl, H.
Gedenkstätte, Buchenwald 319

Grotjahn, Hans-Heinrich
Versöhnungskirche, Leipzig 360

Gruber, Karl
Hauptgebäude der Universität, Heidelberg 382

Guder, Gerd
Wohn- und Geschäftsbebauung, Dresden 347

Gutbrod, Rolf
Gropiusstadt, Berlin 157
Haus der Holzberufsgenossenschaft, Stuttgart 410
Kultur- und Kongreßzentrum, Stuttgart 413

Gutkind, Erwin
Wohnanlage, Berlin 122

H

Hadid, Zaha
Vitra Feuerwehrhaus, Weil am Rhein 430

Haesler, Otto
Altstädter Schule, Celle 64
Friedrich-Ebert-Siedlung, Rathenow 192
Marie-von-Bodan-Aschrott-Altersheim, Kassel 308
Siedlung Rothenberg, Kassel 308
Wohnbebauung, Rathenow 192
Wohnsiedlung Dammerstock, Karlsruhe 384
Wohnsiedlung Georgsgarten, Celle 63
Wohnsiedlung Italienischer Garten, Celle 62

Hafemann, Günter
Böttcherstraße, Bremen 10
Großsiedlung Neue Vahr, Bremen 16
Stadthalle, Bremen 14

Hahn, Willy
Arbeitsamt, Kiel 6

Hajek, O. H.
Studentenhaus der Universität Saarbrücken, Saarbrücken 368

Hamann, A.
Gerhart-Hauptmann-Oberschule, Schwerin 54

Hämer, Hardt-Waltherr
IBA-Alt, Berlin 164
Stadttheater, Ingolstadt 448

Hammitzsch, Martin
Zigarettenfabrik Yenidze, Dresden 342

Hannover, Staatliches Hochbauamt (Franz Erich Kassbaum)
Ehem. Pädagogische Akademie, Hannover 70

Hannover, Stadtbauamt
Listhof, Am Listholze, Hannover 68

Hänsch, Klaus
Wilhelm-Lehmbruck-Museum, Duisburg 209

Hänsel, Emil Franz
Specks Hof, Leipzig 354

Hansen, Heinrich
Rundsilo der Firma Sieck, Eckernförde 5

Häring, Hugo
Großsiedlung „Onkel Toms Hütte", Berlin 116
Gut Garkau, Scharbeutz-Klingberg 8
Siemensstadt („Ringsiedlung"), Berlin 118
Wohnhäuser Guido und Werner Schmitz, Biberach an der Riß 376

Hausen, Max von
Stadttheater, Gelsenkirchen 230
Stadttheater, Münster 262

Hebebrand, Werner
Geschäftsstadt Nord („City Nord"), Hamburg 46
Stadtneugründung, Salzgitter 76

Heerich, Erwin
Museum Insel, Hombroich bei Neuss-Reuschenberg 237

Heinle, Erwin
Fernsehturm, Stuttgart 411

Heinrichs, Georg
Märkisches Viertel, Berlin 156

Heintz, Wilhelm
Stadtneugründung, Salzgitter 76

Hejduk, John
IBA Kreuzberg/Südliche Friedrichstadt, Berlin 164/65

Hempel, O.
Apostelkirche, Dresden 344

Hennes, Erich
Bauten des Gerling-Konzerns, Köln 246

Henning, Paul Rudolf
Siemensstadt („Ringsiedlung"), Berlin 118

Henning, Wolfgang
Kultur- und Kongreßzentrum, Stuttgart 413

Henselmann, Hermann
Karl-Marx-Allee (ehem. Stalin-Allee), Berlin 146
Universitätshochhaus, Jena 328
Wohnhochhaus, Berlin 146
Universitätshochhaus, Leipzig 362

Hentrich, Helmut
Aluminiumhaus, Düsseldorf 216
Bauten des Gerling-Konzerns, Köln 246
Drahthaus, Düsseldorf 216
Thyssenhaus, Düsseldorf 220

Hentrich-Petschnigg & Partner
Ruhruniversität Bochum, Bochum 201
Konzertsaal, Düsseldorf 214

Herkommer, Hans
Kath. Frauenfriedenskirche, Frankfurt/Main 285
Sudhaus der Bierbrauerei Becker, St. Ingbert 368

Hermkes, Bernhard
Blumenmarkt, Hamburg 43
Grindelhochhäuser, Hamburg 40
Großmarkthalle, Hamburg 43

Hertlein, Hans
Schaltwerk-Hochhaus der Siemens AG, Berlin 120

Hertzberger, Herman
Documenta-Siedlung „Schöne Aussicht", Kassel 310
IBA Kreuzberg/Südliche Friedrichstadt, Berlin 164/65

Herzfeld, Anatol
Museum Insel, Hombroich bei Neuss-Reuschenberg 237

Herzog, Jacques
Haus für eine zeitgenössische Kunstsammlung, München 476

Herzog, Thomas
Haus Burghardt, Regensburg 474
Jugendbildungsstätte, Gästehaus, Windberg 488
Produktionsgebäude der Firma Wilkhahn, Bad Münder/Eimbeckhausen 58
Wohnanlage Richter, München 474

Hetzelt, Friedrich
Ehem. Italienische Botschaft, Berlin 142

Heuser, Hans
Bauten des Gerling-Konzerns, Köln 246
Drahthaus, Düsseldorf 216

Hilberseimer, Ludwig
Weißenhofsiedlung, Stuttgart 402
Wohnhaus, Berlin 128

Hilgers, Robert
Weberei Lauffenmühle, Blumberg/Schwarzwald 376

Hillebrecht, Rudolf
Wiederaufbau Innenstadt, Hannover 71

Hillinger, Franz
Wohnstadt Carl Legien, Berlin 114

Hilmer, Heinz
Potsdamer Platz/Leipziger Platz, Berlin 172
Documenta-Siedlung „Schöne Aussicht", Kassel 310

Hilzinger, Christof
Rasthaus, Pentling, Autobahn A93, bei Regensburg 486

Hocheder, Karl
Müllersches Volksbad, München 451

Hoetger, Bernhard
Böttcherstraße, Bremen 10

Hoffmann, Franz
Ehem. Verbandshaus der Deutschen Buchdrucker, Berlin 111
Verwaltungsgebäude des ADGB, Berlin 108

Hoffmann, Hans
Siedlung Charlottenburg Nord-Ost, Berlin 119

Hoffmann, Ludwig
Klinikum Berlin Buch 99
Märkisches Museum, Berlin 98
Rudolf Virchow-Krankenhaus, Berlin 99
Ehem. Stadthaus, Berlin 100

Höger, Fritz
Anzeiger-Hochhaus, Hannover 66
Chilehaus, Hamburg 30
Gemeindeschule, Hamburg 36
Konsumzentrale Plagwitz, Leipzig 360
Sprinkenhof, Hamburg 38

Hollein, Hans
Museum für moderne Kunst, Frankfurt/Main 304
Städtisches Museum, Mönchengladbach 261
Stadtvillen, Berlin 166

Höltje, Walter
Westfalenhalle, Dortmund 208

Holzbauer, Wilhelm
IBA Kreuzberg/Luisenstadt, Berlin 164/65

Holzmeister, Clemens
St. Adalbert, Berlin 136

Hopp, Hans
Ehem. Kulturhaus „Johannes R. Becher" des VEB Maxhütte, Unterwellenborn 328
Universität Leipzig/Fakultät für Sportwissenschaften, Leipzig 360

I

Issel, Werner
Heizkraftwerk Klingenberg, Berlin 113
Verwaltung der Junkerswerke, Dessau 86

J

Jacobi, Carl
Titania-Palast, Berlin 120

Jacobsen, Arne
Christianeum, Hamburg 48
Rathaus, Mainz 3731
Verwaltungsgebäude der Hamburgischen Elektrizitätswerke (HEW), Hamburg 46

Jacobsen, Otto
Wohnanlagen, Erfurt 320

Jäger, Rudolf
Grindelhochhäuser, Hamburg 40

Jahn, Helmut
Messehalle 1, Messegelände, Frankfurt/Main 276
Messeturm, Messegelände, Frankfurt/Main 276
Potsdamer Platz/Leipziger Platz, Berlin 172

Jakobowitz, Georg
Apartmenthäuser, Berlin 128

Jelkmann, Carlo
Stadtbad Berlin-Mitte 131

Joedicke, Jürgen
Hauptsportstätten im Olympiapark, München 464

Johnson, Philip
Kunsthalle, Bielefeld 200

Jost, Wilhelm
Gertraudenfriedhof, Halle 88

Jüngst, K.-A.
Landesmuseum für Vorgeschichte, Halle 86
Wilhelm-Marx-Haus, Düsseldorf 213

K

Kallmorgen, Werner
Ernst Barlach-Haus, Hamburg 44

Kammerer und Belz
Hauptverwaltung der IBM Deutschland, Pavillon, Stuttgart 414

Kampmann, Winnetou
Landesversicherungsanstalt, Berlin 98

Karsen, Fritz
Musterklasse für eine Gesamtschule, Berlin 122

Kassel, Stadtplanungsamt/Werner Hasper
Treppenstraße, Kassel 309

Kauffmann, E.
Siedlung Praunheim, Frankfurt/Main 281

Kaufmann, Oskar
Volksbühne, Berlin 105

Kayser, Heinrich
Hauptgebäude der Hochschule für Musik, Berlin 144

Kiessler, Uwe & Partner
Verlagsgebäude Gruner+Jahr, Hamburg 49
Technologiezentrum des Wissenschaftsparks Gelsenkirchen, Gelsenkirchen 231
Verwaltungsgebäude der Bayerischen Rückversicherungs AG, München 468

Klappert, Otto
Trennwandfabrik Mechel Elemente, Kaiserslautern 370

Kleihues, Josef Paul
  Blockrandbebauung am Vinetaplatz, Berlin 164/65
  Hauptwerkstatt der Berliner Stadtreinigung 160
  IBA-Neu, Berlin 164
  Krankenhaus Neukölln, Berlin 162
  Museum für Vor- und Frühgeschichte, Frankfurt/Main 302

Klein, Alexander
  August-Dicke-Schule, Solingen 268
  Wohnsiedlung, Bad Dürrenberg 80

Klingenberg, Walter
  Heizkraftwerk Klingenberg, Berlin 112

Klotz, Clemens
  KdF-Seebad, Prora auf Rügen 54
  „Ordensburg Vogelsang", Schleiden/Eifel 267

Knauthe, Martin
  Ehem. Forsterhof, Halle 88
  Verwaltungsgebäude der AOK, Halle 88
  Wohn- und Geschäftshaus, Halle 88

Knobbe, Paul
  Lohnhalle, Zeche Zollern, Dortmund 206

Koep, Wilhelm und Rudolf
  Blau-Gold-Haus, Köln 249
  Fabrikationsgebäude der Firma Mühlens, Köln 249

Koerfer, Jacob
  Hansa-Hochhaus, Köln 239

Kohl, Georg
  Wohn und Dienstgebäude der Oberpostdirektion Nürnberg 479

Kohlbecker, Christoph
  Potsdamer Platz/Leipziger Platz, Berlin 172

Kollektiv Hermann Henselmann
  Karl-Marx-Allee (ehem. Stalin-Allee), Berlin 146

Kollektiv Leucht, Kurt W.
  Eisenhüttenstadt 182

Kollektiv Joachim Näther
  Lange Straße, Rostock 52

Kollektiv Rohrer
  Ringbebauung, Leipzig 362

Kollektiv Seipel
  Gewandhaus, Leipzig 362

Koller, Peter
  Stadtneugründung, Wolfsburg 77

Kollhoff, Hans
  Wohnbebauung am Luisenplatz, Berlin 168

König, Jürgen
  Krankenhaus Neukölln, Berlin 162

Konrad, Hans
  Prager Straße, Dresden 348
  Wohn- und Geschäftsbebauung, Dresden 347

Konstanz, Universitätsbauamt, Eugen Schneble, Dietrich Müller-Hauser
  Universität Konstanz 386

Korn, Roland
  Ehem. Staatsratsgebäude der DDR, Berlin 156

Körner, Edmund
  Synagoge, Essen 223

Kösser, Theodor
  Mädlerpassage, Leipzig 354

Köther, Hans
  Böttcherstraße, Bremen 10

Kraemer, Friedrich Wilhelm
  Festhalle der Farbwerke Hoechst AG, Frankfurt/Main 296
  Institutsgebäude Elektrotechnik der TU, Braunschweig 58

Kraemer, Sieverts & Partner
  Umspannwerk, Media Park, Köln 252

Krafft, Robert
  Mustersiedlung, Eberswalde-Finow 180

Krahn, Johannes
  Fronleichnamskirche, Aachen 194
  Katholische Fachhochschule, Aachen 195
  Paulskirche (Wiederaufbau), Frankfurt/Main 289
  Städelschule und -museum, Frankfurt/Main 306
  St. Wendel, Frankfurt/Main 294

Kramer, Ferdinand
  Wohnhaus Erlenbach, Frankfurt/Main 289

Kramer, Ferdinand, und Universitätsbauamt
  Johann-Wolfgang-Goethe-Universität, Frankfurt/Main 291, 292

Krayl, Carl
  Siedlung Brückfeld, Magdeburg 92
  Siedlung Cracau I, Magdeburg 92
  Verwaltungsgebäude der AOK, Magdeburg 94
  Wohnsiedlung Reform, Magdeburg 91

Kreis, Wilhelm
  Ausstellungsbauten der „GeSoLei", Düsseldorf 214
  Deutsches Hygienemuseum, Dresden 344
  Landesmuseum für Vorgeschichte, Halle 86
  Wilhelm-Marx-Haus, Düsseldorf 213

Kremmer, Martin
   Schachtanlage, Gelsenkirchen 230

Krier, Rob
   IBA Kreuzberg/Südliche Friedrichstadt, Berlin 164/65
   Stadtvillen, Berlin 166

Kuhler, Ingeborg
   Landesmuseum für Technik und Arbeit, Mannheim 392

Kühne, Max
   Hauptbahnhof, Leipzig 353

Kulka, Peter
   Sächsischer Landtag, Dresden 348

Kunz, Stadtbaurat
   Wohnwasserturm, Bremen 18

Kurz, Michael
   Herz-Jesu-Kirche, Augsburg/Pfersee 436
   St. Anton, Augsburg 436

Kutzat, H.
   Gedenkstätte, Buchenwald 319

L

Landauer, Fritz
   Synagoge, Augsburg 437

Langen, Eugen
   Schwebebahn, Wuppertal 271

Langhof, Christoph
   Horst-Korber-Sportzentrum, Berlin 140

Langmaak, Dieter
   Finnische Seemannskirche, Hamburg 48

Lauffer, Eugen
   Gartenstadt Habichtshöhe, Münster 262

Lauweriks, J. L. M.
   Gartenstadt Hohenhagen, Hagen 234
   Künstlerkolonie, Hagen 236

Le Corbusier
   Unité d'habitation, Berlin 149
   Weißenhofsiedlung, Stuttgart 402

Lebedinskij
   Ehem. Botschaft der UdSSR, Berlin 144

Lehmbruck, Manfred
   Federsee-Museum, Bad Buchau 374
   Wilhelm-Lehmbruck-Museum, Duisburg 209

Leibold, Emil
   Kulturhaus Martin Andersen Nexö, Rüdersdorf 193

Leo, Ludwig
   Umlaufkanal des Instituts für Wasser- und Schiffbau der TU Berlin 163
   Zentrale der Deutschen Lebensrettungs-Gesellschaft (DLRG), Berlin 160

Leonhardt, Fritz
   Fernsehturm, Stuttgart 411

Libeskind, Daniel
   Jüdisches Museum, Berlin 171

Licht, Hugo
   Neues Rathaus, Stadthaus, Leipzig 352

Lindner, Georg
   Gertraudenfriedhof, Halle 88

Littmann, Max
   Anatomische Anstalt der Universität München 452
   Kammerspiele, München 452
   Kuranlagen, Bad Kissingen 438
   Theater, Bad Kissingen 438
   Württembergisches Staatstheater 398

Lodders, Rudolf
   Goliath-Werke, Bremen 12
   Grindelhochhäuser, Hamburg 40

Lömpel, Heinrich
   Synagoge, Augsburg 437

Lorenz, Emil
   Anzeiger-Hochhaus, Hannover 66

Lossow, William
   Hauptbahnhof, Leipzig 353

Löv, Hanna
   „Münchner Küche" 456

Lübeck, Bauamt (Friedrich Wilhelm Virck)
   Holstentorhalle, Lübeck 8

Luckhardt, Hans und Wassili
   Wohnhäuser, Berlin 112
   Wohnhäuser, Berlin 126

Luckhardt, Wassili
   Haus der Bürgerschaft, Bremen 17

Lundt & Kallmorgen
   Hanseatisches Oberlandesgericht, Hamburg 22

M

Mahler, Gumpp, Schuster Architekten
   Blendstatthalle, Schwäbisch Hall 396
   Modehaus am Milchmarkt, Schwäbisch Hall 396

Manderscheid, Johannes
   Heuneburgmuseum, Hundersingen bei Herbertingen 382

March, Werner
   Ehem. Reichssportfeld, Berlin 140

Mataré, Ewald
   Böttcherstrasse, Bremen 10

May, E.
   Großsiedlung Neue Vahr, Bremen 16
   Siedlung Bruchfeldstraße, Frankfurt/Main 281
   Siedlung Praunheim, Frankfurt/Main 281

Siedlung Römerstadt, Frankfurt/Main 282

Mayenburg, Georg Heinrich von
Wohnsiedlung Marga, Brieske-Ost 178

Mayer, Roland
Aussegnungshalle, Maulburg im Schwarzwald 394

me-di-um Jentz, Popp, Wiesner
Erweiterung Germanisches Nationalmuseum, Nürnberg 483
Fährterminal, Hamburg 50

Mebes, Paul
Friedrich-Ebert-Siedlung, Berlin 121
Reichsforschungssiedlung, Berlin 117
Wohnsiedlung, Berlin 110

Meier, Richard
Daimler-Benz-Foschungszentrum, Ulm 428
Museum für Kunsthandwerk, Frankfurt/Main 300
Stadthaus, Ulm 426
Weishaupt Forum, Schwendi 397

Mendelsohn, Erich
Doppelvilla, Berlin 108
Einsteinturm, Potsdam 190
Haus der IG Metall, Berlin 132
Haus Mendelsohn, Berlin 128
Haus Sternefeld, Berlin 109
Ehem. Hutfabrik, Luckenwalde 187
Kaufhof (ehem. Kaufhaus Schocken), Chemnitz 335
Ehem. Mosse-Haus, Berlin 107
Neue Schaubühne (ehem. Wogakomplex mit Universum-Kino), Berlin 120, 124
Wohnsiedlung, Luckenwalde 187

Menzel, O.
Kinderheim, Wiek auf Rügen 53

Merril, Theodor
Siedlung Zollstock, Köln 242
Wohnhaus, Köln 245

Messel, Alfred
Landesversicherungsanstalt, Berlin 98

Metzendorf, Georg
Siedlung Margarethenhöhe, Essen 224

Mewes
Siedlung Zollstock, Köln 242

Meyer, Adolf
Faguswerke, Alfeld/Leine 56
Kokerei, Frankfurt/Main 278
Städtisches Elektrizitätswerk, Frankfurt/Main 286
Versuchshaus, Weimar 332

Meyer, Hannes
Gewerkschaftsschule, Bernau 176
Siedlung Dessau-Törten, Dessau 84

Mies van der Rohe, Ludwig
Haus Lange, Haus Esters, Krefeld 256
Haus Lemke, Berlin 136
Haus Perls, Berlin 104
Neue Nationalgalerie, Berlin 154
Weißenhofsiedlung, Stuttgart 402
Wohnanlage, Berlin 121

Migge, Leberecht
Siedlung Römerstadt, Frankfurt/Main 282

Mitzlaff, Lange & Partner
Erweiterung Kunsthalle, Mannheim 389

Möhring, Bruno
Maschinenhalle der Zeche Zollern 2/4, Dortmund 206

Möllendorf, Wolf von
Feierhallen des Waldfriedhofs Zehlendorf, Berlin 150

Mönnich, Rudolf
Ehem. Land- und Amtsgericht, Berlin 98
Kriminalgericht Moabit, Berlin 100

Moore, Charles
Wohnbebauung Tegeler Hafen, Berlin 168

Moser, Karl
Petruskirche, Kiel 4

Moser, Werner
Altersheim der Henry- und Emma-Budge-Stiftung, Frankfurt/Main 288

Moshamer, Ludwig
Ehem. Japanische Botschaft, Berlin 142

Muche, Georg
Versuchshaus, Weimar 332
Siedlung Dessau-Törten, Dessau 84

Mühlenpfordt, Karl
Institutsgebäude Elektrotechnik der TU, Braunschweig 58

Müller, Gerhard
Wohn- und Geschäftsbebauung, Dresden 347

Müller, Gustav
Industrie- und Handelskammer, Berlin 174

Müller, Hans C.
Märkisches Viertel, Berlin 156

Müller, Hans Heinrich
Abspannwerk Scharnhorst, Berlin 126

Muthesius, Hermann
Gartenstadt Hellerau, Dresden 338
Großfunkstation, Nauen 188
Haus Freudenberg, Berlin 100
Haus Muthesius, Berlin 100
Ehem. Seidenweberei Michels & Cie., Kerken-Neukerk 238

Mutschler, Carlfried
  Multihalle, Mannheim 391

N

Nägeli, Walter
  Werksanlage der Braun AG, Melsungen 312

Namslauer, H.
  Gedenkstätte, Buchenwald 319

Neckarbaudirektion
  Bauten der Neckarregulierung 394

Neufert, Ernst
  Abbeanum, Jena 328
  Mensa, Jena 328

Neuland, Richard
  Siedlung „Am schmalen Rain", Gotha 322

Nierade, Kunz
  Universität Leipzig/Fakultät für Sportwissenschaften, Leipzig 360

Nissen, Godber
  Villa und Verwaltungsgebäude Reemtsma, Hamburg 38

Nouvel, Jean
  Friedrichstadt-Passagen Quartier 207, Berlin 172

Nylund, Kjell
  IBA Kreuzberg/Luisenstadt, Berlin 164/65

O

Oelsner, Gustav
  Arbeitsamt Altona, Hamburg 33
  Berufsschulzentrum Altona, Hamburg 33
  Landessozialamt, Hamburg 34
  Wohnquartier Bunsenstraße, Hamburg 32

Oesterlen, Dieter
  Christuskirche, Sennestadt 268
  Historisches Museum, Hannover 72
  Studio des Kunstkreises Hameln, Hameln 65

Olbrich, Joseph Maria
  Ausstellungsgebäude und Hochzeitsturm, Darmstadt 272
  Künstlerkolonie, Darmstadt 272
  Ehem. Warenhaus Leonhard Tietz, Düsseldorf 212

OMA (Matthias Sauerbruch, Elia Zenghelis)
  Haus am Checkpoint Charlie, Berlin 170

op gen Oorth, Josef
  Wohnhaus, Köln 245

Ostermeyer, Friedrich
  August-Bebel-Hof, Braunschweig 60
  Jarrestadt, Hamburg 28
  Friedrich-Ebert-Hof, Hamburg 34

Oßwald, Ernst Otto
  Tagblatt-Turm, Stuttgart 400

Otto, Fred
  Stadtbad, Chemnitz 336

Otto, Frei
  Gemeindezentrum Sonnenberg, Stuttgart 414
  Hauptsportstätten im Olympiapark, München 464
  Institut für leichte Flächentragwerke der TU Stuttgart 416
  Multihalle, Mannheim 391
  Zeltdach-Pavillons der Firma Wilkhahn, Bad Münder/Eimbeckhausen 58

Oud, J. J. P.
  Weißenhofsiedlung, Stuttgart 402

P

Paasche, Max
  Wohnanlage Bismarckstraße, Bremen 11
  Wohnblock Habichtstraße, Hamburg 28

Pabst, Theo
  Kunsthalle, Darmstadt 274
  Maxburg, München 462

Patschan, Werner, Winking
  Wohnquartier Steilshoop, Hamburg 44/45

Paul, Bruno
  Bauten des Gerling-Konzerns, Köln 246
  Dischhaus, Köln 242
  Kathreiner-Hochhaus, Berlin 132
  Wohnhaus, Berlin 128

Paulick, Richard
  Siedlung Dessau-Törten, Dessau 84

Paulus, Ernst und Günter
  Kreuzkirche, Berlin 123

Pei, Cobb & Partner
  Friedrichstadt-Passagen, Quartier 206, Berlin 172

Peichl, Gustav
  Bundeskunsthalle, Bonn 206
  Erweiterung des Städel-Museums, Frankfurt/Main 306
  Phosphateliminationsanlage, Berlin 166

Perlia, Bert
  Württembergisches Staatstheater, Kleines Haus, Stuttgart 398

Peters, Jens
  Saalbau der freien Waldorf-Schule Uhlandshöhe, Stuttgart 420

Petersen, Adolf
    Ehem. Pädagogische Akademie, Frankfurt/Oder 186

Petschnigg, Hubert
    Aluminiumhaus, Düsseldorf 216
    Thyssenhaus, Düsseldorf 220
    siehe auch Hentrich-Petschnigg

Pfau, Bernhard
    Haus der Glasindustrie, Düsseldorf 216
    Schauspielhaus, Düsseldorf 220

Pfeifer, Günter & Assoziierte
    Aussegnungshalle, Maulburg im Schwarzwald 394

Piano, Renzo
    Potsdamer Platz/Leipziger Platz, Berlin 172

Pingusson, Georges-Henri
    Wiederaufbauplanung, Saarbrücken 366

Pläcking, Kurt
    Württembergisches Staatstheater, Kleines Haus, Stuttgart 398

Poelzig, Hans
    Ehem. Haus des Rundfunks, Berlin 134
    Talsperre, Klingenberg 350
    Ehem. Verwaltungsgebäude der Firma Gebr. Mayer, Hannover 66
    Verwaltungsgebäude der IG-Farben, Frankfurt/Main 286
    Weißenhofsiedlung, Stuttgart 402

Punitzer, Martin
    Roxy-Palast, Berlin 120

Pusch, Oscar
    Deutsche Bücherei, Leipzig 354

Putlitz, Erich zu
    KdF-Seebad, Zentrale Halle, Prora auf Rügen 53
    Müller-Schule, Braunschweig 60

Puttfarken, Christof
    IBA Kreuzberg/Luisenstadt, Berlin 164/65

Pützer, Friedrich
    Rathaus, Oberhausen 265

R

Raderschall, Wolfgang
    Autohaus „Car & Driver", Hamburg 50

Rading, Adolf
    Weißenhofsiedlung, Stuttgart 402
    Wohnhaus Rabe, Zwenkau 365

Rainer, Roland
    Friedrich-Ebert-Halle, Ludwigshafen 371
    Stadthalle, Bremen 14

Rauch, Heinz
    Universitäts-Hochhaus, Jena 328

Rave, Ortwin
    Stadttheater, Gelsenkirchen 230
    Stadttheater, Münster 262

Reichardt
    S-Bahnhaltestelle „Ruhruniversität", Bochum 201

Reichel, Rudolf
    Haus der IG Metall, Berlin 132

Reichow, Hans Bernhard
    Gartenstadt Höhnerkamp, Hamburg 42
    Großsiedlung Neue Vahr, Bremen 16
    Stadtanlage Sennestadt, Sennestadt bei Bielefeld 268

Retzki, Horst
    Westfalenhalle, Dortmund 208

Richter, Hans
    Volksbühne, Berlin 105
    Wohnsiedlung Trachau, Dresden 344

Riemerschmid, Reinhard
    Kammerspiele, München 452

Riemerschmid, Richard
    Gartenstadt Hellerau, Dresden 338
    Kammerspiele, München 452

Rieve, Georg
    Großhandelshaus Emcona, Flensburg 2

Rihl, Friedrich
    Universitätshochhaus, Jena 328

Rimpl, Herbert
    Stadtneugründung, Salzgitter 76

Riphahn, Wilhelm
    Bastei, Köln 238
    Blauer Hof, Weiße Stadt, Köln 240
    Siedlung Zollstock, Köln 242

Ritter, Hubert
    Großmarkthalle, Leipzig 357
    Ehem. Max-Klinger-Schule, Leipzig 358
    Neues Grassimuseum, Leipzig 356
    Westbad, Leipzig 358
    Wohnanlage Rundling, Leipzig 359

Rogers, Richard Partnership
    „Zoofenster", Berlin 174

Rossi, Aldo
    IBA Kreuzberg/Südliche Friedrichstadt, Berlin 164/65
    Stadtvillen, Berlin 166

Roßbach, Arwed
    Deutsche Bank, Leipzig 352
    Volkshaus, Jena 322

Rößner, Fritz
Stadtbad, Chemnitz 336

Roth, Harald
Germanisches Nationalmuseum, Nürnberg 482

Röthig, Kurt
Prager Straße, Dresden 348
Wohn- und Geschäftsbebauung, Dresden 347

Rudloff, C. H.
Siedlung Bruchfeldstraße, Frankfurt/Main 281
Siedlung Römerstadt, Frankfurt/Main 282

Ruegenberg, Sergius
Feierhallen des Waldfriedhofs Zehlendorf, Berlin 150

Ruf, Sep
Akademie der Bildenden Künste, Nürnberg 482
Germanisches Nationalmuseum, Nürnberg 482
Kanzlerbungalow, Bonn 203
Maxburg, München 462

Ruff, Ludwig
Kongreßhalle, Nürnberg 481

Ruff, Nikolaus
Saalbau der freien Waldorf-Schule Uhlandshöhe, Stuttgart 420

Rühl, Konrad
Hermann-Beims-Siedlung, Magdeburg 92

Ruhnau, Werner
Stadttheater, Gelsenkirchen 230
Stadttheater, Münster 262

Runge & Scotland
Böttcherstraße, Bremen 10

S

Sack, Erich
Wohnsiedlung, Erfurt 320

Sagebiel, Ernst
Ehem. Reichsluftfahrtministerium, Berlin 138
Flughafen Tempelhof, Berlin 142
Stadtneugründung Salzgitter 76

Salvisberg, Otto Rudolf
Großsiedlung „Onkel Toms Hütte", Berlin 116
Weiße Stadt, Berlin 119
Ehem. Werkssiedlung der Mitteldeutschen Reichswerke, Piesteritz bei Wittenberg 96

Sander, Albrecht
Grindelhochhäuser, Hamburg 40

Sattler, Christoph
Potsdamer Platz/Leipziger Platz, Berlin 172
Documenta-Siedlung „Schöne Aussicht", Kassel 310

Säume, Max
Böttcherstraße, Bremen 10
Großsiedlung Neue Vahr, Bremen 16
Stadthalle, Bremen 14

Sawade, Jürgen
Neue Schaubühne (ehem. Wogakomplex mit Universum-Kino), Berlin 124

Schäfer, Gustav
Konzertsaal, Frankfurt/Main 290

Schäfer, Philipp
Kaufhof (ehem. Warenhaus Leonhard Tietz), Düsseldorf 212

Schaich, Dieter
Gießereigebäude des Alcan Aluminiumwerks, Nürnberg 484

Scharoun, Hans
Apartmenthäuser, Berlin 128
Deutsches Schiffahrtsmuseum, Bremen 18
Geschwister-Scholl-Gymnasium, Lünen 258
Haus Bonk, Potsdam/Bornim 191
Haus Dr. Baensch, Berlin 138
Haus Schminke, Löbau 363
Kulturforum, Berlin 152
Landhaus Mattern, Potsdam/Bornim 191
Philharmonie mit Kammermusiksaal und Musikinstitut, Berlin 152
„Salute", Stuttgart 412
Siedlung Charlottenburg Nord-Ost, Berlin 119
Siemensstadt („Ringsiedlung"), Berlin 118
Staatsbibliothek, Berlin 154
Stadttheater, Wolfsburg 78
Weißenhofsiedlung, Stuttgart 402
Wohnhochhäuser Romeo und Julia, Stuttgart 412

Schattner, Karljosef
Bürogebäude der Katholischen Universität, Eichstätt 442
Diözesanarchiv, Eichstätt 446
Diözesanmuseum, Eichstätt 443
Exerzitienhaus der Diözese Eichstätt, Eichstätt 446
Fachbereichs-Bibliothek Theologie der Katholischen Universität, Eichstätt 442
Institut für Psychologie der Katholischen Universität, Eichstätt 444
Lehrstuhl für Journalistik, Eichstätt 444
Universitätsbauten an der Sommerresidenz, Eichstätt 441

Schaudt Architekten
Buchhandlung Gess, Konstanz 450
Segler-Club, Lindau 450
Kindergarten, Konstanz 450
Wertstoffhof, Konstanz 450

Schaupp, Gottlob
Paulskirche (Wiederaufbau),

Frankfurt/Main 289
Siedlung Römerstadt, Frankfurt/Main 282

Schelling, Erich
Schwarzwaldhalle, Karlsruhe 386

Schick, F. W.
Wohnsiedlung, Hannover 68

Schilling, Bernhard
Haus Burghardt, Regensburg 474
Wohnanlage Richter, München 474

Schilling, Rudolph
Christuskirche, Dresden 337

Schlag, Johannes
Zeiss-Planetarium, Jena 326

Schlaich, Jörg
Haus für Hamburgische Geschichte, Hamburg 26

Schloenbach, Carlo
Titania-Palast, Berlin 120

Schmalz, Otto
Ehem. Land- und Amtsgericht, Berlin 98

Schmanns, Carl
Kaufhaus Karstadt, Görlitz 350

Schmidt, Claus
Wohnanlage Schnitz, Stuttgart 419
„Wohnhügel", Marl 419

Schmidt, Walther
Ehem. Paketzustellamt, München 456
Postämter, München 458
Versuchssiedlung des Bayerischen Post- und Telegraphenverbandes, München 456

Schmitthenner, Paul
Gartenstadt Staaken, Berlin 107
Haus Roser, Stuttgart 401

Königin-Olga-Bau, Stuttgart 410
Robert-Bosch-Schule, Stuttgart 408
Wohnsiedlung am Kochenhof, Stuttgart 404

Schmitz, Bruno
Park und Festhalle Rosengarten, Mannheim 389
Völkerschlacht-Denkmal, Leipzig 350

Schmohl, Eugen
Ullstein-Druckhaus, Berlin 113
Verwaltungs-Hochhaus der Borsig AG, Berlin 113

Schneck, Adolf G.
Haus auf der Alb, Urach 428
Weißenhofsiedlung, Stuttgart 402

Schneider, Herbert
Wohn- und Geschäftsbebauung, Dresden 347

Schneider, Karl
Jarrestadt, Hamburg 28
Haus Bauer, Hamburg 37
Haus Römer, Hamburg 37
Karl-Schneider-Turnhalle Farmsen, Hamburg 36
Landhaus Michaelsen, Hamburg 30
Wohnblock Habichtstraße, Hamburg 28
Wohnsiedlung, Erfurt 320

Schneider-Esleben, Paul
Hanielgarage am Lichtplatz, Düsseldorf 215
Mannesmann-Hochhaus, Düsseldorf 217
St. Rochuskirche, Düsseldorf 218

Schnetzer, R.
Postamt, München 458

Schoder, Thilo
Fabrik der Firma Golde, Gera 321

Fabrik Schulenburg & Bessler, Gewächshäuser und Gärtnerwohnung, Haus Schulenburg, Gera 320
„Tuskulum", Weimar 331
Wohnhaus W.E. Meyer, Gera 321
Wohnhaus Simmel, Gera 321

Schöffler, Ernst
Titania-Palast, Berlin 120

Scholer, Friedrich
Ehem. Ministerialgebäude, Ehem. Landtag, Oldenburg 75
Rathaus, Kornwestheim 387

Schramm, Gottfried
Falkenstein Golfclubhaus, Hamburg 38
Großmarkthalle, Hamburg 43

Schreiter, Hans
Zeiss-Planetarium, Jena 326

Schrempf, Walter
Studentenhaus der Universität Saarbrücken, Saarbrücken 368

Schröder, Hermann
Wohnanlage, Passau 484
Wohnanlage Schnitz, Stuttgart 419
„Wohnhügel", Marl 419

Schroeder, Rudolf
Arbeitsamt, Kiel 6
Ferienhaus, Heikendorf (Kreis Plön) 3

Schudnagies, Heinz
Märkisches Viertel, Berlin 156

Schüler, Ralf und Ursulina Schüler-Witte,
Internationales Congress Centrum, ICC, Berlin 158

Schulte-Frohlinde, Julius
Lehrsiedlung Mascherode, Mascherode bei Braunschweig 74

Schultes, Axel
 Kunstmuseum, Bonn 205

Schultze-Naumburg, Paul
 Schloß Cecilienhof, Potsdam 189
 Schloß Pesekendorf, Pesekendorf bei Magdeburg 90

Schumacher, Fritz
 Dulsberg-Siedlung, Hamburg 27
 Erweiterungsbau der Kunsthalle, Hamburg 24
 Haus für Hamburgische Geschichte, Hamburg 26
 Jarrestadt, Hamburg 28
 Johanneum, Hamburg 25
 Krematorium Johannisfriedhof, Dresden 340
 Krematorium Ohlsdorf, Hamburg 40
 Stadtpark, Hamburg 45

Schumacher, Hans
 Haus der Arbeiterpresse, Messegelände, Köln 241
 Haus Loosen, Köln 245
 Haus Prof. Hussmann, Köln 245

Schupp, Fritz
 Schachtanlage, Gelsenkirchen 230

Schürmann, Joachim und Margot
 Quartier um Groß St. Martin, Köln 252

Schuster, F.
 Siedlung Römerstadt, Frankfurt/Main 282

Schuster, Franz
 Opel-Bad, Wiesbaden 316

Schwagenscheidt, Walter
 Nordweststadt, Frankfurt/Main 296

Schwanzer, Karl
 Verwaltungsgebäude und Museum der Bayerischen Motorenwerke AG, München 466

Schwarz, Rudolf
 Fronleichnamskirche, Aachen 194
 Katholische Fachhochschule, Aachen 195
 Kirche Maria Königin, Saarbrücken 366
 Paulskirche (Wiederaufbau), Frankfurt/Main 289
 St. Andreas, Essen 227
 St. Anna, Düren 210
 St. Michael, Frankfurt/Main 294
 Wiederaufbau Gürzenich, Köln 248

Schwechten, Franz
 Kaiser-Wilhelm-Gedächtniskirche, Berlin 151

Schweger, Peter, & Partner
 Erweiterung Rathaus und Kunstmuseum, Wolfsburg 78
 Verlagsgebäude Gruner+Jahr, Hamburg 49

Schweizer, Ludwig
 Wiederaufbau der Innenstadt, Freudenstadt 380

Schweizer, Otto Ernst
 Arbeitsamt, Nürnberg 480
 Kollegiengebäude Universität Freiburg, Freiburg im Breisgau 379
 Milchhof, Nürnberg 480
 Planetarium, Nürnberg 480
 Stadion, Nürnberg 480

Schwippert, Hans
 Bundeshaus, Bonn 202
 Fronleichnamskirche, Aachen 194
 Georg-Büchner-Gymnasium, Darmstadt 275
 Katholische Fachhochschule, Aachen 195
 Wohn- und Atelierhaus Schwippert, Düsseldorf 218

Sehring, Bernhard
 Stadttheater, Cottbus 179

Seidlein, Peter C. von
 Arzneimittelwerk der Dr. Madaus KG, Wasserburg am Inn 488
 Bürohaus der Siemens AG, Saarbrücken 366
 Druckereigebäude des Süddeutschen Verlags, München 472

Sichert
 Ehem. Botschaft der UdSSR, Berlin 144

Siebrecht
 Wohnsiedlung, Hannover 68

Sittmann, Tassilo
 Nordweststadt, Frankfurt/Main 296

Siza, Alvaro
 IBA Kreuzberg/Luisenstadt, Berlin 164/65
 Vitra Produktionshalle, Weil am Rhein 432

Skidmore, Owings & Merrill (SOM)
 Generalkonsulat der USA, Bremen 12
 Wohnbauten für Beamte des Generalkonsulats der USA, Bremen 14

Skujin
 Ehem. Botschaft der UdSSR, Berlin 144

Sniegon, Peter
 Prager Straße, Dresden 348

Sobotka, Franz Heinrich
 Industrie- und Handelskammer, Berlin 174

Sommer, Oskar
 Städelschule und -museum, Frankfurt/Main 306

Speer, Albert
 Planung Nord-Süd-Achse, Berlin 142
 Reichsparteitagsgelände, Nürnberg 480

Staatliches Universitätsbauamt Marburg
Naturwissenschaftliche Institute der Philipps-Universität, Marburg an der Lahn 312

Stam, Mart
Altersheim der Henry- und Emma-Budge-Stiftung, Frankfurt/Main 288
Siedlung Hellerhof, Frankfurt/Main 282
Weißenhofsiedlung, Stuttgart 402

Steffann, Emil
Gemeindezentrum St. Elisabeth, Leverkusen 257
Kartäuserkloster Marienau, Bad Wurzach-Seilbranz/Talacker 376

Steidle, Otto
Documenta-Siedlung „Schöne Aussicht", Kassel 310
Universität Ulm, Fachbereich Ingenieurwissenschaften, Ulm 428
Verlagsgebäude Gruner+Jahr, Hamburg 49
Wohnanlage, München 466
Wohnanlage auf der „documenta urbana", Kassel 466
Wohnanlage auf der „Elementa", Nürnberg 466

Fabrikgebäude der Margarete Steiff GmbH, Giengen an der Brenz 380

Stirling, James, Michael Wilford
Werksanlage der Braun AG, Melsungen 312
Neue Staatsgalerie mit Kammertheater der Württembergischen Staatstheater, Stuttgart 421

Stirling, Wilford & Associates
Musikhochschule, Stuttgart 421

Stoffers, Ernst
Ehem. Speicher der Firma Sartori & Berger, Kiel 4

Straumer, Heinrich
Funkturm, Berlin 134

Streb, Ferdinand
Grindelhochhäuser, Hamburg 40

Streitparth, Jörg
Müggelturm, Berlin 156

Striffler, Helmut
Evangelische Versöhnungskirche in der KZ-Gedenkstätte Dachau, Dachau 440

Stryschewski, A.
Ehem. Botschaft der UdSSR, Berlin 144

Stubbins, Hugh
Kongreßhalle, Berlin 146

Stürzebecher, Peter
IBA Kreuzberg/Luisenstadt, Berlin 164/65

Stuttgart, Hochbauamt (Franz Cloos, Friedrich Fischle)
Stadtbad, Stuttgart 406

Suhr
Wohnquartier Steilshoop, Hamburg 44/45

Swora, Karl-Ernst
Palast der Republik, Berlin 160

T

Tamme, Bruno
Siedlung „Am schmalen Rain", Gotha 322

Tausendschön, K.
Gedenkstätte, Buchenwald 319

Taut, Bruno
Berufsschule, Senftenberg 193
Friedrich-Ebert-Siedlung, Berlin 121
Gartenstadt Falkenberg bei Grünau 184
Großsiedlung „Onkel Toms Hütte", Berlin 116
Hauptgebäude der Friedrich-Schiller-Universität, Jena 325
Hermann-Gieseler-Halle, Magdeburg 92
Hufeisen-Siedlung, Berlin 114
Musterklasse für eine Gesamtschule, Berlin 122
Reichsforschungssiedlung, Berlin 117
Weißenhofsiedlung, Stuttgart 402
Wohnanlage Grellstraße, Berlin 114
Wohnhaus, Dahlewitz 180
Wohnsiedlung Reform, Magdeburg 91
Wohnstadt Carl Legien, Berlin 114

Taut, Max
Alexander-von-Humboldt-Schule, Berlin 127
Schulgruppe am Nöldnerplatz, Berlin 125
Ehem. Verbandshaus der Deutschen Buchdrucker, Berlin 111
Verwaltungsgebäude des ADGB, Berlin 108
Weißenhofsiedlung, Stuttgart 402

Teherani, Hadi
Autohaus „Car & Driver", Hamburg 50

Tessenow, Heinrich
Festgebäude, Dresden 340
Gartenstadt Falkenberg, bei Grünau 184
Heinrich-Schütz-Schule, Kassel 307
Ehem. Sächsische Landesschule, Dresden 343
Stadtbad Berlin-Mitte 131
Versuchssiedlung am Fischtalgrund, Berlin 116
Wohnsiedlung, Brieskow-Finkenherd 178

The Architects Collaborative (TAC)
　Porzellanfabrik der Philip-Rosenthal AG, Selb 434
　Thomas-Glaswerke der Rosenthal AG, Amberg 434

Thieme, Clemens
　Völkerschlacht-Denkmal, Leipzig 350

Thiersch, Friedrich von
　Fest- und Ausstellungshalle, Frankfurt/Main 276
　Kurhaus, Wiesbaden 314

Thut, Doris und Ralph
　Wohnanlage, München 466
　Wohnhausanlage, München 470

Tralau, Walter
　Stadtneugründung, Salzgitter 76

Tränkner, Erhard
　Hauptsportstätten im Olympiapark, München 464

Trautwein, Fritz
　Grindelhochhäuser, Hamburg 40

Troost, Paul Ludwig
　Haus der Kunst, München 458
　Musikhochschule, Zentralinstitut für Kunstgeschichte, München 460

U

Ungers, Oswald Mathias
　Alfred-Wegener-Institut, Bremen 21
　Deutsches Architektur-Museum, Frankfurt/Main 303
　Erweiterungsbau der Kunsthalle, Hamburg 24
　Friedrichstadt-Passagen, Quartier 205, Berlin 172
　Galleria und Messehaus 9, Messegelände, Frankfurt/Main 276

　Hochhaus, Messegelände, Frankfurt/Main 276
　Mehrfamilienhaus, Köln 250
　Märkisches Viertel, Berlin 156
　Wohn- und Geschäftshaus, Köln 250

V

van de Velde, Henry
　Damen-Altersheim der Heinemann-Stiftung, Hannover 68
　Ernst-Abbe-Denkmal, Jena 322
　Haus Henneberg, Weimar 331
　Haus „Hohe Pappeln", Weimar 331
　Gartenstadt Hohenhagen, Hagen 234
　Haus Hohenhof, Hagen 234
　Haus Schulenburg, Gera 320
　Hochschule für Architektur und Bauwesen/ehem. Kunstschule und Kunstgewerbeschule, Weimar 330
　Karl-Ernst-Osthaus-Museum, Hagen 232
　Nietzsche-Archiv, Weimar 331
　Villa Esche, Chemnitz 334
　Villa Körner, Chemnitz 334

van den Broek, Hendrik
　Interbau, Berlin 148
　Rathaus, Marl 258

VEB Projektierung Berlin, Gottfried Wagner
　Ehem. Jugendhochschule der Freien Deutschen Jugend (FDJ), Bernau/Bogensee 176

Vohl, Carl
　Kriminalgericht Moabit, Berlin 100

Voigt, Hans
　Neues Grassimuseum, Leipzig 356

Volkart, Hans
　Württembergisches Staatstheater, Kleines Haus, Stuttgart 398

Völker, Karl
　Farbkonzept Stadtgestaltung Magdeburg 91
　Marie-von-Bodan-Aschrott-Altersheim, Kassel 308
　Wohnbebauung, Rathenow 192

von Gerkan, Marg & Partner
　Haus für Hamburgische Geschichte, Hamburg 26
　Parkhaus des Flughafens, Hamburg 50
　Passagierterminal, Hamburg 50

Vorhoelzer, Robert
　Ehem. Paketzustellamt, München 456
　Postämter, München 458
　Versuchssiedlung des Bayerischen Post- und Telegraphenverbandes, München 456

W

Wachsmann, Konrad
　Sommerhaus Albert Einstein, Potsdam/Caputh 190

Waesemann, H.F.
　„Rotes" Rathaus, Berlin 100

Wagner, Martin
　Ehem. Haus des Rundfunks, Berlin 134
　Großsiedlung „Onkel Toms Hütte", Berlin 116
　Hufeisen-Siedlung, Berlin 114
　Strandbad Wannsee, Berlin 132

Wagner, Siegfried
　Müggelturm, Berlin 156

Wagner, Wilhelm
　Rathaus, Neuenhagen 188

Wallot, Paul
　Ehem. Ständehaus, Dresden 336

Weber, Carlo (Karlheinz)
Flughafen, Verwaltungsgebäude, München 472
Hauptsportstätten im Olympiapark, München 464
Rasthaus, Pentling, Autobahn A93, bei Regensburg 486

Weber, Franz
Dischhaus, Köln 242

Weber, Fritz
Stadtbad, Chemnitz 336

Weber, Gerhard
Forschungsreaktor der TU München 462
Konzertsaal, Frankfurt/Main 290
Nationaltheater, Mannheim 390

Weber, Werner
Siedlung Charlottenburg Nord-Ost, Berlin 119

Weber, Wolfgang, Peter Brand & Partner
Klinikum der RWTH Aachen, Aachen 196

Wechs, Thomas
Schuberthof (1927/28), Augsburg 438

Weihe, Karl von
Böttcherstraße, Bremen 10

Weißhaupt, Klaus
Müggelturm, Berlin 156

Weitling, Otto
Christianeum, Hamburg 48
Verwaltungsgebäude der Hamburgischen Elektrizitätswerke (HEW), Hamburg 46

Weitling, Otto
Kunstsammlung Nordrhein-Westfalen, Düsseldorf 222
Rathaus, Mainz 373

Welzenbacher, Lois
Terrassenhotel am Oberjoch, Hindelang/Bad Oberdorf 448

Werner, Georg
Kraftwagenhalle, Augsburg 438

Weström, Ute
Landesversicherungsanstalt, Berlin 98

Widmann, Sampo
Wohnanlage, Passau 484

Wiedemann, Josef
Karmeliterinnen-Kloster, Dachau 440
Wiederaufbau Glyptothek, München 465

Wiesner, Erich
Universität Ulm, Fachbereich Ingenieurwissenschaften, Farbkonzept, Ulm 428

Wilhelm, Gerhard
Kunstgebäude, Stuttgart 398

Wilson, Peter
Stadtbibliothek, Münster 264

Wimmenauer
Kirche St. Michael, Frankfurt/Main 294

Wisniewski, Edgar
Philharmonie mit Kammermusiksaal und Musikinstitut, Berlin 152
Staatsbibliothek, Berlin 154

Witte, Martin
Pädagogische Akademie, Bonn 202

Wittwer, Hans
Gewerkschaftsschule, Bernau 176

Wolf, Gustav
Gartenstadt Habichtshöhe, Münster 262

Wolf, Paul
J.-A.-Hülße-Gymnasium, Dresden 346

Worm, Maximilian
Siedlung Brückfeld, Magdeburg 92
Verwaltungsgebäude der AOK, Magdeburg 94

Würzbach, Walter
Verwaltungsgebäude des ADGB, Berlin 109

Z

Zeidler, Eberhard
Media Park, Köln 252

Zess, Hermann
Grindelhochhäuser, Hamburg 40

Zweck, Carl William
Neues Grassimuseum, Leipzig 356

Verzeichnis der Orte

Aachen 194–196
Alfeld/Leine 56
Algermissen 56
Alzenau 434
Amberg 434
Apolda 318
Augsburg 436–438

Bad Buchau 374
Bad Dürrenberg 80
Bad Honnef 196
Bad Kissingen 438
Bad Münder 58
Bad Oberdorf 448
Bad Oeynhausen 198
Bad Wurzach-Seilbranz 376
Baden-Baden 375
Beilngries 446
Bensberg 199
Bergisch-Gladbach 199
Berlin 98–175
Bernau 176
Biberach an der Riß 376
Bielefeld 200, 268
Blumberg/Schwarzwald 376
Bochum 201
Bogensee 176
Bonn 202–206
Bornim 190–191
Braunschweig 58–60, 74
Bremen 10–21
Brieske-Ost 178
Brieskow-Finkenherd 178
Buchenwald 319

Caputh 190
Celle 62–64
Chemnitz 334–336
Cottbus 179

Dachau 440
Dahlewitz 180
Darmstadt 272–275

Dessau 80–86
Dortmund 206–208
Dresden 336–348, 364
Duisburg 209–210
Düren 210
Düsseldorf 197, 212–222

Eberswalde-Finow 180
Eckernförde 5
Eichstätt 441–446
Eimbeckhausen 58
Eisenhüttenstadt 182
Erding 472
Erfurt 320
Essen 223–228

Falkenberg bei Grünau 184
Fellbach bei Stuttgart 378
Flensburg 2
Frankfurt/Main 276–306
Frankfurt/Oder 184–186
Freiburg im Breisgau 379
Freudenstadt 380

Garching 462, 471
Gelsenkirchen 224, 229–231
Gera 320–321
Giengen an der Brenz 380
Gmindersdorf bei Reutlingen 382
Görlitz 350
Gotha 322
Grünau 184
Gundelfingen 447

Hagen 232–236
Halle 86–88
Hamburg 22–51
Hameln 65
Hannover 66–72
Heidelberg 382
Heikendorf/Kreis Plön 3
Herbertingen 382

Hindelang 448
Hirschberg, Schloß bei Beilngries 446
Hombroich bei Neuss-Reuschenberg 237
Hundersingen bei Herbertingen 382

Ingolstadt 448

Jena 322–328
Jesteburg 73

Kaiserslautern 370
Karlsruhe 384–386
Kassel 307–311
Kerken-Niekerk 238
Kiel 4–6
Kleinmachnow 192
Klingenberg 350
Köln 238–254
Konstanz 386, 450
Kornwestheim 387
Krefeld 255–256
Kronberg/Taunus 312

Leipzig 350–362
Leverkusen 257
Lindau 450
Löbau 363
Lorch 388
Lübeck 7–8
Luckenwalde 187
Ludwigshafen 371
Lünen 258

Magdeburg 90–96
Mainz 372–373
Mannheim 389–392
Marburg/Lahn 312
Marl 258, 419
Mascherode bei Braunschweig 74

Maulbronn   393
Maulburg/Schwarzwald   394
Melsungen   312
Mönchengladbach   260–261
München   452–479
Münster   262–264

Nauen   188
Neu-Ulm   478
Neuburg an der Donau   477
Neuenhagen   188
Neuss-Reuschenberg   237
Neviges   269
Norderney   74
Nürnberg   479–484

Oberhausen   265
Oldenburg   75
Ottendorf-Okrilla   364

Paderborn   266
Passau   484
Pentling, Autobahn A93, bei Regensburg   486
Peseckendorf bei Magdeburg   90
Pfersee   436
Pfullingen   395
Piesteritz bei Wittenberg   96
Potsdam   189–192
Prora auf Rügen   53–54
Rathenow   192
Recklinghausen   224
Regensburg   474, 486
Reichshof   270
Reutlingen   382
Rostock   52, 54

Saarbrücken   366–368
Salzgitter   76
Scharbeutz-Klingberg   8
Schleiden/Eifel   267
Schloß Hirschberg bei Beilngries   446
Schwäbisch Hall   396
Schwendi   397
Schwerin   54
Selb   434
Senftenberg   193
Sennestadt bei Bielefeld   268
Solingen   268
Sonthofen   486
St. Ingbert   368
Stuttgart   378, 398–422

Süchteln/Kreis Viersen   255

Talacker   376

Ulm   424–428
Unna   224
Unterwellenborn   328
Urach   428

Velbert   269

Warnemünde bei Rostock   54
Wasserburg am Inn   488
Weil am Rhein   430–433
Weimar   330–333
Wiek auf Rügen   53
Wiesbaden   314–316
Wildbergerhütte   270
Windberg/Niederbayern   488
Wittenberg   96
Wolfsburg   77–78
Wuppertal   271

Zwenkau   365

Bildnachweis

Aalto-Theater, Essen: 228. Alte Synagoge, Essen: 223. *Architektur in Nürnberg 1900–1994*, Stuttgart 1994: 479, 480. *Architektur in Schleswig-Holstein 1900–1980*, Neumünster 1980: 7, 9. *Architektur und Städtebau in der DDR*, Berlin 1959: 319. *Architektur von SOM 1950–1962*, Stuttgart 1962: 15. Architekturbüro Aldo van Eyck: 239. Architekturbüro Atelier 5, Bern: 417. Architekturbüro Axel Schultes: 205. Architekturbüro Behnisch und Partner, Stuttgart: 202, 305, 388, 418, 422, 426, 435. Architekturbüro Bolles-Wilson, Münster: 264. Architekturbüro Diener und Diener, Basel: 254. Architekturbüro Döring, Düsseldorf: 196–197. Architekturbüro Ernst Gisel, Zürich: 378, 414. Architekturbüro Fahr und Partner, München: 370, 484. Architekturbüro Hardt-Waltherr Hämer, Berlin: 449. Architekturbüro Helmut Striffler, Mannheim: 440. Architekturbüro Hentrich, Petschnigg und Partner, Düsseldorf: 201, 216, 220. Architekturbüro Johannes Manderscheid, Rottenbuch: 383. Architekturbüro Kiessler und Partner, München: 231. Architekturbüro Kleihues, Dülmen/Rorup: 161, 162. Architekturbüro Kurt Ackermann und Partner, München: 447, 421. Architekturbüro Mahler, Gumpp, Schuster, Stuttgart: 396. Architekturbüro Michael Gaenssler: 477. Architekturbüro Peichl, Wien: 167, 207, 306. Architekturbüro Roland Rainer, Wien: 371. Architekturbüro Schaudt Architekten, Konstanz: 450. Architekturbüro Steidle und Partner, München: 429, 466. Architekturbüro Thomas Herzog, München: 58, 474, 489. Architekturbüro von Seidlein, München: 367, 488, 489. Architekturbüro Weitling und Dissing, Kopenhagen: 47, 49, 222, 373. *Architekturführer Cottbus*, Berlin, München 1993: 179. *Architekturführer DDR, Bezirk Frankfurt a/O*, Berlin 1987: 187. *Architekturführer DDR. Bezirk Halle*, Berlin 1977: 89, 97. *Architekturführer DDR. Bezirk Schwerin*, Berlin 1977: 55. Architekturmuseum der TU München: 87, 277, 315, 401, 452, 453, 454, 473. August-Dikke-Schule, Solingen: 268. *Bau- und Kunstdenkmale der DDR., Bezirk Frankfurt/Oder*: 185. *Bau- und Kunstdenkmale der DDR, Bezirk Potsdam*: 181, 192. "Bauen und Wohnen", 1973: 313. Bauhaus-Archiv: 57, 117, 118, 119, 136, 176, 177, 256, 327. "Baukunst und Werkform", 1956/5: 219. "Baumeister" 1986, 7: 20, 21; 1994/10: 231; 1936, 2: 243; 1932: 245; 1990: 369. *Baumgarten, Paul, Bauten und Projekte*, Berlin 1988: 145. "Bauwelt"; 1991: 53; 1995: 187; 1968: 258; 1956: 268; 1932: 89; 1960: 275; 1992: 175; 1994: 173. "Berichte zur Denkmalpflege in Niedersachen", 1981, 2: 73. *Berlin und seine Bauten*, III, Berlin 1966: 145. *Berlin und seine Bauten*, IV/C, Berlin 1975: 126, 129, 138, 157, 160. *Berlin und seine Bauten*, V/C, Berlin 1991: 127. Beyme, Klaus von, et al., *Neue Städte aus Ruinen*, München 1992: 41, 71, 97, 183, 309, 347, 348, 381. Bildatlas Ruhrgebiet: 206, 225, 231, 232, 235. Blundell Jones, Peter, *Hans Scharoun*, Stuttgart 1979: 79. Borrmann, Norbert, *Paul Schultze-Naumburg*, Essen 1989: 90, 188. Bredow, Jürgen, Lerch, Helmut, *Otto Bartning*, Darmstadt 1983: 137, 226. Bucciarelli, Piergiacomo: 67. Bürkle, Christoph, *Wohnhäuser der Klassischen Moderne*, Stuttgart 1994: 365. Busch, Wilhelm, *Fritz Schupp. Martin Krämer, Bergbauarchitektur 1919–1974*, Köln 1980: 230. Classen, Josef: 237. *Contemporary British Architects*, München-New York 1994: 174. De Michelis, Marco, *Heinrich Tessenow*, Stuttgart 1991: 179, 341. de Riese, Karsten: 468. *Der Westdeutsche Impuls: Wuppertal 1900–1914*, Essen 1984: 271. "Deutsche Architektur", 1955: 177. "Deutsche Bauzeitung": 374; 1981: 210; 1989: 386–387; 1990: 147; 1995: 198.

Dortmund – Architektur im Ruhrgebiet: 208. Drese, Klaus Helmut (Hrsg.), *Das neue Nationaltheater Mannheim*, Mannheim 1957: 390. Droste, Agnes: 55. Durth, Werner, Nerdinger, Winfried, *Architektur der 30er und 40er Jahre*, Bonn 1993: 61, 75, 76, 139, 333. Dyckerhoff und Widmann AG: 326. *Ernst May und das Neue Frankfurt 1925–1930*, Berlin 1986: 281, 283. Fahrenkamp, Emil, *Das Shell-Haus in Berlin*, Berlin 1932: 135. Föhl, Axel, *Bauten der Industrie und Technik*, Bühl 1989: 238, 265, 369. Frahm, Klaus: 51. Gag-Archiv/Mantz: 240. Gärtner, Martin, *Sergius Ruegenberg*, Berlin 1990: 150. Germanisches Nationalmuseum Nürnberg: 483. Giersberger, Hans (Hrsg.), *Alvar Aalto*, Zürich 1963: 16. Giovanelli, Francesca: 394. "Glasforum", 1993, 5: 211. Gonzalo, Roberto: 379. *Grosse Baumeister*, Berlin 1987: 193. Gutschow, Nils, Durth, Werner, *Architektur und Städtebau der 50er Jahre*, Bonn 1987: 152. *Hamburg und seine Bauten 1969–1984*, Hamburg 1984: 45, 47. Häusser, Robert: 391. Heiss, Ulrich: 436, 437, 438, 439, 461, 470, 463, 464, 474. Hipp, Hermann, *Wohnstadt Hamburg*, Hamburg 1982: 27. Hoff, August (Hrsg.), *Dominikus Böhm*, München 1962: 74, 244, 260, 372, 478. Höhns, Ulrich: 3, 5. Hollein, Hans, *Museum für Moderne Kunst Frankfurt am Main*, Berlin 1992: 304. Hölz, Christoph: 453, 457, 470, 473. Howells, Michael, New York: 481. Hülsmann, Gisbert, *Emil Steffann*, Bonn 1984: 257, 376. Hüter, Karl-Heinz, *Architektur in Berlin 1900–1933*, Stuttgart 1988: 121. Institut für Kunstgeschichte, Leipzig: 334, 335, 336, 352, 357, 358, 361. Joedicke, Jürgen, Plath, Christian, *Die Weißenhofsiedlung*, Stuttgart 1977: 404, 405. Joedicke, Jürgen, Lauterbach, Heinrich, *Hugo Häring*, Stuttgart 1965: 377. Junghanns, Kurt, *Bruno Taut*, Berlin 1988: 115, 116, 193. Junghanns, Kurt, *Das Haus für alle*, Berlin 1994: 181, 191, 308. Kadatz, Hans-Joachim, *Peter Behrens*, Leipzig 1977: 212, 233, 278, 279. Kahle, Barbara, *Deutsche Kirchenbaukunst des 20. Jahrhunderts*, Darmstadt 1990: 295. Kahlfeldt, Paul, *Hans Heinrich Müller*, Basel 1992: 127. Kautt, Dietrich, *Wolfsburg im Wandel städtebaulicher Leitbilder*, Wolfsburg 1983: 77. Kier, Hiltrud, *Architektur der 50er Jahre – Bauten des Gerling-Konzerns in Köln*, Frankfurt/M 1994: 247. Kinold, Klaus: 81, 84, 85, 87, 200, 300, 301, 303, 313, 324, 330, 332, 339, 351, 359, 370, 383, 386, 395, 423, 424, 427, 431, 441, 442, 443, 445, 446, 455, 459, 461, 463, 465, 467, 471, 475, 476, 487. Klatt, Dietrich: 64. Koch, Robert, Pook, Eberhard, *Karl Schneider*, Hamburg 1992: 28, 29, 31, 359. Kommunalverband Ruhrgebiet Essen: 224. Krimmel, Bernd (Hrsg.), *Joseph M. Olbrich*, Darmstadt 1983: 272. Kuby, Hellmuth: 429. Landesamt für Denkmalpflege Hessen, Wiesbaden: 317. Landesbildstelle Berlin: 99, 102, 105, 106, 108, 109, 111, 113, 120, 123, 124, 131, 133, 135, 141, 142, 143, 147, 148, 149, 156, 159. Landesinstitut für Pädagogik und Medien, Saarbrücken: 367. Lange, Ralf, *Hamburg – Wiederaufbau und Neuplanung*, Königstein im Taunus 1994: 42. Lehmbruck, Manfred, *Wilhelm-Lehmbruck-Museum in Duisburg*, Duisburg 1964: 209. Lehrstuhl für Kunstgeschichte, München: 106, 107, 252, 259, 263, 269, 296, 297, 369, 417, 435. Leiska, Heiner: 26. Leistner, Dieter: 59. Libeskind, Daniel, *Radix/Matrix: Architekturen und Schriften*, München-New York 1994: 171. Linde, Guntard: 323. Luckhardt, Wassili, Tübingen 1973: 17. Luftbild Strähle: 460. Marg, Anke und Volkwin, *Hamburg – Bauen seit 1900*, Hamburg s.d.: 22, 24, 48. Mayer, Hans, *Der Baumeister Otto Bartning*, Heidelberg 1951: 186. Media Park Entwicklungsgesellschaft, Köln: 253. Meyer, Edina, *Paul Mebes*, Berlin 1972: 110. "Moderne Bauformen", 1928: 37, 241; 1932: 39. Müller-Wulkow, Walter, *Architektur der 20er Jahre*, Reprint Königstein im Taunus 1975: 113, 189, 213, 239. *Museum für Vor- und Frühgeschichte Frankfurt/M*, Frankfurt/M 1990: 302. Neitzke, Martin, *Gustav Wolf*, Tübingen 1993: 262, 263. Nerdinger, Winfried: 4, 32, 35, 36, 39, 49, 79, 89, 99, 101, 103, 104, 107, 109, 112, 115, 125, 129, 133, 141, 143, 149, 152, 153, 155, 157, 159, 161, 163, 164, 167, 169, 170, 173, 185, 190, 199, 213, 215, 183, 308, 345, 380, 396, 403, 410, 412, 425, 482. Nestler, Paolo, Bode, Peter M., *Deutsche Kunst seit 1960*, Teil 4, München 1976: 266, 297, 371, 386, 387. Neubert, Siegrid: 469. Nicolic, Monika: 311. Oesterlen, Dieter, *Bauten und Texte*, Tübingen-Berlin 1992: 65, 72. Pehnt, Wolfgang: 15. Pehnt, Wolfgang, *Das Hollein-Museum in*

Mönchengladbach, Frankfurt/M 1987: 261. Pehnt, Wolfgang, *Die Architektur des Expressionismus*, Stuttgart 1981: 136, 214, 236. Pfankuch, Peter, *Hans Scharoun*, Berlin 1974: 191. Pohl, Wilfried, *Der Architekt Karl Buschhüter*, Krefeld 1987: 255. Poserer, Julius, *Berlin auf dem Weg zu einer neuen Architektur*, München 1979: 98, 101. Pressestelle RWTH Aachen: 197. Pressestelle TU Braunschweig: 59. Prinz, Regina: 91, 93, 95, 420, 451, 457. Raab, R., *Die Waldorf-Schule baut*, Stuttgart 1982: 420. Rau, Uwe: 169. Rheinisches Bildarchiv Köln: 239, 243, 247. Sächsische Landesbibliothek, Dresden: 337, 338, 342, 343, 344, 346, 364. Sack, Manfred, *Fehling + Gogel*, Berlin-Braunschweig 1981: 159, 470, 471. Sarnitz, August, *Lois Welzenbacher*, Salzburg-Wien 1989: 448. Schäfer, Karl, *Hamburger Staatsbauten von Fritz Schumacher*, Bd. 2, Berlin 1921: 25. Schenkirts, Richard: 486. Schirmer, Wulf, *Egon Eiermann*, Stuttgart 1984: 151, 204, 295, 299, 318, 377, 414. Schleich, Charlotte: 375. Schmitz-Ehmke, Ruth, *Die Ordensburg Vogelsang*, o.O. o.J.: 267. Schneider-Esleben, Paul, *Entwürfe und Bauten*, Braunschweig 1987: 215, 217, 218, 219. Schnetter, Ilse: 351, 363. Schöner, Jörg: 349. Schröder, Hermann: 419, 485. Schwarz, Rudolf, *Denken und Bauen*, Heidelberg 1963: 195. Schwarz, Rudolf, *Kirchenbau*, Heidelberg 1960: 194, 211, 248, 289, 295, 367. Sembach, Klaus Jürgen, *1910–Halbzeit der Moderne*, Stuttgart 1992: 341, 351. Sembach, Klaus Jürgen, Schulte, Birgit, *Henry van de Velde*, Köln 1992: 235. *Siedlungen der 20er Jahre in Niedersachsen*, Hannover 1985: 61, 62, 63, 69. Speidel, Manfred, Legge, Sebastian, *Heinz Bienefeld*, Köln 1991: 57, 270. Staatliche Landesbildstelle Hamburg: 23, 31, 33, 34, 41, 43, 44. Staatsarchiv Bremen: 10, 11, 13, 19. Stadtarchiv Dessau: 85, 86. Stadtarchiv Gelsenkirchen: 229. Stadtarchiv Gera: 320. Stadtarchiv Kiel: 5, 6. Stadtarchiv Leipzig: 353, 354, 355, 356, 361. Stadtarchiv Stuttgart: 407. Stadtplanungsamt Magdeburg (Hrsg.), *Bruno Taut in Magdeburg*, Magdeburg 1995: 93. Stadtspuren, *Denkmäler in Köln*, Bd. 6, Köln 1986: 249. Stiftung Niedersachsen (Hrsg.), *Von Laves bis heute*, Braunschweig 1988: 75. Stommer/Mayer-Gürr, *Hochhaus-Der Beginn in Deutschland*, Marburg/L 1990: 18, 70, 113, 325, 342. Tafel, Cornelius: 320. Tamms, Friedrich, *Paul Bonatz*, Stuttgart 1937: 67. Thode, Joachim: 17. Tiepolt, Arnim: 55. Timm, Christoph, *Gustav Oelsner und das neue Altona*, Hamburg 1984: 33. Topfstedt, Thomas, *Städtebau in der DDR*, Leipzig 1988: 329. Topfstedt, Thomas: 362. Ungers, Liselotte, *Die Suche nach einer neuen Wohnform: Siedlungen der 20er Jahre damals und heute*, Stuttgart 1983: 384, 385. Ungers, Oswald Mathias, *Architektur 1951–1990*, Stuttgart 1990: 250, 251. Universitäts-Photozentrum Jena: 329. *Verloren – gefährdet – geschützt. Baudenkmale in Berlin*, Berlin 1989: 122, 123. Vitra-GmbH, Weil am Rhein: 430, 431, 432, 433. Volz, Andrea, *Der Heinemannhof in Hannover*, Hannover 1994: 69. Wangerin, Gerda, Weiss, Gerhard, *Heinrich Tessenow*, Essen 1976: 307. "Wasmuths Monatshefte", 1931: 287. Wenzel, Eiko: 2. Werner, Heike: 80, 274, 279, 284, 285, 287, 288, 289, 290, 291, 292, 293, 317, 321, 322, 328, 331, 383, 385, 389, 392, 395, 397, 398, 399, 400, 407, 409, 413, 421. Wett, Leonard: 411. Wichmann, Hans, *Sep Ruf*, Stuttgart 1986: 203. Wisniewski, Edgar, *Die Berliner Philharmonie und ihr Kammermusiksaal*, Berlin 1984: 152–153. Wolf, Georg Jakob, *Max Littmann*, München 1931: 439. Zadnicek, Franz: 55. Zukowsky, John, *Die Vielfalt der Moderne*, München 1994: 39, 67, 87, 313.